ABGAR RENAULT | ANTONIO CANDIDO DE MELLO E SOUZA |
ANTONIO HOUAISS | ARQUIMEDES DE MELO NETO |
DINA FLEISCHER VENANCIO FILHO | FLORESTAN FERNANDES |
FRANCISCO DE ASSIS BARBOSA | HELÁDIO ANTUNHA |
IVA WAISBERG BONOW | MARIA DE LOURDES GOMES MACHADO |
NELSON WERNECK SODRÉ | SÉRGIO BUARQUE DE HOLANDA

Fernando de Azevedo

Maria Luiza Penna (ENTREVISTAS, ORGANIZAÇÃO, INTRODUÇÃO E NOTAS)

FGV EDITORA

Copyright © Maria Luiza Penna

Direitos desta edição reservados à
Editora FGV
Rua Jornalista Orlando Dantas, 37
22231-010 | Rio de Janeiro, RJ | Brasil
Tels.: 0800-021-7777 | 21-3799-4427
Fax: 21-3799-4430
editora@fgv.br | pedidoseditora@fgv.br
www.fgv.br/editora

Impresso no Brasil | *Printed in Brazil*

Todos os direitos reservados. A reprodução não autorizada desta publicação, no todo ou em parte, constitui violação do copyright (Lei nº 9.610/98).

Os conceitos emitidos neste livro são de inteira responsabilidade do(s) autor(es).

1ª edição – 2015

COORDENAÇÃO EDITORIAL E COPIDESQUE
Ronald Polito

REVISÃO
Marco Antonio Corrêa e Victor da Rosa

CAPA, PROJETO GRÁFICO DE MIOLO E DIAGRAMAÇÃO
Ilustrarte Design e Produção Editorial

IMAGEM DA CAPA
Fernando de Azevedo. c. 1960.

**Ficha catalográfica elaborada pela
Biblioteca Mario Henrique Simonsen/FGV**

Fernando de Azevedo / Entrevistas, organização, introdução e notas de Maria Luiza Penna; Abgar Renault... [et al.]. – Rio de Janeiro : Editora FGV, 2015.
436 p.

Em colaboração com Antonio Candido de Mello e Souza, Antonio Houaiss, Arquimedes de Melo Neto, Dina Fleischer Venancio Filho, Florestan Fernandes, Francisco de Assis Barbosa, Heládio Antunha, Iva Waisberg Bonow, Maria de Lourdes Gomes Machado, Nelson Werneck Sodré, Sérgio Buarque de Holanda.
Inclui bibliografia e índice.
ISBN: 978-85-225-1761-9

1. Azevedo, Fernando de, 1894-1974. I. Penna, Maria Luiza. II. Renault, Abgar, 1901-1995. III. Fundação Getulio Vargas.

CDD – 923

A injustiça social não está representada apenas pelo sistema feudal da posse da terra, pela falta de equilíbrio na divisão de bens e pelo desequilíbrio na distribuição dos ônus fiscais, mas também pela desigualdade na repartição dos bens espirituais e intelectuais do ensino, da educação e da cultura.

Fernando de Azevedo,
Verdades amargas

Sumário

Introdução	9
Crônica de vida	17

Entrevistas

Abgar Renault	25
Antonio Candido de Mello e Souza	59
Antonio Houaiss	107
Arquimedes de Melo Neto	133
Dina Fleischer Venancio Filho	155
Florestan Fernandes	189
Francisco de Assis Barbosa	229
Heládio Antunha	261
Iva Waisberg Bonow	279
Maria de Lourdes Gomes Machado	309
Nelson Werneck Sodré	325
Sérgio Buarque de Holanda	349
Posfácio	387
Biografias	395
Bibliografia do autor	411
Referências	415
Índice remissivo	421

Introdução

Em meio a viagens e diversas mudanças, não pude, por muitos anos, organizar minha biblioteca, ou sequer folhear papéis. Andanças encerradas, pude me deter finalmente com o que havia ficado para trás, guardado durante tanto tempo em pastas, arquivos e caixas.

Assim, 30 anos depois, em 2011, encontrei, em uma caixa de sapatos, os cassetes com a gravação das entrevistas que agora publico. A surpresa foi grande ao ouvi-las e perceber que estavam todas, sem exceção, em ótimo estado de conservação. À surpresa juntou-se a emoção que me tomou ao ouvir aquelas vozes, hoje extintas, e o que elas me diziam.

Elas falavam de Fernando de Azevedo, seu projeto educacional, suas ideias e reflexões, seu trabalho, sua ação. Falavam-me sobre o homem idealista, indomável e sensível ao mesmo tempo, a vontade férrea, seu amor à ciência, à pesquisa, ao rigor conceitual. Toda uma vida dedicada à "batalha do humanismo", um humanismo tal como ele o entendia, de concepção alargada, englobando e ultrapassando o humanismo clássico. É em seus estudos sobre o humanismo que o alcance e a amplitude do pensamento educacional de Fernando de Azevedo encontraram seu ponto máximo e justificativa teórica mais completa. Se o sociólogo-educador deu grande importância ao problema da formação das elites, pontas de lança em um processo de transformação e reconstrução nacional, ênfase ainda maior conferiria à articulação dessa elite com um ideal neo-humanista, sem o qual o país desembocaria em uma subumanidade. Na opinião de Fernando de Azevedo, o que se anuncia por toda parte, tendo em vista os processos da ciência, da técnica e da penetração crescente do espírito e dos métodos científicos, é um novo humanismo, que disputa o lugar às formas tradicionais do humanismo clássico, conservando dele, porém, sua contribuição mais permanente.

Ponto fundamental: valeria a pena publicar essas entrevistas? Por quê? Convenci-me a fazê-lo ao ouvi-las uma segunda vez, passada a primeira emoção. Percebi que estavam carregadas de duplo significado, colocando as reflexões de Fernando de Azevedo, morto em 1974, no fulcro do momento político que então vivíamos, em 1981.

Lembrando-me daqueles tempos, percebi que as entrevistas transcorrem em dois tempos diversos e se situam em planos distintos: lá, a reforma educacional de 1928, no Rio, os anos 1930, a fundação de Universidade de São Paulo (USP), em 1934, o golpe de 1937 e o Estado Novo; aqui, com o golpe militar de 1964, ainda estávamos estupefactos com o fechamento do Congresso, a imprensa amordaçada, as torturas, o assassinato de pessoas como Rubens Paiva, Vladimir Herzog, Manuel Fiel Filho e tantos outros. Muitos brasileiros tinham a consciência da necessidade de o Brasil construir uma democracia política e econômica.

Mesmo considerando a diversidade das opções ideológicas dos entrevistados, esse constante ir e vir está evidente nos tópicos então discutidos, na volta à baila, quase uma ideia fixa, da necessidade de uma elite de qualidade para levar o país para a frente, fazendo-o encontrar seu futuro e entrar de fato na modernidade. Ideologia, ideias dominantes, o papel dos intelectuais. Assim, discute-se Fernando de Azevedo, sua visão da educação em todos os níveis, a encruzilhada de onde ela parece não sair, mas está se falando também, em aberto ou nas entrelinhas, sobre o difícil momento político que atravessávamos. Momento de transição, ainda sob o impacto da imposição de um Estado autoritário, com o sufocamento das liberdades essenciais. Era outono dos anos de chumbo e surgem fatos inesperados, ao sabor do momento histórico que então vivíamos, como o hiato que fizemos no meio da entrevista com Sérgio Buarque de Holanda, acompanhada por dona Maria Amélia com adendos inteligentes. De repente, ela liga a televisão e vemos ao vivo notícias sobre o atentado no Riocentro, ocorrido na semana anterior.

Lembro-me que fui, temerosa, entrevistá-los de casa em casa no outono de 1981, uma mera mestranda, bastante ignorante, mas cheia de curiosidade. Eram todos, com raras exceções, "grandes intelectuais". Dos entrevistados só conhecia a Antonio Houaiss, tendo redigido a seu pedido o verbete "Futurologia" para a edição brasileira da *Enciclopédia britânica*. Sérgio Buarque de Holanda e dona Maria Amélia eu não conhecia pessoalmente, mas de muito ouvir falar por meus pais, velhos amigos.

Todos os 13 entrevistados se ligaram a Fernando de Azevedo no interesse comum pelos problemas da educação no Brasil: cinco eram seus colegas ou trabalharam diretamente com ele na Universidade de São Paulo (Antonio Candido de Mello e Souza, Florestan Fernandes, Sérgio Buarque de Holanda, Heládio Antunha e Lurdes Machado), cinco, em instituições e iniciativas de ordem educacional e cultural (Arquimedes de Melo Neto, Nelson Werneck Sodré, Dina Venancio, Iva Waisberg Bonow e Abgar Renault), três eram seus colegas na Academia Brasileira de Letras (Francisco de Assis Barbosa, Antonio Houaiss e Abgar Renault).

Eu não sabia muito bem o que queria saber nem o que de fato os entrevistados sabiam ou o que me revelariam. Mas estava interessada em esclarecer certos conceitos e descobrir a analogia possível entre o método, qualificado nos diálogos platônicos de dialético, e o modo de refletir e atuar fernandoazevediano: pensar os diversos problemas que a realidade educacional apresenta, refletir, e só depois de cumprido esse processo de pesar — e pensar — todos os lados da questão e estudar as consequências a curto, médio e longo prazo de uma ação pedagógica é que se pode tomar decisões que afetarão o destino do saber e do conhecimento de inúmeras gerações. Werner Jaeger em sua *Paideia* enfatiza o significado amplo do conceito de educação, englobando ali a noção de uma formação, de uma *Bildung*, e chama atenção para o texto de *A república* que começa assim: "Temos aqui uma parábola que nos dará um aspecto da essência da educação e também da incultura, que fundamentalmente concerne nosso ser como homens".

O método, ilustrado belissimamente por Platão em duas célebres passagens encontradas em *A república* e na *Carta VII*, mostra didaticamente a dialética ascendente e, depois, descendente: subida e descida. A divisão subentende sempre sombra e luz, a caverna e o sol, a pretensão e a exigência, o neutro e o valor. Ascensão e descida perfazem movimento circular, o ponto de chegada parece se confundir com o ponto de partida, porque esse movimento não deve cessar nunca. Em palavras atuais: pesquisa e prática. É essa exigência que leva o pensador filósofo Fernando de Azevedo a pensar e agir, em processo contínuo, na busca dos valores.

A noção de finalidade — analisada por Fernando de Azevedo já em seus primeiros estudos — encontra-se na base de toda ação e deve ser descoberta pela dialética: dimensão intelectual, que resolve ou tenta resolver racionalmente problemas e enigmas dentro das possibilidades de cada época, e a dimensão moral, ética, que dirige a ação. Renúncia provisória à ação para um engajamento mais eficaz no futuro. É necessário, entretanto, em determinado momento, abandonar o mundo das ideias e voltar à caverna, ou seja, à realidade. "Aquele que é capaz de uma visão sinóptica é dialeta, os outros, não" (Rep. VII, 537).

Volta para uma ação eficaz porque fundamentada na compreensão e no conhecimento. A douta ignorância subentende a consciência permanente dos problemas que a realidade traz. Fernando de Azevedo, convicto no valor da razão, preconiza não só a importância dos estudos teóricos no campo específico da educação, mas vive uma indagação permanente que estimula a investigação em vez de oferecer doutrina. Sua obra parece dirigir uma exortação à comunidade social e política, dentro de um cosmos moral. Ao mesmo tempo, a alegoria da caverna, ilustrada na parábola da caverna (em Platão, *A república*), é sobre a teoria da verdade. Educação e verdade se cristalizam numa identidade essencial.

Foi de fato uma viagem de descobertas sobre nossa vida política e social em momentos bem distantes para mim e transpondo fronteiras de disciplinas que eu não conhecia bem. Se já havia lido toda a obra de Fernando de Azevedo, pesquisado sobre ele e seu tempo, eu possuía muitas dúvidas e inumeráveis indagações. As ideias ainda não estavam claras; o que seria realmente importante? Assim, percebe-se certa incompletude, sempre haveria novas perguntas a fazer e tópicos a esclarecer; nota-se, também, minha quase inconsequência, não seguindo as regras canônicas da entrevistadora modelo. Talvez eu não devesse mesmo usá-las.

A contrapartida dessa atitude é que, observadora ultraparticipante, ao me expor tanto, consegui, creio, captar a confiança dos entrevistados, fazendo-os se exporem mais do que o fariam com uma entrevistadora mais tarimbada e bem-comportada. Não houve tampouco, certo, durante a maior parte do tempo que duraram as entrevistas, as clássicas perguntas e respostas, mas conversa e troca de ideias. Procurei ser imparcial, mas, confesso, não consegui atingir nenhuma neutralidade utópica. Foi, para mim, um maravilhoso aprendizado. O método veio aos poucos; talvez se eu soubesse realmente tudo que deveria saber, o que constituiria futuramente minha tese, eu não teria tido a coragem e a audácia de conversar sem muita cerimônia com pessoas tão afáveis quanto experientes.

Os problemas enfrentados por Fernando de Azevedo, Anísio Teixeira, Cecília Meireles e pela geração que ficou conhecida pelo Movimento da Escola Nova até hoje não foram totalmente equacionados em nosso país. Problemas que já haviam sido analisados no século XIX e início do século XX não só no Brasil, como em outros países da Europa e da América Latina, já haviam iniciado suas reformas e as levado adiante. Aquela geração de educadores queria construir um sistema educacional duradouro, forte o bastante para alavancar o país. Não o conseguiu. Não há mesmo lugar para muito otimismo se verificarmos os resultados do último Pisa, concebido pela Organização para a Cooperação e Desenvolvimento Econômico (Ocde). Entre os 65 países participantes, o Brasil está entre os seis ou oito piores, dependendo da disciplina considerada: linguagem, matemática, ciências.

Ao constatar nossa incapacidade de realizar uma obra realmente profunda e fundadora em matéria de educação básica — para não entrar sequer em educação superior e pesquisa —, cabe a pergunta: por que tal fracasso, e com governos diferentes, percorrendo uma gradação variada, de autoritário a democrático e vice-versa? *Plus ça change...* Desse fracasso parecem ter sofrido os que se dedicaram a enfrentar ou a encaminhar soluções para os problemas da educação em nosso país. A médio e longo prazo, eles teriam decerto nos tirado da miséria e mediocridade educacional. Seria o fracasso uma categoria filosófica? Alguns tiveram em determinados momentos os instrumentos para instaurar uma reforma no plano das instituições e levar adiante a real democratização do ensino. As iniciativas eram adequadas, necessitando de aperfeiçoamento, mas, sobretudo, de continuidade. Ora, o Brasil parece ser por natureza descontínuo.

Florestan Fernandes afirma em sua entrevista que Fernando de Azevedo não teve o mandato (nunca chegou a ser ministro) para realizar a grande reforma educacional da qual o Brasil tanto necessitava, porque o grupo político que poderia manter e dar continuidade às reformas duradouras, propugnadas, por exemplo, pela Escola Nova, era constituído por uma burguesia retrógrada, obscurantista e que não soube realizar suas tarefas históricas mínimas. Já no início da nossa República, não se almejou transformar a abolição da escravidão em um processo com mudanças verdadeiras da realidade econômica e social.

Ainda na mesma linha de raciocínio, em interessante e percuciente entrevista, Sérgio Buarque de Holanda lembra que, no livro *Visão do paraíso*, ele descreve a crucial diferença na atitude dos que buscavam nas Américas um paraíso. Nossos vizinhos do Norte, ao encontrarem o Novo Mundo, decidiram construir, criar um paraíso; nós, aqui, achávamos que já havíamos encontrado o paraíso terrestre e dele devíamos usufruir ao máximo...

Mas, no momento dessas entrevistas, sente-se um renascer da esperança, da possibilidade de uma liderança brasileira autêntica, apoiada por tantos intelectuais respeitáveis, desvinculada do governo, independente, com um ideário, um programa visando a uma ação conjunta na busca não só do crescimento econômico — cujo caminho já trilhávamos — mas, sobretudo, do desenvolvimento, algo bem diferente porque inclui o desenvolvimento humano em sua acepção mais ampla (educação, cultura, arte e, sobretudo, capacidade de pensar criticamente). Olhando para trás, constata-se que tal não aconteceu. O movimento sindicalista virou chapa-branca. Ao contrário do que vislumbrava Sérgio Buarque de Holanda, o desenvolvimento humano só alcança níveis internacionais medíocres, os intelectuais pouco se manifestam, a política se rebaixou e virou motivo de desprezo e escárnio do povo. Quanta ilusão desfeita e quanta amarga experiência, já escrevia Oliveira Lima a Barbosa Lima Sobrinho no início do século XX!

Em sua última aparição pública em conferência-debate de novembro de 1973, alguns meses antes de morrer, Fernando de Azevedo reitera sua crença no ser humano. Ao discorrer sobre as realizações humanas, o avanço tecnológico e científico, ele recorda os belos versos de Ovídio (*Metamorfose*, 1.85) por ele traduzidos assim:

(Deus) deu ao homem um nobre aspecto e a possibilidade de olhar as estrelas.

Olhar as estrelas nos leva a ver longe e, ao fazê-lo, desejar realmente construir um futuro. Aí estaria talvez o legado deixado por Fernando de Azevedo, qualificado de "vulcão lúcido" por Antonio Candido: o esforço pelo aperfeiçoamento do ser brasileiro e da sociedade brasileira. E a aceitação dessa possibilidade depende de uma atitude política e de ação conjunta com objetivos claros e definidos. Em relação à educação, no Brasil, é imprescindível que se encontre a mínima finalidade comum a ser universalizada com o imperativo categórico tão enfatizado por Fernando de Azevedo em seus primeiros estudos filosóficos. Dessa conscientização depende nossa sobrevivência.

Considerações finais

Agradeço aos entrevistados ou aos seus herdeiros a possibilidade de publicar essas entrevistas, fornecendo subsídios e esclarecendo dúvidas. Infelizmente, não consegui contatar, apesar de contínuas tentativas de vária natureza (e-mails para antigos professores e colegas desses entrevistados, telefonemas para a universidade onde ensinaram e exerceram cargos de direção etc.), os responsáveis legais pelo professor Heládio Antunha e a professora Maria de Lourdes Gomes Machado, que secretariou Fernando de Azevedo e o acompanhou em seus últimos anos. Contudo, seria uma falha à sua memória não publicar seus depoimentos. Fica aqui o meu pedido para que essa aproximação finalmente aconteça.

As entrevistas, bastante diferenciadas, foram mantidas sem modificações essenciais em sua quase totalidade, salvo alterações que se fizeram necessárias porque se desviavam excessivamente do assunto tratado. Evitaram-se, também, detalhes da vida pessoal. Fizeram-se, ainda, as atualizações ortográficas da língua portuguesa.

Este trabalho muito me ajudou a refletir sobre Fernando de Azevedo, seu pensamento, sua época e atuação, em diversos níveis, no campo da educação e da cultura brasileira. Assim, depois de ler a extensa, desigual e variadíssima obra de Fernando de Azevedo, aí incluindo sua imensa correspondência, de ouvir as entrevistas e meditar sobre todas essas coisas, pude compor a tese que resultou posteriormente no livro *Educação e transformação*. As entrevistas certamente ecoam ao longo da introdução que escrevi do citado trabalho. Por isso, a fim de evitar repetições de assuntos discutidos nas entrevistas, publico as conclusões de então no fim, como posfácio, junto com as biografias dos entrevistados, a lista das obras de Fernando de Azevedo e o índice remissivo.

Agradeço também a todas as pessoas que de uma forma ou de outra me ajudaram a publicar estas entrevistas, lendo-as com atenção, esclarecendo nomes de pessoas citadas, fornecendo sugestões quanto à revisão, às notas e redundâncias, comuns em entrevistas, elucidando dúvidas e me estimulando a continuar o trabalho nas horas de desânimo. Meu muito obrigada, portanto, a Alberto Venancio Filho, Andréa Karlile Santos de Andrade, Celmy Quilelli Corrêa,

Cristina Antunes, Eliane Vasconcellos, Jader de Medeiros Britto, João Camillo de Oliveira Penna, José e Guita Mindlin (*in memoriam*), Marciléa Rodrigues Innecco, Marieta de Moraes Ferreira.

A Marcílio, sempre.

Crônica de vida

1894   Fernando de Azevedo nasce em 2 de abril em São Gonçalo de Sapucaí, Minas Gerais, filho de Francisco Eugênio de Azevedo e Sara de Almeida de Azevedo.

1900-02   Estudos primários no Colégio Francisco Lentz em São Gonçalo e depois em Campanha, dos seis aos oito anos. É enviado para o Colégio Anchieta.

1908   Termina o curso secundário no Colégio Anchieta, em Nova Friburgo (RJ).

1909   Ingressa no noviciado mineiro da Companhia de Jesus, em Campanha, sul de Minas, onde chegou a fazer votos. O padre Leonel Franca é destacado para orientá-lo nas práticas religiosas e demais deveres. Estuda com prazer filosofia, literatura grega e latina, análise matemática, poética e eloquência. Permanece lá dois anos. Indeciso quanto à sua verdadeira vocação, recolhe-se a Itaici, perto de Itu (SP), a fim de chegar a uma resolução definitiva. É enviado ao Colégio São Luís, em Itu, para exercer o magistério e refletir sobre sua vocação. Encontra-se em uma encruzilhada difícil de sua existência.

1914   Decide renunciar à vida religiosa, depois de cinco anos na Companhia de Jesus. Pede ao padre-geral da Companhia, em Roma, a demissão. Tenta fixar-se, a princípio, no Rio de Janeiro (RJ).

	Matricula-se na Faculdade de Direito, da qual logo se transfere para a de Belo Horizonte (MG), ali fixando residência. Passa a lecionar latim e psicologia no ginásio do estado.
1916	Adquire conhecimentos aprofundados sobre o que é educação física e as péssimas condições do ensino da ginástica no estado de Minas Gerais; protesta junto ao governo, apresentando proposta de projeto de lei. Já ali se mostrava sua vocação para educador e reformador da educação. Abre-se concurso de títulos e provas para a cadeira de educação física. Fernando de Azevedo estuda anatomia, fisiologia e física médica, realiza aulas práticas de natação e esgrima. Classifica-se em primeiro lugar, mas seu competidor é nomeado por "injunções da política". É-lhe oferecido um jantar de desagravo no Hotel Avenida, em cuja sala de jantar se liam, numa grande faixa, as palavras: "À derrota material e à vitória moral de Fernando de Azevedo".
1917	Muda-se para São Paulo. Prossegue nos estudos de direito. Toda a sua atividade, porém, já estava voltada para o ensino. Professor de latim e literatura da Escola Normal da capital (1920), ingressa no jornalismo, dedicando-se à crítica e à história literária, primeiro no *Correio Paulista* e depois em *O Estado de S. Paulo*. Casa-se com Elisa Assunção do Amarante Cruz, filha do dr. Luiz Amarante Cruz e Elisa Assumpção, em 7 de setembro.
1918	Nascimento da primeira filha, Lívia, no dia 15 de dezembro. Termina o curso de ciências jurídicas e sociais na Faculdade de Direito de São Paulo. Jamais advogou.
1921	Nascimento da filha Lollia no dia 12 de outubro.
1922	Inicia-se, no Brasil, o movimento pela reforma do ensino com as "Conferências de Educação". Adquirindo foros de campanha, o movimento irradia-se pelos estados.
1923	Publica *No tempo de Petrônio*, inspirado por seus estudos sobre os clássicos. Nascimento do filho Fábio no dia 30 de maio.
1924	Fundação da Associação Brasileira de Educação (ABE), que teve como presidente e incentivador Heitor Lira da Silva (1879-1926).
1926	Realiza inquérito sobre arquitetura colonial para o jornal *O Estado de S. Paulo*.

Inquérito sobre a instrução pública. Em nova pesquisa para *O Estado de S. Paulo*, Fernando de Azevedo realiza o famoso inquérito, discutindo a necessidade da criação de universidades. A repercussão é enorme em todo o país. Encontra, então, o seu destino. Publicado em volume (1937), incorporou-se às suas obras completas sob o título *A educação na encruzilhada*.

1926-30   Em 1926, durante a presidência de Washington Luís, é nomeado diretor-geral de Instrução Pública do Rio de Janeiro, ao tempo em que Antônio Prado Júnior (1880-1955) foi prefeito do Distrito Federal. Fernando de Azevedo empreende, então, a Reforma da Instrução Pública. Vencendo todas as resistências, inclusive as da Câmara dos Vereadores (antigo Conselho Municipal), a reforma se impôs depois de uma grande campanha, como verdadeira revolução pedagógica nos campos do ensino primário e secundário, sobretudo no ensino normal e na preparação de professores. A lei da Reforma da Instrução Pública é promulgada em 23 de janeiro de 1928 e seria completada pela reforma Anísio Teixeira, 1932-35, ao tempo da administração de Pedro Ernesto Batista (1886-1942). Fernando de Azevedo traçou e executou um largo plano de construções escolares, entre as quais as dos edifícios na rua Mariz e Barros, destinados à antiga Escola Normal, denominada depois Instituto de Educação.

1929   Nascimento da filha Clélia no dia 23 de janeiro.

1930   Revolução de 30.

Retornando a São Paulo, Fernando de Azevedo prossegue em seu trabalho de pedagogo e jornalista. Professor de sociologia no curso de aperfeiçoamento da antiga Escola Normal, depois Instituto Pedagógico Caetano de Campos. Acrescenta ao seu permanente interesse por autores clássicos, gregos e latinos, as obras de Cervantes, Shakespeare, Milton, Dickens, Carlyle, Rabelais, Montaigne, Bossuet, Racine, Corneille, Goethe. Faz leitura cuidadosa de filósofos e pensadores: Descartes, Kant, Hegel, Marx, Nietzsche, Ortega y Gasset, Unamuno. Dois autores terão influência decisiva no seu pensamento como educador e sociólogo: Durkheim e Dewey.

1931   Fundador, organizador e diretor de uma importante iniciativa editorial: a Biblioteca Pedagógica Brasileira (BPB), de que faziam parte a série Iniciação Científica e a coleção Brasiliana, ambas lançadas em 1931. Durante a gestão de Fernando de Azevedo, até 1956, a Brasiliana publicou 286 volumes, obras de autores brasileiros e estrangeiros, inéditas ou completamente esgotadas, desconhecidas do grande público.

Durante a IV Conferência Nacional de Educação, realizada em Niterói (RJ), em dezembro, surge, em meio a debates, a ideia do Manifesto dos Pioneiros da Escola Nova.

1932　Diretor-geral da Instrução Pública de São Paulo, a convite do general Valdomiro Lima. Foi fundador, professor de sociologia educacional e primeiro diretor do Instituto de Educação de São Paulo, mais tarde incorporado à Universidade de São Paulo.

Redator e primeiro signatário do Manifesto dos Pioneiros da Escola Nova (A reconstrução educacional no Brasil da Escola Nova), em que se lançaram as bases e as diretrizes de uma nova política de educação.

1933　Redige o Código de Educação do Estado de São Paulo.

1934　Participou ativamente da fundação da Universidade de São Paulo, da qual foi um dos planejadores, redigindo seu anteprojeto, durante o governo de Armando de Salles Oliveira. Catedrático do Departamento de Sociologia e Antropologia da Faculdade de Filosofia, Ciências e Letras da Universidade de São Paulo, é considerado a *alma mater* dessa universidade. Seu compêndio *Princípios de sociologia* é dos primeiros a serem publicados no país sobre a matéria (1. ed., 1935), a ele se seguindo outra obra pioneira, *Sociologia educacional* (1940) e a obra monumental *A cultura brasileira* (1943). Ver bibliografia completa no fim.

1935　Fundação da Sociedade Brasileira de Sociologia, de que foi presidente de 1935 até 1960.

1938　Eleito presidente da Associação Brasileira de Educação (ABE).
Eleito presidente da VIII Conferência Mundial de Educação que deveria realizar-se no Rio de Janeiro.

1941-42　Diretor da Faculdade de Filosofia, Ciências e Letras da Universidade de São Paulo. Membro do Conselho Universitário por mais de 12 anos, desde a fundação dessa universidade.

1942	Em 11 de novembro recebe o brevê de piloto, habilitando-se a pilotar três tipos de avião: *Piper*, *Taylor* e *Stirson*.
1943	Prêmio Machado de Assis, da Academia Brasileira de Letras.
1945	Secretário da Educação e Saúde do Estado de São Paulo, no governo de Ademar de Barros. Pede demissão, depois de apenas cinco meses no cargo.
1947	Cruz de Oficial de Legião de Honra da França.
1950-53	Eleito vice-presidente da International Sociological Association; no Congresso Mundial de Zurich assumiu com os outros dois vice-presidentes, Morris Ginsberg, da Inglaterra, e Georges Davy, da França, a direção dessa associação internacional por morte de seu presidente, Louis Wirth, da Universidade de Chicago.
1952	No dia 28 de fevereiro, morre em desastre de aviação o genro Murilo Marx (1921-52).
[<1951>-56]	Presidente da Sociedade de Escritores Brasileiros. Seção de São Paulo.
1952-60	Membro correspondente da Comissão Internacional para uma *História de desenvolvimento científico e cultural da humanidade* (publicação da Unesco).
1955-61	Instala e organiza o Centro Regional de Pesquisas Educacionais em São Paulo, a pedido de Anísio Teixeira, diretor do Inep.
1959	Redige o *Manifesto ao povo e ao governo: mais uma vez convocados*, assinado por 180 educadores e intelectuais brasileiros que combatiam o Projeto de Lei de Diretrizes e Bases por julgá-lo contrário ao princípio republicano da escola única, leiga, gratuita e universal.
1961	Secretário da Educação e Cultura do prefeito de São Paulo Prestes Maia. Permanece, porém, pouco tempo. Recebe o título de professor emérito da Universidade de São Paulo. Em 31 de agosto é eleito para a Academia Paulista de Letras, mas não toma posse.
1964	Teve atuação importante na defesa de professores cassados pela revolução militar de 1964, acompanhando-os aos interrogatórios (IPM).

	Prêmio de Educação Visconde de Porto Seguro, conferido pela Fundação Visconde de Porto Seguro, de São Paulo.
1965	Redige o Manifesto dos intelectuais, "Pela liberdade de opinião".
1968	Eleito para a Academia Brasileira de Letras, é empossado em 24 de setembro como terceiro ocupante da cadeira n. 14, fundada por Clóvis Beviláqua, sendo patrono Franklin Távora. Foi recebido por Cassiano Ricardo.
1969	Eleito pela segunda vez para a Academia Paulista de Letras, é reconduzido em 24 de setembro.
	Morre seu filho Fábio em 18 de novembro.
1971	Prêmio Moinho Santista em Ciências Sociais.
	Morre sua filha Lívia no dia 1º de janeiro.
1974	Morre na cidade de São Paulo em 18 de setembro.

ENTREVISTAS

Fernando de Azevedo em sua biblioteca, à rua Bragança, 55, bairro de Pacaembu, São Paulo (SP), 1952.

Abgar Renault

Data: 15 de maio de 1981
Local: av. Epitácio Pessoa — Lagoa — Rio de Janeiro (RJ)

Professor Abgar Renault, há uma carta sua muito interessante, de 1968, em que o senhor faz uma comparação entre De Gaulle[1] e Fernando de Azevedo.
Não me lembro disso.

A carta é de 31 de maio de 1968. O senhor não se lembra?
Não tenho a menor ideia. Não estou negando ter escrito, estou dizendo que não me lembro absolutamente de nada. O que eu quis significar com isso foi o seguinte: o Fernando de Azevedo era uma personalidade muito forte.

Um pouco autoritária, talvez?
Forte, autoritária, um homem muito positivo. Incapaz de meias palavras, ele era muito exato, preciso, positivo. De maneira que eu o comparei ao general De Gaulle por isso, porque na Administração Pública, onde ele exerceu, entre outros cargos, o de secretário de Educação do Estado de São Paulo e aqui, no tempo em que não havia ainda Secretaria de Educação, de diretor do Departamento de Educação, não sei qual era o nome...

---

[1] Charles de Gaulle (Lille, 1890-Colombey-les-Deux-Églises, 1970). General, político e estadista francês que liderou as Forças Francesas Livres durante a Segunda Guerra Mundial. Em 1958, fundou a Quinta República Francesa e foi seu primeiro presidente, de 1959 a 1969. De Gaulle é considerado o líder mais influente da história da França moderna. Sua ideologia e seu estilo político — o gaullismo — ainda têm grande influência na vida política francesa atual.

Era diretor de Instrução Pública. Foi na época em que o Chico Campos[2] fez a reforma em Minas.
Exatamente. Coincidiu. Fernando de Azevedo fez uma coisa muito interessante aqui, o Campos fez outra lá, também muito interessante, embora diferente sob certos aspectos. E, em todos esses cargos, sempre teve essa atitude de autoridade completa sobre tudo e sobre todos aqueles com quem trabalhava. Era homem de grandes qualidades e com grande sentimento de justiça, de maneira que a tendência dele para as coisas muito positivas, muito claras, para um regime, afinal das contas, autoritário, não prejudicavam sua ação e capacidade de proceder com muita segurança e equanimidade. Longe de ser um defeito, isso era, a meu ver, uma qualidade. Ele sabia reconhecer os erros e corrigir-se, qualidade rara; por isso é que eu o comparei ao general De Gaulle que era um homem, como todo mundo sabe, autoritário.

Era autoritário, mas, ao mesmo tempo, salvou a França duas vezes... Fernando de Azevedo seria um autoritário iluminista, digamos assim.
Iluminista, como muitas pessoas.

O Fernando de Azevedo era de um racionalismo extremo e me parece, lendo seus textos, que ele dava grande importância ao raciocínio, à razão. Será que apenas com essa atitude se resolvem os problemas da educação? Em 1928, ele realizou

---

[2] Francisco Luís da Silva Campos, conhecido como Chico Ciência (Dores do Indaiá, MG, 1891-Belo Horizonte, MG, 1968). Jurista e político, formou-se em ciências jurídicas pela Faculdade Livre de Direito de Belo Horizonte, onde ingressou como professor de direito público constitucional (1918). Empreendeu importantes reformas no sistema de ensino, tanto em Minas, com a reforma do Ensino Primário e Normal, durante o governo Antonio Carlos, quanto no Governo Provisório, de Getúlio Vargas, que sucedeu à Revolução de 1930, assumindo a direção do recém-criado Ministério da Educação e Saúde, credenciado pela reforma que promovera no ensino de Minas Gerais. Promoveu a reforma do ensino secundário e universitário em todo o país. Nesse período, consolidou-se como um dos mais importantes ideólogos da direita no Brasil e um dos elementos centrais dos preparativos que levariam à ditadura do Estado Novo, instalada pelo golpe de novembro de 1937. Nomeado ministro da Justiça dias antes do golpe, foi encarregado por Vargas de elaborar a nova Constituição, marcada por características corporativistas e pela proeminência do poder central sobre os estados e do Poder Executivo sobre o Legislativo e o Judiciário. O Estado Novo foi marcado por forte clima repressivo e violações aos direitos individuais. No decorrer de 1944, passou a defender a redemocratização do país e negou o caráter fascista da Constituição de 1937. No ano seguinte, participou das articulações empreendidas nos meios políticos e militares que levaram ao afastamento de Vargas e ao fim do Estado Novo. Em 1964, foi responsável pela elaboração dos dois primeiros atos institucionais (AI-1 e AI-2), baixados pelo regime militar oriundo do golpe de 1964, e pela redação da Constituição de 1967.

aqui no Rio uma reforma extremamente adiantada para a época. Uma reforma muito aberta para o social, que estava sendo feita, ou pelo menos ele tinha esperança de que seria realizada no governo de Washington Luís,[3] um governo bastante autoritário também.
Muito autoritário. Mas a nomeação não foi do Washington *Luís*, não, era o prefeito que nomeava e ele foi nomeado pelo prefeito daqui.

Sim, o Prado Júnior,[4] que era paulista.
O Prado Júnior era o prefeito. Agora, um aspecto importante, já que puxou o assunto, é o seguinte: apesar de racionalista, ele era um homem muito sensível, o Fernando. Um homem com um espírito... um coração muito sensível, muito aberto, de maneira que a compreensão dele não era apenas intelectual. Era também uma compreensão por intermédio da sensibilidade. Senão ele não conseguiria fazer o que fez, não é mesmo? Agora, uma coisa que me parece importante é o seguinte: a tendência humanística do Fernando vem da educação religiosa dele.

O percurso dele é muito interessante.
Estudou muito bem latim. Era um latinista exímio e essa formação, obtida no seminário católico, essa tendência às coisas mais ligadas ao humanismo intelectual, como eu disse, o levou a tentar trabalhar na área da educação, em que ele teria se notabilizado mais tarde. De resto, é preciso anotar o seguinte: apesar da formação religiosa, se não me engano, ele acabou sendo um homem sem convicções religiosas, sabe? Acho que ele era inteiramente desligado de qual-

---

[3] Washington Luís (Macaé, RJ, 1869-São Paulo, SP, 1957). Advogado, historiador e político, décimo primeiro presidente do estado de São Paulo, décimo terceiro presidente do Brasil e último presidente da República Velha. Deposto, por um golpe militar, em 24 de outubro de 1930, 21 dias antes do término do seu mandato como presidente da república, passou o poder, em 3 de novembro, às forças político-militares comandadas por Getúlio Vargas na Revolução de 1930. Foi o criador do primeiro serviço de Inteligência do Brasil, em 1928.

[4] Antônio da Silva Prado Júnior (São Paulo, SP, 1880-Rio de Janeiro, RJ, 1955). Engenheiro, empresário e político. Formado pela Escola de Engenharia da Universidade de São Paulo, entrou para a vida política por ser filho do antigo presidente do estado de São Paulo, conselheiro Antônio Prado. Durante o governo de Washington Luís, exerceu o cargo de prefeito do Distrito Federal, assumindo em novembro de 1926 e ficando no cargo até outubro de 1930. Vitoriosa a Revolução de 1930, Prado Júnior foi deposto e exilado. Foi também deputado estadual e diretor da Companhia Paulista de Estradas de Ferro. Em 1941, ajudou a fundar a Associação Brasileira para Prevenção de Acidentes (ABPA), no Rio de Janeiro, e foi seu primeiro presidente. Casou-se com Eglantina Penteado.

quer crença nas coisas fundamentais da Igreja Católica. Isso é interessante para compreender bem sua formação. De outra parte, é preciso notar que, a despeito de sua formação sociológica ser muito posterior à reforma que ele levou a efeito aqui no antigo Distrito Federal, a despeito disso, como a senhora, aliás, observou muito bem, ele já mostrava na reforma de 32 uma forte tendência para o social.

O senhor repara, um dos primeiros livros que ele escreveu foi No tempo de Petrônio,[5] *um ensaio sobre o* Satyricon,[6] *influenciado por sua formação humanística, ainda no sentido estrito de humanismo clássico, vinculado às letras greco-latinas. Penso que ele nunca abandonou a formação humanística clássica, alargando-a com o passar dos anos. Claro, o* Satyricon *é uma beleza do ponto de vista literário, mas é também uma crítica terrível à maneira dos homens se moverem, do que é a sociedade, enfim, um livro ainda atual. Ele tinha 20 e poucos anos quando escreveu* No tempo de Petrônio.
Exatamente, um livro muito interessante.

Ele cita até a encíclica De rerum novarum.[7] *Esse foi o primeiro livro que eu li dele, emprestado por um amigo. Então, pensei: "Esse homem deve ser interessantíssimo, porque escreveu essas coisas naquela época...". Acho que foi em 23 que publicou* No tempo de Petrônio, *e eu comecei a me interessar por ele a partir desse momento. Agora, essa dimensão da inteligência e da sensibilidade, sobre as quais o senhor falou, há outra carta dele, não estou bem lembrada para quem, em que ele faz uma diferença entre a razão que seria o* esprit de géometrie *e outro tipo de inteligência, algo mais amplo, que é o* esprit de finesse. *A inteligência teria como mola propulsora, além da razão, a sensibilidade. Notável, Fernando de Azevedo chamar atenção para essa diferença.*
É, curioso. Eu desconhecia essa afirmação dele. Ele que escreveu?

---

[5] Fernando de Azevedo. *No tempo de Petrônio*. Ensaios sobre a antiguidade latina. São Paulo: Livraria do Globo, Irmãos Marrano Editores, 1923.
[6] Petrônio. *Satyricon*. Tradução de Marcos Santarrita. Círculo do Livro, por cortesia da Editora Civilização Brasileira S.A., s.d.
[7] *De rerum novarum* (Das coisas novas), encíclica publicada pelo papa Leão XIII a 15 de maio de 1891, debatendo as condições das classes trabalhadoras.

Não, é de Pascal.[8] *Ele escreveu muitas cartas aos amigos que moravam no Rio. Aconteceu um fato curioso: antes de morrer, Fernando de Azevedo deixou uma pasta confidencial a ser entregue ao professor Antonio Candido de Mello e Souza, em quem ele depositava total confiança.*
Fui aluno dele. Depois, seu professor assistente.

Exato, na cadeira de sociologia II. Então Fernando de Azevedo disse: "quando eu morrer, o Antonio Candido vem aqui em casa buscar a pasta...". Isso quem me falou, em São Paulo, foi a Lollia,[9] *filha do Fernando de Azevedo, quando a entrevistei. Quando Fernando de Azevedo morreu, em 1974, o Antonio Candido foi à sua casa para apanhar essa pasta com material que Fernando de Azevedo queria que fosse publicado a dali um certo número de anos, porém a pasta havia desaparecido! Justamente, devia conter também cartas da Cecília Meireles, deveria ser algo de grande valor literário. Ele era grande admirador da Cecília Meireles.*[10]
É verdade.

A Lollia me disse: "Não sei o que terá acontecido com a pasta...".
A mãe dela faleceu há pouco tempo...

---

[8] Blaise Pascal (Clermont-Ferrand, 1623-Paris, 1662). Físico, matemático, filósofo moralista e teólogo francês, autor, entre outras obras, de *Pensées*.
[9] Lollia de Azevedo Marx (1921-?), depois Whitaker. Filha de Fernando de Azevedo.
[10] Cecília Meireles (Rio de Janeiro, RJ, 1901-Rio de Janeiro, RJ, 1964). Professora, folclorista, poeta. Órfã muito cedo, foi educada pela avó materna, vindo a diplomar-se professora primária pelo Instituto de Educação do Rio de Janeiro (1917), cidade em que sempre viveu, embora tenha viajado largamente pelo estrangeiro. Foi docente na Escola Normal do Distrito Federal, ensinou na Universidade do Distrito Federal (1936-38) e na Universidade do Texas (1940). Trabalhou no Instituto de Pesquisas Educacionais. Organizou a primeira biblioteca infantil pública brasileira, o Pavilhão Mourisco — Centro de Cultura Infantil. Além de exercer as funções de professora, escreveu livros didáticos e partiu para o campo jornalístico, onde utilizou a palavra como instrumento de persuasão para fazer circular as ideias que defendia no campo da educação. Seu lirismo ajusta a expressão pessoal à inspiração popular e, ao mesmo tempo, às fontes tradicionais. Do ponto de vista técnico, dotada de raro virtuosismo, dominou com mestria toda a gama de metros da língua. Sua arte, que reflete extrema ânsia de perfeição, caracteriza-se pela mistura de espiritualidade e musicalidade, limpidez e universalidade, apesar da essencialidade brasileira de sua inspiração. Ocupa um lugar de rara singularidade nas letras brasileiras, como a maior figura feminina do seu lirismo. A partir de *Viagem* (1939), premiado em 1938 pela Academia Brasileira de Letras, após vivo debate suscitado na instituição pela poesia moderna, estava consagrada sua arte, que fundia capacidade técnica e uma filosofia transcendental da vida. Destacam-se também *Romanceiro da Inconfidência* (1953) e *Obra poética* (Rio de Janeiro: Aguilar, 1958).

Sim, Dona Elisa, morreu há dois anos. O senhor chegou a conhecê-la?
Cheguei. Quando ia a São Paulo, ia sempre à casa de Fernando, almoçava, jantava. De maneira que tinha muito contato com ele, a mulher e as filhas.

Certo. O senhor chegou a conhecer o Fábio?[11]
Cheguei, como não? As minhas relações com o Fernando de Azevedo são muito, muito antigas. Eu o conheci quando era diretor do Departamento Nacional de Educação.

Há uma carta dele falando sobre isso. O Capanema[12] *era ministro nessa época.*
Isso mesmo. Ele teve uma questão que deveria correr pelo Ministério da Justiça. Isto não tem nada que...

Tudo o que o senhor falar deve ser interessante.
Eu era membro da Comissão de Negócios Estaduais e Municipais da Justiça, que tratava de assuntos estaduais e municipais. Tudo que ocorresse, mesmo fora dessa área, inclusive na educação nos estados ou municípios, era controlado por uma centralização muito forte. Ora, o Fernando tinha um problema na Universidade de São Paulo que só poderia ser resolvido pela Comissão de Negócios Estaduais. Então ele me procurou a esse propósito.

Isso foi quando? 37, 38?
39 ou 40!

---

[11] Fábio de Azevedo (1919-69). Filho de Fernando de Azevedo.
[12] Gustavo Capanema (Pitangui, MG, 1890-Rio de Janeiro, RJ, 1985). Político, formou-se pela Faculdade de Direito de Minas Gerais, em 1923. Durante a universidade vinculou-se, em Belo Horizonte, ao grupo de "intelectuais da rua da Bahia", do qual faziam parte Mario Casassanta, Abgard Renault, Milton Campos, Carlos Drummond de Andrade — que mais tarde seria seu chefe de Gabinete — e futuras personalidades das letras e da política no Brasil. Nas eleições presidenciais, realizadas em março de 1930, apoiou a candidatura presidencial de Getúlio Vargas, lançado pela Aliança Liberal, mas derrotado pelo candidato situacionista, o paulista Júlio Prestes. Em julho de 1934, Capanema foi nomeado pelo presidente Getúlio Vargas para dirigir o Ministério da Educação e Saúde permanecendo no cargo até o fim do Estado Novo, em outubro de 1945. Sua gestão no ministério foi marcada pela centralização, em nível federal, das iniciativas no campo da educação e saúde pública no Brasil. Na área educacional, tomou parte no acirrado debate então travado entre o grupo "renovador", que defendia um ensino laico e universal, sob a responsabilidade do Estado, e o grupo "católico", que advogava um ensino livre da interferência estatal. Em 1937, foi criada a Universidade do Brasil a partir da estrutura da antiga Universidade do Distrito Federal (UDF). Importante iniciativa do seu ministério foi a criação do Serviço de Patrimônio Histórico e Artístico Nacional (Sphan). Após o fim do Estado Novo, Capanema filiou-se ao Partido Social Democrático (PSD) e obteve sucessivos mandatos parlamentares.

Foi quando o Ademar¹³ acabou com a Faculdade de Educação da qual ele era diretor?
Não, não foi nessa época, não tinha nada a ver com a Faculdade. Era dentro da Universidade, da USP. Ele me procurou e eu tive a grande felicidade, para mim foi uma alegria realmente muito grande poder ser útil a ele. Começaram assim as nossas relações. Eu tive dele uma impressão muito forte, seja por sua cultura, pela capacidade de tratar as pessoas com grande elegância, grande finura, seja também pela capacidade, que ele tinha, de demonstrar um conhecimento extraordinário de toda a administração brasileira. Sabe, já naquela época, ele conhecia tudo muito bem. De maneira que nossas relações dataram daí. A partir de 40, tive a fortuna de fazer relações com ele, as quais mantivemos durante todos os anos sem nenhum estremecimento...

Inclusive, quando o senhor esteve, me parece, na Inglaterra, o senhor continuou escrevendo... Ele exigia dos amigos que respondessem suas cartas...
Ahhhh, fazia uma questão enorme! Eu me lembro de uma ocasião em que houve uma reação muito engraçada dele. Eu falava de uma pessoa e ele me disse "Ah, é um homem excelente, mas não responde às cartas. Isso é um defeito inominável!!!". Ele era muito preciso, respondia a todas as cartas...

Eu me lembro que o senhor escreveu-lhe uma carta, falando do seu sogro, que estava muito doente. Depois, melhorou, parece que foi morrer bem mais tarde, com 90 e tanto anos... O senhor devia estar numa aflição grande, apoquentado. Então escreveu uma carta pequena, mas Fernando de Azevedo continuou a exigir mais cartas. Então o senhor respondeu outra vez, contando que não havia podido escrever antes porque havia passado vários dias com a família toda preocupadíssima por causa do seu sogro, mas agora que a situação melhorara... Eu estava outro

---

¹³ Ademar Pereira de Barros (Piracicaba, SP, 1901-Paris, FR, 1969). Aviador, médico, empresário e influente político entre as décadas de 1930 e 1960. Pertencente a uma família de tradicionais cafeicultores de São Manuel, no interior do estado de São Paulo, foi prefeito da cidade de São Paulo (1957-61), interventor federal (1938-41) e duas vezes governador de São Paulo (1947-51 e 1963-66). Seus seguidores, até hoje existentes, são chamados de "ademaristas". Concorreu à presidência da república do Brasil em 1955 e em 1960, conquistando, nestas duas eleições, o terceiro lugar. Muitos bairros, escolas, o Hospital das Clínicas da Faculdade de Medicina da Universidade de São Paulo, aeroporto e rodovia são nomeados em sua homenagem.

dia na casa do Cyro dos Anjos,[14] *sou amiga e fui colega da Márcia dos Anjos,*[15] *filha do Cyro, e ele me contou: "Pois é, havia o retrato do Abgar Renault na sala do Fernando de Azevedo...". Ele tinha um retrato seu? Uma pessoa que estava na sala falou: "Mas, Maria Luiza, aparentemente são pessoas tão diferentes, o Abgar Renault é poeta, possui grande sensibilidade...". E o Fernando de Azevedo dá a impressão a muitas pessoas de ser uma pessoa rígida, com pouca sensibilidade...*
É, isso mesmo, ele tinha um retrato meu lá... Mas não era assim, ele tinha, por exemplo, uma compreensão da poesia, compreensão muito segura, muito fina, muito acertada. Mesmo a poesia moderna, apesar da sua formação clássica, ele compreendia de uma maneira perfeita. Era uma grande figura o Fernando. Porque o que havia nele de vário, de múltiplo, de diferente era uma coisa extraordinária. Por exemplo, o primeiro concurso que ele fez para ensinar foi um concurso para educação física.[16]

Foi em 1915, passaram ele para trás de maneira escandalosa, algo incrível...
Exatamente. Depois, em São Paulo, já com mais de 40 anos, 50 talvez, ele começou a pilotar aviões.

Sofreu um desastre...
Sim, ele me contou.

Que força de vontade. A formação jesuítica deve ter contribuído.
Que homem singular ele era. Dirigia automóvel muito bem. Nos últimos tempos, ele estava como diretor do Centro Regional de Pesquisas Educacionais de São Paulo.[17]

---

[14] Cyro dos Anjos (Montes Claro, MG, 1906-Rio de Janeiro, RJ, 1994). Funcionário público e jornalista, exercendo durante toda a sua vida diversos cargos públicos, cursou direito na Universidade Federal de Minas Gerais. De 1940 a 1946, foi professor de literatura portuguesa na Faculdade de Filosofia de Minas Gerais e em 1952, convidado pelo Itamaraty, regeu a cadeira de estudos brasileiros na Universidade Autônoma do México. Em 1954, exerceu idêntica função na Universidade de Lisboa. Mais tarde, lecionou na Universidade de Brasília e foi membro do Tribunal de Contas do Distrito Federal. Aposentando-se em 1976, voltou a residir no Rio de Janeiro, porém não se desligou das atividades do ensino, ministrando o curso "Oficina Literária" na Universidade Federal do Rio de Janeiro. Principais obras: *O amanuense Belmiro* (1937), *Abdias* (1945), *Montanha* (1956), *Explorações no tempo* (1963), *A menina do sobrado* (1979).
[15] Márcia dos Anjos, psicanalista e escritora, já falecida.
[16] Fernando de Azevedo publicou um livro sobre o tema: *Da educação física*. São Paulo: Weiszflog Irmãos Incorporada, 1920.
[17] Centro Regional de Pesquisas Educacionais de São Paulo.

Aquele da rede do Centros de Pesquisas Educacionais que o Anísio fundou?
Sim, como diretor do Inep.[18] O Centro de pesquisa se chama Queiroz Filho[19] e tornou-se uma peça-chave. Eu era diretor de outro Centro, do mesmo tipo, Regional de Minas Gerais, em Belo Horizonte. Nós tínhamos sido convidados pelo Anísio,[20] de modo que tínhamos sempre contatos a propósito da ação dos Centros (eram cinco, além do Centro Brasileiro de Pesquisas Educacionais no Rio de Janeiro). Nós combinávamos muito, trocávamos ideias com muita frequência, e devo dizer-lhe que ele realizou, também, no Centro de São Paulo, uma obra notável. Notável. Enquanto ele quis ficar, ficou; depois, não sei por

---

[18] Abgar Renault refere-se ao Instituto Nacional de Estudos Pedagógicos (Inep).
[19] Antônio de Queiroz Filho (Caconde, SP, 1919-63). Cursou o Colégio São Luís de São Paulo. Cursou a Faculdade de Direito de São Paulo (1927) e foi orador do Centro Acadêmico XI de Agosto. Pertenceu à turma que, "colocada no divisor das águas da política brasileira", representado pelo ano revolucionário de 1930, deu nomes de relevo à administração de São Paulo. Completou a carreira como procurador de justiça. Seu livro *Lições de direito penal* (1963) tem prefácio de Alceu de Amoroso Lima (Tristão de Athayde): "Lições de um verdadeiro mestre baseadas numa filosofia sólida e profunda e reveladoras de uma sensibilidade fora do comum [...]". Publicou um livro de ensaios, *Caminhos humanos* (1940), e foi militante da Ação Católica Brasileira. Participou igualmente do movimento de Economia e Humanismo inspirado pelo padre Lebret. Em 1954, disputou uma cadeira na Câmara Federal pelo Partido Democrata Cristão e, eleito, foi membro da Comissão de Justiça. Em 1957, passou a dirigir a Secretaria da Justiça no governo Jânio Quadros, exercendo-a até o início da campanha Carvalho Pinto. No governo Carvalho Pinto, dirigiu a Secretaria da Educação (1959) e, em 1961, foi convidado para a Secretaria da Justiça do mesmo governo.
[20] Anísio Teixeira (Caetité, Sertão da Bahia, 1900-Rio de Janeiro, RJ, 1971). Com formação jesuítica, formou-se em direito pela Faculdade de Direito da Universidade do Rio de Janeiro. Iniciou sua vida pública como inspetor-geral do Ensino da Bahia e teve a oportunidade de realizar reforma da instrução pública naquele estado, durante os anos de 1924 a 1929. Obteve o título de *Master of Arts* pelo College da Columbia University, quando tomou contato com a obra de John Dewey. Como diretor da Instrução Pública do Distrito Federal (1931-35) conduziu importante reforma educacional que o projetou nacionalmente e que atingiu desde a escola primária até a escola secundária e o ensino de adultos, culminando com a criação da Universidade do Distrito Federal (UDF). Com a construção da Escola-Parque foi projetado internacionalmente, sendo um dos principais idealizadores da Universidade de Brasília (UnB). Ao retornar dos Estados Unidos da América, antes de seguir para a Bahia, Anísio passou pela cidade do Rio de Janeiro, quando conheceu Fernando de Azevedo, que, desde 1927, dirigia a Instrução Pública carioca. O encontro foi mediado por Monteiro Lobato. Morando em Nova York, Lobato escreveu a seguinte carta de apresentação: "Fernando. Ao receberes esta, para! Bota pra fora qualquer senador que te esteja aporrinhando. Solta o pessoal da sala e atende o apresentado, pois ele é o nosso grande Anísio Teixeira, a inteligência mais brilhante e o melhor coração que já encontrei nesses últimos anos de minha vida. O Anísio viu, sentiu e compreendeu a América e aí te dirá o que realmente significa esse fenômeno novo no mundo. Ouve-o, adora-o como todos que o conhecemos o adoramos e torna-te amigo dele como me tornei, como nos tornamos eu e você. Bem sabes que há uma *certa irmandade* do mundo e que é desses irmãos, quando se encontram, reconhecerem-se. Adeus. Estou escrevendo a galope, a bordo do navio que vai levando uma grande coisa para o Brasil: o Anísio lapidado pela América. Lobat." (*Figuras de meu convívio*. São Paulo: Edições Melhoramentos, 1961. p. 111).

que motivo, saiu. Não por qualquer desentendimento com o Anísio, acho que o Anísio largou[21] o Inep, ao qual estavam os Centros subordinados. Então, ele deixou também e nunca mais mexeu com aquilo. Mas Fernando de Azevedo é um desses homens que o Brasil, a meu ver, não sentiu sua falta ainda, não sabe ainda o que perdeu. Perdeu Fernando de Azevedo.

É verdade, o senhor veja o descalabro em que se encontra a área da educação.
Claro. Aqui, quero acentuar uma coisa importante: é muito comum que os teóricos da educação, isto é, aqueles que tratam da educação em livros, escrevendo obras sobre vários assuntos, todos eles ligados à educação, é muito comum que ao lidarem com a administração da educação não sejam a mesma coisa que são nos seus livros, isto é, não conseguem pôr — como se diz em linguagem clássica — pôr em obra[22] aquilo que está escrito. O Fernando, não. Fernando realizava na administração aquilo que pregava nos livros, porque ele tinha uma capacidade muito grande de transformar a palavra em ato. Uma das coisas mais singulares da sua personalidade era essa: transformava facilmente aquilo que estava dizendo ou escrevendo num ato administrativo de alta eficácia.

Há uma frase dele, "colocar o ideal no real", ou seja, inserir o abstrato no concreto.
Exatamente. Era uma grande figura.

Penso que estão fazendo muita injustiça a ele. Não sei se o senhor viu o livro A ideologia da cultura brasileira. *É de um paulista, Carlos Guilherme Mota.*[23]
Pareceu-me leviano em relação ao Fernando de Azevedo.
Ah, esse pessoal...

Um homem que lutou, que foi inclusive perseguido, preocupado com o social desde jovem e que agora é rotulado de elitista. Ele nunca transigiu com a ideia da necessidade de uma elite, não daquela elite constituída por pessoas que ganham o título por direito de nascença apenas, uma elite meramente aristocrata, revelando

---

[21] Anísio não largou nada. Foi demitido. Com o golpe militar de 1964, Anísio Teixeira foi afastado do Inep, da UnB, da Capes, da Faculdade Nacional de Filosofia. Teve que responder a dois Ipemes, sendo inocentado. A crise se estendeu aos centros regionais. Abgar Renault, como bom mineiro, foi conciliador, parece que resistiu mais tempo.
[22] Pôr em obra: começar uma ação, realizar; pôr mãos à obra: começar a agir.
[23] Carlos Guilherme Mota. *Ideologia da cultura brasileira (1933-1974)*: pontos de partida para uma revisão histórica. São Paulo: Ática, 1977. (Ensaios, n. 30).

um processo de seleção muitas vezes iníquo, mas uma elite no sentido das capacidades, meritocrática, recrutável em todas as camadas da população. Para isso, é claro, tem que existir um sistema educacional que funcione desde cedo, que abra realmente oportunidades reais para todos.
A minha convicção é a seguinte: o Fernando de Azevedo entendia a democratização do ensino, de modo geral, como um processo pelo qual a qualquer um estivesse aberta a escola de qualquer grau, notadamente a escola de nível superior que é aquela que os nossos rapazes visam com mais veemência. Agora, ele não achava que a democracia estava no fato de a escola abrir-se a qualquer um, mas abrir-se a qualquer um que fosse capaz, capacitado. De modo que, no fundo, sempre manteve a ideia, que me parece perfeitamente correta, da elite nas universidades. Agora, essa elite, evidentemente, tinha que ser...

Recrutada.
Recrutada, não porque a pessoa tivesse tais ou tais potenciais de natureza material, mas pela sua capacidade de enfrentar os ossos [do ofício], ou seja, os exames vestibulares, e vencê-los, revelando capacidade especial. Eu acho que ele estava perfeitamente correto.

Exato.
Não me parece que o fato de um rapaz ser filho da minha cozinheira deva ter facilitado o seu caminho à universidade, a menos que ele, sendo filho da minha cozinheira, seja capaz. Porque o que está ocorrendo no Brasil hoje é o seguinte, é a preocupação de deixar qualquer um entrar na universidade...

Só pelo canudo. Agora, o principal é que é necessária uma boa educação popular... porque o Fernando de Azevedo diz que "educação popular e educação de elites são duas faces de um mesmo problema". Ele cita até a União Soviética: "A União Soviética, cinco anos depois da Revolução de 1917, já tinha criado cinco Universidades". Aquelas universidades, evidentemente, eram para uma elite. Mas, é claro, sem o fortalecimento da educação popular, não serão dadas chances a pessoas das diversas classes sociais de ter acesso a uma boa educação...
Perfeito... Veja a situação brasileira: nós estamos gastando — sem contar aquilo que o governo dá como auxílio às universidades particulares, nem contando os convênios — só com nossas três primeiras instituições de ensino superior, federais, estamos gastando 63% do orçamento do Ministério. Enquanto isso a triste

escola primária está inteiramente abandonada. Este ministro que aí está voltou as suas vistas, felizmente, para a escola primária e tenho a convicção de que ele vai fazer um trabalho importante e útil. Agora, se o Brasil persistir na marcha em que vai, isto é, se o ministro atual não conseguir dar à escola primária, por todos os meios, a projeção que ela deve ter, se mantida a atual taxa de crescimento demográfico, a atual taxa de repetentes e a atual taxa de evasão escolar, o Brasil vai demorar 300 anos para acabar com o analfabetismo.

O senhor sabe que no Rio de Janeiro estamos com uma repetência de 60%? A criança chega à escola e o primeiro contato que ela tem com o sistema é de fracasso e é claro que tem que ser assim, porque no fundo o problema não é nem de primeiro ano primário, o problema está antes, no pré-escolar.
Exato.

São crianças dessas favelas que estão passado fome, com carência de proteína (protein gap)*, então, é aí que você realmente democratiza, para começar com alimentação, pegar a criança pequena... muitas vezes as mães são mulheres sem instrução, o pai muitas vezes é desconhecido ou inatuante. Então, são essas mães, mulheres com boa vontade, mas que às vezes mal conversam com os filhos. Evidentemente, essa criança está fadada ao fracasso.*
Sem dúvida.

Então há uma espécie de temor de pronunciar a palavra elite, já que, no fundo, a palavra elite ainda possui conotação pejorativa; em termos semânticos, realmente tem, mas quando Lênin[24] *falava em vanguarda, referia-se exatamente à mesma coisa.*
É isso mesmo, perfeito. A elitização do ensino, eu só a compreendo assim...

Nesse sentido democrático.
No sentido de "o ensino é feito para os mais capazes". Se os mais capazes são aqueles que no momento têm um nível de vida melhor, o que cumpre fazer é

---

[24] Vladimir Ilitch Lênin (Simbirsk, 1870-Gorki, 1924). Revolucionário e chefe de Estado russo, maior responsável pela Revolução Russa de 1917, líder do Partido Comunista e primeiro presidente do Conselho dos Comissários do Povo da União Soviética. Influenciou teoricamente os partidos comunistas de todo o mundo (pelo seu perfil ético), e suas contribuições resultaram na criação de uma corrente teórica denominada leninismo (Ética de Estado). Adaptou e aplicou o marxismo do século XIX à realidade russa do século XX.

melhorar o nível de vida de todos, não é verdade? A começar pela escola primária que, num país como o nosso, deve ser uma escola que dê não apenas ensino, mas educação e alimentação e tudo aquilo que seja capaz de transformar um menino que não possui certas virtualidades pessoais num rapaz que tenha capacidade de enfrentar um ensino de nível superior.

É a base. Tenho filhas adolescentes, e percebo como o ensino está piorando. Lembro-me de uma tia em Minas, tia Augusta, que cursou apenas o curso primário, mas que havia sido muito bem alfabetizada. Se morria alguém na família, tia Augusta sabia escrever uma carta de condolências, se nascia um bebê, ela enviava carta, uma poesia, ela sabia se comunicar. Isso foi antigamente, no interior de Minas. Ela morreu com 90 anos, em Minas, mas não gostava de contar a idade... Escrevia uma poesia simbolista, o senhor imagina. Atualmente, o pessoal fica com essa tal de comunicação e expressão. Umas complicações...
E não sai nada.

Complicam demais. O estudante de nível médio candidata-se ao vestibular e não sabe escrever o português correto.
A coisa é a seguinte: nosso ensino de nível médio é condicionado pelos exames vestibulares, ou seja, aquilo que é exigido nos exames vestibulares é o que se ensina na escola de segundo grau, essa é que é a verdade. Então, quando a Reforma de 1971 estabeleceu ou admitiu que os exames, por exemplo, de língua portuguesa, fossem feitos por meio de simples esquemas de múltipla escolha mediante o qual se marcasse se está certo ou errado...

Marcar os quadradinhos.
Sem redação, a partir desse instante, o que ocorreu? A escola de nível médio passou a não exigir os exercícios de redação. Como isso é possível? Como é possível aprender a escrever sem escrever, meu Deus do céu? E também sem ler? E ninguém deu jeito. Vou lhe contar um fato, não tem nada que ver, mas vou contar porque é interessante. Em 1972 ou 73, não sei bem, mais tarde talvez, nos últimos anos da década de 70, fui relator no Conselho Federal de Educação de um processo muito importante: uma escola do interior de Minas Gerais reclamava por intermédio dos seus alunos e de seus professores a inclusão da redação no exame vestibular.

Que beleza.
Uma coisa interessante. Pois bem, eu fiz um longo parecer para o Conselho Federal e devo dizer-lhe que não foi fácil a aprovação. Veja bem isto: não foi fácil a aprovação, repito, houve muito debate porque havia muitas pessoas que de boa-fé, naturalmente, mas erradas também, entendiam que não era necessário haver prova de redação para apurar o conhecimento que uma pessoa tem da sua língua. É como se nós exigíssemos de uma pessoa que pretenda dirigir um automóvel que ela conhecesse apenas as peças, os nomes das peças etc. e na hora de dirigir não se exigisse a prova de direção.

Exatamente. Como se pensamento não fosse ligado à linguagem...
Mas é claro, perfeito, não há pensamento sem palavra. Sem símbolo de palavra ou imagens de palavras, essa é que é a verdade. Então, o que se deu? Alguns estabelecimentos, entre eles a Universidade de São Paulo, antes de homologado pelo ministro o parecer aprovado pelo Conselho Federal de Educação, de minha autoria, já começaram a fazer exigências da redação, de maneira que hoje já estamos com as provas de dissertação de volta, provas nas quais o aluno é obrigado a escrever, ao invés de ficar marcando cruzinhas para dizer se isso está certo ou se aquilo está errado.

Veja o senhor quantos anos não perdemos com isso. Um país que precisa superar o subdesenvolvimento... A partir de 64 tivemos uma política de educação errada. Eles tentaram abrir universidades, inventaram novas faculdades, inventaram pós--graduações, malfeitas, aqui e ali, tudo que é cidadezinha quer ter uma faculdade. Antigamente a pessoa fazia curso primário e sabia se expressar. Mas por quê? Porque havia boas professoras primárias.
Não é possível, claro. Agora, quanto ao problema da professora primária, voltamos ao ponto que Fernando de Azevedo sempre entendeu, como eu entendo também, que a formação do professor primário deve ser numa instituição de tipo especial. A velha Escola Normal é que formou os melhores professores primários que tivemos no Brasil. Agora, o que está acontecendo, veja bem, isso é importante: uniu-se o primário à parte do ensino médio (o antigo ginásio), criou-se um ensino de primeiro grau, que está intimamente ligado ao ensino do segundo grau como uma fase, que é estudada também numa escola que não tem nenhum tipo especial e, com esse prolongamento, que é o ensino de segundo grau. Agora, o que acontece com os professores que aí funcionam — esse que é

o ponto que me parece importante —, os professores formados, os professores para essa escola de primeiro grau, fazem parte da escola de segundo grau, são formados nas mesmas faculdades, quer dizer, eles têm uma preparação de nível superior. Mas, em primeiro lugar, a escola primária é muito desprezada; em segundo lugar, ocorre algo muito importante, veja que é uma sutileza que a lei admitiu e que é um despropósito: a pessoa que se formou no ensino de primeiro grau com um ano a mais de ensino, isto é, com um ano a mais de segundo grau ou dois, se quiser, pode lecionar não na escola de primeiro, mas na de segundo grau! Então, o que acontece? Quem é que vai deixar de concluir seu curso de segundo grau para lecionar apenas no primeiro? Não vai, ela conclui o segundo grau e a escola fica sem professor [especializado].

Ou então aceita professores péssimos.
Exato, contrata professores que não estão preparados. Não tem jeito, não tem solução. É um erro. São esses erros funestos, são pequenas coisas, que eu não compreendo como deixaram que viessem a acontecer num país como o nosso.

Quando se estuda esse problema, constata-se que uma das causas — aliás o Fernando de Azevedo sofreu muito por causa disso e, portanto, falam dele possuir um certo espírito autoritário — é o problema da politicagem. Às vezes, por detrás dessas leis, estão políticos que muitas vezes forçam a mudança das legislações. Fernando de Azevedo, por exemplo, para mudar as coisas aqui no Distrito Federal, teve uma luta com a oposição e com o governo, com ambos os lados.
Ah, teve uma luta com a Câmara de Vereadores, algo terrível... Ele conta num de seus livros...

História da minha vida.[25]
Isso, um livro extraordinário.

Então, o que está se fazendo em matéria de educação, aqui no Rio de Janeiro, é um descalabro. A violência tem muitas causas, muitas outras causas, é claro, mas quando sentimos a violência que reina por aqui, de qualquer maneira, parece que não há a menor possibilidade do indivíduo ter um lugar ao sol dentro da

---

[25] Fernando de Azevedo. *História de minha vida*. Rio de Janeiro: Livraria José Olympio Editora, 1971.

sociedade. Realmente, ele tem que atacar a sociedade. Os políticos usam muito a educação para nomear correligionários sem valor, para obter cargos, sem se conscientizarem que estão arrasando o sistema pedagógico.
Sem dúvida.

Então, às vezes as leis são feitas para favorecer determinados grupos.
E quando não são feitas para favorecer, eles não querem que elas sejam cumpridas.

Exatamente.
Eu vou lhe contar o que aconteceu comigo numa ocasião, um dos motivos pelos quais saí da Secretaria de Educação de Minas Gerais.

Em 1948?
Não, no tempo em que fui duas vezes secretário, uma na gestão do Milton Campos[26] e outra na do Bias Fortes.[27] Deu-se uma coisa muito curiosa: um deputado veio pedir uma nomeação para um determinado município, veio fazer o seu pedido. Eu examinei a lista de classificação e verifiquei o seguinte: a moça que ele estava desejando fosse nomeada ficou no quinto lugar. Então, eu disse: "não é possível essa nomeação porque, ou eu levo ao Governador a moça do quinto lugar, pulando quatro que estão mais bem classificadas do que ela, ou então, o que é um despropósito, sou obrigado a nomear as cinco primeiras para incluí-la. Não fazê-lo seria praticar uma injustiça com as quatro primeiras. Quando

---

[26] Milton Campos (Ponte Nova, MG, 1900-Belo Horizonte, MG, 1972). Bacharel em direito pela Faculdade de Direito de Belo Horizonte. Como jornalista, assume a direção da sucursal dos *Diários Associados* em Minas, sendo colaborador também dos jornais *Estado de Minas* e *Diário de Minas*. Em 1932, é nomeado advogado-geral do estado e, em 1933, integra o Conselho Consultivo do estado. Em 1935, assume o mandato de deputado estadual e é relator do anteprojeto da Constituição Mineira. Colaborou na redação do Manifesto dos Mineiros. Fundou o departamento de Política da Universidade de Minas Gerais, no qual também foi professor catedrático e lecionou na Faculdade Mineira de Direito. Em 1945, eleito deputado federal, foi sub-relator da Comissão de Poder Judiciário na Comissão Constitucional. Em 1947, assume o governo de Minas, antecedendo Juscelino Kubitschek e, em 1954, volta ao Rio de Janeiro para exercer seu mandato como deputado federal. Participou ativamente da articulação do golpe militar em 31 de março de 1964. Foi nomeado ministro da Justiça pelo presidente Castelo Branco. Deixou o cargo em 1965, quando retorna ao Senado Federal. Em 1967, assume seu último mandato como senador, tendo sido eleito pela Arena.

[27] José Francisco Bias Fortes (Barbacena, MG, 1891-Rio de Janeiro, RJ, 1971). Político, foi prefeito de Barbacena, ministro da Justiça no governo de Eurico Gaspar Dutra e governador de Minas Gerais.

preciso de só uma professora, vou levar ao governador quatro, o que também não posso fazer...". Acabou. Eu não pude continuar no cargo: não fiz votos, não ajudei a conquistar votos.

Quando o Fernando de Azevedo saiu da Secretaria de Educação do Estado de São Paulo, foi mais ou menos por um detalhe como esse. O governador Ademar de Barros começou a pressioná-lo a tomar certas atitudes, mas ele não pôde transigir porque tinha também firmeza de propósitos. É o tal negócio, se a pessoa quiser fazer uma administração com bons resultados, deixar uma obra duradoura...
São certas coisas que um administrador, um homem decente não pode fazer, fica sem autoridade. Depois é muito penoso você escolher: nesse caso que citei, deixar uma moça, que foi bem colocada, de fato quatro que foram melhor colocadas e nomear a quinta; ou então nomear cinco quando só se abriu uma vaga, e ficarem quatro sem fazer nada. Não é possível.

Observo que no Brasil é muito difícil a pessoa exercer um cargo desses; talvez seja por isso que Fernando de Azevedo nunca tenha podido ser ministro da Educação, um sonho que ele tinha, não lhe parece?
Ele nunca mencionou isso, mas que merecia ter sido, não há dúvida. Seria um grande ministro. Eu tenho a impressão de que no governo do Getúlio[28] ele teve a oportunidade de ser ministro, não foi?

É, parece que uma vez o Getúlio falou com ele, seria necessário que o Capanema passasse para o Supremo Tribunal, uma coisa assim, mas o Capanema não quis. Isso é o que está nas Memórias. *Essa foi a primeira vez que o Fernando de Azevedo não pôde ser ministro. Na segunda vez, o Getúlio convidou-o, mas ele não pôde ser aceito. Getúlio perguntou se aceitaria o cargo e ele respondeu: "Sim, eu aceito o Ministério da Educação, mas eu penso que ser ministro é fazer isso, isso e*

---

[28] Getúlio Dorneles Vargas (São Borja, 1882-Rio de Janeiro, RJ, 1954). Advogado e político, líder civil da Revolução de 1930, que pôs fim à República Velha, depondo seu 13º e último presidente, Washington Luís, e impedindo a posse do presidente Júlio Prestes, eleito em 1º de março de 1930. Foi presidente do Brasil em dois períodos. O primeiro, de 15 anos ininterruptos, de 1930 a 1945, dividiu-se em três fases: de 1930 a 1934, como chefe do "Governo Provisório"; entre 1934 e 1937 governou o país como presidente da república do Governo Constitucional, tendo sido eleito presidente da república pela Assembleia Nacional Constituinte de 1934; e de 1937 a 1945, enquanto durou o Estado Novo implantado após um golpe de estado. Foi eleito para o segundo período, de 1950 a 1954, após crise político-militar que culminou com seu suicídio em 24 de agosto de 1954.

isso etc....", naquele jeitão dele, então o Getúlio ponderou: "Ah, assim vai ser muito difícil, porque há todo o grupo dos políticos que vai me exigir coisas...". Getúlio era um homem muito maneiroso...
Era concessivo demais... Era um político apenas pelo sim, pelo não.

Hábil. Então, o Fernando de Azevedo não aceitou por isso. O senhor assistiu a posse dele na Academia? Talvez o senhor ainda não estivesse lá nessa época, o discurso dele foi proferido em 68.
Eu entrei no ano de 68, mas quando ele fez o discurso eu não estava ainda lá. Minha eleição foi em meados [do ano]. Ele votou em mim, de maneira que eu não estava presente. Não é que não quisesse estar lá, não, eu gostaria de ter estado, mas houve uma circunstância qualquer que me impediu de estar lá.

Uma outra coisa, professor Abgar Renault, há uma carta dele para o senhor em que afirma que o senhor é muito pessimista; ele cita uma frase sua: "Tudo tende a piorar...". Eu estou me lembrando hoje disso porque acho que atualmente no Brasil tudo tende a piorar em termos políticos, ainda mais depois dessas bombas[29] e tal...
Engraçado, dessa carta eu lembro.

"Tudo tende a piorar", sua frase é de 1954. O senhor ainda acha isso? E Fernando de Azevedo o exortou: "Também não é bem assim, Abgar, tal e tal...". E o senhor repetindo: "Tudo tende a piorar".
É isso mesmo, é verdade. Não me lembrava da carta. Dessa frase me lembro muito bem... Tenho as cartas dele todas aí, tudo guardado, cartas numerosas dele. Vou ver se acho e te empresto. São cartas de primeira ordem. Eu me lembro muito dessa história dele comigo.

Obrigada. Outra coisa: há um livro do Fernando de Azevedo em que ele cita uma frase de Marx[30] na qual afirma que as ideias dominantes de uma época são as

---

[29] Em 1981, comandava a Polícia Militar do Rio de Janeiro o coronel Nilton Cerqueira quando uma bomba explodiu no colo de um sargento do DOI-Codi e estripou um capitão no estacionamento do Riocentro.

[30] Karl Marx (Tréveris, Alemanha, 1818-Londres, Inglaterra, 1883). Economista, filósofo, historiador, jornalista, teórico político, intelectual e revolucionário alemão, fundador da doutrina comunista moderna. Estudou direito na Universidade de Bonn e depois história e filosofia em Berlim. Suas ideias centrais são a percepção do mundo social pela categoria de classe, definida pelas relações com os processos econômicos e produtivos; a crença no desenvolvimento da so-

ideias da classe dominante. O Fernando de Azevedo não concordava com essa afirmação.
Eu também não concordo.

Ele se cita como exemplo, argumentado da seguinte maneira: no fundo a realidade é uma coisa muito mais ambígua do que parece, há muitas ramificações possíveis do poder, muitas vezes se está dentro de uma administração, tomando determinadas atitudes, e pode-se estar agindo, de certa maneira, contra as ideias da classe dominante, a contrapelo, justamente, da mentalidade dominante.
Sem dúvida. Acho que o Fernando tem razão. Eu também não considero que as ideias dominantes de uma época sejam as da classe dominante. Se fosse assim, nunca haveria possibilidade de você pôr abaixo a classe dominante, não é?

Reverter.
Porque se as ideias da classe dominante estivessem sempre predominando, jamais haveria solução.

Seria uma realidade estática, rígida.
Não é assim não, acho que a crítica do Fernando tem toda razão de ser.

Porque ele cita o exemplo dele e o do Anísio. Eles estavam dentro de uma administração governamental, com ideias sobre educação popular bastante avançadas, ideias, justamente, de democratização. Agora, também sou um pouco pessimista, acho que é mal dos mineiros, não sei, o que me parece é que no fundo quando se diz que existem ideias dominantes, de uma elite intelectual ou de um grupo de pessoas que pensam diferente, por exemplo, que têm consciência crítica, até mesmo em termos marxistas, essas pessoas poderiam ultrapassar sua condição de classe etc. Mas essas ideias não vingam, muitas vezes. Que acha o senhor disso? O Fernando de Azevedo tem uma história no fundo de fracasso, que talvez não seja uma categoria filosófica.
Qual é o seu orientador?

---

ciedade além da fase capitalista através da revolução do proletariado; na economia, a teoria do valor-trabalho; e, acima de tudo, a rejeição da exploração que seria inerente ao controle privado do processo produtivo, trabalhando também com o conceito operativo de alienação. Na prática, o marxismo é um comprometimento com as classes exploradas e oprimidas, e com a revolução que deverá melhorar sua condição.

Eduardo Jardim,[31] da PUC.
Da PUC de São Paulo?

Não, daqui. Sou carioca e meio mineira... Sempre passei minhas férias em Minas, minha família é quase toda mineira, não sei se o senhor conheceu meu pai, talvez tenha conhecido, Luiz Camillo.[32]
Muito, mas muito, ora. Uma grande figura.

Em nosso país muitas vezes há ideias e projetos de reformas, de transformação, mas não vingam. Há diversas elites. Existe a elite intelectual, mas existem também as elites políticas, que são, muitas vezes, reacionárias, corruptas, e que não aceitam modificações.
Não deixam que as coisas se plantem e frutifiquem, não permitem...

---

[31] Eduardo Jardim (Rio de Janeiro, RJ, 1948). Professor de filosofia na PUC-Rio, fez o doutorado na UFRJ e pós-doutorado na Alemanha. Alguns dos principais trabalhos publicados: *Hannah Arendt — pensadora da crise e de um novo início* (Rio de Janeiro: Civilização Brasileira, 2011), *A duas vozes — Hannah Arendt e Octavio Paz* (Rio de Janeiro: Civilização Brasileira, 2007), *Mário de Andrade: a morte do poeta* (Rio de Janeiro: Civilização Brasileira, 2005), Eduardo Jardim e N. Bignotto (Org.). *Hannah Arendt — diálogos, reflexões, memórias* (Belo Horizonte: UFMG, 2001). *Limites do moderno: o pensamento estético de Mário de Andrade* (Rio de Janeiro: Relume Dumará, 1999), *A brasilidade modernista: sua dimensão filosófica* (Rio de Janeiro: Graal, 1978). Para Eduardo Jardim, mais de um aspecto da obra de Mário de Andrade interessa ao filósofo: "Em primeiro lugar, ela é riquíssima para se visualizar o retrato-do-Brasil proposto pelos modernistas. Para os estudos de história do pensamento no Brasil, é importante acompanhar o modo como ele concebeu o processo de modernização como inserção do Brasil no concerto internacional, como considerou a articulação entre a produção intelectual culta e a cultura popular e como fez uma revisão de todos esses pontos em textos do período final da obra. Outro aspecto muito rico é sua reflexão sobre a arte, em textos como *O artista e o artesão* e no curso de filosofia e história da arte, na Universidade do Distrito Federal. São momentos em que o pensamento de Mário de Andrade se apura enormemente".

[32] Luiz Camillo de Oliveira Netto (Itabira de Nossa Senhora do Mato Dentro, MG, 1904-Rio de Janeiro, RJ, 1953). Historiador. Organizou e dirigiu a biblioteca da Secretaria do Interior e Justiça de Minas Gerais e iniciou suas pesquisas no Arquivo Público Mineiro. Foi diretor da Casa de Rui Barbosa (24/12/1934), elaborou o plano de publicação das *Obras completas* do patrono. Professor de história do Brasil (1937-39) na Universidade do Distrito Federal (UDF), foi depois seu reitor (1939). Membro do Conselho Nacional de Educação (1936-50); diretor do Serviço de Documentação e da Biblioteca do Itamaraty (1940-43, 1945-53), foi exonerado dessas funções por ter assinado o Manifesto dos Mineiros (1943) e por sua ativa participação na elaboração do texto fusão do mesmo Manifesto, liderando, junto com Virgílio de Mello Franco, o movimento da coleta de assinaturas no Rio de Janeiro. Dele disse Carlos Drummond de Andrade que "um capítulo dinâmico da história política do Brasil em tempos não longínquos haveria de chamar-se: 'Da ação subterrânea e eficaz de um certo Luiz Camillo, que não era senador nem deputado nem ministro nem nada: era engenhoso e inteligente'".

Não permitem uma continuidade, no fundo é só politicagem.
A meu ver, uma das coisas mais graves no Brasil é essa impossibilidade de você dar continuidade às coisas. O Anísio Teixeira tem uma frase que é muito boa, especialmente aplicada à educação, mas que poderia aplicar-se a tudo mais. Ele diz o seguinte: "O educador é aquele que deve amanhecer hoje com os olhos voltados para o dia de ontem". É bonito isso, não é?

É incrível.
É um *insight* excelente. Ele não quer significar — mesmo porque ele era um homem muito adiantado, muito inteligente, muito capaz — que se deva voltar ao passado, mas quer significar com isso a necessidade de que as coisas continuem ligadas a um passado recente. Isso é o que não se admite no Brasil.

Uma assimilação crítica. E agora, o senhor repara, as pessoas querem como que arrasar com toda a geração antiga...
Ah, não tenha dúvida.

Então, para Fernando de Azevedo é importante, é necessário termos a "educação de elite ou de qualidade".
Perfeito.

É muito fácil pisar e renegar o passado; é fácil porque parece ser possível recomeçar tudo de novo. Por isso não se faz nada. Se não se consegue assimilar criticamente o passado — é claro que não se vai repetir tudo —, mas temos que manter, temos que trazê-lo para as novas gerações, continuar, mesmo renovando: ultrapassar, conservando...
Nas coisas mais evidentemente úteis, o Brasil não consegue manter continuidade. Vou citar a você o caso do Centro de Pesquisas. Como ministro da Educação tive grande prazer em assinar, referendar, o ato que criou os Centros de Pesquisas. Vou citar o caso do Centro de Pesquisas de Belo Horizonte, mas todos eles eram idênticos. O Centro de Pesquisas consistia no seguinte: uma direção geral; uma divisão de pesquisas educacionais; uma de pesquisas sociais; um arquivo sobre todas as coisas de educação que ocorressem primeiramente no Estado, depois no resto do Brasil e depois no mundo inteiro, por meio de recorte de revistas etc. etc.; uma biblioteca muito útil, funcional, muito rica e uma seção de preparação de professores. Professores de nível primário, havia um centro de

aperfeiçoamento. O de Minas, por exemplo, tinha espaço para 120 professoras, se não me engano, tudo muito bem instalado... Quando for a Belo Horizonte, tem que visitar o Centro de Aperfeiçoamento, para ver que coisa boa, era uma realização, realmente, primorosa.

E continua funcionando bem?
Vamos chegar lá. Então, havia as instalações de internato para 120 professoras que vinham de vários pontos do país. Minas tinha, nessa época, um grupo de professoras, que eu, como secretário de Educação, havia enviado aos Estados Unidos e lá ficaram estudando durante dois anos, preparando-se. Voltaram e tomaram conta do assunto de vez.

Irradiando...
Irradiando! Vinha gente de todos os estados, inclusive do estado de São Paulo que era o estado líder da federação. Pois bem. Você sabe que foram reduzindo os Centros, o de Minas pelo menos manteve a Escola de Aperfeiçoamento, mas eles são todos iguais. Fizeram o seguinte: acabou-se com a seção de pesquisas sociais, acabou-se com a seção de pesquisas educacionais, acabou-se com tudo o que havia em matéria de publicações, porque o centro mantinha publicações feitas modestamente em multilite, mas em todo caso publicando todas as coisas essenciais que ocorriam no Brasil, no estado de Minas, no Brasil e no mundo. Todo mês saía um volumezinho daqueles. Acabou-se com aquilo. Bem, acabou-se com a possibilidade de manter o arquivo, um arquivo interessante, com todas as coisas essenciais. Hoje, o centro está reduzido ao Centro de Recursos Humanos...

Quando é que acabou isso, o senhor sabe a data? Foi logo depois que o Anísio caiu em desgraça, demitido pelo Castelo Branco?[33]
Não, foi muito tempo depois, em 71, 72. Os Centros hoje não existem mais. O Aperfeiçoamento do Magistério foi uma iniciativa importante. Transformaram-

---

[33] Marechal Humberto de Alencar Castelo Branco (Fortaleza, CE, 1897-Fortaleza, CE, 1967). Militar e político, primeiro presidente do regime militar instaurado pelo Golpe Militar de 1964, era filho do general Cândido Borges Castelo Branco e de Antonieta Alencar Castelo Branco, pertencente à família do escritor José de Alencar. Castelo Branco morreu, logo após deixar o poder, em um acidente aéreo, mal explicado nos inquéritos militares, ocorrido em 18 de julho de 1967. No processo sucessório, Castelo foi pressionado a passar a faixa presidencial para o general da linha dura, Artur da Costa e Silva, mas há rumores de que estivesse organizando com o senador Daniel Krieger um movimento contra o endurecimento do regime.

-se... Basta você considerar o seguinte: eram Centros de Pesquisas Educacionais, tinham essas coisas todas que eu lhe falei; hoje, são Centros de Recursos Humanos.[34]

Quer dizer, é só para fazer passagem.
Só, apenas isso e mais nada. Quer dizer, isso é importante, eu não nego, mas não é o bastante...

Não é a verdadeira filosofia da proposta.
Mas é claro.

E o senhor sabe por quê? O problema no Brasil é que — não sei, estou falando essas coisas, mas o senhor me corrija, porque é apenas um comentário, uma ideia — não há sensibilidade para as coisas nem da cultura nem da educação, porque só se quer o que dê ibope, que dê voto, quando há possibilidade de voto, ou então, que renda imediatamente no sentido de desenvolvimento rápido, sem formar um lastro. Isso não tem sentido num país como o nosso. Como o senhor falou, "nós vamos estar atrasados 300 anos"; não tem sentido se quisermos pensar seriamente em nosso futuro. Então, como educação não dá ibope, ensino primário não dá ibope, ensino pré-primário também não. A curto prazo, não. É uma tarefa árdua, inglória.
O Brasil é um país que gosta de árvores que deem frutos rapidamente. E educação não dá.

Exatamente. O Delfim[35] parece não ter a menor sensibilidade para os problemas de educação; não tem mesmo, porque num país subdesenvolvido é preciso destinar

---

[34] A informação está incompleta. O CBPE e os Centros do Recife, Salvador, de Porto Alegre e de São Paulo foram extintos nos anos 1970. Não se tornaram Centros de Recursos Humanos.

[35] Antônio Delfim Neto (São Paulo, 1928). Economista, professor universitário e político brasileiro. Depois de formado, foi contratado como assessor da Confederação Nacional da Indústria e trabalhou nas mais diversas instituições econômicas e universitárias brasileiras, ocupando importantes cargos políticos. Em 1967 foi convidado por Costa e Silva para ocupar o cargo de ministro da Fazenda. Em 13 de dezembro de 1968 votou a favor do AI-5, sugerindo inclusive um aprofundamento do poder do presidente de intervir na economia. Durante o regime militar, entre 1969 e 1974, foi ministro da Fazenda e, no governo do presidente João Figueiredo, foi sucessivamente ministro da Agricultura, em 1979, ministro do Planejamento, entre 1979 e 1985, e embaixador do Brasil na França. Após a redemocratização do Brasil foi eleito cinco vezes consecutivas deputado federal, pelo PDS e por siglas que o sucederam — PPR, PPB e PP. Delfim

pelo menos 20% do orçamento para a educação, é o mínimo, porque temos quase 60% de repetência, resultante de problemas ligados a questões sociais, econômicas etc. Quanto se destina à educação? Certamente o mínimo. Na verdade, um operário com boa educação, bom ginásio, torna-se um cidadão muito mais consciente, com melhor aproveitamento.
Sem dúvida.

Senão a pessoa vai fazer o quê? Vai assaltar, acho que nós estamos indo cada vez mais em direção a um estado de anomia social e receio que haja uma virada radical. O governo é quase totalitário; vamos acabar nisso se continuarmos com essa falta de sensibilidade para problemas candentes. Hoje estamos no Brasil com 15 milhões de crianças abaixo de 15 anos.
No ano passado ficaram sem escola 7 milhões. Agora, você não inclui nesses 7 milhões aqueles que são repetentes, os que não concluem o curso primário. São 7 milhões de saída, uma coisa pavorosa. Não há país que aguente uma coisa dessas. Você compare com a Argentina. A Argentina não tem analfabetos.

Lá conseguiram fazer uma grande reforma na educação há já bastante tempo.
Sim, mas fazer a reforma é simples; é preciso continuar... e executar, manter, é aquilo de que falei, "dar continuidade", sem isso não é possível.

É preciso continuar. Aproveitam a educação — a Secretaria de Educação — para troca de favores políticos. É tudo um negócio, para se aproveitarem ao máximo em benefício próprio.
Pois olhe, tenho a impressão de que esse ministro, o general Rubem Ludwig,[36] que está em exercício, parece muito bem orientado...

É, talvez ele tenha força, é militar...
Muito bem intencionado e acho que vai fazer um trabalho interessante, se ele permanecer mais dois ou três anos no Ministério, como é possível, como se espera, porque ele é um homem inteligente, um homem capaz e aprendeu bem as

---

tem seus artigos constantemente divulgados pela mídia nacional, e assina a coluna Sextante, publicada regularmente na revista *CartaCapital*. Após o fim de seu mandato parlamentar e a reeleição de Lula, Delfim passou a aconselhar o presidente com bastante frequência.
[36] General Rubem Carlos Ludwig (Lagoa Vermelha, RS, 1926-Rio de Janeiro, RJ, 1989). Militar e político, foi ministro da Educação e Cultura no governo João Figueiredo e professor no Exército.

coisas, foi professor e isso é importante. Já ter lidado com o problema na sala de aula é muito bom, e é um homem estudioso, de maneira que a impressão que eu guardo dele é essa, que vai poder levar avante uma obra significativa. Vamos ver se depois prosseguem.

O problema é que ele pode reestruturar a educação, conseguir dotações orçamentárias importantes para a escola primária, e depois outro governo chega e resolve mudar tudo...
Esse é que é o desastre.

Criança não parece ser um bom negócio a curto prazo. O senhor sabe como é: há que investir a longo prazo, ficar ali, ver crescer, são pequenos, não votam. Ensino primário não interessa a ninguém, não dá ibope.
Isso mesmo. Mas há também o seguinte, os rapazes hoje estão muito exigentes. Não lhe parece?

Exigentes? Mas no bom sentido.
Não são exigentes demais nas boas coisas, porque nelas não há nunca exigência demasiada, mas são exigentes nas coisas que não devem ser pleiteadas.

Como?
Por exemplo, vou citar a você um caso recente. O reitor da Universidade de Ouro Preto contou-me que está propondo a criação de um restaurante para os rapazes da Universidade de lá. Pois bem, os rapazes já estão fazendo greve...

Antes da criação?
Antes da criação. Sabe o que eles estão pleiteando? Nada mais, nada menos do que o seguinte: querem que o regime não seja nem sequer de cogestão, isto é, eles não admitem que a reitoria dirija o restaurante e eles tenham lá dentro um representante para acompanhar as coisas, fazer as suas reivindicações e tal. Eles não querem isso, querem uma gestão exclusivamente deles e nas seguintes condições: não há orçamento.

Ah, não há?
Ao fim de cada mês eles dizem ao reitor: "Gastamos tanto esse mês, o senhor pague". É isso o que eles querem. Então, já estão de greve. Quem é que pode com isso, meu Deus do céu! Assim não dá.

Aí vem a contrapartida do autoritarismo. Não há a possibilidade de haver diálogo?
Não, o reitor lá é uma das pessoas mais capazes de manter diálogo com estudantes. É um homem simpático, agradável, inteligente, de espírito democrático. Ele diz que ainda não conseguiu nada. Está sempre conversando e não adianta nada.

Também eles estão querendo demais...
Acho que os rapazes das escolas superiores estão exigindo mais do que o razoável.

Uma outra pergunta que eu também gostaria de fazer ao senhor: Fernando de Azevedo em alguns trechos da obra dele fala em "estudos desinteressados" e às vezes se dá uma conotação à palavra desinteressado no sentido de alienado. Tenho dúvidas sobre isso, porque o que muitas vezes acontece é que se fazem interpretações das palavras fora de seu contexto, na época em que foram usadas, quando elas tinham outro significado.
Acho que você tem razão. O que se chama de "desinteressado" não é absolutamente "alienado", que é uma palavra, por sinal, muitíssimo antipática. O que Fernando de Azevedo quis significar por "ensino desinteressado" é aquela cultura ou aquele ensino que não tem uma aplicação imediata, mas que, de todo modo, serve para compor de maneira completa a figura intelectual de um estudante, de uma pessoa qualquer. Então, nesse caso aí, eu tento associar esta frase do Wittgenstein[37] que acho maravilhosa e que Fernando aprovaria com certeza, como eu aprovo. O filósofo dizia o seguinte: "o homem que sabe apenas química, não sabe nem química". Essa frase revela de maneira completa o que é o "estudo desinteressado".

E dita por um pensador tão lógico como Wittgenstein.
Claro. A pessoa que está estudando química não pode ficar apenas presa à química. Ela deve ter uma ligação com outra coisa qualquer que não seja aquela disciplina fundamental da sua formação, você não acha?

---

[37] Ludwig Joseph Johann Wittgenstein (Viena, 1889-Cambridge, 1951). Filósofo austríaco, naturalizado britânico e um dos principais atores da virada linguística na filosofia do século XX. Suas principais contribuições foram feitas nos campos da lógica, filosofia da linguagem, filosofia da matemática e filosofia da mente. Exerceu profunda influência no desenvolvimento do positivismo lógico.

Concordo, porque inclusive as grandes inovações na história das ciências, muitas vezes, vêm de fora...
Claro, de maneira que o "desinteressado" aí não tem nada a ver com "alienado". Alienado em relação a quê? Como? Por quê?

Alienação, me parece, de quem lê determinados textos e, muitas vezes, não tem sensibilidade, sutileza, para justamente perceber os diversos sentidos que a palavra pode ter, mas ela tem circulado nos meios acadêmicos apenas em sua acepção marxista.
É claro.

Então, "desinteressado" é interpretado no sentido de que estaria separado de uma prática, sendo apenas um conhecimento abstrato e, nessa interpretação, alienado.
Eu não entendo assim "estudos desinteressados"...

Para ele, estudos desinteressados são necessários inclusive para se evitar a formação de robôs no país.
Perfeito, e evitar que a pessoa fique imobilizada numa atitude intelectual única. E, portanto, dar a ela a possibilidade de visões diferentes daquela que é a sua especialidade, não é verdade? Fernando de Azevedo era um homem que se interessava por tudo, ele era assim, não ficava imobilizado em coisa alguma; então, eu acho que ele foi uma figura modelar.

Agora, no contato pessoal ele era difícil, não?
Não.

Dizem que era meio altaneiro. Uma das impressões que algumas pessoas assinalam em relação a ele é que seria um pouco distante...
Eu nunca tive essa impressão. Naturalmente, sendo ele de São Gonçalo de Sapucaí, era mineiro, portanto um homem um pouco reservado. Reservado, de começo, mas uma vez que você conseguisse afeiçoar-se a ele e ele a você, era um homem sem reservas, se entregava; um homem de coração de primeiríssima ordem, generoso... O que o Fernando tinha de largueza intelectual, ele tinha de abertura de coração.

Agora o senhor tocou num ponto importante. O senhor sabe que a primeira vez em que foi convidado para a Academia Paulista de Letras, ele escreveu o discurso.

O presidente da Academia Paulista de Letras — isso foi antes de 68 — leu o discurso, parece que não gostou e deu a cadeira, de novo, por vaga. O senhor sabia desse episódio?
Não.

Descobri lá no IEB dois discursos dele manuscritos, diferentes, para a Academia Paulista de Letras. Depois ele foi eleito para a Academia Brasileira de Letras. Creio que os paulistas ficaram com vergonha e o elegeram outra vez para a Academia Paulista, mas com outro patrono. No discurso censurado, muito interessante, ele cita Colette e "a importância da entrada das mulheres para a Academia...". Penso que naquela época essa posição não seria facilmente admitida... Esse discurso nunca foi publicado, sendo publicado apenas o da Academia Paulista que aconteceu realmente.
Eu conheço o discurso da Academia Brasileira de Letras, o de São Paulo eu não conheço.

Se o senhor quiser, envio-lhe uma cópia.
Estimaria muito. Eu gosto muito das coisas dele...

O senhor leu um artigo muito bonito que Fernando escreveu: "Abgar Renault e as quatro virtudes"?
Ele me deu. Está aqui o manuscrito dele, olha.

Fico até complexada quando vejo os textos dele porque...
[A escrita dele] é uma coisa extraordinária...

Agora, isso nunca foi publicado, não? Porque é de 73?
Janeiro de 64. Eu não sei, o fato é que eu tenho isto.

O senhor tem isso em livro e tem em manuscrito...
Olha... Original e duas cópias, sexta-feira, 13 horas...Tudo dele era assim.

Exato. Mas esse texto saiu publicado em algum lugar, ou não?
Não tenho segurança.

Li as Obras completas *dele, mas comprei muita coisa em sebo.*
A cultura brasileira, você tem?

Tenho.
É uma edição boa.

É o trabalho que ele fez para o Censo. O Getúlio queria que ele fizesse o próprio Censo; o Teixeira de Freitas[38] *o convidou, mas ele não aceitou. Escreveu a introdução. É interessante, não lhe parece, considerando-se a época? É um livro... gigantesco, em termos de síntese. Ele era muito sistemático no trabalho?*
Muito. Trabalhava até de madrugada. Tudo que ele pegava fazia bem e rapidamente. Era um trabalhador fabuloso...

Agora, ele faz uma crítica severa aos jesuítas, em A cultura brasileira. *Critica a nossa formação... Curioso, sendo ele um homem de formação clássica, inclusive amante das letras clássicas, considerar que nossa educação foi muito bombástica, literária, no mal sentido, sem lastro científico...*
É isso mesmo. Ele faz as críticas mais severas e a questão é a seguinte: o Fernando também sofreu essas influências na educação dele...

E talvez tenha sido uma atitude de rebeldia...
É, parece ter sido isso, é curioso.

Inclusive, o senhor vê isso no estilo dele dos primeiros tempos. No tempo de Petrônio *foi escrito em estilo bastante rebuscado...*
Demais.

---

[38] Mário Augusto Teixeira de Freitas (São Francisco do Conde, BA, 1890-Rio de Janeiro, RJ, 1956). Ingressou, em 1908, na Diretoria Geral de Estatística do Ministério da Agricultura, Viação e Obras Públicas, onde promoveu numerosas pesquisas estatísticas, até então inéditas no país. Graduou-se com distinção no curso de direito, em 1911, pela Faculdade de Ciências Jurídicas e Sociais do Rio de Janeiro. Em 1920, foi nomeado delegado geral do Recenseamento em Minas Gerais e sua notável atuação nesse cargo levou o governo mineiro a convidá-lo para reformar a organização estatística estadual. Como diretor do Serviço de Estatística Geral de Minas Gerais, lançou importantes trabalhos, entre eles o *Anuário estatístico do estado*, o *Anuário demográfico* e o *Atlas corográfico municipal de Minas Gerais*. No Rio de Janeiro colaborou na organização do Ministério da Educação e Saúde Pública, no qual passou a dirigir a Diretoria de Informações, Estatística e Divulgação. Sua criação máxima de pensamento e ação foi o IBGE. Em 1941, participou em Washington da criação do Instituto Interamericano de Estatística onde exerceu destacado papel, tendo sido eleito seu primeiro presidente e, posteriormente, presidente honorário.

Diferente dos textos que escreveu depois de estudar mais a literatura brasileira e sociologia em Durkheim.[39]
Sim, uma outra coisa, ele adquiriu depois maior limpidez.

De fato, o Fernando de Azevedo foi um homem marcado por muitas dificuldades, me parece. Se por um lado a educação foi boa, sistemática, por outro deve ter sido difícil para ele recomeçar depois que saiu do seminário jesuíta...
Sem dúvida.

Curioso, um rapaz que depois de terminar o ginásio em Friburgo ficou ainda cinco anos com os jesuítas, estudando e aprendendo no seminário. Contudo, ele tinha grande capacidade de mudar, de mudar no bom sentido, de evoluir, de aceitar coisas novas...
Uma coisa que eu queria lembrar a você é a seguinte: ele começou na Universidade de São Paulo como professor de uma outra disciplina... Depois passou para Sociologia...

Sociologia Educacional. Depois para Sociologia II.
Foi então necessário que ele me procurasse no Rio, porque aqui ele tinha que ser aprovado pelo Ministério da Justiça. Se não me engano, me lembro que ele ia passar de uma área para outra na Universidade de São Paulo, e isso teve que ser aprovado pelo governo federal e o relator da Comissão dos Negócios Estaduais fui eu.

E daí começou a amizade?
Sim, foi aí. Eu já o conhecia muito, tinha lido muitas coisas dele, sabia perfeitamente a competência dele. De maneira que opinei favoravelmente com pleno

---

[39] Émile Durkheim (Épinal, FR, 1858-Paris, 1917). Considerado um dos pais da sociologia moderna, foi o fundador da escola francesa, posterior a Marx, que combinava a pesquisa empírica com a teoria sociológica, amplamente reconhecido como um dos teóricos do conceito da coesão social. Iniciou seus estudos filosóficos na Escola Normal Superior de Paris, indo depois para a Alemanha. Em sua obra, explica os fenômenos religiosos a partir de fatores sociais e não divinos. Tal fato não o afastou, no entanto, da comunidade judaica. Seu principal trabalho consiste na reflexão e reconhecimento da existência de uma "consciência coletiva". Parte do princípio de que o homem seria um animal selvagem que só se tornou humano porque se tornou sociável, ou seja, foi capaz de aprender hábitos e costumes característicos de seu grupo social para poder conviver no meio deste. A esse processo de aprendizagem Durkheim chamou de "socialização". Deixou vasta obra: *Da divisão do trabalho social* (1893); *Regras do método sociológico* (1895); *O suicídio* (1897); *As formas elementares da vida religiosa* (1912). Ver nota 100, entrevista com Antonio Candido.

conhecimento de causa, não fazendo nenhum favor. O fato é que fiquei muito contente de poder fazer isso.

Mas outra coisa, professor Abgar Renault: há um estudioso de Platão, Léon Robin, que, ao referir-se a Platão, fala de uma action entravée. *Porque poder-se-ia interpretar Platão no sentido de colocá-lo pairando apenas no mundo das ideias. Ora, ele classifica o pensamento platônico de* action entravée, *ou seja, a reflexão deve preceder toda ação, para inclusive torná-la mais eficaz. A seu ver seria pertinente aplicar essa noção a Fernando de Azevedo, no sentido de que ele nunca começava uma ação sem antes pensá-la sob todos os aspectos, pensar e revolver os problemas em toda sua complexidade para depois então tentar agir?*
Acho que está correta sua análise.

Action entravée, *no sentido de que se trata de um pensamento que pensa — e pesa — a realidade em todas as suas variáveis para depois poder voltar ao real e assim agir melhor. A análise estaria adequada?*
Tudo o que eu conheço dele coincide com a sua interpretação.

E há uma outra interpretação também, uma interpretação menos elaborada, mas um pouco na linha do que o senhor mencionou há pouco. Action entravée *porque a ação que Fernando de Azevedo poderia ter exercido no Brasil foi travada, não lhe deram oportunidades de realizar a obra para a qual estava preparado. Temos no Brasil a tendência de não dar oportunidades a pessoas que realmente possam realizar alguma coisa fundamental, pioneira.*
Veja, por exemplo: um homem como o Fernando de Azevedo não conseguiu completar seu período na Secretaria de Educação do Estado de São Paulo.

Isso aconteceu duas vezes. Com o Ademar de Barros e com o Prestes Maia.[40]
Nem com um nem com outro.

---

[40] Francisco Prestes Maia (Amparo, SP, 1896-São Paulo, SP, 1965). Engenheiro da Secretaria de Viação e Obras Públicas de São Paulo, lecionou na Escola Politécnica e foi diretor de Obras Públicas. Com o golpe de 10 de novembro de 1937 e a intervenção federal, em São Paulo, substituiu Fábio Prado na prefeitura da capital paulista.

Com o Ademar, foram poucos meses.
De maneira que isso leva a gente a chegar à triste convicção de que os verdadeiros valores não permanecem muito tempo. Você veja o caso do Anísio Teixeira também.

Action entravée *tipicamente, não é mesmo?*
O que permaneceu mais tempo, desses homens em função pública no Brasil, mas que era um temperamento diferente, não na intenção de ser acomodado, não, mas por temperamento, foi o Lourenço Filho.[41] Permaneceu mais que o Anísio, mais que o Fernando. Ele esteve em São Paulo como diretor — aliás, fez um trabalho esplêndido. Tinha sua vida voltada mais para os aspectos psicológicos da educação do que os sociais. Depois ele veio para o Rio de Janeiro como chefe de gabinete do ministro da Educação, que era o Francisco Campos; em seguida...

Em 34.
Em 32... Em seguida, ficou aqui no Instituto de Educação, de que foi diretor, chefiando a Escola de Educação da Universidade do Distrito Federal, a convite do Anísio Teixeira; a princípio, foi dar aula, depois voltou ao Ministério da Educação, integrando o Conselho Nacional de Educação como diretor do Departamento Nacional de Educação; foi escolhido por Capanema para dirigir o Instituto Nacional de Estudos Pedagógicos onde ficou por cerca de sete anos. Depois foi professor de psicologia da educação da Faculdade Nacional de Filosofia da Universidade do Brasil.

O Capanema também ficou muito tempo, não é?
Pois é, ele ficou... O Capanema ficou 11 anos.

---

[41] Manoel Bergstrom Lourenço Filho (Porto Ferreira, SP, 1897-Rio de Janeiro, RJ, 1970). Educador, conhecido por sua participação no movimento dos pioneiros da Escola Nova. Diplomado pela Escola Normal de São Paulo, foi professor de pedagogia e educação cívica na Escola Normal de São Paulo e diretor-geral de Instrução Pública do Ceará. Elegeu-se para a Academia Paulista de Letras no mesmo ano em que se graduou como bacharel em ciências jurídicas e sociais pela Faculdade de Direito de São Paulo. Foi duramente criticado por ter colaborado com o Estado Novo de Getúlio. Sua obra revela diversas facetas do intelectual educador, extremamente ativo e preocupado com a escola em seu contexto social e nas atividades de sala de aula. Sedento do novo, bebia nas fontes das últimas novidades pedagógicas do cenário internacional. Também exerceu cargos na administração pública federal: foi diretor de gabinete de Francisco Campos, diretor-geral do Departamento Nacional de Educação e diretor do Instituto Nacional de Estudos Pedagógicos.

Parece que o Capanema tinha grande capacidade de adaptação. Para ficar assim tanto tempo...
O Capanema ficou no Ministério o tempo que durou o governo do Getúlio, porque ele era amigo pessoal do presidente da República, o próprio Getúlio, e nessa condição ele o manteve sempre. O Getúlio nunca teve motivo para tirá-lo... Algumas vezes se falou na saída dele, mas aquilo imediatamente parava. O Lourenço Filho durante todo esse tempo esteve lá, no Instituto Nacional de Estudos Pedagógicos, o Inep, prestando um serviço extraordinário. E agora acabaram com o Instituto Nacional de Estudos Pedagógicos.[42]

Não houve nem a tentativa de se dizer "bom, esse Instituto precisa de algumas modificações, alguns reajustes", que são naturais em qualquer processo ou instituição? Mas nunca essa quebra, a criação de um hiato, voltar à estaca zero. Em geral, se faz uma coisa pior, com outro nome, com outra sigla.
Exatamente. É uma tristeza. São os suplícios desse nosso país. Você não imagina o trabalho que o Inep realizou, por exemplo, disseminando escolas rurais por esse país afora, criando concursos, fornecendo cursos de acordo com as condições dos estados, dava para fundar 300 escolas de uma vez, escolas pequenas sem dúvida, modestas. Mas todas necessárias, tudo isso acabou, tudo isso se dispersou. Você veja, a melhor biblioteca pedagógica do país era a do Centro Brasileiro de Pesquisas Educacionais, ponto de irradiação para os centros regionais. Essa biblioteca não existe mais!

O que fizeram? Mandaram para Brasília?
Não, não mandaram para Brasília. O ministro Ney Braga[43] doou a maior parte à Biblioteca do Centro de Filosofia e Ciências Humanas da UFRJ. A parte menor

---

[42] O Inep não acabou propriamente, foi reformulado. Hoje — desde o governo de Fernando Henrique Cardoso — tornou-se uma espécie de Secretaria de Avaliação de Ensino.
[43] Ney Aminthas de Barros Braga (Lapa, PR, 1917-Curitiba, PR, 2000). Militar e político, foi prefeito de Curitiba, deputado federal, senador e governador do estado do Paraná. Foi também ministro da Agricultura, ministro da Educação e presidente da Itaipu Binacional. Em 1952, no mês de março, Ney Braga apoia formalmente a criação da "Cruzada Democrática", movimento formado por oficiais militares do qual faziam parte Humberto de Alencar Castelo Branco, Ernesto Geisel, Golbery do Couto e Silva, Jurandir Mamede, todos personagens de primeira grandeza do futuro regime militar instalado no Brasil. Em agosto de 1952 o major Ney Braga recebe, da presidência da República, o grau de "Cavaleiro" da ordem do mérito militar. Ainda em 1952 aceita o convite para assumir a antiga chefatura de polícia do estado do Paraná (equivalente à secretaria de estado da Segurança Pública). Nesse cargo conhece e tem de enfrentar de perto o

(cerca de 10% do total dos volumes) seguiu com o Inep para Brasília. Não está mal-empregado, reconheço, mas a questão é que o Centro de Pesquisas deveria ter continuado, deveria manter essa biblioteca, era uma biblioteca maravilhosa, criada pelo Anísio.

A educação tem que ser assim, uma espécie de território sagrado, tem que ter um status diferente.
É claro, evidente, mas é uma tristeza, sabe.

Realmente. Bem, professor Abgar Renault, muito obrigada pela entrevista.

---

grave problema de posse de terras no sudoeste e oeste do Paraná. Um problema sério, causador de muitas atrocidades, que há mais de 30 anos não encontrava solução. Esse cargo lhe abriu contato direto com autoridades políticas importantes e também para o tornar conhecido em todo o estado do Paraná. A partir de então, Ney Braga deixará de ser apenas um militar e começa a construir sua longa trajetória de liderança na política.

Antonio Candido de Mello e Souza

Data: 17 de maio de 1981
Local: rua Maria Angélica, 490/303 — 22461-150 Jardim Botânico — Rio de Janeiro (RJ)

Professor Antonio Candido, qual a importância, dentro de sua perspectiva, do livro do Fernando de Azevedo, Princípios de sociologia?[1]
Foi quase uma tese implícita. Pelo fato de ter passado no Instituto de Educação para a cadeira de sociologia, decerto achou que precisaria dar uma demonstração de competência e, ao mesmo tempo, escrever um compêndio a serviço do ensino.

Foi realmente, para a época, um livro muito bom. Se o senhor o compara, por exemplo, até mesmo com o de Gilberto Freyre,[2] é um livro mais organizado, mais didático. O que havia no Brasil?

---

[1] Fernando de Azevedo. *Princípios de sociologia*. Pequena introdução ao estudo de sociologia geral. 8. ed. São Paulo: Melhoramentos, 1958. A 1ª edição. é de 1935.
[2] Gilberto Freyre (Recife, PE, 1900-Recife, PE, 1987). Sociólogo, antropólogo, historiador, escritor, pintor e professor, estudou na Universidade de Columbia nos Estados Unidos onde conhece Franz Boas, sua principal referência intelectual. Quando retorna a Pernambuco (1923), inicia sua vida de escritor, colaborando em jornais e pronunciando conferências. Sendo ao mesmo tempo artista e professor, escritor e cientista, sua formação universitária e principalmente o antissectarismo em que sempre se colocou na interpretação do fenômeno social imprimiram aos estudos brasileiros um sentido mais objetivo e metódico. Recebeu inúmeros prêmios, troféus e medalhas. Entre suas principais obras estão: *Casa-grande & senzala* (1933); *Sobrados e mucambos* (1936); *Nordeste: aspectos da influência da cana sobre a vida e a paisagem...* (1937); *Assúcar* (1939); *Olinda* (1939); *A história de um engenheiro francês no Brasil* (1941); *Problemas brasileiros de antropologia* (1943); *Sociologia* (1945); *Interpretação*

Não me lembro bem, mas antes dele houve alguns livros de cunho introdutório, de V. de Miranda Reis,[3] de Alceu Amoroso Lima,[4] creio que também de Pontes de Miranda[5] e Delgado de Carvalho.[6] Mas o dele se destaca, e uma coisa curiosa foi a indignação que causou no pensamento conservador dos católicos.

---

do Brasil (1947); *Ingleses no Brasil* (1948); *Ordem e progresso* (1957); *Vida social no Brasil nos meados do século XIX* (1964); *Brasis, Brasil e Brasília* (1968); *O brasileiro entre os outros hispanos* (1975); *Homens, engenharias e rumos sociais* (1987).

[3] V. de Miranda Reis (1824-1903).

[4] Alceu Amoroso Lima (Rio de Janeiro, RJ, 1893-Petrópolis, RJ, 1983). Iniciou seus estudos em casa, sob a orientação de João Kopke, um dos introdutores do escolanovismo no Brasil. Cursou o secundário no Colégio Pedro II e a Faculdade de Ciências Jurídicas. Foi reitor da Universidade do Distrito Federal e membro do Conselho Nacional de Educação, mais tarde denominado Conselho Federal de Educação. Professor catedrático de literatura brasileira na Faculdade Nacional de Filosofia da Universidade do Brasil e na Pontifícia Universidade Católica do Rio de Janeiro, presidiu, ainda, o Centro Dom Vital do Rio de Janeiro durante 38 anos. Engajou-se na militância católica, atuando na formação de coligações com o intuito de reivindicações sociais e espirituais entre as quais a defesa do ensino religioso nas escolas públicas. Para Candido Mendes, Tristão de Athayde, nome literário de Alceu Amoroso Lima, "é a figura primacial do laicato católico brasileiro e o crítico fundador da nossa modernidade literária. Foram a experiência da conversão com Jackson de Figueiredo, e o grupo de *A Ordem* que definiram a expectativa e o pensamento confessional por todos os anos 1930. Depois de fundar a Ação Católica, Alceu tornou-se o primeiro brasileiro membro da Comissão Pontifícia de Justiça e Paz, na sequência do Vaticano II, em que foi a voz dos leigos, ao lado de Dom Helder Câmara, na busca de uma reflexão cristã amarrada aos 'sinais dos tempos'. Fez-se por excelência a voz da denúncia, a seguir, dos governos militares e se transformou no nervo da resistência democrática em todo o país".

[5] Francisco Cavalcanti Pontes de Miranda (Maceió, AL, 1892-Rio de Janeiro, RJ, 1979). Formou-se bacharel em direito e ciências sociais pela Faculdade de Direito do Recife. Foi professor *honoris causa* de inúmeras universidades brasileiras. Autor de influência alemã, introduziu novos métodos e concepções no direito brasileiro, nos ramos da teoria geral do direito, filosofia do direito, direito constitucional, direito internacional privado, direito civil, direito comercial e direito processual civil. Foi desembargador do antigo Tribunal de Apelação do Distrito Federal.

[6] Carlos Miguel Delgado de Carvalho (Paris, FR, 1884-Rio de Janeiro, RJ, 1980). Geógrafo e professor francês radicado no Brasil. Estudou direito na Universidade de Lausanne e ciências políticas em Paris e realizou estudos em diplomacia, com uma passagem pela London School of Economics. Chegou ao Brasil na primeira década do século XX, visando escrever sua tese de graduação para a Escola de Ciências Políticas de Paris. Atuou no Instituto Histórico e Geográfico Brasileiro e na Sociedade Geográfica do Rio de Janeiro. Participou da fundação do Conselho Nacional de Geografia. No magistério, lecionou nas Escolas de Intendência e Estado Maior do Exército, no Colégio Pedro II e na Escola Normal, vindo a organizar o Curso Livre Superior de Geografia destinado à atualização dos professores do ensino fundamental. Membro da Associação Brasileira de Educação, foi pesquisador do Conselho Nacional de Geografia.

Sim, ontem, aliás, entrevistei o doutor Alceu Amoroso Lima. Ele se redimiu totalmente de suas atitudes passadas. Contou-me que nos anos 30, durante a luta acirrada pela educação no Brasil, fizeram uma campanha terrível contra Fernando de Azevedo e Anísio Teixeira.[7] Ele, inclusive, foi muito contra os dois educadores.

Aqui no Rio, quando ele foi diretor de Instrução Pública, alguns católicos ficaram ao seu lado.

Os mais lúcidos, talvez. Os que não estavam tão ligados ao Jackson de Figueiredo.[8]

Jônatas Serrano,[9] por exemplo, e alguns outros. O grupo do Centro Dom Vital[10] ficou contra. Mas eu queria chamar sua atenção para o seguinte: quando o livro de Fernando de Azevedo saiu, Alexandre Correia[11] publicou na revista *A Ordem*[12] um artigo violentíssimo do qual não sei se a senhora tomou conhecimento, intitulado *Sociologum habemus*.

Entre outras obras, escreveu: *Le Brésil méridional* (1910), *Geografia do Brasil* (1929) e *Noções de economia estatística* (1941).

[7] Ver nota 20, entrevista com Abgar Renault.

[8] Jackson de Figueiredo Martins (Aracaju, SE, 1891-Rio de Janeiro, RJ, 1928). Advogado brasileiro, que atuou como professor, jornalista, crítico, ensaísta, filósofo e político. Após sua conversão ao catolicismo (1918), organizou o movimento católico leigo no Brasil. Bacharelou-se em direito na Faculdade Livre de Direito da Bahia. Já no Rio de Janeiro fundou o Centro Dom Vital, com a finalidade de congregar leigos e religiosos no aprofundamento da doutrina católica, e a revista *A Ordem*, para divulgar a doutrina católica. Através do Centro e da revista, combateu o liberalismo e o comunismo.

[9] Jonathas Serrano (Rio de Janeiro, RJ, 1855 - ?, 1944). Professor e pedagogo, foi diretor do Instituto Histórico e Geográfico Brasileiro, além de ter exercido o magistério de história, principalmente no Colégio Pedro II e na Escola Normal do antigo Distrito Federal. Sua atuação pautou-se na busca da conciliação entre os princípios fundamentais da fé católica e as novas ideias da pedagogia. Membro do Centro Dom Vital do Rio de Janeiro, escreveu diversos artigos na revista *A Ordem*, publicada pelo mesmo Centro.

[10] O Centro Dom Vital foi criado em 1922 por Jackson de Figueiredo, aconselhado pelo então cardeal Sebastião Leme. O objetivo do centro era atrair a intelectualidade leiga católica brasileira; para isso havia semanalmente reuniões, palestras e discussões. Após a morte de Jackson, em 1928, o Centro passou a ser dirigido por Alceu Amoroso Lima.

[11] Alexandre Correia. Sociologum habemus. *A Ordem*, ano XV, Nova Série. n. 68, p. 324-331, out. 1935.

[12] A revista *A Ordem* foi fundada em 1921 por Jackson de Figueiredo, Hamilton Nogueira e José Vicente de Sousa.

Não, li menção a esse artigo na correspondência do Fernando de Azevedo com o professor Francisco Venancio Filho,[13] pai do Alberto Venancio Filho,[14] que me emprestou as cartas, interessantíssimas, trocadas por eles. A correspondência vai de 26 a 46, ano em que o professor Francisco Venancio Filho morreu. Fernando de Azevedo realmente fala no Alexandre Correia com palavras, evidentemente, pouco elogiosas, dizendo que ele não havia entendido nada do que ele, Fernando de Azevedo, pensava.

Nesse artigo Alexandre Correia usa um tom de sarcasmo insolente, com muito espírito escolástico. Contra o racionalismo de Fernando de Azevedo, menciona-

---

[13] Francisco Venancio Filho (Campos, RJ, 1894-Rio de Janeiro, RJ, 1946). Engenheiro, orientou seus estudos e a vida para os problemas educacionais. Foi um dos fundadores da Associação Brasileira de Educação (ABE), da qual foi presidente por diversas vezes e membro do Conselho Diretor. Signatário do Manifesto dos Pioneiros da Escola Nova, dedicou-se ao magistério, atuando tanto na Escola Normal quanto nos Colégios Bennett e Pedro II. Preocupou-se com a literatura pedagógica, escrevendo monografias e livros, colaborando em jornais e revistas. Exerceu diversos cargos como administrador. Para Fernando de Azevedo, ele "Consagrou-se a popularizar Euclides da Cunha, reunindo documentos, integrando um grêmio afamado, proferindo palestras, redigindo livros, promovendo romarias. Sem a devoção de Venancio, menos rutilante seria a glória de Euclides" (*Na batalha da educação*: correspondência entre Anísio Teixeira e Fernando de Azevedo. Organização de Dina Gonçalves Vidal. Bragança Paulista: Edusf/IEB USP, 2000). De 1941 a 1944, dirigiu a seção de educação da revista *Cultura Política*. Em 1945, assumiu a direção do Instituto de Educação (RJ). Escreveu, entre muitas outras obras: *Educar-se para educar* (1931), *Notas de educação* (1933), *Divulgação do ensino primário no Brasil* (1937), *Cinema e educação* (em colaboração com Jônatas Serrano) e *A educação e seu aparelhamento moderno* (1941).

[14] Alberto Venancio Filho (Rio de Janeiro, RJ, 1934). Advogado, jurista, professor e historiador. Filho do educador e professor Francisco Venancio Filho e da professora Dina Fleischer Venancio Filho. Eleito em 25 de julho de 1991 para a Cadeira n. 25, da Academia Brasileira de Letras, na sucessão de Afonso Arinos de Melo Franco, foi recebido em 14 de abril de 1992, pelo acadêmico Américo Jacobina Lacombe. Bacharelou-se, em 1956, em ciências jurídicas e sociais pela Faculdade Nacional de Direito da Universidade do Brasil, hoje Universidade Federal do Rio de Janeiro. Organizou o plano inicial da Faculdade de Direito da Universidade de Brasília (1960); participou da direção do Ensino Superior do Ministério da Educação e Cultura (1961-63); do Centro de Estudos e Pesquisas no Ensino do Direito da Universidade do Estado da Guanabara (1966-68) e da diretoria do Instituto dos Advogados Brasileiros (1974-77); foi membro do Conselho Federal da Ordem dos Advogados do Brasil (1979-81); do Conselho Consultivo da Fundação Casa de Rui Barbosa (1980-85). Foi professor da cadeira de introdução ao desenvolvimento brasileiro da Escola Brasileira de Administração Pública, da Fundação Getulio Vargas (1961-64). Grande parte de sua obra está dispersa em periódicos, entre os quais a *Revista do Instituto Histórico e Geográfico Brasileiro*, a *Revista Brasileira de Estudos Políticos*, a *Revista Forense*, o *Digesto Econômico*, os *Cadernos da UnB*. Esses artigos, bem como as introduções que escreveu a obras de vários autores, constituem por si só verdadeiros ensaios sobre temas atuais. Autor dos livros: *A intervenção do Estado no domínio econômico* (1968); *Das arcadas ao bacharelismo: cento e cinquenta anos de ensino jurídico no Brasil* (1977); *A liberdade e os grupos de pressão*, tese apresentada à VII Conferência Nacional de Advogados (1980); *Francisco Venancio Filho: um educador brasileiro*, organização (1995).

do pela senhora, segundo os católicos a sociologia era quase um ramo da moral. Haveria, portanto, no limite, uma sociologia católica, outra protestante, outra liberal e o que mais fosse. Por isso a proposta durkheimiana esposada no livro, de uma sociologia positiva, deixou-os indignados. Achavam naturalmente que era o fim da moral e abriram fogo. A senhora deveria ler esse artigo.

Ah, vou ler, porque deve mostrar o debate intelectual que havia na época.
O doutor Fernando não respondeu e Alexandre Correia ficou conhecido como o homem que havia tentado demoli-lo. Mas muito mais tarde, já no decênio de 1950, 24 anos depois, fizeram as pazes. O doutor Fernando estava na Bahia, onde fora fazer uma conferência num congresso; a senhora de Alexandre Correia se dirigiu a ele e disse mais ou menos: "Doutor Fernando, tenho muita admiração pelo senhor, o Alexandre está aqui e gostaria de cumprimentá-lo; o senhor concordaria em falar com ele?". Ele respondeu que com o maior prazer e fizeram as pazes. Alexandre Correia mandou-lhe então um ramo de flores.

No prefácio que escreveu para o livro Parceiros do Rio Bonito,[15] *o senhor fala no professor Fernando de Azevedo com palavras elogiosas, o senhor emprega as palavras cordialidade, lealdade, estímulo e também fala do apoio e compreensão que ele lhe ofereceu. Eu gostaria que o senhor me explicasse um pouco mais isso, porque paira sobre Fernando de Azevedo a imagem de uma pessoa um pouco distante. Penso que, às vezes, existe certa ambiguidade nas personalidades e as entrevistas que fiz parecem comprovar um pouco isso, algo até explicável sociologicamente. No Brasil, existe esta tradição: extremamente autoritário em casa e ultraliberal fora do âmbito familiar. Mas Fernando de Azevedo tinha um sentido de justiça muito grande. O senhor foi o primeiro assistente da cadeira de sociologia da educação, na Faculdade de Filosofia. No curso de fundamentos sociológicos da educação. Como era seu relacionamento com ele?*
Não *o* primeiro assistente, pois houve outros antes. Fui primeiro assistente, porque havia uma gradação: primeiro, segundo e terceiro. Realmente ele era extremamente autoritário, com traços de prepotência. O chamado "mandão". E tinha uma aparência meio pedante que agravava isso. Quando o conheci usava *pince--nez*, coisa já meio fora de moda, que só muito mais tarde substituiu por óculos,

---

[15] Antonio Candido de Mello e Sousa. *Parceiros do Rio Bonito*. Estudo sobre o caipira paulista e a transformação dos seus meios de vida. 5. ed. São Paulo: Livraria Duas Cidades, 1979.

e os olhos semicerrados devido à miopia lhe davam um ar distante. Era pequeno mas tão esticado que parecia maior. Como dizem os franceses, aproveitava cada centímetro da estatura... Cioso do seu aspecto, era muito bem vestido e de porte elegante.

Mas tinha muito charme, não é?
Tinha muito charme e um sorriso fácil de grande simpatia. O que descrevi era a impressão da primeira abordagem. Era evidente que gostava de se impor e talvez até de ser meio temido. As pessoas ficavam inicialmente um pouco intimidadas e muita gente me dizia: "Não sei como você consegue ser assistente do Fernando de Azevedo". Mas no convívio era o contrário dessa impressão inicial. Além da educação impecável, marcada pela cortesia um pouco antiquada que faz hoje tanta falta, tinha certa fragilidade emocional e foi um dos homens mais afetuosos que conheci.

E atormentado pela ideia de morte. Não sei se o senhor sabia disso. Em suas cartas ele fala frequentemente em suicídio.
Parece que sim. Como era muito afetuoso, esse aspecto de dureza...

Era uma defesa.
Sim, uma espécie de defesa contra a afetividade transbordante. Tinha paixão pelos filhos e pode-se dizer que dedicava um afeto profundo aos amigos que queria bem, a começar pelo maior, Francisco Venancio Filho.[16] Além dos amigos de sua geração, era muito apegado ao nosso grupo de Faculdade, jovens assistentes que foram aos poucos ficando professores, dos quais fala com carinho nas *Memórias*:[17] Lourival Gomes Machado[18], Florestan

---

[16] Fernando de Azevedo dedicou a Francisco Venancio Filho o livro *Canaviais e engenhos na vida política do Brasil*.

[17] Ver nota 25, entrevista com Abgar Renault.

[18] Lourival Gomes Machado (1917-67). Crítico de arte. Diretor do Museu de Arte Moderna de São Paulo (MAM/SP), promovendo ali a Primeira Bienal Internacional. Iniciou-se na crítica de arte ao fundar a revista *Clima* e, em 1942, inicia colaboração como crítico na *Folha da Manhã*. Entre 1956 e 1962, é responsável pela seção de artes plásticas do *Suplemento Literário* do jornal *O Estado de S. Paulo*, cujo projeto editorial é do colega e crítico literário, Antonio Candido. Em 1959, dirigiu a 5ª Bienal Internacional de São Paulo, vista pelo colega de crítica Mario Pedrosa como uma "ofensiva tachista e informal". A erudição e o conhecimento no campo da história da arte levam Gomes Machado ao cargo de diretor do departamento de assuntos culturais da Organização das Nações Unidas para a Educação, Ciência e Cultura (Unesco), em Paris, indicado pelo governo brasileiro, e de delegado especial da mesma entidade na preservação do patrimônio histórico de Veneza e Florença, na Itália. Obras: *Retrato da arte moderna no Brasil* (1947); *Teorias do barroco* (1953).

Fernandes, Maria Isaura Pereira de Queiroz,[19] Egon Schaden,[20] Azis Simão,[21]

[19] Maria Isaura Pereira de Queiroz (São Paulo, 1918). Socióloga. Formada na USP, tornou-se conhecida no exterior, em especial na França, onde lecionou letras. Além da França, também lecionou no Canadá, Senegal e Bélgica. É a vencedora do Prêmio Jabuti de Literatura de 1967 pela melhor obra de ciências sociais. Escreveu também *A guerra santa no Brasil: o movimento messiânico no Contestado* (1957), *O messianismo no Brasil e no mundo* (1965), *Réform et révolution dans les societé traditionelles* (1968), *Os cangaçeiros: les bandits d'honneur brésiliens* (1968), *Images messianiques du Brésil* (1972), *O campesianto brasileiro* (1973), *O mandonismo local na vida política do Brasil e outros ensaios* (1976), *Cultura, sociedade rural e sociedade urbana no Brasil* (1978), *Carnaval brasileiro: o vivido e o mito* (1992).

[20] Egon Schaden (Palhoça, SC, 1913- ?, 1991). Antropólogo, neto de alemães, cursou filosofia na Faculdade de Filosofia, Ciências e Letras da Universidade de São Paulo. Entre 1938 e 1940, Schaden reside no seu estado natal, dedicando-se ao magistério, no ensino médio e às suas primeiras pesquisas entre populações indígenas de Santa Catarina, além de redigir e publicar a tradução brasileira de *Durch Central Brasilien*, de Karl von den Steinen. Em 1941, foi chamado por Emilio Willems para ser seu primeiro assistente na recém-criada cadeira de antropologia da mesma Faculdade. Quando, em 1949, Willems se transferiu para os Estados Unidos, Schaden tomou o seu lugar como professor catedrático de antropologia. Nessa condição, criou, em junho de 1953, a *Revista de Antropologia*. Além dessas funções, asssumia para si também as funções de editor e de copidesque, revisando não apenas a gramática, mas o estilo e a qualidade acadêmica dos textos. Isto era necessário, uma vez que na revista eram publicados textos descritivos de missionários, que talvez não tivessem maior conhecimento teórico de antropologia. Viveu vários anos entre os índios. Seus trabalhos sobre as línguas tupi-guaranis são até hoje citados.

[21] Azis Simão (Bragança Paulista, SP, 1912–São Paulo, SP, 1990). Sociólogo, um dos fundadores da União Democrática Socialista, núcleo do futuro Partido Socialista Brasileiro. Era ligado aos intelectuais modernistas e aos principais líderes socialistas e anarquistas brasileiros da época. Atuou no jornalismo e participou ativamente da oposição ao Estado Novo. Seus primeiros contatos com o jornalismo ocorreram no segundo semestre de 1928 através da União dos Trabalhadores Gráficos, onde conheceu Israel Souto, diretor do *São Paulo Jornal*. A partir daí começou a frequentar o jornal e a colaborar com o suplemento literário dominical "Página verde e amarela", feito por Menotti del Picchia e Cassiano Ricardo. Foi nessa época também que começou a se esboçar, além da literatura, o gosto por filosofia e questões sociais. Cândido Motta Filho, que assumira a direção do jornal no lugar do Israel Souto, sugeriu que estudasse um pouco de ciências fazendo o curso de farmácia. Só no final de 1938 é que foi à Faculdade de Filosofia, Ciências e Letras da Universidade de São Paulo e ficou surpreso ao saber que poderia frequentá-los regularmente, apesar da deficiência visual. No final do ano, incentivado por Fernando de Azevedo e Antonio Candido de Mello e Souza, prestou os exames vestibulares. As leituras recomendadas pelos professores eram feitas em casa, com a ajuda de suas irmãs. Essa limitação influiu no ritmo de sua vida escolar. Foi-lhe sugerido que pedisse ao Conselho Universitário isenção de provas escritas, o que não fez, solicitando apenas que pudesse fazê-las com máquina datilográfica. A primeira grande contribuição de Azis Simão para a sociologia brasileira foi publicada em 1947: uma pesquisa sobre o voto operário em São Paulo. Pela primeira vez, a universidade estudava o comportamento proletário e a importância das análises de uma pesquisa eleitoral. Durante o ano de 1951, deu seminários nos cursos de Fernando de Azevedo e Antonio Candido. No final do ano, propuseram sua contratação como auxiliar de ensino e pesquisa. Em função de sua deficiência visual, seu contrato foi homologado somente em 1953, por lei especial, feita a pedido do governador Lucas Nogueira Garcez e por interferência de José de Santa Cruz, que na época era dominicano e assistente espiritual do governador. A tese de livre-docência, defendida em 1964, transformou-se

Frank Goldman,[22] Rui Coelho,[23] que o sucedeu na Cadeira. Além de alguns mais velhos, como João Cruz Costa.[24] Era um amigo exigente na medida em que precisava ser procurado com frequência, porque o convívio era para ele necessidade constante, não sendo raro queixar-se de não o procurarem como gostava que fosse. No começo do nosso relacionamento fiquei um pouco intimado, ante aquele figurão eminente de aspecto severo e autoritário, mas vi logo que para os seus auxiliares isso era apenas fachada.

Ele lhes dava plena liberdade?
A mais ampla possível. No começo, a partir do começo de 1942, seus assistentes éramos eu e José Francisco de Camargo,[25] que depois foi professor e diretor da Faculdade de Ciências Econômicas da USP e um eminente especialista em sociologia econômica. Ele nos deixou em 1944 e foi substituído por Florestan Fernandes, que desde o tempo de aluno era famoso na Faculdade pela qualidade

---

no livro *Sindicato e Estado*, que aborda a formação do proletariado paulista e se transformou num clássico sobre o tema no país. Ao ser aprovado com distinção no concurso, recebeu de Fernando de Azevedo o seguinte elogio: "O Azis entusiasma-se com tudo o que faz. É um entusiasmado no sentido grego do termo". Professor titular em 1973, desempenhou também diversas funções administrativas na USP, de onde aposentou-se em 1982.

[22] Francisco Goldman (Boston, 1954). Romancista, jornalista e professor. Também conhecido por Francisco Goldman Molina, "Frank" e "Paco".

[23] Rui Galvão de Andrada Coelho (São Paulo, SP, 1920-São Paulo, SP, 1990). Antropólogo, formou-se pela Universidade de São Paulo em filosofia e em ciências sociais. Nos Estados Unidos estudou antropologia na Northwestern University, defendendo tese sobre *Os caraíbas negros de Honduras*. Entre 1950 e 1952, foi antropólogo da Unesco em Paris. De volta ao Brasil, foi nomeado assistente da cadeira de sociologia I da Universidade de São Paulo, em cujos quadros seguiu carreira de docente. Em 1980, foi eleito diretor da Faculdade de Filosofia, Letras e Ciências Humanas. Professor em Aix-en-Provence, França, durante o exílio político, entre 1974 e 1976, e, em Coimbra, nos anos 1980. Ao voltar, retomou as atividades de ensino na FFLCH até sua morte. Além da vida acadêmica, Rui Coelho escreveu no jornal *Folha da Noite*, levado por seu companheiro Lourival Gomes Machado, e foi crítico de cinema do *Diário de S. Paulo*, colaborando também na revista *Clima*, fundada em 1941, que publicou ensaio do jovem escritor com 20 anos: "Marcel Proust e o Nosso Tempo".

[24] João Cruz Costa (São Paulo, SP, 1904-São Paulo, SP, 1978). Filósofo, catedrático da Universidade de São Paulo até 1965, dedicou-se à pesquisa e à reflexão sobre o desenvolvimento das ideias filosóficas no Brasil, procurando estabelecer vínculos entre o pensamento e a realidade social, política e econômica. Doutor Honoris Causa da Universidade de Rennes (FR) e professor convidado na École des Hautes Études, Paris (1964). Escreveu: *Ensaios sobre a vida e a obra de Francisco Sanches* (1942); *Augusto Comte e as origens do positivismo* (1950); *Panorama da história da filosofia no Brasil* (1960).

[25] José Francisco de Camargo (SP-SP). Professor e diretor (1966-70) da Faculdade de Economia e Administração (FEA) da USP. De 1973 a 1979 foi vice-presidente e presidente do Conselho Superior da Fapesp.

de seus trabalhos e pela sua poderosa inteligência. Durante muito tempo fomos só nós dois. Mais tarde foram chegando os que citei: Azis, Maria Isaura, Frank Goldman, por último Rui Coelho, que sucedeu o doutor Fernando na cadeira. Ele dava grande autonomia a Florestan e a mim e nos ouvia a respeito de tudo. Mas quem o visse podia pensar que era tirânico. Chegava à nossa sala, onde ficava também a secretária, cumprimentava e dizia ríspido: "Antonio Candido, Florestan!", nós o acompanhávamos à sua e lá ficávamos na mais cordial das palestras, porque adorava o bate-papo. A voz era meio cava e parecia artificial. Não sei se era assim mesmo ou se ele a forjava para fazer efeito...

Ele não teria aprendido retórica com os jesuítas?
Sem dúvida, daí o tom meio oratório.

No tempo de Petrônio,[26] como livro, é bastante...
Pomposo... Ele falava com certa pompa e eu diria que isso era um de seus traços contraditórios.

Coisa boa ouvi-lo dizer isso, porque no meu primeiro projeto de tese eu considerei que uma das características do Fernando de Azevedo seria certa ambiguidade, porque ao mesmo tempo que ele fazia reformas educacionais muito abertas para o social, no plano da vida privada ele era extremamente autoritário. Seu estilo, toda aquela aparência, os depoimentos que recebi, tudo indica ele ter sido uma pessoa bastante contraditória. Mas aí é que está, temos de aceitar a contradição em sua personalidade.
Claro. Se não for assim não entenderemos Fernando de Azevedo, homem cheio de contradições.

Parece que os senhores é que mudaram certas coisas, por exemplo, ele dava uma aula de sociologia que ia desde a origem do mundo, digamos assim, até ao homem do futuro. Aí o senhor e o professor Florestan Fernandes o induziram, de certa maneira, a fazer um curso só sobre Durkheim,[27] limitaram um pouco a proposta inicial...
Eu diria que foi o exemplo dos professores franceses. Não fomos nós. O que o Florestan e eu fizemos foi propor modificações no curso de sociologia. Os

---

[26] Ver nota 5, entrevista com Abgar Renault.
[27] Ver nota 39, entrevista com Abgar Renault.

franceses estabeleceram uma certa exclusividade de cursos monográficos, que o doutor Fernando aceitou. Nós insistimos sobre a importância dos cursos introdutórios prévios.

Uma outra metodologia, portanto, evitando ficar apenas com os cursos monográficos, numa volta aos fundamentos, para o aluno perceber, primeiro, o geral e, depois, então, poder caminhar para o particular.

A concentração em cursos monográficos no nível superior se explicava porque até meados dos anos 1940 a USP tinha o seu Colégio Universitário, de nível complementar, como se dizia, e nele havia dois anos de sociologia geral. Quando isso acabou, com a Reforma Capanema[28] o estudante ao entrar na Faculdade caía em cheio nos cursos monográficos sem a base geral. Veja como foi, por exemplo, o curso da minha turma em 1939, 40 e 41: no 1º e no 2º ano o professor Paul Arbousse-Bastide[29] dava cursos de métodos e teorias; Roger Bastide,[30] da outra cadeira, deu no 1º ano o método monográfico de Le Play,[31] no 2º, sociologia estética, com destaque para o estudo do barroco brasileiro, e, no 3º, sociologia dos

---

[28] A Lei Orgânica do Ensino Secundário, também conhecida como Reforma Capanema, permaneceu em vigor até a aprovação da Lei de Diretrizes e Bases da Educação Nacional, em 1961.

[29] Paul Arbousse-Bastide (1899-1985). Primeiro professor de sociologia da Faculdade de Filosofia da Universidade de São Paulo, período de 1934-38. O atual Departamento de Sociologia em sua origem está associado à missão francesa que colaborou na fundação, em 1934, da Universidade de São Paulo. Foi professor de filosofia no Liceu de La Rochelle (1928-32), membro da Comissão Paulista para o estudo do anteprojeto do Plano Nacional de Educação, representante do Ministério dos Negócios Estrangeiros da França na Missão Universitária Francesa de São Paulo. Afastou-se das funções docentes para prestar serviços especiais junto à Embaixada Francesa no Rio de Janeiro (1944-45), retornando, em 1946, à Europa. Autor, entre outros livros: *Pour um humanisme nouveau* (1930); *Formando o homem* (1944) e *La doctrine de l'éducation d'Auguste Comte* (1957).

[30] Roger Bastide (Nîmes, FR, 1898-Maisons-Laffitte, FR, 1974). Chegou ao Brasil em 1938 para ocupar a Cátedra de Sociologia I, no Departamento de Ciências Sociais da Universidade de São Paulo, e ficou no Brasil até 1984. Para Maria Isaura Pereira de Queiroz, "a contribuição que trouxe às Ciências Sociais brasileiras constituiu, primeiramente, o precioso elo que estabeleceu entre os sociólogos nacionais dos primeiros tempos, que vão desde 1870 a 1940 aproximadamente, e os que vieram em seguida à Fundação da Universidade de São Paulo, passando pelo Departamento de Ciências Sociais ou pela Escola Livre de Sociologia e Política, fundada um ano antes". Para Antonio Candido, Roger Bastide "se interessou a fundo pela nossa arte e pela nossa literatura, tornando-se um crítico militante e um estudioso que pesou de maneira notável na interpretação de fatos, ideias e obras".

[31] Le Play: Método monográfico ou estudo de caso. Elaborado por Frederico Le Play, tem como preocupação realizar um estudo aprofundado e exaustivo sobre determinado assunto (indivíduos, instituições, grupos, comunidades), buscando sua generalização.

mitos. O professor Georges Gurvitch,[32] que esteve aqui como visitante durante um ano (creio que 1948), insistiu na necessidade de cursos gerais iniciais e deu a ideia de formar o Departamento de Sociologia e Antropologia, reunindo as quatro cadeiras que havia: Sociologia I, Sociologia II, Antropologia e Política. O doutor Fernando gostou da ideia e foi sempre o diretor do departamento enquanto esteve na ativa.

Como era a rotina de Fernando de Azevedo?
Ele foi sempre um grande trabalhador e estrito cumpridor de seus deveres. Como sabe, foi o autor do projeto e dos estatutos da Universidade de São Paulo, que ideou com Júlio de Mesquita Filho.[33] Quando foi diretor, de 1940 a 1943, conseguiu

---

[32] Para Simon Schwartzman, Georges Gurvitch é, possivelmente, um dos últimos pensadores sociais que tiveram a audácia de propor um sistema próprio de compreensão global do fenômeno humano, buscando uma união entre uma filosofia pluralista, de origem fichteana, uma formação fenomenológica e as aquisições da ciência social de inspiração mais positivista. A abrangência dos temas que aborda, o papel de introdutor do pensamento fenomenológico na França (com *Tendances actuelles de la philosophie allemande*, publicado por J. Vrin em 1930), sua preocupação com a sociologia em uma época em que a escola de Durkheim havia sido cortada pela guerra, nos anos 1940, tudo isso o colocou em uma posição de extremo destaque no sistema acadêmico francês como professor da Sorbonne, diretor do *Cahiers Internationaux de Sociologie* e da Bibliothèque de Sociologie Contemporaine, a mais importante coleção de obras sociológicas publicadas em França.

[33] Júlio César Ferreira de Mesquita Filho (Campinas, SP, 1892-São Paulo, SP, 1969). Jornalista brasileiro, seguiu os passos de seu pai, Júlio de Mesquita, proprietário do jornal *O Estado de S. Paulo*. Seus primeiros estudos se deram na Europa, voltando ao Brasil para cursar a Faculdade de Direito da Universidade de São Paulo, no largo de São Francisco. Afilia-se em 1917 à Liga Nacionalista, organização liderada por Frederico Steidel e Olavo Bilac, com vistas a democratizar os costumes políticos de um Brasil ainda oligárquico. Torna-se um dos mais jovens fundadores do Partido Democrático, em 1926, grupo formado por intelectuais e membros de uma nova elite urbana e liberal que combatia as práticas do velho Partido Republicano Paulista. Sucede a seu pai em 1927 e engaja-se, ao término do governo Washington Luís, na candidatura de Getúlio Vargas, que em sua Aliança Liberal apresenta um programa de reformas institucionais, tais como o voto secreto e o fim da política dos governadores. Derrotado Vargas, Mesquita Filho apoia a Revolução de 1930, mas decepciona-se com o descumprimento das promessas iniciais de Getúlio Vargas. Organiza dois anos depois o movimento conhecido por Revolução Constitucionalista de 1932, que exigia do governo provisório o estabelecimento de uma nova Carta ao país e o resgate das promessas perdidas de 1930. A partir do golpe do Estado Novo, em 1937, Júlio de Mesquita Filho é preso 14 vezes e levado ao exílio pela ditadura. *O Estado de S. Paulo* é expropriado da família em 1940 e, somente em 1945, ante uma decisão do Supremo Tribunal Federal, é devolvido a seus legítimos proprietários. Nos anos da República Nova (1946-64), Mesquita Filho lidera seu diário nas lutas contra Vargas e seus seguidores, perfilando-se, ainda que assumindo uma postura crítica, à União Democrática Nacional. Em 1964 apoia o golpe militar que derrubou João Goulart, mas rompe com o "partido fardado" logo após a edição do Ato Institucional nº 2, de 1965. A partir desse momento, Mesquita e seu *Estado* passam a uma crescente oposição ao regime dos generais. Ao tomar conhecimento, em dezembro de 1968, que o presidente Costa e Silva editaria

do governo a aprovação do regimento interno que a estruturou. Na congregação foi sempre um dos professores mais atuantes e dedicados. Geralmente passava as manhãs em casa estudando, preparando cursos, escrevendo a partir das oito e meia, porque não era madrugador. Ia à Faculdade todos os dias para as aulas, as atividades de rotina e para conversar, porque foi sempre um conversador emérito. De volta à casa, trabalhava depois do jantar ou recebia, até depois da meia noite. Era muito espirituoso, amador de casos pitorescos, que sabia ouvir e contar. Falava com prazer sobre sua formação e suas lutas, com minúcia e relevo. Era o que os franceses chamam um *causeur*.

Mas ele produzia inexoravelmente... Como era enquanto docente?
Preparava bem os cursos, mas dava as aulas quase sem consultar notas, com a velha faceirice brasileira de parecer improvisar. Como tinha memória excepcional, memorizava o esqueleto e ia em frente, em tom meio enfático. Foram os professores franceses que nos habituaram a um novo sistema: traziam notas abundantes que iam consultando, um escândalo para muitos, havendo quem dissesse que assim não era vantagem, porque "colavam"...
O doutor Fernando não participava dos exames e não corrigia trabalhos e provas, tarefas que nos cabiam. Mas dava as notas de acordo com o que íamos informando, caso por caso, negando-se sempre a atribuir 10. Custamos, Florestan e eu, a demovê-lo em muitos casos com o correr do tempo, quando fincávamos o pé e ele acabava cedendo, meio sob protesto... Mas como acontece nas convivências prolongadas, através dos anos, de vez em quando surgiam problemas, e eu cheguei a pedir demissão três vezes. Nessas ocasiões ele encerrava o caso dizendo invariavelmente: "Se você insistir em pedir demissão, eu me demito junto".
Um caso bonito a respeito disso foi o seguinte, ocorrido ali por volta de 1947 ou 48: eu era representante dos livres-docentes na Congregação, houve um debate acalorado e os três membros mais jovens, eu e mais dois, votamos contra a posição dele. De volta à nossa sala, ele disse com severidade que estava magoado devido a isso e eu respondi que se o fato de ser seu assistente me obrigava a estar sempre de acordo eu preferia me demitir naquele momento. Emocionado, ele explicou que estava magoado, não pela discordância, mas porque desejava

---

o Ato Institucional nº 5, que terminaria por sepultar as liberdades públicas no Brasil, Mesquita escreve seu último editorial, "Instituições em frangalhos". Na mesma noite, a edição do *Estado* era apreendida pela Polícia Federal, sob a promessa de ser liberada se a direção do jornal retirasse o editorial. Mesquita recusou-se.

estar sempre com os moços e a atitude dos três docentes mais jovens o atirara do lado dos mais velhos. É bonito e mostra a sua disposição de estar sempre na vanguarda. Volta e meia nos perguntava se havia algum manifesto para assinar ou posição progressista a tomar, porque queria estar junto...

Muito bonito, e ele deu uma virada muito inteligente nesse episódio, ele desejava ser o porta-voz dos moços, seria para ele um drama não sê-lo. Mas o senhor falou sobre seu espírito de objetividade, a busca de racionalidade, que penso ser uma das características de Fernando de Azevedo. Em seus livros, ele procura sempre encarar cada problema, cada tema, sob diversas facetas. Percebe-se a necessidade de raciocinar metodicamente sobre tudo, talvez até como uma reação a essa emotividade toda. Parece que a formação jesuítica o reprimiu muito. Há um artigo dele sobre o conceito de progresso em que se vê isso de maneira muito nítida, em que ele procura demonstrar, justamente, acha possível — aí ele leva o darwinismo dele ao limite — haver um conceito de progresso sem juízos de valor. Em primeiro lugar, ele apresenta diversas definições, ser possível definir progresso apenas como avanço para frente, devido à origem, sem juízo de valor. Ele considera primeiro essa possibilidade nas ciências exatas. Depois, entra pelas ciências sociais e dá a definição de Dewey, que afirma que o progresso seria o aumento de alcance da experiência humana, uma definição muito ampla, uma definição formal, do que seja progresso. Mas que Fernando de Azevedo considera exequível. Parece-me que o senhor também, de vez em quando, aborda esse problema como no prefácio ao livro Intelectuais e classe dirigente no Brasil[34] *do Sérgio Miceli,[35] da distinção entre juízo de valor e juízo de realidade. Como o senhor encara*

---

[34] Sérgio Miceli. *Intelectuais e classe dirigente no Brasil (1920-1945)*. Difusão Editorial (Difel), 1979. (Corpo e Alma do Brasil).

[35] Sérgio Miceli Pessôa de Barros (Rio de Janeiro, 1945). Sociólogo, extremamente inovador, Miceli trouxe as premissas do filósofo, antropólogo e sociólogo Pierre Bourdieu à Universidade de São Paulo em um momento de dominação das teorias de Karl Marx. Foi o responsável pelo fortalecimento da sociologia da cultura no âmbito paulista e de setores antes pouco privilegiados como a sociologia da arte. Atualmente é docente nos cursos de pós-graduação da Universidade de São Paulo. Graduado em ciências políticas e sociais pela Pontifícia Universidade Católica do Rio de Janeiro em 1967, é mestre em ciências sociais pela Universidade de São Paulo (1971), com *A noite da madrinha: ensaio sobre a indústria cultural no Brasil*, sob a orientação de Leôncio Martins Rodrigues, primeira tese a falar de indústria cultural dentro da sociologia da USP, sendo um marco para a disciplina. Seguindo a tradição de Florestan Fernandes, as pautas dos projetos eram até então voltadas para os processos industriais, sindicais e conflitos entre o Brasil agrário e o moderno sob a dialética materialista de Karl Marx. Obteve seu doutorado em 1978 pela École des Hautes Études en Sciences Sociales, com *Intelectuais e classe dirigente no Brasil (1920-1945)*, sob a orientação de Pierre Bourdieu. A tese de doutorado foi inovadora, pois pela primeira vez um sociólogo via a classe intelectual brasileira sob os aspectos objetivos da vida material,

isso, seria possível, em relação ao progresso social, ou seja, em relação a um determinado fato social, afirmar se houve progresso, ou não, sem emitir algum juízo de valor? Sobre isso, tenho dúvidas. Porque, mesmo que se diga que progresso é "o alcance do significado da existência humana", o significado da existência humana difere de uma pessoa para outra. Para algumas pode ser, em termos marxistas, por exemplo, a desalienação humana, para outra seria maior poder aquisitivo. Enfim, acho muito difícil essa definição sem qualificativos. Como é que o senhor encararia isso, gostei do seu prefácio, porque eu, pessoalmente, tive muita dificuldade em aceitar todas as teses do Sérgio Miceli, em que pese seu imenso valor de análise. Acho difícil pré-julgar assim, não vendo a ambiguidade do momento histórico, as dificuldades reais que suportam ações e decisões.

O prefácio é crítico, evidentemente. Eu disse a ele: "Posso fazer um prefácio crítico; você aceita?". Ele aceitou.

Ele aceitou?... Mas meu esforço, agora, é de tentar entender e compreender; então, realmente não vou fazer um juízo de valor apressado, se o Fernando de Azevedo foi isso ou se ele foi aquilo. Mas, é claro, a gente, mesmo sem querer, faz algum juízo de valor, sempre está implícito. Como o senhor encararia isso? Porque o Fernando de Azevedo levava o positivismo dele ao limite.

Já não me lembro. Creio que o problema naquele tempo era o confronto da ideia de "progresso", de origem iluminista, com a ideia recente de "mudança social", sobre a qual líamos o livro de Ogburn,[36] *Social change*. A ideia de progresso tinha um lastro de otimismo e a crença no aperfeiçoamento crescente da sociedade, enquanto a de mudança social era neutra e apenas verificava as transformações materiais e sociais. Talvez o doutor Fernando quisesse combinar os julgamentos de valor com os de realidade. Em todo caso, é certo que achava possível o tratamento científico do problema, de acordo com a tradição positiva que vinha da sociologia francesa e nos marcou. Mas creio que a senhora vê o ponto de vista dele mais claramente do que eu.

---

condições sociais e trajetórias desses autores atrelados às obras produzidas. Defendeu sua tese de livre-docência, *A elite eclesiástica brasileira, 1890-1930*, na Unicamp, em 1986. Autor de diversos livros, entre eles *Intelectuais à brasileira* (2001), foi professor visitante de várias universidades. Atualmente, é professor titular de sociologia da Universidade de São Paulo, sendo também comendador da República e membro da Academia Brasileira de Ciências. Dirigiu a pesquisa "História das ciências sociais no Brasil". É casado com a antropóloga Heloisa André Pontes. Sérgio Miceli foi perfilado pelo jornalista Brian Di Assis Reqüena em seu trabalho de conclusão de curso em *A invenção do intelectual* e posteriormente parte do projeto foi publicado na revista *Cult* (março de 2012) sob o título: "Eu sou o Bourdieu (ou quase ele)".

[36] William Fielding Ogburn (1886-1959). *Social change*.

Ele queria evitar o conceito de progresso, no sentido, digamos, de "O Progresso" com P maiúsculo, uma entidade quase metafísica, retirando a conotação de algo meio gongórico, enfático. Muito sabiamente, ele faz a seguinte analogia: o homem usava primeiro o polegar e o indicador, depois começou a usar determinados utensílios; em seguida, determinadas ferramentas, depois começou a utilizar máquinas, então, friamente, objetivamente, houve um progresso. Agora, poderíamos discutir essa passagem, no sentido de nos perguntarmos se realmente esse conceito é operacional para as outras áreas.

Sim, para ele era, sem dúvida nenhuma.

Houve um progresso, sim, então vamos passar isso para as ciências sociais, quer dizer, para as mudanças no mundo social.

Por causa da sua visão política, que era socialista e otimista. Ele queria provar que a noção de progresso não era projeção idealista de um desejo, não era ideológica, e podia ser objetivamente verificada pela análise científica do curso da história.

Exatamente. Para o Fernando de Azevedo não era ideológico... Mas isso é um pouco do século XIX também, não é mesmo?

Muito século XIX. Nossa formação na Universidade de São Paulo ainda foi muito assim; no fundo, reforçada pelos franceses com uma visão em grande parte positivista, não no sentido de Auguste Comte,[37] mas no sentido dos pressupostos gerais de uma filosofia de cunho positivo, e o doutor Fernando foi muito nesse rumo.

Agora, para o Brasil — esta é uma observação minha —, não sei se o senhor concordaria, para o Brasil acho que foi uma influência muito positiva, mas aí no sentido... Boa, não é?

Sim, porque não era aquele positivismo religioso, meio místico, não, mas se opondo a nossa tendência ao impressionismo, àquilo que o Fernando de Azevedo explica muito bem em A cultura brasileira,[38] *que, aliás, não considero o melhor livro dele.* Qual o livro de Fernando de Azevedo que a senhora acha melhor? Vamos comparar as nossas impressões.

---

[37] Isidore Auguste Marie François Xavier Comte (Montpellier, 1798-Paris, 1857). Filósofo francês, fundador da sociologia e do positivismo.
[38] Fernando de Azevedo. *A cultura brasileira*. Introdução ao estudo da cultura no Brasil. Rio de Janeiro: Instituto Brasileiro de Geografia e Estatística, Comissão Censitária Nacional, 1943.

Deixa eu ver...
Ele é tão variado...

É, muito variado. A meu ver, houve um nítido amadurecimento, desde o livro Da educação física,[39] *de 1920, até* História de minha vida,[40] *publicado em 1971. Ele escreveu alguns depoimentos bonitos sobre pessoas, sobre o Anísio Teixeira, em um livro que ele dedica ao senhor:* Figuras do meu convívio.[41]
Ele é um mestre do retrato.

Há um livro que mostra bastante bem seu pensamento, publicado pela Editora Nacional, Seguindo o meu caminho;[42] *há, ali, um trabalho dele sobre a universidade do mundo do futuro, creio que esse livro é um dos melhores que ele escreveu. Eu penso que a contribuição mais importante de Fernando de Azevedo foi* Sociologia educacional. Uma introdução ao estudo dos fenômenos educacionais.[43]

Um livro excelente, realmente. O Roger Bastide escreveu carta lindíssima para Fernando de Azevedo, prometendo que iria fazer uma resenha desse livro na revista L'Année Sociologique;[44] Sociologia educacional, *certamente, teria lançado Fernando de Azevedo no circuito internacional. Com a guerra, porém, a resenha não saiu. Mas creio também que escrever em português, nossa língua, atrapalha um pouco, dificulta a tradução e divulgação dos autores, sobretudo um pensador.*
Mas a coisa mais importante em Fernando de Azevedo é a sua personalidade. Ele foi um dos homens mais nobres que conheci, no sentido alto da palavra: nobreza de alma. Era de uma dignidade, uma retidão como dificilmente se encontra. Lutou muito, teve inimigos ferozes que diziam dele o diabo, mas nunca conseguiram empanar o seu conceito. Todo homem tem defeitos, é claro, e,

---

[39] Fernando de Azevedo. *Da educação física*. São Paulo: Weiszflog Irmãos Incorporada, 1920.
[40] Ver nota 25, entrevista com Abgar Renault.
[41] Fernando de Azevedo. *Figuras do meu convívio*. São Paulo: Edições Melhoramentos, 1961.
[42] Fernando de Azevedo. *Seguindo o meu caminho*. Conferências sobre educação e cultura. São Paulo: Companhia Editora Nacional, 1946. (Biblioteca Pedagógica Brasileira. Atualidades Pedagógicas. Série 3ª, v. 46).
[43] Fernando de Azevedo. *Sociologia educacional*. Introdução ao estudo dos fenômenos educacionais e de suas relações com os outros fenômenos sociais. São Paulo: Companhia Editora Nacional, 1940. (Biblioteca Pedagógica Brasileira. Iniciação Científica. Série 4ª, v. 19).
[44] *L'Année Sociologique*. Revista de sociologia fundada em 1898 por Émile Durkheim.

como dizia Pascal,[45] cada um tem os defeitos correspondentes às suas qualidades: *"Chacun a les défauts de ses qualités"*.

Exatamente.
Assim, o corajoso pode ser agressivo, o tolerante pode ser tíbio etc. O doutor Fernando tinha os defeitos das suas qualidades. Podia ser violento, prepotente, frequentemente agressivo e mesmo atrabiliário, mas sabia reconhecer seus erros e se retratar. Um homem de grande nobreza.

É raro isso.
Raríssimo!

Estudar sua atuação na USP, realmente, foi uma experiência muito importante para mim, porque constatei justamente como ele mostrou coragem, vi provas dessa coragem. Por exemplo, o Manifesto dos intelectuais, *de 1965.*
Por enquanto estou falando da nobreza, não da coragem. Esta vem depois.

Mas, em relação à coragem, já que o senhor falou das qualidades, a oposição entre coragem e nobreza não é uma relação de exclusão mútua. Já os gregos uniam o conceito de coragem com o de nobreza. O mais interessante é que o estilo, e o espírito norteador, do Manifesto da Escola Nova, *já presentes nos anos 30, quando expõe pensamento muito seu afirmando: "é necessário inserir o abstrato no concreto", são repetidos no* Manifesto dos intelectuais, *de 1965, a que me referi, onde afirma "nós temos que inserir o ideal no real". Portanto, exatamente a mesma conceituação, a mesma ideia, o mesmo pensamento. Uma tentativa de mudar a realidade através de determinadas ideias, de objetivos ideais. Ligar a teoria à prática. Mas o senhor estava falando da nobreza...*
Ele tinha um raro destemor. Era de valentia absoluta, estava frequentemente pronto para atitudes enérgicas, reagindo a qualquer ofensa com a dignidade e a bravura de quem não recua. Estes traços contribuíram para fazer dele um grande líder. Sempre exerceu a liderança com senso das responsabilidades, mas ao mesmo tempo com habilidade, porque não era de ceder aos impulsos inconsideradamente. Refletia muito antes de decidir, era prudente, mas uma vez tomada a decisão entrava na ação com toda a força. Só esposava uma causa quando ela o convencia realmente ou quando estava em jogo a lealdade para com os

---
[45] Ver nota 8, entrevista com Abgar Renault.

amigos, e então não recuava. Era um lutador, e eu o qualifiquei certa vez como a viga mestra na nossa Faculdade. Mas, como já disse, podia ser difícil no convívio, e mais de uma vez tivemos divergências, que foram sempre superadas. A minha amizade por ele era pautada por um grande afeto e pela admiração por todas essas qualidades.

As nossas relações foram estreitas e fui inclusive confidente com quem se abria para comentar problemas pessoais. Apesar de termos temperamentos muito diferentes, tivemos uma grande amizade, baseada sobretudo no afeto recíproco. Não hesito em dizer que ele me queria muito bem, como se vê pelas dedicatórias que pôs nos livros que me deu, como essa que a senhora mencionou. Convivi com o doutor Fernando desde os meus 24 anos até os 50 e tantos, e minha vida foi marcada por ele. Nem sempre eu adotava as suas ideias, mas as que tínhamos em comum eram fundamentais, como as que a senhora definiu e vêm do liberalismo, do socialismo, do progressivismo do século XIX e configuram uma visão otimista do homem.

Estávamos falando da necessidade de se manter o conceito de progresso, necessário, inclusive, para se ter uma fundamentação teórica.
Exatamente. Para ele era fundamental, e como bom durkheimiano talvez acentuasse um pouco demais no conceito o que lhe parecia o seu caráter científico.

É, a tentativa dele, todo tempo, é essa.
E é muito bonita, é uma tentativa generosa radicada no que o século XIX tem de melhor: a grande confiança no homem que o século XX perdeu.

Perdeu completamente.
Ele era atualizado e queria estar sempre em dia, mas guardava do passado a confiança inabalável no progresso, que não foi quebrada pela formação jesuítica e seus laivos de pessimismo quanto ao homem, que não vale nada em face da eternidade devido à ideia de imperfeição essencial e ao pecado. Ele superou o que havia disso na formação jesuítica e era um humanista laico.

O humanismo de Fernando de Azevedo me parece um neo-humanismo, porque não é um humanismo no sentido clássico, embora ele tivesse, evidentemente, uma formação humanista clássica, como o senhor mencionou, por causa da sua formação jesuítica. Ele era um conhecedor de grego, de latim, mas ampliou muito esse

conceito de humanismo. Ele foi professor de latim e literatura em São Paulo, no Colégio Anglo Brasileiro...
Depois foi professor na Escola Normal, em seguida no Instituto de Educação.

Exato. Ele escreveu, nessa época, um livro chamado O segredo da Renascença,[46] *em que explora as ideias do humanismo clássico, da importância do latim, inclusive para um certo adestramento mental etc. Muitos anos mais tarde, Paul Arbousse-Bastide[47] lhe pede para escrever um prefácio, e ele recusa; escreve então algo muito bonito que é* Duas teses em presença,[48] *em que, justamente, Fernando de Azevedo elabora mais completamente o conceito de neo-humanismo. O problema não se limitava à afirmação, ou à negação, da necessidade do estudo do latim, seu conceito de humanismo era muito mais amplo, era preciso inserir a ciência dentro desse conceito. Como o senhor veria isso? Porque, para algumas pessoas com quem eu tenho conversado, o Fernando de Azevedo seria o humanista clássico em um sentido absolutamente limitado, mas me parece que seu humanismo é um humanismo com outra conotação, um universalismo.*
Fernando de Azevedo foi a meu ver um dos homens mais lúcidos do seu tempo. Aprendi muita coisa com ele, e uma delas foi superar o tabu do humanismo clássico. Ele teve a lucidez de perceber que preconizar este equivalia a uma volta ao passado, e ele visava o futuro. Superou o conceito de humanismo clássico dentro do qual se formou e passou-o pelo filtro das ideias de progresso que estamos discutindo. Queria um humanismo moderno nutrido pelo conhecimento contemporâneo e capaz de animar a ação. Na verdade, para ele o humanismo seria...

Socializante...
Exatamente. Era a mola que levaria a agir na sociedade, e achava que poderia se nutrir de outras modalidades de conhecimento, sobretudo o científico, porque a ciência na sua concepção poderia ser humanizadora por excelência. Aprendi com ele que humanismo não é próprio dessa ou daquela modalidade de saber, mas do uso que fazemos socialmente dela. Daí a ciência ser segundo ele humanística por excelência no contexto contemporâneo.

---

[46] Fernando de Azevedo. *O segredo da Renascença, e outras conferências.* São Paulo: Empresa Editora Nova Era, 1925.
[47] Ver nota 29 desta entrevista.
[48] Fernando de Azevedo expôs sua posição a respeito dessa controvérsia ao escrever para Paul Arbousse-Bastide, afinal, o prefácio intitulado "Diálogo — A propósito de um prefácio", que está no livro *Formando o homem. Contribuição para o plano de um ginásio ideal.* São Paulo: Sociologia, 1944. Prefácio de Fernando de Azevedo. p. IX-XXIV.

Porque faz parte da cultura.
O homem pode tirar do conhecimento científico o que antes pedia ao humanismo clássico: uma visão do mundo e uma norma de vida, incluindo na concepção de ciência as chamadas humanas, é claro. E lembrava que o império do latim, por exemplo, até os séculos XVII ou XVIII, se justificava, inclusive porque os livros antigos ainda eram fontes de informação, e a comunicação intelectual se dava largamente em latim.

Inclusive, as leis eram redigidas em latim, assim como as aulas, durante muito tempo, eram dadas em latim.
O doutor Fernando respeitava muito a cultura greco-latina que tanto cultivou, mas como herança, não como modelo de conhecimento, que devia ser pedido aos conhecimentos científicos modernos.

O senhor diria que foi uma assimilação crítica?
Uma assimilação crítica, que conservava a ideia de humanização do homem, mas utilizando para isso os recursos do conhecimento atual. Creio que para ele essa era em grande parte o que chamava "a batalha do humanismo".

Na batalha do humanismo[49] *é um livro interessante.*
E essa batalha incluía a luta pelo socialismo.

A transformação de uma democracia restrita para uma democracia com participação mais ampla.
Exatamente. A respeito disso lembro uma conversa entre ele e o ministro Gustavo Capanema[50] por telefone. Eu estava em sua casa, ouvi o que falava e depois ele me contou por miúdo o que o ministro dissera. O ano devia ser 1943 e Capanema estava promovendo a sua reforma da Educação, que comportava uma reintrodução do latim em escala maior, já que este fora reduzido pela reforma de Francisco Campos[51] em 1930, marcada pelo mesmo movimento de ideias ao qual pertence a de Fernando de Azevedo do Distrito Federal.

---

[49] Fernando de Azevedo. *Na batalha do humanismo e outras conferências.* São Paulo: Melhoramentos, 1952.
[50] Ver nota 12, entrevista com Abgar Renault.
[51] Ver nota 2, entrevista com Abgar Renault.

Sim, porque o Francisco Campos fez a reforma em Minas, em 1926, mais ou menos na mesma época em que o Fernando de Azevedo veio para o Distrito Federal, onde fez a famosa reforma de 28. Mas a meu ver a do Fernando de Azevedo foi muito melhor.

Muito melhor, mas Campos fez coisa meritória em Minas, sobretudo recorrendo a alguns especialistas estrangeiros que introduziram os métodos e as concepções pedagógicas modernas. Entre eles, Helena Antipoff,[52] mulher admirável que se radicou no Brasil. Mas Campos tinha um veio oportunista e depois acabou meio fascista.

Ele escreveu a Constituição de 37.

O doutor Fernando nada tinha de oportunista e foi sempre fiel com tenacidade aos ideais [a] que Campos serviu um certo tempo do fundo do seu cepticismo fundamental, de quem manipula as ideias com finalidade interesseira.

Pelo poder.

Isso; para chegar e ficar no poder. Voltando à conversa telefônica: depois de tanto tempo, lembro de pouca coisa, mas não esqueci que Capanema estranhou que quem sabia latim, como o doutor Fernando, não concordasse com a importância que queria lhe dar na sua reforma. O doutor Fernando respondeu: "Senhor ministro, não concordo exatamente porque sei latim". Ele queria dizer delicadamente que os que defendem o latim pensam que ele tem os poderes misteriosos que supomos nas coisas ignoradas...

Ele assimilou o mais importante da época clássica. Posso usar a palavra evolução, realmente houve uma evolução no pensamento desse homem que saiu do seminário em 1914. Porque no livro O segredo da Renascença,[53] *ele faz um verdadeiro panegírico da importância do latim, para se pensar melhor, mais logicamente.*

---

[52] Helena Wladimirna Antipoff (Grodno, Rússia, 1892-Ibirité, MG, 1974). Psicóloga e pedagoga de origem russa. Depois de obter formação universitária na Rússia, Paris e Genebra, fixou-se no Brasil a partir de 1929, a convite do governo do estado de Minas Gerais, durante a reforma de ensino conhecida como Reforma Francisco Campos-Mário Casassanta. Pesquisadora e educadora da criança portadora de deficiência, Helena Antipoff foi pioneira na introdução da educação especial no Brasil, onde fundou a primeira Sociedade Pestalozzi. Seu trabalho no Brasil é continuado pela Fundação Helena Antipoff. No campo acadêmico, Helena Antipoff foi a primeira professora e fundadora da cadeira de psicologia educacional na Universidade de Minas Gerais.

[53] Ver nota 46 desta entrevista.

Ele teve a capacidade, no contato com a realidade brasileira, com os problemas educacionais, de mudar suas ideias e dizer ao Capanema "não posso lhe escrever o prefácio". Aliás, foi muito nobre do Capanema publicar a carta do Fernando de Azevedo, com tais argumentos, como prefácio. Fernando de Azevedo não podia escrever a favor porque achava que a educação humanista foi, no Brasil, um humanismo de classe, humanismo elitista. Portanto, não seria a solução.
É uma visão muito moderna dele, em contraste com sua formação.

E, ao mesmo tempo, quando falo em "assimilação crítica", percebo aí um pouco do problema do século XIX, aquela mentalidade ainda do século XIX, da era do progresso e da máquina. Fernando de Azevedo queria transformar o Brasil, através da educação, numa nova Grécia, uma Grécia moderna, já com a contribuição da ciência. Tudo isso é muito curioso. Há um cientista italiano, socialista, que escreveu uma história do pensamento científico e filosófico em sete volumes; pesquisou muito a educação após a Revolução Russa. Ele estuda bastante a obra do Lunacharsky,[54] o grande reformador da educação na Rússia. O Lênin[55] tinha a maior confiança no Lunacharsky, e pediu, no seu testamento, que deixassem o Lunacharsky prosseguir no que estava realizando na União Soviética, seria uma educação em moldes mais amplos, um humanismo dilatado. Depois, com o Stalin,[56] Lunacharsky desapareceu do mapa, completamente, caindo em desgraça, creio eu.
Lunacharsky sumiu.

---

[54] Anatoly Lunacharsky (Poltava, Ucrância, 1875-Menton, FR, 1933). Dramaturgo, crítico literário e político soviético, membro do Partido Comunista da URSS e da facção bolchevique durante a Revolução Russa de 1917. Foi responsável pelas políticas públicas revolucionárias para a educação, após a Revolução de 1917.

[55] Ver nota 24, entrevista com Abgar Renault.

[56] Josef Vissarionovitch Stalin (Gori, 1878-Moscou, 1953). Secretário-geral do Partido Comunista da União Soviética e do Comitê Central a partir de 1922 até a sua morte em 1953, sendo assim o líder soberano da União Soviética. Sob a liderança de Stalin, a União Soviética desempenhou um papel decisivo na derrota da Alemanha nazista na Segunda Guerra Mundial (1939-45) e atingiu o lugar de superpotência, após rápida industrialização e melhoras nas condições sociais do povo soviético. Durante esse período, o país expandiu seu território para um tamanho semelhante ao do antigo Império Russo. Considerado tirano pela maioria dos historiadores, durante o XX Congresso do Partido Comunista da União Soviética, em 1956, o sucessor de Stalin, Nikita Khrushchov, apresentou seu discurso secreto oficialmente chamado "Sobre o culto à personalidade e suas consequências", a partir do qual iniciou-se um processo de "desestalinização" da União Soviética.

Fernando de Azevedo era um homem de visão ampla, arejada. Como o senhor disse, trata-se de um humanismo renovado, voltado para o futuro.
Essa transformação que a senhora observou muito bem é justa e foi devida a alguns impactos, creio que, fundamentalmente, a obra de Durkheim, que ele se pôs a estudar no começo dos anos 1920 por influência de Júlio de Mesquita Filho. Esta foi a meu ver a grande transformação na vida intelectual dele. Ele lia Durkheim em dois sentidos. Em primeiro lugar como criador do método científico objetivo da sociologia, conceito de que nunca abriu mão, pois sempre achou que os fatos sociais devem ser estudados como coisas. Em segundo lugar via em Durkheim um modo novo de encarar a educação, e um caminho para certo tipo de socialismo. Como sabe, muitos membros do Partido Socialista Francês de orientação não marxista se inspiraram em Durkheim.

Seria, basicamente, a ideia de que a racionalidade científica é apanágio dos reformadores e revolucionários?
Não sei, mas lembro que a sociologia de Durkheim é considerada conservadora pelos marxistas, inclusive porque tende a privilegiar a solidariedade orgânica, que segundo alguns teóricos da ciência política implica ideias conservadoras, enquanto a solidariedade mecânica estaria ligada a teóricos mais liberais. No entanto, os socialistas franceses tiraram de Durkheim a ideia de um certo tipo de socialismo, digamos liberal, mais ou menos como o doutor Fernando, com base na associação, na divisão do trabalho e dos grandes ideais humanitários.

Ele entrou nessa.
Entrou. Note que a passagem do humanismo A para o humanismo B, de que a senhora fala, deve ter sido determinada em grande parte pela sua descoberta da sociologia. Por isso, creio que a grande coisa na vida intelectual do doutor Fernando foi mesmo a iniciação na obra de Durkheim.

Exatamente. Foi uma verdadeira vocação, no começo de tonalidade bastante impressionista. Quando se lê No tempo de Petrônio,[57] *com tanto autor latino para escolher, ele foi escolher justamente* Satyricon,[58] *livro que é uma crítica contundente à sociedade daquela época. Fernando de Azevedo cita também a encíclica* De

---
[57] Ver nota 5, entrevista com Abgar Renault.
[58] Ver nota 6, entrevista com Abgar Renault.

rerum novarum,[59] *de Leão XIII, já deixando entrever enorme talento sociológico. Acredito que, desde essa época, pode-se perceber nele a atitude ética — e a busca de uma via ética —, expressa em sua frase: "olhe ao seu redor, você só vê miséria e sofrimento". Ele critica, inclusive, a atitude americana, meio superficial, e a visão otimista daquela época. Depois, modifica e solidifica melhor seu pensamento que, sob a influência de Durkheim, se torna mais rigoroso, objetivando uma crítica mais científica, mais cientificista, digamos assim, da sociedade.*

É verdade. Ultimamente tenho pensado muito no doutor Fernando porque estou pensando em organizar uma antologia dos escritos dele, por sugestão do Florestan e para uma coleção que ele dirige. Mas ainda não cheguei a um plano satisfatório.[60]

Excelente. Há coisas muito interessantes escritas por ele. O primeiro livro dele abre um percurso curioso, originalíssimo: Educação física, o que ela é,[61] *ou então* Antinous.[62] *Bem mais tarde, ele escreverá* Sociologia educacional, *construído com maior rigor metodológico, em estilo mais objetivo, organizado.*

A diferença entre *Princípios de sociologia* e *Sociologia educacional* é impressionante. *Princípios* é de 1934 e este de 1940. O primeiro ainda tem muito de compilação, ou simples exposição de ideias dos teóricos, nem sempre com a devida clareza. *Sociologia educacional* mostra um autor que domina a matéria com originalidade de fundador. Naquele tempo o que havia era *educational sociology* dos americanos, cultivada por Delgado de Carvalho, por exemplo, e era uma espécie de pedagogia sociológica, de sociologia aplicada à prática educacional.

Muito normativa.

Exatamente. Nos Estados Unidos creio que havia apenas um verdadeiro sociólogo da educação, Willard Waller,[63] que escreveu *Sociology of teaching*, livro que descobri por acaso em 1951 ou 52 numa livraria de Belo Horizonte, e estudava os grupos educacionais. Ora, por conta própria, o doutor Fernando criou, a par-

---

[59] Ver nota 7, entrevista com Abgar Renault.
[60] Esse projeto não foi adiante. Nota de Antonio Candido de Mello e Souza (2011).
[61] Ver nota 39 desta entrevista.
[62] Fernando de Azevedo. *Antinous*. Estudo de cultura athletica. São Paulo, Rio de Janeiro: Weiszflog Irmãos, 1920.
[63] Willard Waller, autor de *Sociology of teaching*.

tir de Durkheim, uma sociologia objetiva da educação, exposta num texto claro e admiravelmente estruturado.

O senhor chamou atenção sobre algo que é, no fundo, o problema da educação brasileira. O Fernando de Azevedo estudou em seminário jesuítico, que foi de fato a primeira oportunidade que se lhe apresentou para estudar e adquirir cultura sólida, básica; depois, estudou na Faculdade de Direito, não exatamente a preparação que mais o ajudaria para trabalhar em educação. Foi preciso um enorme esforço para que, depois, esse homem se voltasse para os estudos de sociologia, para Durkheim.

Fernando de Azevedo tinha uma capacidade monumental de trabalho, servida por uma excepcional rapidez de apreensão.

Uma vontade, me parece, férrea.

Tinha uma vitalidade incrível, de homem apaixonado. Trabalhava sem parar, não podia ficar ocioso. Não ia ao cinema nem ao teatro, não passeava, não se divertia.

Ah, não?

De jeito nenhum. Quando fui trabalhar com ele em 1942 estava na altura dos 50 anos e era um monge sob este ponto de vista. A expressão dele era: "Eu trabalho brutalmente!". Mas recebia com prazer, embora pouco visitasse e a partir de certa altura tinha diariamente uma conversa telefônica entre 8 e 9 da noite com seu amigo João Cruz Costa. E era um correspondente abundante e pontual.

Ele bombardeava as pessoas com suas cartas, se elas não respondiam...

As cartas dele são longas, pensadas, afetuosas e um pouco formais. Como sabe, produziu muitos livros e artigos importantes além dos textos oficiais.

Há uma ideia do Fernando de Azevedo, mantida ao longo de toda sua vida: a ideia da formação das elites. Para ele formação das elites e educação popular são duas faces de uma mesma moeda; por isso ele cita a União Soviética como exemplo, além dos Estados Unidos, talvez para se resguardar das críticas. Ele constata que na União Soviética, cinco anos após a Revolução Russa, o Lênin já havia fundado cinco universidades. Evidentemente, aquelas universidades visavam à formação de uma elite da qual o país precisava. Há outro livro dele muito inte-

ressante, maduro, A cidade e o campo na civilização industrial.[64] *É seu último livro, e ali ele justamente aponta para o fato de que a tradição brasileira mantém o divórcio entre as elites e o povo, desenvolvendo depois, nesse mesmo livro, a tese de que é necessário, em primeiro lugar, que haja uma elite e, depois, que essa elite esteja ligada ao povo como canais condutores de seiva, a expressão é dele, mas o povo é que tem que ter o controle. Não me parece um elitismo vulgar, tosco. Há um livro que saiu há pouco tempo sobre a ideologia da cultura brasileira em que Fernando de Azevedo é apresentado dessa forma negativa.*
Do Carlos Guilherme Mota?[65]

Sim, parece-me, justamente, que o sentido da palavra elite, tal como Fernando de Azevedo a utilizava, é mal compreendido, é desvirtuado. Para ele, é necessário a formação de uma elite aristocrática ou de qualidade, ele dá grande importância a isso. Só o fato de colocar a palavra aristocrática como sinônima de qualidade já tira de elite a conotação de um grupo que, por privilégios adquiridos sem esforço, graças a razões de sangue até, se repetiria no poder. Sua noção de elite, a meu ver, é no sentido de uma vanguarda, e é por isso que ele lutava pela educação popular na medida em que essa elite deveria sair, brotar, como ele mesmo repete em vários trechos de sua obra, de todas as camadas da população. Ele nunca abandonou, manteve até o fim essa ideia, como é que o senhor vê isso?
O livro de Carlos Guilherme é brilhante, mas apressado. Ele não encarou bem o doutor Fernando, com cujo ponto de vista concordo: a ideia de elite, de educação popular e de socialismo não são contraditórias. Penso como ele.

---

[64] Fernando de Azevedo. *A Cidade e o campo na civilização industrial, e outros estudos*. São Paulo: Melhoramentos, 1962. Ver, em especial, "A evolução das elites políticas no Brasil contemporâneo e particularmente em São Paulo", p. 230.

[65] Carlos Guilherme Mota (1941). Historiador. Graduado em história pela Universidade de São Paulo (1963), mestre (1967) e doutor (1970) em história moderna e contemporânea, livre-docente (1975) pela mesma universidade e pós-doutorado pela Universidade Stanford. Suas principais áreas de interesse são história da cultura e das ideologias. Foi membro do *board* do Programa de Estudos Latino-Americanos da Universidade de Princeton e diretor de Estudos da École des Hautes Études en Sciences Sociales. Ex-professor titular do Instituto de Filosofia e Ciências Humanas da Unicamp, atualmente é professor titular da Universidade Presbiteriana Mackenzie, da Universidade de São Paulo e da Fundação Getulio Vargas. Foi consultor e professor visitante no Centro de Estudos Brasileños da Universidade de Salamanca, professor visitante da Universidade de Londres e da Universidade do Texas. Fundou e dirigiu o Instituto de Estudos Avançados da USP. Foi também um dos fundadores do Memorial da América Latina. É membro do conselho editorial das revistas *Minius*, da Universidade de Vigo, e *Estudos Avançados*, da USP, além das revistas eletrônicas *Intellectus* e *Aedificandi*. Publicou mais de 30 livros como autor, coautor ou organizador. Em 2011, conquistou o Prêmio Machado de Assis.

Importa saber a quem serve essa elite.
O doutor Fernando não chegou a esclarecer devidamente o seu pensamento, e o comprometeu um pouco ao usar termos como "aristocrata", mas é claro que para ele elite nada tem a ver com elitismo, como sociologia nada tem a ver com sociologismo. Elitismo implica que numa sociedade há grupos selecionados pela sua origem social ou sua força econômica, que por isso devem ter preeminência, como por uma espécie de direito. A sociedade brasileira que ele encarou tinha muitos traços disso e podia ser considerada elitista.

Um critério seletivo a priori, *exato.*
O doutor Fernando pensava com razão que toda sociedade tem de formar as suas elites, isto é, o conjunto dos mais capazes, seja qual for sua origem social ou sua situação econômica. Não o conjunto dos privilegiados *a priori*, como diz bem a senhora. Só numa sociedade igualitária pode haver elite nestes termos, isto é, elite legítima. Portanto, a verdadeira formação de elites implica o acesso aos domínios da cultura e às lideranças por parte dos mais capazes, dos mais aptos, não, como em nossas sociedades, dos economicamente mais fortes.

Exatamente. Ele fala, inclusive, em elite de qualidade e elite das capacidades, são os termos que ele usa. É também uma discussão da época.
O doutor Fernando nem sempre foi feliz na escolha das palavras, mas muitas delas tinham conotação diversa naquele tempo. "Aristocrata", por exemplo, tinha conotação valorativa geral, e quando se queria elogiar uma pessoa dizia-se: "Fulano é um aristocrata", ou até: "É um príncipe"...

É verdade, repara: o senhor mesmo usou a palavra nobre. Um problema de semântica. Ele teve o cuidado, demonstrando argúcia, de empregar aristocrático seguido de outro substantivo que o Carlos Guilherme Mota anotou, mas não notou: "aristocrático ou de qualidade".
É verdade. E é preciso não dar sentido absoluto a coisas que costumava dizer, meio brincando, por exemplo: que para realizar as verdadeiras reformas o melhor regime seria a ditadura, contanto que o ditador fosse ele... No fundo, penso que seria o ditador que teríamos prazer em aceitar...

Fernando de Azevedo talvez fosse um ditador[66] fracassado. Nos anos 30 e 36, ele realmente começa a defender teses inspiradas em Sorel,[67] prega um governo forte e a necessidade de uma mística. Há que se reconhecer essa atitude, a contrabalançar a admiração por um homem tão tenaz e sincero em seus anseios educacionais. É claro. Ele chegou perto do Estado Novo.

"Eu preciso de uma mística", ele escreve em 1936, ou seja, a anima *deve dominar o* animus. *No livro* Educação e seus problemas,[68] *ele tem, às vezes, um pensamento bastante confuso, o que é interessante para quem deseja estudar, sob o ponto de vista filosófico, os grandes homens brasileiros, para quem tem curiosidade em saber como eles pensam. Realmente, é um pouco uma colcha de retalhos. Mas há o lado dele mais racionalista, mais rigoroso que o faz escrever: "Acontece que esse tipo de governo [fascista], nós não poderíamos tê-lo porque há um aparente sucesso do fascismo e do nazismo, ficamos um pouco embasbacados com esse sucesso, mas é uma coisa que dura pouco e não tem nada a ver com a nossa tradição brasileira...". Ou: "Nós não gostaríamos de um governo assim". Ele se sai pelo argumento da cultura. Há uma carta dele ao professor Francisco Venancio Filho na qual declara que o Getúlio,[69] pelo fato de ter conseguido amplos poderes, teria tido todas as possibilidades de fazer a grande reforma da educação brasileira. Mas não o fez.*

---

[66] Escreve Cecília Prada [A ira sagrada de um polemista. *Problemas Brasileiros*, n. 409, p. 47, jan./fev. 2012]: "Mergulhando na história política do país no período 1930 a 1964, vemos agora, com o distanciamento de meio século, uma característica primordial da época: na esquerda ou na direita, em todas as correntes ideológicas foi constante o desejo, mal dissimulado em uns, explícito em outros, de um governo forte, ditatorial, personalista, sob o pretexto de se dar ao povo brasileiro — diziam políticos de todo naipe — 'democracia, justiça e melhores condições de vida'. Da revolução de Vargas ao estabelecimento efetivo da ditadura militar em 1964 — que duraria 21 anos — nosso país tornou-se palco de conflito contínuo entre facções aparentemente opostas, mas na realidade muito semelhantes, calcadas abertamente nos regimes totalitários que infestavam o planeta, do nazismo-fascista ao comunismo soviético".

[67] Georges Sorel (1847-1922). Engenheiro, filósofo e sociólogo francês. Sorel é conhecido principalmente pela obra *Réfléxions sur la violence*. Ele argumenta que não se pode deplorar a violência dos que se opõem ao Estado sem se compreender a situação e os objetivos daqueles que a usam. Para Sorel, a violência pode ser igualmente usada contra aqueles que, parecendo simpatizar com um movimento, o levam a colaborar com o sistema que procura derrubar. Seu desdém pelo liberalismo democrático teve seus reflexos imediatos nos regimes fascistas violentos, inspirados pelo mito do século XX.

[68] Fernando de Azevedo. *A Educação e seus problemas*. 3. ed. São Paulo: Melhoramentos, 1953. (1. ed. em 1937. São Paulo: Companhia Editora Nacional).

[69] Ver nota 28, entrevista com Abgar Renault.

Quer dizer, não o critica pelo fato de ter obtido amplos poderes, poderes excessivos, ele o critica pelo fato de não ter feito as reformas educacionais necessárias.

É verdade. Nessa fase que a senhora menciona ele era, obviamente, antifascista, e numa conferência que fez na Faculdade de Direito foi ameaçado pelos integralistas, mas os estudantes progressistas o defenderam. Germinal Feijó,[70] que era combativo e foi um dos organizadores do evento, lá esteve a postos. Mas o doutor Fernando tinha certa fascinação pelos governos fortes de cunho avançado, e eu não vejo contradição nisso, inclusive porque imagino tal governo instaurando o socialismo e as suas ideias educacionais. Nas suas relações com o Estado Novo é preciso levar em conta um de seus traços pessoais, a vaidade, que podia torná-lo sensível à lisonja. Mesmo porque, como era sincero, achava que quando dirigida a ele, ela tinha o cunho da sinceridade. Eu diria, voltando um pouco ao que já comentamos, que nele a vaidade era o defeito eventual de uma qualidade: o brio, a sobranceria, o acentuado respeito de si mesmo.

O Estado Novo o cortejou e ele foi sensível a isso. Encomendaram inclusive a introdução ao recenseamento de 1940 e ele escreveu um trabalho monumental: *A cultura brasileira*. Esteve talvez perto do Estado Novo, mas não no que tinha de afinidade com o fascismo, e sim pela possibilidade que tem um governo forte de efetuar as reformas sociais e educacionais com que sonhava. E é preciso não esquecer que participou ativamente em janeiro de 1945 do 1º Congresso Brasileiro de Escritores, voltado abertamente contra o regime.

Contudo, ele nunca conseguiu ser nomeado para o Ministério da Educação. Parece que houve uma conversa dele com o Getúlio, o ditador o chamou, convidou--o, Fernando de Azevedo expôs o que faria se fosse nomeado ministro, quais seriam seus objetivos educacionais. Getúlio era um homem muito hábil, não poderia dar carta branca a Fernando de Azevedo. Escutou-o e disse "Olha...

---

[70] Germinal Feijó (São Paulo, SP, 1917). Após realizar os primeiros estudos com uma professora particular, cursou o ginasial do Colégio Paulista e do Instituto de Ciências e Letras. Ingressou na Faculdade de Direito da Universidade de São Paulo, destacando-se como militante do movimento estudantil, sendo um dos fundadores da União Nacional dos Estudantes (UNE) e um dos signatários do *Manifesto à nação*, redigido pelas lideranças do centro acadêmico XI de Agosto da Faculdade de Direito da USP, contra o Estado Novo. Membro de várias instituições ligadas à vida universitária e colaborador em jornais e revistas, dedicou-se também à poesia. Atuou como advogado no foro de São Paulo e depois dedicou-se à vida política.

então, nada feito". Afinal de contas, ele precisava das oligarquias, da Igreja, de determinados apoios.
O doutor Fernando não seria ministro porque não trairia os seus ideais. Digamos que nas relações pessoais foi sensível à consideração com que Getúlio o tratou.

A Alzira[71] também foi. Ele lhe escreveu algumas cartas.
A Alzira era amiga dele como também aquele rapaz Queiroz,[72] chefe de gabinete da Presidência, parece que muito bom. Era amigo de Capanema e de Abgar Renault, ligados ao Estado Novo.

É, o Abgar Renault, aliás, gostava muito dele.
Pediram-lhe algumas tarefas e ele as realizou. Quando teve de expor as suas ideias ele as expôs, e elas eram incompatíveis com o Estado Novo. Repito: o que lhe interessou foi a possibilidade que tem um governo forte de realizar grandes transformações.

É, quando ele esteve aqui no Rio, trabalhando, entre 1926 e 1930 — me parece que esse é um problema existente em todo o Brasil —, ele teve contato íntimo com a politicagem que, aliás, ainda aqui se pratica no terreno da educação.
A senhora tocou num ponto fundamental.

---

[71] Alzira Vargas do Amaral Peixoto (São Borja, RS, 1914-Rio de Janeiro, RJ, 1992). Filha de Getúlio Dornelles Vargas, que viria a ser presidente da República de 1930 a 1945 e de 1951 a 1954, e de Darci Sarmanho Vargas. Arquivista particular do pai desde 1932; em janeiro de 1937, quando cursava o último ano da Faculdade de Direito do Rio de Janeiro, foi oficialmente nomeada auxiliar de gabinete, passando a integrar o Gabinete Civil da Presidência da República. Em 1939, durante o Estado Novo (1937-45), casou-se com o interventor federal do estado do Rio de Janeiro, o oficial de Marinha Ernâni Amaral Peixoto, com quem teria uma filha, Celina Vargas do Amaral Peixoto. Ao lado dele, atuou como mensageira entre Vargas e o presidente americano Franklin Roosevelt, realizando várias viagens aos Estados Unidos. Com o enfraquecimento do Estado Novo e o início da redemocratização, Alzira foi uma das articuladoras do Partido Trabalhista Brasileiro, fundado em maio de 1945. Em 29 de outubro, Getúlio foi afastado do poder por um golpe militar. Após o retorno de Vargas à presidência e do marido ao governo fluminense no pleito de 3 de outubro de 1950, Alzira voltou a assessorar o pai, vindo a exercer papel de relevo na crise político-militar de 1954, que culminou com o suicídio do presidente no dia 24 de agosto de 1954. Nessa mesma manhã, Alzira abriu o cofre e dele retirou, entre diversos papéis, duas cópias do que passaria à história como a *Carta-testamento*. Em 1955, Amaral Peixoto deixou o governo fluminense e em 1956 foi nomeado embaixador nos EUA. Alzira seguiu com o marido para Washington, onde permaneceu até 1959. De volta ao país, publicou em 1960 a biografia *Getúlio Vargas, meu pai*. Em 1973, doou os arquivos de seu pai ao Centro de Pesquisa e Documentação de História Contemporânea do Brasil (Cpdoc) da Fundação Getulio Vargas (FGV). O arquivo de Alzira Vargas do Amaral Peixoto encontra-se também ali depositado.
[72] Ver nota 19, entrevista com Abgar Renault.

Atualmente, o Rio de Janeiro está pior. Acredito, inclusive, de certa maneira, que o que me levou a escrever essa tese foi ter trabalhado na Secretaria de Educação e Cultura, na assessoria do José Rubem Fonseca.[73] Saí quando percebi que aquilo, o Departamento de Cultura, e a Secretaria de Educação também são uma espécie de roda feita para dar a aparência de rodar, mas, na verdade, ela não roda, fica parada, estaciona. Nenhum projeto realmente mais radical — quando digo radical é simplesmente no sentido de dar às crianças, desde seis anos ou até menos, a possibilidade de ter acesso a um mínimo de cultura e, sobretudo, de possuir o instrumental para poder alcançar um lugar digno na sociedade. Estamos hoje, em 1981, com um nível de repetência de 60%, ou seja, a criança entra na escola e o primeiro contato dela é com o fracasso. A questão educacional não é só um problema de educação, que é muito mais amplo, começa no pré-escolar, com três anos, com alimentação adequada, acompanhamento psicológico, médico, odontológico. Na verdade, teria que começar no útero materno. Fernando de Azevedo não queria o poder pelo poder, ele o desejava para, justamente, ultrapassar a politicagem, a burocracia irracional.

Repito que a senhora tocou num ponto essencial, que a fará entender o doutor Fernando. A experiência com os burocratas e os políticos gerou nele o horror da politicalha. E sempre ouvi dizer que, na Primeira República, a pior delas era a do antigo Distrito Federal, baseada em parte nos que manobravam as zonas suburbanas denominadas "o sertão carioca". Ele enfrentou essa gente e deve ter guardado, com toda razão, a ideia de que, para fazer alguma coisa, era preciso neutralizá-la.

Há coisas interessantes em sua estada no Rio, trazido por Prado Júnior. Ele acabou recebendo apoio do governo e da oposição. Depois de tê-lo combatido, a

---

[73] José Rubem Fonseca (Juiz de Fora, MG, 1925). Escritor e roteirista de cinema brasileiro. É formado em direito, tendo exercido várias atividades antes de dedicar-se inteiramente à literatura. Em 2003, venceu o Prêmio Camões, o mais prestigiado galardão literário para a língua portuguesa, uma espécie de Prêmio Nobel para escritores lusófonos. Autor dos seguintes livros, entre outros: *O caso Morel* (1973); *A grande arte* (1983); *Bufo & Spallanzani* (1986); *Vastas emoções e pensamentos imperfeitos* (1988); *Agosto* (1990); *O selvagem da ópera* (1994); *O doente Molière* (2000); *Diário de um fescenino* (2003); *Mandrake, a bíblia e a bengala* (2005); *O Seminarista* (2009); *José* (2011).

pessoa que lhe deu o maior apoio foi Maurício de Lacerda.[74] *No início, tanto o governo quanto a oposição o apoiaram. Eles — oposição e o governo — o visitaram e declararam: "nós o apoiamos, mas o senhor nos deve 50% das nomeações", ou seja, o contrário daquilo que o Fernando de Azevedo queria instituir, as nomeações realizadas através de concursos; eles queriam fazê-las por meio de uma transação política. Ele não aceitou essas condições. Fernando de Azevedo expôs, exaustivamente, seu projeto educacional para o Rio de Janeiro, na tribuna e nos jornais, explicou tudo detalhadamente. O projeto era, realmente, muito bom, ele construiu um sólido sistema para a Secretaria de Educação funcionar bem. O Maurício de Lacerda se rendeu. Obteve assim, depois de tremenda luta travada na câmara dos vereadores (chamada àquela época de deputados), o apoio de ambos os lados.*

Exatamente. De modo que eu compreendo a posição dele. Creio que não hesitaria em aceitar um governo autoritário que impusesse medidas de cunho socialista. Era realista e com certeza achava que revolução e ditadura são fatos históricos com os quais é preciso contar. Não, é claro, como soluções preferenciais, mas como soluções transitórias que podem ser a condição das reformas. Talvez ele tenha achado, em certo momento, que o Estado Novo seria capaz de facilitar as que ele preconizava.

É. Depois ele se desiludiu porque o Getúlio teve todas as possibilidades de realizar as reformas e não as fez. O Capanema foi um grande ministro sob o ponto de vista da cultura, mas creio que realmente...
Ele atrapalhou tudo.

---

[74] Maurício Paiva de Lacerda (Vassouras, RJ, 1888-Rio de Janeiro, RJ, 1959). Político, tribuno e escritor, destacou-se como defensor de operários comunistas e anarquistas. Era filho do deputado federal, ex-ministro da Viação e Obras Públicas e ministro do STF Sebastião Eurico Gonçalves de Lacerda. Seus irmãos Paulo de Lacerda e Fernando de Lacerda foram importantes dirigentes do Partido Comunista Brasileiro (PCB). Deputado federal pelo estado do Rio de Janeiro, eleito para as legislaturas de 1912, 1915 e 1918. Prefeito de Vassouras de 1915 a 1920 e de 1932 a 1935. Foi dirigente do Partido Comunista Brasileiro, tendo sido preso em 1936, acusado de participar da Intentona Comunista de 1935. Contudo, quando houve a redemocratização do país em 1945, vinculou-se à União Democrática Nacional (UDN), partido anticomunista. Pai do jornalista, político e escritor Carlos Lacerda.

No livro A cultura brasileira, *Fernando de Azevedo afirma que depois de 34 todo o movimento dos Pioneiros da Escola Nova,[75] liderado por ele, pelo Anísio Teixeira, pela Cecília Meireles e tantos outros,[76] tudo aquilo foi ruindo, ruindo...*
É. Capanema deu o golpe de morte na coisa toda.

Sim, porque a reforma dos pioneiros era realmente uma reforma profunda, a educação é muito mais que educação no sentido estrito de instrução. Quando se começa a trabalhar numa escola pública, há um contato grande com a realidade brasileira, com as mães das crianças, há muitas famílias passando fome, há problemas de desemprego, drogas, miséria em todos os sentidos. O Fernando de Azevedo deixou inclusive o esboço de um livro, Miséria da escola e escola da miséria. *A estrutura dessa obra inacabada me pareceu bem instigante. O problema, portanto, é bem complicado. Então, nisso o Getúlio não queria mexer.*
Claro, e Fernando queria. Nos cargos públicos que ocupou, às vezes saiu antes do tempo por causa disso, como quando foi secretário de Educação no governo Ademar de Barros[77] e só ficou alguns meses.

---

[75] *Manifesto dos Pioneiros da Escola Nova*, 1932 — Escrito durante o governo de Getúlio Vargas, consolidava a visão de um segmento da elite intelectual que, embora com diferentes posições ideológicas, vislumbrava a possibilidade de interferir na organização da sociedade brasileira do ponto de vista da educação. Redigido por Fernando de Azevedo, dentre 26 intelectuais, entre os quais Anísio Teixeira, Afrânio Peixoto, Lourenço Filho, Roquette Pinto, Delgado de Carvalho, Hermes Lima e Cecília Meireles, entre outros. Ao ser lançado, em meio ao processo de reordenação política resultante da Revolução de 30, o documento se tornou o marco inaugural do projeto de renovação educacional do país. Além de constatar a desorganização do aparelho escolar, propunha que o Estado organizasse um plano geral de educação e defendia a bandeira de uma escola única, pública, laica, obrigatória e gratuita. O movimento reformador foi alvo da crítica forte e continuada da Igreja Católica, que naquela conjuntura era forte concorrente do Estado na expectativa de educar a população, e tinha sob seu controle a propriedade e a orientação de parcela expressiva das escolas da rede privada. Assinantes do *Manifesto da Escola Nova*: Fernando de Azevedo, Afranio Peixoto, A. de Sampaio Doria, Anísio Spinola Teixeira, M. Bergstrom Lourenço Filho, Roquette Pinto, J. G. Frota Pessôa, Júlio de Mesquita Filho, Raul Briquet, Mario Casassanta, C. Delgado de Carvalho, A. Ferreira de Almeida Jr., J. P. Fontenelle, Roldão Lopes de Barros, Noemy M. da Silveira, Hermes Lima, Attilio Vivacqua, Francisco Venancio Filho, Paulo Maranhão, Cecília Meireles, Edgar Süssekind de Mendonça, Armanda Alvaro Alberto, Garcia de Rezende, Nóbrega da Cunha, Paschoal Lemme e Raul Gomes.
[76] Ver nota 10, entrevista com Abgar Renault.
[77] Ver nota 13, entrevista com Abgar Renault.

Exatamente. Alguns sociólogos estão usando agora o conceito de cooptação, utilizado por Gramsci,[78] mas não acho que Fernando de Azevedo seria um homem cooptado, o senhor leria assim?
Eu costumo dizer que cooptados somos todos nós de um certo modo, para começo de conversa.

Quando contei ao Sérgio Miceli que o filósofo José Américo Peçanha,[79] antigo assistente do Vieira Pinto,[80] estava trabalhando na Abril, ele se admirou. Ora, o José Américo fez coisas incríveis nessa editora, organizou a Coleção Os Pensadores, traduziu muitos filósofos, produziu introduções competentes, abriu caminhos. Então, num certo sentido, cooptados somos todos, como o senhor afirma, mas creio que o Fernando de Azevedo não era cooptado no mal sentido, digamos assim, trabalhou, claro, para governos discutíveis, mas não fazia certas concessões, não se vendia.
Acho essa tese meio esquemática e foi o que manifestei discretamente no prefácio a *Os intelectuais e o poder*.[81]

Isso é verdade. Mas talvez ele não tenha entendido.
Entendeu. Eu lhe disse que o prefácio confirmaria a arguição, na qual fizera os mesmos reparos. Acho que o livro tem muitas qualidades, sobretudo na terceira parte, onde aborda de maneira magistral a questão do livro e da literatura, inclusive a substituição das importações no caso desta. Eu lhe disse que, se achasse os reparos negativos, não precisaria publicá-lo, mas ele foi muito correto, como

---

[78] Antonio Gramsci (Ales, 1891-Roma, 1937). Político, cientista político, comunista e antifascista italiano.

[79] José Américo Motta Peçanha (Campos de Goytacases, RJ, 1932-Rio de Janeiro, RJ, 1993). Estudante e professor da faculdade de Filosofia na década de 1960, foi exilado e continuou seus estudos em Paris. Quando retornou ao país organizou a coleção Os Pensadores, da Editora Abril, em São Paulo, dedicando-se depois ao magistério de filosofia no IFCS e na fundação Getulio Vargas. Grande pensador, infatigável batalhador da cultura na Secretaria de Cultura em São Paulo, deixou importantes publicações e conferências em vídeos. Suas aulas ficaram famosas.

[80] Álvaro Borges Vieira Pinto (Campos, RJ, 1909-Rio de Janeiro, RJ, 1987). Médico, filósofo e professor catedrático, foi exilado na Iugoslávia e no Chile (1964-68). Escreveu: *Ensaio sobre a dinâmica na cosmologia de Platão*; *Ideologia e desenvolvimento nacional*; *Consciência e realidade nacional vol. 1: a consciência ingênua*; *Consciência e realidade nacional vol. 2: a consciência crítica*; *A questão da Universidade*; *Por que os ricos não fazem greve?*; *El pensamiento crítico en demografia*; *Ciência e existência*; *Problemas filosóficos da pesquisa científica* e *Sete lições sobre educação de adultos*.

[81] Antonio Candido refere-se ao livro *Intelectuais e classe dirigente no Brasil (1920-1945)*. Ver nota 34 desta entrevista.

é do seu feitio e publicou, mesmo não aceitando minhas críticas. Quanto a Fernando de Azevedo, não acho que tenha sido mais cooptado do que nós. Na universidade, por exemplo, podemos ser vistos como cooptados na medida em que aceitamos trabalhar no quadro de uma ordem com a qual não concordamos. Mas tudo depende do que fazemos nela e de como nela nos comportamos. A não ser nas tiranias totais e brutais, todo governo, autoritário ou não, tem certa elasticidade em relação aos divergentes, quando está mais ou menos firme. No Estado Novo, discordantes notórios como Carlos Drummond[82] e Rodrigo Melo Franco de Andrade[83] trabalharam como funcionários sem ocultar a sua discrepância. Eu sou compreensivo mesmo em relação aos que apoiaram o Estado Novo, por real convicção, como Cassiano Ricardo.[84] Quanto a subservientes e oportunistas, estes existem em todos os regimes.

---

[82] Carlos Drummond de Andrade (Itabira, MG, 1902-Rio de Janeiro, RJ, 1987). Poeta, contista e cronista, nasceu em Minas Gerais, em uma cidade cuja memória viria permanecer como importante parte de sua obra, Itabira. Seus antepassados, tanto do lado materno como paterno, pertencem a famílias de há muito tempo estabelecidas no Brasil. Estudou em Belo Horizonte, no Colégio Arnaldo, e em Nova Friburgo com os jesuítas no Colégio Anchieta. Formado em farmácia, com Emílio Moura e outros companheiros, fundou *A Revista*, para divulgar o modernismo no Brasil. Em 1925, casou-se com Dolores Dutra de Morais, com quem teve sua única filha, Maria Julieta Drummond de Andrade, também escritora. No mesmo ano em que publica a primeira obra poética, *Alguma poesia* (1930), o seu poema "Sentimental" é declamado na conferência "Poesia moderníssima do Brasil", feita no curso de férias da Faculdade de Letras de Coimbra, pelo professor da cadeira de estudos brasileiros, doutor Manoel de Souza Pinto, no contexto da política de difusão da literatura brasileira nas universidades portuguesas. Durante a maior parte da vida, Drummond foi funcionário público, embora tenha começado a escrever cedo e prosseguindo até sua morte em 17 de agosto de 1987, no Rio de Janeiro, que se deu 12 dias após a morte de sua filha. Além de poesia, produziu livros infantis, contos e crônicas. É considerado por grande parte da crítica o maior poeta brasileiro do século XX.

[83] Rodrigo Melo Franco de Andrade (Belo Horizonte, MG, 1898-Rio de Janeiro, RJ, 1969). Advogado, jornalista e escritor, foi redator-chefe (1924) e diretor (1926) da *Revista do Brasil*. Na política foi chefe de gabinete de Francisco Campos e integrou a equipe do Ministério da Educação e Saúde do governo Getúlio Vargas, composta de muitos intelectuais e artistas, herdeiros dos ideais da Semana de 1922; comandou o Serviço do Patrimônio Histórico e Artístico Nacional (Sphan, atual Iphan), desde sua fundação, em 1937, até 1967. Pouco antes de sua morte, em 1969, Rodrigo ainda prestava depoimentos à imprensa e comparecia a eventos ligados à sua experiência no Sphan. Pai do cineasta Joaquim Pedro de Andrade (1932-88), um dos líderes do Cinema Novo.

[84] Cassiano Ricardo Leite (São José dos Campos, SP, 1895-Rio de Janeiro, RJ, 1974). Poeta e ensaísta, participou do movimento iniciado na Semana de Arte Moderna (1922). Fez parte dos grupos nacionalistas Verde Amarelo e Anta, ao lado de Plínio Salgado, Menotti del Picchia, Raul Bopp, Cândido Mota Filho e outros. Em 1937, fundou, com Menotti del Picchia e Mota Filho, a "Bandeira", movimento político que se contrapunha ao integralismo. Dirigiu, na mesma época, o jornal *O Anhanguera*, que defendia a ideologia da Bandeira, condensada na fórmula: "Por uma democracia social brasileira, contra as ideologias dissolventes e exóticas". Soube aproveitar, como poucos, o indianismo, uma das influências do momento, tomando-o como base de uma

Na França, durante a ocupação nazista, muitos intelectuais trabalharam em revistas culturais, sob censura. O próprio Graciliano[85]*...*
Não trabalhava para o DIP.[86] Colaborava na revista oficial *Cultura Política* e foi inspetor escolar.

E ganhava 400 mil réis.
São coisas que acontecem. Mas há pessoas de intransigência absoluta.

Sobretudo num Estado totalitário, extremamente forte, como na União Soviética, por exemplo, é claro que ninguém está concordando com o que está se praticando ali, alguns intelectuais, por exemplo, podem não concordar com a política cultural. Mas estão trabalhando, não é?

Mas há que trabalhar, você tem de viver. Existe uma coisa sobre a qual as pessoas talvez não reflitam: o mundo do "ganha pão" existe também. Mas há, é claro, limites.
O doutor Fernando tinha uma característica que facilita o acatamento da autoridade: apesar dos fermentos de rebeldia, respeitava-a e seu comportamento era marcado por traços convencionais. Lembro a maneira cerimoniosa e protocolar com que tratava qualquer autoridade, inclusive, os dirigentes universitários que haviam sido seus alunos e ficavam meio confusos com a sua rigorosa deferência. Mas quando perdia a consideração não respeitava rei nem roque.

O problema da atuação do intelectual dentro da sociedade apresenta muitas facetas. Há uma frase de Marx[87] *na qual ele afirma que as ideias dominantes de uma*

---

autenticidade americana. *Martim Cererê*, seu livro mais conhecido, traduzido para muitos idiomas e ilustrado por Di Cavalcanti, se fundamenta no mito tupi do Saci-Pererê, manifestando uma conciliação das três raças formadoras da cultura nacional: a indígena, a africana e a portuguesa. Mesclando essas três fontes linguísticas, ele elabora o que foi chamado de "mito do Brasil-menino". Cassiano Ricardo manteve, até o fim de sua vida, uma pesquisa poética experimental e independente, acompanhando de perto os novos movimentos de vanguarda como o concretismo e o praxismo nas décadas de 1950 e 1960.

[85] Graciliano Ramos (Quebrangulo, AL, 1892-Rio de Janeiro, RJ, 1953). Sua ficção, de alto nível criativo, segue a linha de reivindicação social, de depoimento e crítica. A nota dominante, pelo patético da condição humana e os dramas de vida, é seu regionalismo universalista. Sua prosa, de cunho coloquial, simples, seca, direta, tem um estilo marcante, inconfundível. Escreveu: *Caetés* (1933); *São Bernardo* (1934); *Angústia* (1936); *Vidas secas* (1938); *Memórias do cárcere* (1953).

[86] DIP: Departamento de Imprensa e Propaganda, dirigido por Lourival Fontes.

[87] Ver nota 30, entrevista com Abgar Renault.

época são as ideias da classe dominante. O Fernando de Azevedo não aceita essa afirmação e ele cita seu próprio exemplo e o do Anísio, porque algumas reformas da educação, no Brasil, foram feitas, de certa maneira, em oposição às ideias dominantes, é verdade que num campo singular, menor, particular. Muitas vezes dentro da administração oficial, ou de certas administrações, há pessoas que estão trabalhando, evidentemente, para o governo e que adotam ideias diferentes, agindo e atuando contra as ideias dominantes. Como o senhor veria isso?
A questão é muito complexa, mas concordo com Marx que as ideias de uma época são as da classe dominante, embora haja contracorrentes fortes, que são as forças antitéticas da sociedade e da história. Creio que Fernando de Azevedo e Anísio Teixeira representavam forças contrárias às de corte conservador que predominavam, mas não ao ponto de ameaçá-las essencialmente. Eram reformistas, não revolucionários.

Mas, mesmo assim, eles não logravam ter sucesso.
Não lograram porque o que pensavam e preconizavam era dose de elefante para as nossas elites atrasadas. Mas tanto Anísio Teixeira quanto o doutor Fernando eram ideologicamente muito mais avançados em relação a elas.

O Anísio tinha maior amplitude e, no início, me parece, fazia mais concessões.
Anísio era mais do tipo liberal avançado, enquanto o doutor Fernando tinha alguma coisa de revolucionário. Mas no plano das realizações foram igualmente transigentes, porque eram realistas e faziam o que era possível fazer.

Exatamente, o Fernando diz: "vamos fazer a revolução antes que o povo a faça nas ruas".
Digamos que transigia a fim de aplicar o máximo possível das suas ideias. Estava convencido de que visava a transformações profundas no futuro, fazendo no presente o que era possível fazer, e isso me parece correto. Sou contra as ideias do tipo "ou estabelecemos o socialismo ou é melhor não fazer nada". É preciso fazer o possível, e isso o doutor Fernando fez.

Também penso que as ideias dominantes são as ideias dos que dominam política e economicamente e elas, no Brasil, estão ligadas. O conceito me parece amplo demais, talvez. As classes dominantes realmente imperam, no sentido de que as ideias delas são imperantes, não é? Então, não se pode aumentar demais a

importância dos intelectuais, dos educadores, eles têm ideias porque eles leem e estudam mais, têm ideias diferentes, mas na verdade essas ideias não movem a economia.
Movem pouco, não é?

É, não movem com sucesso. Há uma outra dúvida: como é que o Fernando de Azevedo veio para o Rio, foi o Antônio de Prado Júnior que o trouxe, como o senhor explicaria essa vinda? Parece que o Alarico Silveira[88] também intercedeu por ele.
Não sei exatamente. Se não me engano, ele conta nas memórias.

Pois é, ele conta assim a parte explícita, mas como foi realmente sua vinda de São Paulo para o Rio: ele era muito amigo do Prado Júnior?
Não, não o conhecia.

Então foi mesmo pelo valor dele, a partir do inquérito de 1926? Existem essas coisas na política, o inquérito foi amplo, muito bom, repercutiu, depois Fernando de Azevedo é nomeado porque todos o acharam excepcional. Afinal, não havia tanta gente competente assim no Brasil. Mas os Mesquita[89] se davam com os Prado?
Deviam se dar, porque o conselheiro Antônio Prado,[90] pai de Antônio [Prado Júnior], era o chefe do Partido Democrático, fundado em 1926 pela oposição liberal, ao qual pertenciam os Mesquita.

---

[88] Alarico Silveira. Secretário de Estado dos Negócios da Educação de 1º de maio de 1920 até 30 de abril de 1924. Secretário do Interior no governo de Washington Luís, em São Paulo, e depois secretário da Presidência, no Rio de Janeiro. Pai de Diná Silveira de Queirós.
[89] Família Mesquita.
[90] Antônio da Silva Prado (São Paulo, SP, 1840-Rio de Janeiro, RJ, 1929). Advogado, fazendeiro, político e empresário brasileiro. Formado na Faculdade de Direito de São Paulo, em 1861, cursou especialização em direito em Paris. Foi chefe de Polícia em São Paulo, deputado provincial de São Paulo e deputado federal pelo Partido Conservador. O conselheiro publicava suas opiniões no órgão do Partido Conservador, o *Correio Paulistano*, que foi de sua propriedade a partir de 1882, e que mais tarde se tornou o órgão do PRP, ao qual o conselheiro se filiou. Foi Inspetor especial de terras e colonização da Província de São Paulo. Tornou-se conselheiro do Império em 1888 e senador em 1886. Partidário da abolição. Como ministro da agricultura, em 1885, participou da elaboração e assinou junto com a princesa Isabel a Lei Saraiva-Cotegipe. Em 1888, o conselheiro Antônio Prado fez parte do gabinete João Alfredo Correia de Oliveira que elaborou o projeto da Lei Áurea. Incentivador da imigração italiana no Brasil e um dos fundadores da Sociedade Brasileira de Imigração; foi ministro das Relações Exteriores. Quando faleceu no Rio de Janeiro, em 1929, seu filho Antônio da Silva Prado Júnior era o prefeito da cidade.

A grande ideia de Júlio de Mesquita Filho era a Universidade.
Já lhe disse que ele revelou a obra de Durkheim ao doutor Fernando, e provavelmente lhe passou também a obsessão com a universidade. Do seu lado, o doutor Fernando foi a alavanca que lhe faltava na luta por ela. Foi uma amizade fecunda para a cultura. Quanto ao convite para o Rio, talvez tenha sido mesmo Alarico Silveira quem sugeriu, mas não sei. O certo é que o doutor Fernando não conhecia Antônio Prado Júnior, mas ficou seu amigo. Era de uma lealdade absoluta aos amigos, e assim foi com Washington Luís,[91] que saudou quando foi recebido triunfalmente em São Paulo depois da volta de um longo exílio, porque havia dito que só voltaria quando Getúlio Vargas caísse, e assim foi, porque era homem de palavra.

Outra coisa também que tem se criticado muito em Fernando de Azevedo é o uso do conceito de ensino desinteressado. Acho que voltamos ao mesmo problema, ou seja, há uma tendência a não se entender o significado das palavras na época em que foram ditas. Desinteressado para Fernando de Azevedo, um homem que estava tentando formar uma universidade, de fato a primeira do Brasil — porque a chamada Universidade do Rio de Janeiro foi criada em 1920, quando o rei Alberto esteve aqui, mas foi pró-forma, só para ele receber o título de Honoris Causa.[92]
Claro. A senhora sabe que para compreender bem o significado de um termo é preciso referi-lo à história das ideias, que esclarece sua gênese semântica através da história.

Concordo.
Naquele tempo, "desinteressado" significava cultivar o conhecimento, proceder a investigações, sem vinculação imediata com a atividade profissional.

Não se tratava de ser médico nem engenheiro.
Sim, porque no Brasil os cursos superiores eram estritamente profissionalizantes e o saber era subordinado à prática profissional. O conhecimento desinteressado leva, por exemplo, a cultivar a matemática para desenvolver o seu conhe-

---

[91] Ver nota 3, entrevista com Abgar Renault.
[92] O diploma de Doutor *Honoris Causa*, outorgado ao rei Alberto dos Belgas pela Faculdade de Direito da Universidade do Rio de Janeiro e "finalidade máxima da criação da universidade", escreveu ironicamente o jurista Francisco Clementino San Tiago Dantas na primeira página de sua lista geral dos alunos matriculados.

cimento e formar matemáticos, e não a usá-la apenas como subsídio nos cursos de engenharia.

Exatamente. Altos estudos teóricos.
Isso faria progredir o conhecimento, porque privilegiava a investigação, inclusive nas ciências humanas, que até então não eram estudadas no Brasil em escolas de nível superior, salvo o direito.

Inclusive Fernando de Azevedo é suficientemente lúcido para poder afirmar que muitas vezes fazem-se grandes descobertas, como, por exemplo, no plano da física teórica, e, depois, essa pesquisa teórica vai ter grande sucesso em sua aplicação prática.
Claro. Ninguém pode saber.

Acho um pouco de obscurantismo, também.
Evidentemente.

Descobri no Instituto de Estudos Brasileiros (IEB) um discurso de Fernando de Azevedo, espetacular, para a Academia Paulista de Letras.
Ah, sim, eu assisti.

Não, não deve ser esse a que o senhor assistiu. É um discurso que ele escreveu, mas não leu porque não houve posse. Nele, afirma que as mulheres deveriam entrar para a Academia, que a Academia, muitas vezes, tem um aspecto conservador e representa uma forma de restrição ideológica. O presidente da Academia Paulista de Letras...
Aristeu Seixas,[93] não?

Sim. O Fernando de Azevedo mostrou a ele o discurso, que desaprovou e considerou de novo a cadeira vaga. Foi a primeira vez em que isso aconteceu na Academia Paulista de Letras.
É, foi o seguinte: Aristeu Seixas insistiu para ele se candidatar; ele aceitou, foi eleito e Aristeu preveniu que era hábito submeter o discurso à presidência, o que

---

[93] Aristeu Seixas. Presidente da Academia Paulista de Letras (1909-16). Ver Fernando de Azevedo. *História de minha vida.* Rio de Janeiro: Livraria José Olympio Editora, 1971. p. 204.

o doutor Fernando fez. Aristeu fez correções, ele se irritou e não tomou posse, o que levou Aristeu a declarar a cadeira vaga, porque havia um dispositivo dos estatutos neste sentido que nunca fora aplicado, tanto assim que Júlio de Mesquita Filho nunca tomou posse.

Em 1968, Fernando de Azevedo foi eleito para a Academia Brasileira de Letras, já no fim da vida; aí me parece que a Academia Paulista de Letras ficou meio envergonhada, e, em 1969, o elegeu, finalmente. O senhor sabe quando ele fez esse primeiro discurso? Porque eu não consegui descobrir, ele não pôs a data.
Creio que foi no começo dos anos de 1960.

Ah, foi antes de 64.
Deve ter sido.

Incrível. Quer dizer que ele não tomou posse justamente por isso, não é?
Foi por causa dessa questão do discurso. Aristeu o agrediu pelos jornais, ele respondeu com a firmeza de costume e lembro que Sérgio Buarque de Holanda, que era da Academia Paulista, solidarizou-se com ele por meio de um artigo. Pouco depois Aristeu Seixas morreu e passados alguns anos a Academia o reelegeu. Assisti à sua posse, muito emocionante. Vestido com o fardão da ABL, ficou sentado em silêncio enquanto um confrade lia o seu discurso, pois ele já não tinha vista para isso.

Para a época, 1968, penso que o discurso de Fernando de Azevedo para a Academia Brasileira de Letras foi um discurso muito corajoso. Ele cita Brecht[94] em plena ditadura.
Ele foi sempre muito corajoso. Em 1964, já enxergando muito pouco, teve um gesto bonito. Quatro professores da Faculdade de Filosofia, Florestan, Mário

---

[94] O poema de Bertolt Brecht "Cartilha de guerra alemã" consta do livro *Poemas e canções*, em tradução de Geir Campos, editado pela Civilização Brasileira em 1966. Trata-se de fragmento extraído do final do poema:
  Vosso tanque, general, é um carro forte
  Derruba uma floresta, esmaga cem homens
  Mas tem um defeito, precisa de um motorista
  Vosso bombardeiro, general, é poderoso
  Voa mais rápido do que a tempestade
  Mas tem um defeito, precisa de um piloto
  O homem, meu general, sabe voar e sabe matar
  Mas tem um defeito, sabe pensar.

Schenberg,[95] Fernando Henrique[96] e João Cruz Costa foram submetidos a Inquérito Policial Militar (IPM), que funcionava no prédio da Faculdade. As sessões eram fechadas, mas o doutor Fernando se apresentou declarando que era solidário com os colegas e o coronel teve de aguentar a sua presença.

Esta lealdade dele aos amigos parece uma coisa assim, marcante...
Era incrível.

Há um termo que ele usa em toda a sua obra, mais de 50 vezes, e isso, para ser franca, me causou espécie: é o termo megalopia. *Ele usa muito megalopia, o senhor se lembra? Eu anotei, fiz uma ficha só sobre o uso obsessivo dessa palavra. O que é megalopia?*

É ver, pensar em grande. Então, ele usa megalopia, macrospia, achei interessante, fui anotando, ele vai usando repetidamente, desde o início até o fim de sua obra. Esta quase certeza de que é possível conhecer o todo, conhecer a totalidade do

---

[95] Mário Schenberg (Recife, PE, 1914-São Paulo, SP, 1990). Físico, político e crítico de arte. Considerado um dos físicos teóricos mais importantes do Brasil, publicou trabalhos nas áreas de termodinâmica, mecânica quântica, mecânica estatística, relatividade geral, astrofísica e matemática. Trabalhou com José Leite Lopes e César Lattes, e foi assistente do físico ucraniano naturalizado italiano Gleb Wataghin. Presidente da Sociedade Brasileira de Física de 1979 a 1981 e professor catedrático da Universidade de São Paulo, teve ativa participação política, tendo sido eleito duas vezes deputado estadual por São Paulo. Em função de suas ligações com o Partido Comunista Brasileiro (PCB), foi cassado e preso mais de uma vez pela ditadura militar brasileira. Mario Schenberg mantinha grande interesse por artes plásticas, tendo convivido com artistas brasileiros como Di Cavalcanti, Lasar Segall, José Pancetti, Mário Gruber, Cândido Portinari, e também estrangeiros, como Bruno Giorgi, Marc Chagall e Pablo Picasso. Atuou também como crítico de arte.

[96] Fernando Henrique Cardoso (Rio de Janeiro, RJ, 1931). Futuro presidente da República. Sociólogo, cientista político, político e professor emérito da Universidade de São Paulo, lecionou também no exterior, notadamente na Universidade de Paris. Foi funcionário da Cepal, membro do Cebrap, senador da República, ministro das Relações Exteriores, ministro da Fazenda e presidente do Brasil por duas vezes (1995 a 2002). Graduado em sociologia pela Faculdade de Filosofia, Ciências e Letras da USP, desenvolveu considerável carreira acadêmica, tendo produzido diversos estudos sociais em nível regional, nacional e global, e recebido prêmios e menções honrosas. Foi eleito o 11º pensador global mais importante, pela revista *Foreign Policy* em 2009, pelo pensamento e contribuição para o debate sobre a política antidrogas. É cofundador, filiado e presidente de honra do Partido da Social Democracia Brasileira (PSDB). Natural do Rio de Janeiro, radicou-se em São Paulo, tendo casado com a antropóloga Ruth Cardoso. Atualmente, preside o Instituto Fernando Henrique Cardoso (IFHC, São Paulo) e participa de diversos conselhos consultivos em diferentes órgãos no exterior, como o Clinton Global Initiative, Brown University e United Nations Foundation.

Brasil e pensar o Brasil em grande é uma tentação difícil de superar. Considero a megalopia uma tentativa quase desvairada, muito própria daquela época, não lhe parece? Talvez estejamos mais humildes agora...
Naquele tempo estavam na moda as "teorias do Brasil".

É, Sérgio Buarque, não sei quem mais...
Afonso Arinos,[97] autor de um livro desse tipo, *Conceito de civilização brasileira*, escreveu nos anos de 1930 que poucos países teriam tanta sede de autoconhecimento quanto o Brasil. Lembro a propósito um dos grandes feitos culturais de Fernando de Azevedo, a Biblioteca Pedagógica Brasileira, que ele planejou e dirigiu por muito tempo. Era publicada pela Companhia Editora Nacional a partir de 1930 e tinha cinco divisões. Uma delas, a Brasiliana, é um dos maiores repositórios de obras relativas ao nosso país, desde os relatos dos viajantes no começo do século XIX.

Havia também certo cosmopolitismo.
Houve muito disso naquele tempo.

---

[97] Afonso Arinos de Melo Franco (Belo Horizonte, MG, 1905-Rio de Janeiro, RJ, 1990). Jurista, político, historiador, professor, ensaísta e crítico. Destaca-se pela autoria da Lei Afonso Arinos contra a discriminação racial, em 1951. Ocupou a Cadeira nº 25 da Academia Brasileira de Letras. Filho de Afrânio de Melo Franco e de Sílvia Alvim de Melo Franco e sobrinho do escritor Affonso Arinos (*Pelo sertão*). Formou-se em 1927 na Faculdade de Direito do Rio de Janeiro (atual UFRJ), começando a carreira como promotor de justiça da Comarca de Belo Horizonte. Viajou para Genebra, a fim de aperfeiçoar seus estudos. De retorno ao Brasil, em 1936, iniciou a carreira de professor na antiga Universidade do Distrito Federal (UDF), atual Universidade do Estado do Rio de Janeiro, ministrando aulas de história do Brasil. Atuou ainda como professor no exterior ministrando cursos de história econômica do Brasil na Universidade de Montevidéu, 1938; curso na Sorbonne, em Paris, sobre cultura brasileira, em 1939, e cursos de literatura na Faculdade de Letras da Universidade de Buenos Aires, em 1944. Em 1946, foi nomeado professor de história do Brasil do Instituto Rio Branco, responsável pela formação e aperfeiçoamento profissional dos diplomatas de carreira do governo brasileiro. Foi catedrático de direito constitucional na Universidade do Estado do Rio de Janeiro e na Universidade do Brasil. Ministro de Estado das Relações Exteriores. Escreveu, entre outros livros: *Introdução à realidade brasileira* (1933); *O índio brasileiro e a Revolução Francesa; as origens brasileiras da teoria da bondade natural* (1937); *Espelho de três faces* (1937); *Um soldado do Reino e do Império; vida do marechal Callado* (1942); *Desenvolvimento da civilização material no Brasil* (1944); *Mar de sargaços* (1944); *Portulano* (1945); *Um estadista da República: Afrânio de Melo Franco e seu tempo* (1955); *A alma do tempo* (1961); *História do povo brasileiro; fase nacional*. Em colaboração com Antonio Houaiss e Francisco de Assis Barbosa, *Planalto* (1968); *Instituições políticas no Brasil e nos Estados Unidos. Direito comparado* (1974); *Direito constitucional. Teoria da Constituição* (1976); *Problemas políticos brasileiros* (1976); *O som do outro sino* (1978); *Diário de bolso seguido de retrato de noiva* (1979).

É. Toda aquela geração queria pensar o Brasil, explicá-lo.
A mediação europeia era indispensável para o equipamento cultural do país. Não esqueça que a Universidade de São Paulo, da qual o doutor Fernando foi um dos plasmadores, decidiu com muita clarividência recorrer a professores estrangeiros, que Teodoro Ramos[98] foi recrutar na Europa e asseguraram o êxito do projeto.

Seriam os instrumentos propulsores.
Fernando de Azevedo nunca viajou para fora do Brasil.

Parece que foi uma vez à Argentina.
Talvez, não lembro. Seria mais para o fim da vida.

Sim, para participar da banca de um concurso.
Esteve para sair mais de uma vez do Brasil, mas na última hora desistia.

Por que isso?
Uma timidez estranha. Não sei.

Bom, teria mais alguma coisa que o senhor consideraria válido acrescentar?
Já fiz o que queria, isto é, deixar claras as razões da minha grande admiração por ele. Mas talvez falte lembrar que era um homem que melhorava sempre à medida que a vida passava: em compreensão do semelhante, em lucidez ideológica, em qualidades humanas.

É verdade, ele assume a atitude, inspirada em Unamuno,[99] das diversas posições que se pode ter na vida: uma, é você polarizar, a outra, a inquietude. Ele manteve uma in-

---

[98] Teodoro Ramos (São Paulo, SP, 1895-Rio de Janeiro, RJ, 1937). Diplomado pela Escola Politécnica do Rio de Janeiro — aluno de Amoroso Costa e seu seguidor no movimento pela renovação científica e pela instituição de um novo modelo de ensino superior no Brasil —, destacou-se na luta encabeçada pela Academia Brasileira de Ciências e pela Associação Brasileira de Educação. Catedrático de física e de matemática na Escola Politécnica de São Paulo, foi um dos mais próximos colaboradores de Júlio de Mesquita Filho, de Armando de Sales Oliveira e de Fernando de Azevedo na criação da Universidade de São Paulo. Recrutou, na Europa, mestres estrangeiros para a Faculdade de Filosofia, Ciências e Letras da USP e foi o primeiro diretor dessa faculdade. Prefeito de São Paulo e secretário da Educação; em 1934, foi para o Rio de Janeiro onde dirigiu o Departamento Nacional de Ensino.
[99] Miguel de Unamuno y Jugo (Bilbau, Espanha, 1864-Salamanca, Espanha, 1936). Escritor, poeta e filósofo espanhol, é considerado a figura mais completa da Generación del 98, grupo constituído por nomes como Antonio Machado, Azorín e Pío Baroja. Fez o curso de filosofia e letras na Universidade de Madri e obteve a cátedra de grego na Universidade de Salamanca, de onde foi reitor. Conhecido também pelos sucessivos ataques à monarquia de Afonso XIII de Espanha, viveu no exílio de 1926 a 1930, de onde só voltou depois da queda do general Primo de Rivera. Mais

quietude permanente diante da realidade, diante dos problemas suscitados pela realidade. Justamente, no último livro dele, A cidade e o campo na civilização industrial, *percebe-se uma mudança, há uma exploração mais ampla dos problemas, percebe-se que ele pesquisava, lia, que tentava, realmente, encontrar novos caminhos.*
É, ele fazia inclusive um esforço de compreensão.

Há um filósofo francês, Léon Robin, especialista em Platão, que observa, na obra de Platão, na dinâmica do pensamento platônico, "une action entravée", e eu não sei se a gente poderia aplicar essa noção a Fernando de Azevedo. O conceito foi explicitado admiravelmente, aliás, por Dies, ao escrever que "la philosophie ne fut originellement, chez Platon, que de l'action entravée, et qui ne se renonce que pour se réaliser plus sûrement".[100] Action entravée *possui dois sentidos: um sentido com o qual, aliás, o senhor, de certa maneira, já teria concordado, de que em relação a qualquer problema — como bom racionalista, talvez como uma tentativa de suplantar o excesso de emoção, da paixão inerente à sua personalidade — Fernando de Azevedo, antes de iniciar qualquer ação, analisaria aquele problema sob todos os seus aspectos, sob todas as suas facetas; ação travada, portanto, não por uma fuga da realidade, mas para que depois que voltasse à realidade ele pudesse agir de maneira mais eficaz porque mais racional. E o outro sentido que eu daria à "action entravée" partiria da constatação de que nós no Brasil não damos oportunidades a homens que vêm para mudar...*
E entrava de fora, não é?

Exatamente. Não se dá oportunidades a homens que, realmente, poderiam dar contribuição de longo alcance. No campo da educação, me parece que certamente a ideia é adequada. E no seu ponto de vista?
Acho perfeitamente aplicável.

Ótimo.
A *action entravée*, no caso dele, talvez tenha um terceiro sentido. É que os seus ideais educacionais eram tão avançados que ele não os podia propor na prática. Por isso precisava aceitar a trava do possível.

---

tarde, o general Francisco Franco afastou-o novamente da vida pública, passando seus últimos dias de vida numa casa em Salamanca.

[100] F. Diès. *Introduction à la republique*. Coleção Budé, p. v. (Paris, 1932). Para Diès, a Academia foi uma Escola de Ciência Política, orientada para a ação tanto quanto para a teoria. Léon Robin (Nantes, FR, 1866-1947), historiador de filosofia antiga, já em 1913 chamava atenção para o interesse de Platão pela teoria e ação políticas. Robin foi considerado em sua época o mestre dos estudos platônicos na França. Ver, a esse respeito, artigo de Schuhl Pierre-Maxime. Platon et l'activité politique de l'Académie. *Revue des Études Grecques*, tome 59-60, fascicule 279-283, p. 46-53, 1946.

Quer dizer, ele pensa, leva seu pensamento até o fim...
Mas na hora de realizar tinha de se adaptar. Era realista, não utopista, por isso se conformava com o que era possível fazer. No processo de criação da USP, por exemplo, propôs medidas que chocaram a rotina e não foram adotadas, como representação dos estudantes nos colegiados e curso básico geral. A rejeição deste pelo particularismo das faculdades existentes desvirtuou de certo modo o projeto, mas ele seguiu em frente, fazendo o que podia fazer. O aproveitamento da oportunidade para realizar o possível levou-o a colaborar com governos variados, o que chocou muitos amigos liberais apegados às etiquetas partidárias. Mas para ele o importante era a realização do que achava necessário. Foi o caso da sua participação no governo do interventor Valdomiro de Lima[101] em São Paulo, hostilizado por seus amigos. Graças a isso pôde estabelecer o código de educação, importante para a instrução pública.

Se havia uma brecha ele...
Entrava.

Se lhe dessem plenos poderes.
Quando achou que Getúlio lhe daria, avançou. Getúlio não deu, ele recuou.

É, o Getúlio na hora H...
Ele não traia seus ideais.

Nunca.
Mas em compensação aceitava qualquer oportunidade para realizar esses ideais.

Parece que essa foi uma atitude característica de Fernando de Azevedo.
Foi um grande homem, mas agora parece não haver muito interesse por ele. É o período de esquecimento que atinge depois da morte quem teve notoriedade. Depois é que se firma o juízo definitivo a seu respeito.

---

[101] Valdomiro Castilho de Lima (Rio Grande do Sul, 1873-Petrópolis, RJ, 1938). Militar e político, começou sua carreira no regimento da Guarnição de Fronteira de Missões, em 1890, depois passou para Escola Tática e de Tiro de Rio Pardo. Participou da Revolução de 1893, ao lado das forças legalistas, e em 1898 entrou para a Escola Militar da Praia Vermelha, no Rio de Janeiro. De volta ao Rio Grande do Sul, foi eleito deputado estadual em 1904. Foi depois reeleito, com mandato até 1913, ao final do qual retornou às atividades militares. Foi interventor federal no estado de São Paulo de 6 de outubro de 1932 a 27 de julho de 1933.

Exatamente. Ele morreu em 74. Vamos ter que esperar o correr dos anos para poder haver mais atenção a seu pensamento e a sua atuação.
Ele poderia ter feito grandes reformas, porque é preciso entender que o autoritarismo dele era um método para chegar a soluções realmente democráticas.

Sem nunca negar a justiça. Pelo contrário, era um autoritarismo...
Nisso concordo com ele, porque um socialista aceita um ponto de vista desses. Quem não aceita é o liberal estrito, para quem é possível realizar tudo dentro das leis vigentes. Para um socialista é possível admitir o uso de fórmulas autoritárias a fim de chegar a soluções democráticas. E não esqueçamos que os liberais brasileiros, inclusive alguns que criticavam Fernando de Azevedo, nunca hesitaram em violar as leis e mesmo apoiar o uso da força. Veja-se 1964...

Mas ao mesmo tempo o senhor repara, nas conferências dele sobre as universidades, ele sempre atribuía à noção de liberdade um espaço muito importante, o que ele chama da livre discussão das ideias. O tema é muito complexo.
Está claro que, em face das tendências autoritárias que havia no Brasil, todas de direita, era preciso insistir na defesa das liberdades e da legalidade. Mas o essencial é que elas abranjam realmente todos. A democracia que os liberais formulam é legítima e essencial, mas não se torna um bem para todos. Para um socialista democrático, as conquistas da democracia liberal devem valer para a totalidade das pessoas, como era o ponto de vista de Fernando de Azevedo.

Quer dizer, uma democracia formal e também uma democracia política e material. Econômica.

Exato.
Eu prefiro não chamá-la de democracia formal, porque a dimensão legal implicada na locução é condição da sua existência. Mas acho que é legítimo suspendê-la como transição para a democracia real. Só que essa suspensão é sempre perigosa, porque pode degenerar em supressão, como no caso da Rússia soviética.

O problema é que essa suspensão...
É sempre um risco muito grave.

Ela pode, ao contrário, reforçar os mecanismos de repressão...
Pode, porque como a senhora sabe, na política há sempre a possibilidade do direito virar avesso.

E é, sobretudo, um risco que não se pode controlar, ou seja, o mundo, a realidade apresenta sempre novos fatos e se você restringir isso vem as consequências...
Claro. Mas acho que o doutor Fernando era homem de correr riscos, porque isso estava na natureza dele. Foi dos poucos que conheci capazes de não apenas assumir as responsabilidades, mas de gostar delas, de as enfrentar quase com alegria. Penso que assumiria riscos.

Para implantar suas ideias, o que é bem da época...
Isso explica seu flerte com o Estado Novo, porque era lúcido em relação aos lados positivos deste. Uma vez me disse que, a despeito do que se pudesse pensar de negativo sobre Getúlio, era forçoso reconhecer que no seu governo o Brasil sofreu as maiores transformações da sua história. Dizia: "Os três governantes brasileiros mais importantes foram Pedro II,[102] Getúlio Vargas e Juscelino Kubitschek".[103]

---

[102] Pedro II (Rio de Janeiro, RJ, 1825-Paris, FR, 1891). Segundo e último monarca do Império do Brasil. Filho mais novo do imperador Dom Pedro I do Brasil e da imperatriz dona Maria Leopoldina de Áustria e, portanto, membro do ramo brasileiro da Casa de Bragança. A abrupta abdicação do pai e sua viagem para a Europa deixaram Pedro com apenas cinco anos imperador e o levaram a uma infância e adolescência triste e solitária. Pedro II cresceu para se tornar um homem com forte senso de dever e devoção ao seu país e seu povo. Tendo herdado um Império no limiar da desintegração, Pedro II transformou o Brasil numa potência emergente na arena internacional e impôs com firmeza a abolição da escravidão, apesar da oposição poderosa de interesses políticos e econômicos. Um erudito, o imperador estabeleceu uma reputação como vigoroso patrocinador do conhecimento, cultura e ciências, ganhando o respeito e admiração de estudiosos como Charles Darwin, Victor Hugo e Friedrich Nietzsche; foi amigo de Richard Wagner, Louis Pasteur e Henry Woodsworth Longfellow, dentre outros. Apesar de não haver desejo por uma mudança na forma de governo da maior parte dos brasileiros, o imperador foi retirado do poder num súbito golpe de Estado que não tinha maior apoio, fora um pequeno grupo de líderes militares que desejavam uma república governada por um ditador. Pedro II passou seus últimos dois anos de vida no exílio na Europa, vivendo só e com poucos recursos.O reinado de Pedro II chegou a um final incomum — ele foi deposto apesar de altamente apreciado pelo povo e no auge de sua popularidade, e algumas de suas realizações logo foram desfeitas visto que o Brasil deslizou para um longo período de governos fracos, ditaduras e crises constitucionais e econômicas. Os homens que o exilaram logo começaram a enxergá-lo como um modelo para a república brasileira. Algumas décadas após sua morte, sua reputação foi restaurada e seus restos mortais foram trazidos de volta ao Brasil como os de um herói nacional. Sua reputação perdura até o presente e, hoje, muitos historiadores o enxergam com uma visão extremamente positiva, e é comumente considerado um grande brasileiro.

[103] Juscelino Kubitschek de Oliveira (Diamantina, MG, 1902-Resende, RJ, 1976). Médico e político, conhecido como JK, foi prefeito de Belo Horizonte (1940-45), governador de Minas Gerais (1951-55) e presidente do Brasil entre 1956 e 1961. Foi o primeiro presidente do Brasil a nascer no século XX, o primeiro presidente do Brasil eleito pelo voto direto, nascido após a Proclamação da República, o último político mineiro eleito para a presidência da república pelo voto direto, antes de Dilma Rousseff. Foi o responsável pela construção de uma nova capital federal, Brasília, executando, assim, um antigo projeto, já previsto em três constituições brasileiras, da mudança da capital federal do Brasil para promover o desenvolvimento do interior e a integração do país. Durante todo o seu mandato como presidente da República o Brasil viveu um período de notável desenvolvimento econômico e relativa estabilidade política. Com um estilo de governo inovador na política brasileira, Juscelino construiu em torno de si uma aura de simpatia e confiança entre os brasileiros. Segundo

Antonio Houaiss

Data: 26 de junho de 1981
Local: av. Epitácio Pessoa, 4560 — Lagoa — Rio de Janeiro (RJ)

Certa vez encontrei-me com você, Houaiss, por acaso — creio que foi na Livraria da Dona Vanna,[1] a Leonardo da Vinci —, e conversamos sobre Fernando de Azevedo. Minha tese é uma tentativa de compreender Fernando de Azevedo. O percurso dele foi bastante original. Em 1915, escreveu um livro sobre educação física, morreu já bastante idoso e é pessoa muito controvertida. Isso, aliás, me preocupa porque gostaria de ser o mais possível objetiva na minha análise. Alguns pontos sobre os quais ele opinou durante tão longa vida têm sido bastante discutidos ultimamente. Gostaria de conversar com você sobre isso e também sobre outros aspectos que considerar importantes.

Acho importante dizer o seguinte: não vejo no cenário brasileiro, se você não considera os meros burocratas, nenhuma figura relevante na educação que não seja controvertida, por causa da situação eternamente crítica em que a educação tem estado no Brasil. É um parêntese que eu queria fazer. Há realmente controvérsias sobre ele, como há sobre...

---

seu adversário José Sarney, Juscelino foi o melhor presidente que o Brasil já teve, por sua habilidade política, por suas realizações e pelo seu respeito às instituições democráticas. No ano de 2001, Juscelino Kubitschek de Oliveira foi eleito o "Brasileiro do Século".

[1] A Livraria Leonardo da Vinci é considerada uma das mais tradicionais do Rio de Janeiro, segundo a Associação Nacional de Livrarias. Fundada em 1952 pela italiana Vanna Piraccini e seu marido, o advogado romeno Andrei Duchiade, chegou a ser homenageada por Carlos Drummond de Andrade num de seus poemas. Funciona no subsolo do Edifício Marquês do Herval, na avenida Rio Branco, no Centro da cidade.

Anísio Teixeira.[2]
Ou, num outro polo, Helena Antipoff,[3] como há sobre Carneiro Leão[4] e por aí afora.

Seres humanos que estão dentro de uma história e...
Não, a razão é outra: você pode ter financistas controvertidos, ou não, administradores controvertidos, ou não, você pode ter em certas áreas, na própria saúde, personagens controversos, ou não, isso vai sempre existir neste país. Mas a educação é um fato novo aqui no Brasil. A educação institucionalizada, depois que os jesuítas foram expulsos do país, ficou, literalmente, abandonada, até a República, até 1925, ainda. Por que aqueles ensaios sobre educação que foram feitos em caráter sistemático são todos eles, ainda, tão experimentais, quantitativamente tão inexpressivos que, realmente, a educação era ainda, no Brasil, uma grande experiência. Os primeiros experimentadores, é preciso que se diga, foram, sem exceção, homens controvertidos. Porque a matéria é controversa. Quando a Associação Brasileira de Educação[5] se funda, ela vai discutir a definição[6] de educação. Não tínhamos nenhuma tradição educacional.

---

[2] Ver nota 20, entrevista com Abgar Renault.
[3] Ver nota 52, entrevista com Antonio Candido.
[4] Antonio de Arruda Carneiro Leão (Recife, PE, 1887-Rio de Janeiro, RJ, 1966). Educador, poeta, jornalista, advogado, crítico literário, professor de sociologia, educação comparada e administração escolar. Fez os estudos primários, secundários e superiores no Recife, formando-se na Faculdade de Direito. Em 1909, chefiou a delegação acadêmica daquela Faculdade no I Congresso Brasileiro de Estudantes. A conferência que pronunciou ali transformou-se no seu primeiro livro, *Educação*, no qual se pode constatar a influência do positivismo, evolucionismo e das teorias raciais correntes, oriundas da Europa desde a segunda metade do século XIX. Suas ideias acerca da necessidade de aprimoramento da raça brasileira e preocupação com a eugenia perduraram no conjunto da sua obra, inclusive no texto da reforma da educação pernambucana, por ele elaborado, em 1928.
[5] A ABE (Associação Brasileira de Educação) foi fundada em 1924, reunindo em torno do professor Heitor Lyra da Silva um numeroso grupo de intelectuais e profissionais do ensino: engenheiros vinculados à escola politécnica: Tobias Moscovo, Amoroso Costa, Mario Paulo de Brito, Ferdinando Labouriau, Barbosa de Oliveira, Dulcídio Pereira, Everardo Backeuser, Venancio Filho, Edgar Süssekind de Mendonça; médicos e sanitaristas, presença explicada pelos pontos comuns à educação e à saúde, entre outros: Roquette Pinto, Fernando Magalhães, Arthur Moses, Amaury de Medeiros, Mello Leitão, Belisário Penna, Miguel Couto, os irmãos Osório de Almeida, Gustavo Lessa, Carlos Sá, Manuel Ferreira, Alair Antunes, Almir Madeira; as mulheres de destaque se faziam representar por Isabel Lacombe, Armanda Álvaro Alberto, Alice Carvalho de Mendonça, Branca Fialho, Bertha Lutz, Jerônima Mesquita e Dina Venancio Filho; e o movimento agregou ainda Paulo Berredo Carneiro, Vicente Licinio Cardoso, Menezes de Oliveira, Álvaro Alberto, Benjamin Frankel, Mario Augusto Teixeira de Freitas e muitos outros. Em 1932, a ABE lançou o Manifesto dos Pioneiros da Escola Nova, redigido por Fernando de Azevedo, que teve grande repercussão nos meios educacionais e culturais, constituindo-se num acontecimento marcante na história da educação brasileira. Ao longo de sua atuação, a ABE promoveu diversas Conferências Nacionais de Educação, com educadores de todo o país, para debater importantes questões educacionais. O pensamento da ABE influenciou na elaboração de leis que traçaram diretrizes e bases da educação e de planos nacionais de educação. Seu arquivo é considerado de utilidade pública e contém valiosos documentos, muitos dos quais manuscritos e gravações preciosos para a história da educação no Brasil.
[6] Os pareceres de Rui Barbosa, considerados pelos educadores Lourenço Filho e Anísio Teixeira nossa Bíblia da educação, são de 1882.

Não tínhamos nada.
Então, se estamos tratando de homens que são, ao mesmo tempo, muito eminentes na história e...

Foram pioneiros. Há um ponto importante sobre o qual você falou, que é a questão da educação ser, ou não, transformadora. Numa primeira fase, nos anos 20, quando se forma a Associação Brasileira de Educação, o Fernando de Azevedo ainda adota uma atitude que eu qualificaria como de otimismo pedagógico. Logo em seguida, interessante, ele muda, ou seja, ele percebe que as reformas, as possíveis modificações feitas através da educação, não se realizam por si só, só poderiam ser realizadas dentro de um planejamento de ordem econômica, com modificações nessa área. Julgo isso bastante lúcido para sua época. Ele foi redator do Manifesto da Escola Nova[7] *e não tinha a naiveté de pensar que a educação por si só seria transformadora. De certa maneira, ela reflete o tipo de civilização, o tipo de cultura que temos. Se tivermos a tradição de uma cultura egoísta, uma cultura não voltada para o social, uma cultura de cada um por si... Sob esse aspecto, ele percebeu claramente a realidade educacional brasileira. O historiador Carlos Guilherme Mota*[8] *publicou um livro interessante sobre esse problema da cultura, mas, na minha opinião, um pouco injusto em relação ao Fernando de Azevedo. Li* A cultura brasileira,[9] *que, inclusive, não considero o melhor livro de Fernando de Azevedo, embora seja um livro importante, a ser lido até por estrangeiros para poder conhecer alguma coisa sobre a cultura brasileira. Muitas das colocações ali expressas podem ser discutidas, mas, para a época, foi um trabalho imenso, colossal. Entretanto, é preciso ler toda a obra do educador e não apenas* A cultura brasileira *para poder perceber as mudanças de enfoque e crítica.*
É de 1940?

Por aí. Muitos dos que colaboraram e trabalharam na Comissão Censitária não eram necessariamente getulistas e não podem ser qualificados como "cooptados". O próprio Carneiro Felipe,[10] *responsável maior pelo Censo, era antigovernista, apenas eles achavam que o Censo era necessário para o país.*
Tinham isenção bastante e não eram pressionados a chegarem a resultados predeterminados, essa é que era a coisa. De maneira que eles se sentiam com liber-

---

[7] Ver nota 75, entrevista com Antonio Candido.
[8] Ver nota 65, entrevista com Antonio Candido.
[9] Ver nota 38, entrevista com Antonio Candido.
[10] José Carneiro Felippe (São João del-Rei, MG, 1886-Rio de Janeiro, RJ, 1951). Cientista. Presidente da Comissão Censitária Nacional. Confiou a Fernando de Azevedo a elaboração de A cultura brasileira. Introdução ao estudo da cultura no Brasil.

dade de dizer o que queriam e raramente os resultados a que chegaram [não] eram aprovados e sancionados. Havia um depoimento de sinceridade que não significava, necessariamente, uma adesão ao que ia no mundo oficial. Isso é uma coisa muito importante porque diferencia o Brasil de um certo momento que houve. Você pode fazer uma prestação de serviço para o Estado sem necessariamente assumir a postura do Estado, sem necessariamente adotar a filosofia do Estado, sem necessariamente ser um ufanista com a podridão do Estado. Tudo isso está permitindo uma situação que é absolutamente injusta para com ele, quer dizer, uma situação na qual essa comparação do Guilherme Mota é absolutamente inadequada. Aliás, ele é inadequado em toda a situação, quando ele vê relação entre inteligência e...

O Estado.
Porque ele dificilmente encontra uma relação de consciência no Brasil entre inteligência e Estado.

É, inclusive ele se esquece de citar Anísio Teixeira em seu livro. Enfim. Há uma ideia que o Fernando de Azevedo nunca abandonou — é um ponto que não posso deixar de esclarecer, porque é também um dos eixos do meu trabalho — e que é o problema das elites. Há uma frase de Fernando de Azevedo em que ele afirma que sem uma direção intelectual e moral não há vida política possível. O Carlos Guilherme Mota, citando A cultura brasileira, *o qualifica como elitista, interpretando elite no sentido de um grupo de pessoas que pertence à classe dominante ou que serve totalmente à classe dominante.*
E que se coloca sem acesso aos demais, sem acesso democrático...

Se você ler com cuidado a obra de Fernando de Azevedo — às vezes ele é muito prolixo —, notará que, fundamentalmente, seu pensamento adota um racionalismo profundo. Considero essa atitude admirável, não decorre de minha formação em filosofia, o fato é que ele tenta, através da razão, pensar o real. Mas, no fim da vida, escreveu um artigo revelador, Verdades amargas, *em que reconhece que "o intelectual tem de estar ligado ao povo como um canal através do qual passa a seiva". Ele talvez não estivesse falando como um intelectual orgânico em termos gramscianos, mas estava falando da necessidade do intelectual estar ligado ao povo que seria a seiva, o que me parece importante. Mas continua afirmando a necessidade de uma elite. Ele cita a União Soviética — algo que muita gente ig-*

nora é que ele foi muito combatido e qualificado como bolchevista intelectual, em 1928 — fazendo notar que, cinco anos após a Revolução de Lênin, eles já tinham fundado lá cinco universidades. Não eram universidades, certamente, para operários. Não tinham condições ainda para tal, embora eles tivessem, também, uma educação popular suficientemente boa para que esse operário tivesse mais chances de algum dia ali ingressar.
Haveria razões para que essas universidades fossem, algum dia, invadidas por "filhos do povo", mas isso é outra coisa...

Mas o nível não podia baixar.
Não podia, claro: o importante não é baixar a universidade, mas alçar o povo à universidade.

Ou seja, o que interessa é saber como se realiza a circulação dessas elites. Como é que você colocaria o problema das elites? Fernando de Azevedo escreve no livro A cultura brasileira *que é preciso "uma elite de qualidade ou aristocrática". É preciso dar aos conceitos seu significado real — você conhece isso muito melhor do que eu: aristocrática*[11] *significa de/com qualidade. No sentido de pessoas que têm qualidade suficiente para poder atuar em cargos de direção, de ensino.*
Você notou que sempre lavra o equívoco quando se emprega a palavra "elite". O equívoco vem das origens do próprio emprego da palavra em língua portuguesa. Ela é palavra francesa, todo mundo sabe, originária do verbo *élire*, eleger, escolher etc. É uma eleição por cooptação. A elite é aquele grupo de gente que se elege uns aos outros e elegem por uma razão simples: eles têm afinidade. Afinidade de problemas, afinidade de desejos, afinidade de aspirações. Quando em língua portuguesa, sobretudo no Brasil, se começa a empregar essa palavra, ela se emprega exatamente como uma das alternativas para "nata", para escol. Você está entendendo... O estigma da seleção de classe é perfeitamente claro, escol é aquilo que constitui o que há de privilegiado num grupo social, a nata, é aquilo que *sobrenada* do privilégio social. Então, elite é um termo designado, embora com o estrangeirismo, para não ser nem a nata nem o escol. Isso não retira o equívoco. Os equívocos que havia nas palavras anteriores continuaram a existir nessa palavra. Então quando você pega homens que se acham de elite e, entretanto, têm origens populares e se sentem afins, porta-vozes...

---

[11] Aristocrática: a palavra resulta da junção de duas raízes: aristos — qualidade superior, o melhor, e kratos — poder: aristos + kratos.

Ou servem.
Ou servem o povo. E empregam a palavra num sentido totalmente diferente ao de uma certa pessoa quando chega e se diz que ela é de uma elite natural, é de uma elite por excelência...

É, porque nasceu, não por mérito.
A palavra em si é equívoca. Tenho a impressão de que, por ser equívoca, ela pode em cada escritor tomar uma conotação e, ao tomar determinada conotação nesse escritor, você pode dar a ela um valor específico certo. O Guilherme Mota dá à palavra "elite" uma conotação de classe, uma conotação pejorativa, de indivíduos que são usurpadores e, pela criação de um conjunto de valores falsos, que eles preservam, que eles mantêm, eles se mantêm à tona. Isto é bem claro. Agora, há em escritores brasileiros de vária natureza o conceito de elite-comunidade, como o de nata, escol, de grupo que está a serviço, que serve em lugar de ser servido. É uma interpretação sociológica mesmo. Pode um projeto social avançar sem a ponta de lança desse projeto social? Essa ponta de lança num projeto social que são os intelectuais mais empenhados naquilo, os porta-vozes capazes de exprimir aquilo, que são eles? Os comunistas, para impedirem a palavra, inventaram a vanguarda do proletariado, esta é a verdade.

Que tem absolutamente o mesmo sentido. Encontrei o termo "elite" em Gramsci.[12]
A palavra "vanguarda" foi uma alternativa para tirar o valor de classe com que a palavra "elite", com que a palavra "nata", com que a palavra "escol" poderia denotar. Mas, evidentemente, o próprio conceito de vanguarda supõe isto. E eu tenho para mim, no convívio que se tem com a obra do Fernando de Azevedo, com a pessoa dele, se ele aceitasse a noção de elite, era sempre mais emocionante, aquela ponta de lança que tem mais honras do que vantagens, tem compromissos mais do que privilégios, tem um conjunto de obrigações. Então, eu acho isso nele perfeito, se ele esteve aqui no curso do tempo, a história não lhe permitia ter uma atitude diferente, aí é uma outra questão. Você empregou uma palavra muito importante e que na obra dele é capital: o Fernando de Azevedo é tão racionalista, faz um esforço de razão tão permanente que talvez tenha sido um experimentalista leviano...

---

[12] Ver nota 78, entrevista com Antonio Candido.

Ah, não...
Há certas pessoas que muitas vezes, em situações administrativas, ou ensaísticas, usam isso, poderiam, provisoriamente, aderir a algo para ver que resultado daria, para depois tirar daí outras conclusões. Ele estudava as coisas com tal conjunto de cuidados prévios, era tão enxundioso, até no esclarecer, pesquisar, buscar, que muitas vezes seu racionalismo pode fazer parecer um homem a serviço de comandos externos. Não sei se você está entendendo.

Não, a mim ele parece procurar ver a verdade sob todas as suas facetas, exaurindo-a.
A própria transmissão dessa verdade histórica, você se recorda como ele faz a capitulação em seus livros. Ele reconhecia a educação como um processo social, como um processo orgânico da sociedade, mas havia a educação institucionalizada, o termo dele era esse, a escola institucionalizada, não é a escola da vida, que está em prédios, em edifícios etc.

É, exato. Inclusive ele escreveu na História da cultura brasileira *um capítulo intitulado "Escola e literatura", em que ele esclarece que a educação, sendo um meio de transmissão de cultura, faz parte, também ela, da própria cultura. Então, se a cultura é alienada, certamente, a educação também o será. Ele era, realmente, um educador, mas afirma que, no Brasil, a escola não servia para nada, porque era uma escola falha. Então, as grandes iniciativas, em geral, se realizam fora da escola.*
Os grandes criadores provieram de estabelecimentos não institucionalizados...

Ele, inclusive, foi um autodidata. Estou lendo sua correspondência e vou a São Paulo entrevistar os professores Florestan Fernandes e Antonio Candido para tentar compreender um homem como Fernando de Azevedo que está sendo tão mal qualificado. Como rotular como direitista quem deixou frutos como os assistentes Florestan Fernandes e Antonio Candido? Penso que Fernando de Azevedo era bastante progressista. E os católicos, que o combateram sem parar? Suas cartas, muito esclarecedoras, o mostram como homem bastante sólido. Ele escreve numa delas, para um amigo: "O Alceu,[13] eu não o compreendo, porque é um homem por quem eu tenho a maior admiração, mas está tão fanático...". Porque os católicos, naquela

---

[13] Ver nota 4, entrevista com Antonio Candido.

época, não aceitavam a Escola Nova.[14] *Aquilo que o Fernando de Azevedo desejava, como os outros escolanovistas também, a educação leiga, gratuita e universal, parece mentira, o rechaçavam. O obscurantismo, no Brasil, reinava. Por causa de sua posição, houve uma campanha contra eles e Fernando de Azevedo foi chamado das piores coisas. Ele dizia: "Meu Deus, só porque eu cito a União Soviética? Eu cito a União Soviética como eu cito o México etc.". O doutor Alceu Amoroso Lima prestou depoimento excelente, acho incrível sua capacidade, que, aliás o Fernando de Azevedo também teve, de renovação, de tentar fazer....*
Autocrítica.

É, autocrítica. Ele havia sido convertido pelo Jackson de Figueiredo,[15] *um homem da ordem, da ordem contra 22. E o Jackson, antes de morrer, afirmou que podia morrer tranquilo porque o Alceu continuaria sua obra. Eu perguntei ao doutor Alceu: "Doutor Alceu, o senhor pegou mesmo todas as bandeiras do Jackson?". "Sim", ele respondeu, "Eu peguei todas e fiz uma enorme injustiça". Então, os educadores foram achincalhados pelos jornais aqui do Rio, em 28, e também depois, em 32. Acho importante seu depoimento, Houaiss, porque você explicou e esclareceu a etimologia do termo elite, o conceito de elite, que está sendo mal compreendida, feita sobretudo pela elite da Universidade de São Paulo.*
Acho que, sim, você tem que tocar e desenvolver esse ponto e não apenas em relação ao Fernando de Azevedo.

Não, não.
Uma tesezinha que você insira dentro da sua tese maior.

É preciso um texto sobre o conceito.
Porque, realmente, esse esclarecimento semântico, das variações do sentido sociológico, é fundamental, porque está havendo uma série de equívocos, de condenações sumárias...

Produzidas pela própria elite, profissionais bem pagos, professores, isso provoca certa irritação...
Eles na sua situação de elite, simplesmente por se dizerem não elitistas, por não se dizerem elite, nem por isso...

---

[14] Ver nota 75, entrevista com Antonio Candido.
[15] Ver nota 8, entrevista com Antonio Candido.

Diria que há lugar para a má consciência...
Isso é gravíssimo, acho que tem que denunciar. Denunciar no sentido de...

Discutir objetivamente...
Claro. Qual é a alternativa para designar o grupo que se sente intitulado para dizer, promover ou defender algo, sendo necessariamente, como é em todos os aspectos sociais, aquela ponta, aquela minoria que advoga a expansão desse algo.

Penso que o que interessa mesmo, o ponto principal, é a quem serve essa vanguarda, a quem serve a elite e, sobretudo, qual é o controle possível sobre essa vanguarda, sobre essa elite.
O Fernando de Azevedo tem um ponto que o Alceu não viu, que ninguém naquele tempo percebeu, que somente depois de 64 começou a ser observado. Isso eu lhe digo ainda sentindo a coisa, não me identificando com ela, mas notando que, realmente, quando ele advoga uma escola universal, gratuita e leiga, o que ele quer advogar, em primeiro lugar, é uma escola universal. Não havia condições patrimoniais, no Brasil, para haver uma escola universal que não fosse necessariamente gratuita, porque para ela ter a cena universal, com a nossa estrutura social, ela tinha que ser gratuita.

Exatamente.
Gratuita por quê? Porque arcada pelo Estado. Não havia alternativa. O que você quer? E a terceira coisa, fundamental: sendo gratuita e universal, ela tinha que ter pessoas capazes de fazê-la independentemente de credos, porque a própria Igreja Católica, se quisesse assumir a universalidade e a gratuidade no Brasil, como é que iria ser a educação no Brasil? Não existiria, você está entendendo?

Exato.
A proposta era não apenas ideologicamente correta, ela era necessariamente a proposta capaz de ser realizada por um país em desenvolvimento. Não se usava a expressão "pobre em recursos", não se usava a expressão ainda, mas...

Mas em processo de modernização.
Em processo de modernização ou tentando... Veja bem, eles nunca foram contra a existência de escolas privadas que tivessem a cor que quisessem, eles não

eram contra isso. Agora, a assunção pelo Estado só podia ser para ser universal, gratuita e leiga.

Exato. E por que pelo Estado? Há outro ponto que se está combatendo muito, talvez até em resposta à nossa situação política. Há pouco tempo a Marilena Chauí,[16] brilhante, dizia, numa conferência: "Cidadãos... é preciso repensar o Estado, esse negócio que o Estado pode tudo...". É claro que há que repensar o Estado, essa entidade onipotente, quase mítica, cornucópia de benesses, mas, em relação à educação, trata-se de outra coisa. Fernando de Azevedo em 32, em 30, já percebia que um país como o nosso, de tal complexidade, imenso, subdesenvolvido, tem que ter o Estado atuante. Agora, depende do que se compreende por Estado, quais seus limites. A crítica total ao Estado, mais do que uma posição um pouco idealista, é uma posição romântica. Como, no mundo atual, inclusive com toda a guinada para a direita que estamos vivendo, como você pode falar em repensar ou acabar com o Estado? A crítica está certa até um certo ponto, mas tem sempre que existir o Estado, em maior ou menor grau. Nossa cultura tem mesmo essa tradição. Nosso povo todo, minha empregada, a sua falam: "Porque o governo não faz, porque eu vou à escola e a professora falta não sei quantos dias, porque gente pobre não consegue escola, o governo não funciona...". E é a pura verdade. Os problemas que Fernando de Azevedo levantou em 28, Houaiss, são os mesmos de hoje, quem é pobre não consegue boa escola, ou só raramente. Os professores muitas vezes têm o maior desprezo por seus próprios alunos. Não têm preparo adequado. Penso que muito importante é a formação... De professores. É essencial.

Fernando de Azevedo justificava, raciocinava sobre o problema e concluía: "Num país como o nosso, complexo, do tamanho do Brasil...". Porque houve uma certa época em que, realmente, ele propugnou, realmente, um governo forte. Ele via que, no Brasil, para que se realizassem grandes reformas na área da educação, tal governo seria necessário. Fernando de Azevedo seria talvez, nesse sentido, um iluminista autoritário. Porque em 28, Houaiss, quando ele tentou a reforma sobre a qual

---

[16] Marilena de Souza Chauí (Pindorama, SP, 1941). Filósofa, historiadora de filosofia e professora titular de filosofia política e história da filosofia moderna da Faculdade de Filosofia, Letras e Ciências Humanas da Universidade de São Paulo, além de extensa produção acadêmica, Marilena também publicou livros paradidáticos de filosofia: o livro O que é ideologia tornou-se um *bestseller*. Foi secretária municipal de Cultura de São Paulo, de 1989 a 1992, durante a administração de Luiza Erundina.

o Instituto Jean-Jacques Rousseau, em Genebra, fez os maiores elogios, ele sentia que havia feito uma grande reforma e, realmente, foi uma reforma incrível, multifacetada, bem completa. Por isso, foi chamado de comunista (por causa, provavelmente, da escola do trabalho). Alguns disseram que ele estava sendo usado, mas não foi isso, não. O Brasil estava se industrializando, era preciso preparar os operários, ensiná-los a trabalhar em cooperação; a escola-comunidade é uma ideia que até hoje, nos planejamentos de educação, é aceita e incentivada. Só que, hoje, se trata de "papelejamento" e não de uma ação eficaz. A escola-comunidade é uma experiência altamente efervescente, significa, realmente, a comunidade entrar na escola, dar palpite, trocar experiências. Quando ele tentou passar a reforma, em 28 — ele conta em seu livro autobiográfico —, ele era, afinal de contas, um homem do Prado Júnior,[17] nomeado prefeito do Rio por Washington Luís.[18] Metade da Câmara dos Vereadores foi contra a reforma, ou seja, o próprio governo foi contra a reforma. Fernando de Azevedo decidiu-se: "Não, eu vou lá e explico tudo e tal...". A frase dele foi: "Ou passa tudo ou não passa nada, ou é uma reforma orgânica, sistêmica, ou então não passa". O pessoal do governo o procurou: "Olha, nós votaremos a favor da sua reforma, se nos der tais e tais cargos", os famosos cargos, as famosas nomeações que até hoje são sancionadas muitas vezes sem justificativa válida. Ele respondeu: "Não, não dou, não cedo". Na outra semana, veio a oposição e lhe fez a mesmíssima proposta. Então, como é que essa reforma conseguiu passar? Passou na marra. Ele foi ao Prado Júnior, foi ao Washington Luís e disse "Olha, ou passa tudo ou não passa nada". Ele não se incomodava de sair do cargo, era um homem muito firme. Como estava chegando o fim do ano, havia o problema do orçamento, todos os deputados estavam querendo votar o orçamento, eles obrigaram a Câmara, de certa maneira, a conceder a reforma. Resolveram o seguinte: as dotações orçamentárias só seriam votadas se os deputados fizessem passar a Reforma da Educação. Em outras palavras, foi uma troca. Então, Fernando de Azevedo tinha uma boa dose de descrença. Em relação ao que discutíamos, o problema de um regime forte, num país como o nosso, seria possível, considerada a época, fazerem-se, realmente, reformas profundas, sem transformações estruturais grandes? Naquele momento, os regimes fortes se alastravam pelo mundo, o fascismo, o nazismo e, aqui entre nós, no Brasil, o integralismo... Isso é uma questão que deve ter passado por sua mente até o fim da vida. Eu me recordo muito bem da última visita que lhe fiz, em São Paulo, ele estava recapi-

---

[17] Ver nota 4, entrevista com Abgar Renault.
[18] Ver nota 3, entrevista com Abgar Renault.

tulando, assim, de uma forma... até como um gozo da própria vida, ele achava que tudo fora um certo quixotismo. Mas, tinha um carinho muito grande para com algumas pessoas, uma certa dureza para com outras...

Uma amargura.
Ele não falava mal, mas ele passava. Passava e ia deixando de lado certas pessoas. Achava que o bem que podia dizer sobre algumas pessoas era tão grande, e havia tantas, que ele preferia não se deter naquelas...

É dito que o Miguel Reale[19] fez-lhe grande injustiça.
Ele teria ressentimentos, como esse, por exemplo, bem visíveis, mas ele era grande amigo das pessoas que elegia como amigo. Muita gente quis conquistá-lo ao longo da vida e ele manteve-se longe, afastado. Uma das conversas, lá em sua casa da rua Bragança, em São Paulo, com o Chico Barbosa[20] e comigo, foi a respeito da questão do paradoxo da democracia. Paradoxo da democracia que é fundamentalmente isso: ela por definição pede a participação de todos, em igualdade de tratamento e de peso de voz e voto, todos com voz e voto iguais. Esta é a definição de democracia: voz e voto iguais e, acrescentaríamos, em condições prévias iguais. Aí é que entra o problema, você está entendendo? Quando você coloca com voz, voto e peso... voz e votos iguais.

Teremos igualdade formal apenas.
Você se pergunta então se não caiu naquele velho pecado, oriundo das origens do liberalismo. Então, se contra-argumenta: realmente, voz, voto, sim, mas socialmente iguais. Mas o que significa socialmente iguais?

---

[19] Miguel Reale (São Bento do Sapucaí, SP, 1910-São Paulo, SP, 2006). Filósofo, jurista, educador e poeta brasileiro, formou-se pela Faculdade de Direito da Universidade de São Paulo, foi um dos ideólogos da Ação Integralista Brasileira, tornando-se, depois, um dos principais liberais sociais do país. Reitor e professor catedrático da Faculdade de Direito da Universidade de São Paulo. Conhecido como formulador da teoria tridimensional do direito, na qual os elementos da tríade *fato*, *valor* e *norma* jurídica compõem o conceito de direito. Em linhas muito simples, todo fato (acontecimento, ação) possui um valor (aspecto axiológico) e para tal uma determinada norma jurídica. Em 1969, foi nomeado pelo presidente Artur da Costa e Silva para a "Comissão de Alto Nível", incumbida de rever a Constituição de 1967. Resultou desse trabalho parte do texto da Emenda Constitucional nº 1, de 17 de outubro de 1969, que consolidou o Regime Militar no Brasil. Foi supervisor da comissão elaboradora do Código Civil brasileiro de 2002, instalada durante o regime da ditadura militar, cujo projeto foi posteriormente sancionado pelo presidente da República Fernando Henrique Cardoso, tornando-se a Lei nº 10.406 de 2002, novo Código Civil, que entrou em vigor em 11 de janeiro de 2003.
[20] Francisco de Assis Barbosa (Guaratinguetá, 1914-Rio de Janeiro, 1991).

Materialmente...
Significa que as condições de desigualdade anterior, desigualdades oriundas da falta de acesso à informação, por falta de acesso à alimentação, da falta de acesso a isso, a aquilo, todas essas desigualdades esbatidas: a democracia é voz e voto e acabou. Inclusive as corrupções são pouco factíveis dentro desse quadro. Então, era essa posição dele que o levava a ser realista em relação ao Brasil. Porque o Brasil — aí é aquela velha história, não tenhamos ilusões — foi um país de escravos até 1888, e de lá para cá é um país de senhores e independente, de uma forma massacradoramente verdadeira. Então, qualquer mecanismo que queira subverter essa coisa é muito difícil que ocorra sem um pouco de mão forte da parte do sistema que deseja operar nesse quadro.

Nisso está minha preocupação justamente, uma das coisas que me tem feito matutar. Houve um grande educador russo, Lunacharsky,[21] que Fernando de Azevedo cita e admira. Talvez tenha sido mesmo uma influência importante, pois ele também queria transformar a educação na União Soviética... Antes de morrer, Lênin[22] deixou Lunacharsky como o novo ministro da Educação, visando "à formação geral do homem". Era um grande humanista.

Ele teria dado um cunho totalmente diferente ao que Stalin decidiu depois, se não tivesse desaparecido do mapa. O Fernando de Azevedo, me parece, foi influenciado pelas ideias do Lunacharsky, que, aliás, tinham muito a ver com a formação dele mesmo. Há uma passagem bonita num texto de Lunacharsky em que fala de uma Atenas nova, já considerando a contribuição da tecnologia. Estamos perto dos anos 20, por essa época, mas de qualquer maneira muito válida. Então, quando ele estava idealizando a Reforma de 28, uma reforma de cunho nitidamente socializante, com a escola do trabalho, escola da cooperação, me parece que ele estava negando nossa estrutura social real. Uma coisa que pouca gente sabe: quando o Mário de Andrade assumiu o Departamento de Cultura de São Paulo, usou um modelo para a estrutura do Departamento criado ipsis litteris *por Fernando de Azevedo.*
É?

Está nos arquivos. Fernando de Azevedo almejava coisas lindíssimas, poéticas, mas irrealistas: nos bairros operários haveria piscinas onde os filhos dos operários poderiam nadar... Ou seja: ou ele não sabia a quem estava servindo ou era uma tentativa

---

[21] Ver nota 54, entrevista com Antonio Candido.
[22] Ver nota 24, entrevista com Abgar Renault.

de permanecer dentro da engrenagem burocrática e dizer-se: "Vou fazer o máximo possível...". O pensar em si não modifica a realidade ou gera outra realidade?
Nesse ponto estou de acordo com você. Ele teve a ilusão da potência, a ilusão de que a reforma de cima poderia ser fracionada e também aí você talvez possa se aprofundar um pouco mais. Mas você tem que levar em conta outra coisa. Uma das burrices fundamentais que a gente vê na educação do presente brasileiro é que, qualquer que seja o pensamento mentor que esteja agindo, ele tem que ver que, no Brasil, estão ocorrendo fenômenos de interesse dessa gente, mas que, em última análise, vão resultar em alguma coisa diferente.

Claro que sim, porque a realidade é muito mais ambígua e estocástica...
Veja: implantou-se a indústria da metalurgia, do automóvel, das peças... mas no ABC apareceu uma fração de operários, cuja consciência de classe, capacidade de politizar, de ter essa consciência é algo que eles não desejariam... isso é verdade; então, você tem que ter presente que, estando do lado que você quer, ou do lado que você não quer, essas respostas sociais estão sendo geradas.

Há uma frase do Golbery[23] em que ele diz, espantado, que não esperava, depois de todos esses anos, que o Lula[24] surgisse com a importância que adquiriu e que atrapalhasse. Aqui entre nós, a frase é de um primarismo atroz.

---

[23] Golbery do Couto e Silva (Rio Grande, RS, 1911-São Paulo, SP, 1987). Militar e geopolítico. Ingressou em 1927 na Escola Militar do Realengo, no Rio de Janeiro, então Distrito Federal. Em 1952, passou a trabalhar no Departamento de Estudos da Escola Superior de Guerra (ESG) onde iniciou o estudo da tese que condicionava a associação do Estado à iniciativa privada mediante o apoio tecnocrático de forma a fortalecer a segurança nacional. A doutrina de segurança nacional de Golbery seria absorvida, futuramente, pela ESG e punha o Brasil alinhado ao bloco ocidental, sob a liderança dos Estados Unidos, e em oposição ao bloco comunista liderado pela União Soviética. Golbery liderou um grupo de militares que apoiou Jânio Quadros na eleição para a Presidência da República (1960). Empossado em 1961, Jânio o nomeou chefe do gabinete da Secretaria-Geral do Conselho de Segurança Nacional e destacou-se como grande teórico do movimento político-militar de 1964; nunca concordou, porém, com os métodos de ação da "linha dura", sendo por ela odiado. Em 1966, publicou *Geopolítica do Brasil*, de grande destaque entre a comunidade de informações nacional e internacional. Em 1974, no governo Geisel, tornou-se chefe da Casa Civil da Presidência da República, cargo que manteve com a posse do novo presidente, João Figueiredo. Ali teve influência no nascimento dos novos partidos: o PDS que sucedeu à Arena, o PMDB liderado por Ulysses Guimarães, o PT por Lula, o PP por Tancredo Neves, o PTB, previamente entregue a Ivete Vargas pelo próprio chefe da Casa Civil, e o PDT de Leonel Brizola. O propósito era dividir a oposição, unida debaixo da sigla do MDB. Demitiu-se, porém, depois das bombas do atentado no Riocentro, no Rio de Janeiro, atentado que fracassou, mas pôs em risco a vida de milhares de civis além de representar retrocesso em relação à postura que ele defendeu e tentou implementar desde Geisel. Por sua capacidade de articulação e inteligência, foi denominado pelo jornalista Elio Gaspari "O Feiticeiro" no livro *A ditadura encurralada*, último volume de sua obra *As ilusões armadas* (4 v.).
[24] Luiz Inácio da Silva, conhecido como Lula (Caetés, PE, 1945). Político, ex-sindicalista, ex-metalúrgico e ex-presidente da República, foi o trigésimo quinto presidente da República Federativa do Brasil, único

Acho que primarismo é que este homem está habituado a mandar como porta-voz de classes dirigentes que não encontram dificuldades. A história brasileira é um pouco cruel. Os grandes obstáculos, no Brasil, quando não eram da classe dirigente para a classe dirigente, eram específicos da classe dominante para a classe dirigente, a fração dominada da classe dominante, a fração dirigida em relação à classe dirigente: a porrada, ou assassínio, pura e simplesmente, era a solução. De repente, como é que eles vão tratar os operários do ABC? Se forem fazer a coisa com polícia ou matando gente, eles podem provocar a precipitação de um processo social tremendo. Porque tomada de consciência de um grupo gerado pela necessidade do próprio desenvolvimento que eles desejam, grupo esse que está sentindo que não está tendo a participação que devia ter e que está impondo condições. E isto é uma surpresa para esse homem...

Não tem a menor noção de dialética, porque ele parece desconhecer que, mal ou bem, a coisa anda, ou seja, o tiro acaba saindo pela culatra.
De certo modo, nosso Fernando de Azevedo sempre nutriu a esperança de que o desenvolvimento material brasileiro tinha que se impor naquele instante e, realmente, a industrialização brasileira é uma promessa que vem dando certo, mas não havia nem noção de luta, mas desde 20, 22, 24, 30, 32, 35, 45 [...] nós estamos num processo de industrialização desse país, vale dizer, de não dependência exclusiva do café ou de uma monocultura agrícola e que vem desde os idos de 22 até cá.

Isso foi graças à guerra[25] e se não fosse a guerra não teríamos, no começo do século XX, aquela perseguição ao cearense Delmiro Gouveia[26] que começou a indústria de

---

cargo que exerceu de 1º de janeiro de 2003 a 1º de janeiro de 2011. O apelido, Lula, foi oficialmente adicionado ao seu nome legal para poder representá-lo eleitoralmente. É cofundador e presidente de honra do Partido dos Trabalhadores (PT), precisou lidar por anos com radicais do partido que foram contra a mudança de estratégia econômica após três derrotas em eleições presidenciais. Em 1990, foi um dos fundadores e organizadores, junto com Fidel Castro, do Foro de São Paulo, que congrega parte dos movimentos políticos de esquerda da América Latina e do Caribe. Único presidente do Brasil nascido em Pernambuco. Segundo o Datafolha, teve 83% de avaliação de governo boa ou excelente. Lula tornou-se o primeiro presidente desde Getúlio Vargas a fazer o seu sucessor nas urnas (Dilma Roussef que ganhou a eleição de 2010) e fez com que o PT se tornasse o primeiro partido desde a democratização a ficar no governo federal por três mandatos consecutivos.

[25] Luta, guerra, outras palavras para o "colonialismo" das potências europeias e seus grupos econômicos, especialmente a Inglaterra, maior interessada no mercado brasileiro de então.

[26] Delmiro Gouveia (Ipu, CE, 1863-Pedra, AL, 1917). Pioneiro da industrialização nacional e da construção da hidroelétrica de Paulo Afonso. Dedicou-se a vários empreendimentos, tornando-se proprietário da maior refinaria de açúcar da América do Sul. Fixou-se em 1903 em Pedra (hoje Delmiro Gouveia), no estado de Alagoas. Aproveitando-se das águas do rio São Francisco,

linha, de outras indústrias e tal no Nordeste brasileiro... Os ingleses queimaram e atiraram ao mar todas as máquinas de suas fábricas e acabou sendo assassinado. Não havia o menor interesse dos poderosos.
Esse tipo era considerado um mal a ser extirpado, porque mostrava um exemplo a ser seguido.

Um exemplo dessa independência de que o senhor falou, que mal ou bem teria sido muito melhor para o Brasil. O próprio Mauá correu também muitos riscos, era um progressista.
O desenvolvimento gera classes sociais, gera categorias.

Interesses diferentes.
E interesses que possam ser cumpridos. Para ser um operário do ABC, você não pode ser primário, está se escolhendo, entre 40 milhões, os mais aptos, porque senão você é expulso pela máquina, expulso pelo mecanismo, é expulso pela linha de montagem. Você não pode ser objeto de uso como é o operário não qualificado da construção civil que simplesmente respeita a ordem de buscar e trazer coisas de peso para o outro, não sendo mais que um fantoche, um títere, enquanto que na siderurgia as pessoas têm de saber como a roldana gira, em qual sentido ela o faz, que existe um tempo...

Têm de compreender os organogramas, os mapinhas, todas essas coisas.
Na medida em que é necessária uma boa qualificação, a educação técnica é fundamental.

Exatamente. Seria uma relação de dependência mútua.
Eles, hoje em dia, se sustentam pelos sindicatos, por organismos como o Diese, que possui importância tremenda: é um departamento operário que contesta as estatísticas do Ministério da Fazenda, discute as estatísticas brasileiras, as do IBGE, denuncia onde está o erro de cálculo, e isso e aquilo. Os estudos de sociologia que estão sendo feitos no Brasil contestam muita coisa oficial.

---

construiu uma fábrica de linhas para coser. Ao mesmo tempo abriu estradas e construiu alojamentos para os operários. Apesar das pressões, recusou-se a vender a fábrica para grupos econômicos estrangeiros. Morreu assassinado misteriosamente, em 1907. A fábrica foi comprada por esses mesmos grupos que logo trataram de destruir suas máquinas.

O trabalho e as pesquisas atuais de Francisco Weffort,[27] por exemplo, representam isso. E dentro, também, dessa linha de raciocínio, há uma frase de Marx[28] que Fernando de Azevedo cita, sobre a qual me parece interessante comentar. É a célebre frase de Marx em que ele afirma que as ideias dominantes de uma época são sempre as ideias da classe dominante. Fernando contesta e afirma — mais ou menos na linha do que você falou no começo dessa nossa conversa: há certos momentos em que nem sempre as ideias dominantes de um determinado grupo — ele considera o grupo de educadores e me parece que se refere a si próprio e a Anísio[29] —, embora esse grupo esteja dentro do aparelho do Estado, do aparelho burocrático, suas ideias não são as ideias da classe dominante. Aí há certamente o mesmo problema dos diversos sentidos das palavras, se você compreende "dominante" no sentido do que os portugueses chamam de "imperante", certamente numa ditadura, num governo não democrático as ideias imperantes, as ideias que podem aparecer nos jornais, as ideias que não são censuradas, são as ideias da classe dominante, mas isso não significa que a intelectualidade, outros educadores, artistas, operários não tenham ideias diferentes ou divergentes. Aí é que aparece a entrevista do operário que é governista ou que não o é, que é um vendido, ou não etc. Sob esse aspecto a crítica dele a Marx me parece adequada. Acho que é um pouco sobre isso que você falou no começo, pode-se ter ideias contrárias às ideias da classe dominante; agora, isso não significa que as ideias daquelas pessoas que estudaram mais, ou procuram contestar a verdade oficial, sejam ideias dominantes no grupo que realmente domina politicamente. Não são necessariamente imperantes junto aos que realmente mandam e deem cunho aos projetos oficiais. Pode acontecer que se faça uma pesquisa, mandá-la para o governo que considera a pesquisa "muito boa e tal", mas não a executa nem fornece os meios para ela ser implementada e

---

[27] Francisco Correia Weffort (Quatá, SP, 1937). Cientista político, foi ministro da Cultura do governo Fernando Henrique Cardoso. Tem uma passagem marcante como analista e estudioso do Brasil moderno. Seus livros, ensaios e artigos, sempre versando sobre política e a construção de uma cultura e de um país democráticos, mostram as articulações de um autoritarismo endêmico que implantou seus alicerces no Brasil, resultando nas práticas corporativas que todos conhecemos e que paralisam qualquer esforço de democratização. Weffort estuda também fenômenos como os do populismo — essa mão dupla entre grupos dominantes que se promovem usando o apoio das massas de "dominados" —, explicitando as condições em que este pode-se instalar e se perpetuar. Como toda obra de cunho político, trata-se, em primeiro lugar, de produzir ferramentas que possibilitem a compreensão do Brasil dentro de sua complexidade, passo fundamental para a consecução de qualquer transformação.
[28] Ver nota 30, entrevista com Abgar Renault.
[29] Ver nota 20, entrevista com Abgar Renault.

acontecer na realidade. Isso sempre aconteceu, no Itamaraty, ou em outros ministérios... Nem sempre o mais racional é a ideia dominante. Os maiores nomes em educação, no Brasil, assinaram, em 1932, o Manifesto da Escola Nova.[30] *Desde Cecília Meireles*[31] *até Fernando de Azevedo, passando por Süssekind*[32] *e por Anísio, todos assinaram e se entusiasmaram com suas propostas.*

As discrepâncias foram pequenas e sempre eram matizadas por angústias muito grandes porque eram de alguns católicos que tinham maior obediência religiosa e não queriam aderir totalmente, não podiam subscrever, mas no fundo estavam de acordo com 90% do que era dito. Agora, veja bem, a discussão colocada em termos teóricos, como Fernando de Azevedo por vezes fazia, derivava também do fato de que nenhum homem pode ter a totalidade do conhecimento. A hipótese, por exemplo, de invocar Marx, de que as ideias dominantes...

Dominantes são as ideias da classe dominante...
São as ideias das classes dominadas.

Não, as ideias dominantes são oriundas das classes dominantes, mas influenciam as classes dominadas.
As ideias das classes dominantes dominam a sociedade, em geral, é o que ele quer dizer. Esse é o conceito, elas têm ideias que se infiltram pelas classes dominadas. Você acabou de dar um exemplo ainda agora, o conceito de Estado pode ser de classes dominantes, pode ser um instrumento, uma operação criada pelas

---

[30] Ver nota 75, entrevista com Antonio Candido.
[31] Ver nota 10, entrevista com Abgar Renault.
[32] Edgar Süssekind de Mendonça (Rio de Janeiro, RJ, 1896-Rio de Janeiro, RJ, 1958). Iniciou seus estudos no Colégio Americano-Fluminense, depois passou a estudar com dona Bela Robinson Andrews, fundadora do Colégio Andrews. Após a morte de seu pai, Lúcio de Mendonça, ele e o irmão foram internados no Colégio Pedro II onde fundaram o Grêmio Literário Euclides da Cunha, que tinha por órgão oficial a revista *Ciência e Musa*. Em 1914, Edgar entrou para o curso superior na Escola Nacional de Belas Artes. No magistério, foi professor particular, lecionou na Escola Superior de Agricultura e Medicina Veterinária e na Escola Normal. Edgar sintonizava-se às inovações tecnológicas de seu tempo, incorporando os novos recursos, como cinema, fotografia e projeção fixa, à arte de ensinar. Colaborou nas primeiras transmissões radiofônicas realizadas por ocasião das comemorações do Centenário da Independência. Em 1923, tornou-se o primeiro locutor da Rádio Sociedade do Rio de Janeiro, num empreendimento em conjunto com Roquette Pinto. Nos anos de 1927 a 1930, participou intensamente da Reforma Fernando de Azevedo da Instrução Pública, especialmente na defesa do ensino profissional. Foi professor da Universidade do Distrito Federal. Organizou o arquivo pessoal de seu pai, obra concluída e publicada por volta de 1934 e assinada por ele e por Fernando de Azevedo, *Lúcio de Mendonça: um estudo biobibliográfico*.

classes dominantes. Realmente, um instrumento criado pela sociedade para sobreviver, em condições mais complexas de vida social e, na medida em que, em condições mais complexas de vida social, o Estado for se organizando, o Estado vai aos poucos sendo apossado por aqueles que dominavam a sociedade; então, o Estado em certo tempo é um instrumento das classes dominantes. Mas, exatamente como era um instrumento das classes dominantes, passíveis de substituição, o Estado não desapareceu na medida em que em certas sociedades houve mudanças das classes dominantes, não sei se você está entendendo?

Estou.
Então ele tem uma existência instrumental, uma existência dialética própria, apesar de ser colocado a serviço, em certas situações, de uma forma muito descarada, de outras situações de uma forma muito, muito velada, a serviço das classes dirigentes. Mas essa frase de Marx, que tem caráter puramente político, supõe uma [outra] frase de Marx de caráter essencial. Essencial: as condições sociais é que geram a consciência social. Note bem, quando numa dada situação social começam a emergir vontades para mudanças estruturais no que se refere à educação é porque as condições sociais estão determinando isso. No caso concreto brasileiro, a luta pela nova educação vem, seguramente, desde 20, ou um pouquinho antes, até agora, e nós estamos na efervescência.

Exatamente.
Quando o Fernando de Azevedo, de repente, está contestando uma asserção de Marx, ele não leva em conta que existe uma compreensão mais profunda do próprio Marx. Essa dialética da filosofia da práxis que, às vezes, é um pouco mais rica do que a mera citação de um aspecto dela. Realmente, isso é muito importante, porque você gera duas situações, a situação filosófica, o pensamento filosófico, que entra em conflito com o pensamento político. Pensamento político aderindo a um aspecto da realidade e o filosófico aderindo a um aspecto um pouco mais amplo da realidade. Não sei se você viu essa nuance.

Percebi.
Voltando a ele... o Fernando, evidentemente, estava absolutamente compenetrado de que as propostas que ele fazia não eram humanitárias. Não é que ele não gostasse das crianças, ele era um humanista, está claro, mas não era piedade, meramente.

Era a alternativa mais racional.
Claro. Era racional para a conjuntura histórica brasileira. Também não era um racional absoluto.

De fato.
Ele não era um homem que adotava uma postura, idealmente, de um socialista e quisesse aplicá-la à força, não.

Era a solução mais inteligente. Como ele dizia: "não adianta você negar".
Nesse ponto ele foi muito mais profundo do que o Anísio Teixeira. O Anísio Teixeira às vezes tem imperfeições típicas de um pensamento que eu diria "técnico", em que se superpunha à realidade social. Você vê bem a origem da Universidade do Distrito Federal, como funcionou com um exemplo lindíssimo que a gente pode citar sempre como uma universidade pode ir contra grandes marés. Mas acabou desaparecendo, sendo absorvida pelo Capanema[33] na Faculdade Nacional de Filosofia.

O Capanema tinha mais sensibilidade para a parte cultural, mas na educacional...
Não tinha.

Não interessava, também.
Também. E era muito mais onerosa. A educação no Brasil não tem sido enfrentada porque vivemos hoje um ciclo que se chama Ciclo da Militarização e ocupa entre 14 e 15% do produto universal bruto e o brasileiro, respondendo perfeitamente ao fenômeno universal, tem isso. Se pudéssemos ter um terço desse esforço para fins de educação, numa continuidade de 30 anos, o Brasil estaria completamente transformado.

Exatamente. Aliás, trabalhar com a expressão, "se tivéssemos", pensando em "se", falar em hipótese, é muito ruim, improdutivo, mas a verdade é que se tivessem feito o que eles queriam em 32, não estaríamos sofrendo as consequências hoje. E eram os tenentes que queriam isso.

Pois é.
O irônico...

---
[33] Ver nota 12, entrevista com Abgar Renault.

O problema é que agora não temos nenhuma estrela, ou seja, sem o apoio das forças armadas não se consegue nada.
Pois é. Hoje em dia, com toda a honestidade, o João Figueiredo[34] disse que não tem recursos. O senhor Ludovico,[35] que é um pouco mais cínico, sofisma que temos 12% para a educação federal...

Li a entrevista dele.
É uma coisa lamentável. Agora, se fôssemos computar o que está sendo alocado para fins militaristas neste país, e para repressão, talvez estejamos gastando 35 a 40% de tudo o que se faz nesse país para esse fim. Ele dirá que é necessário e que remédio...

Há experiências em países subdesenvolvidos que conseguiram resolver o problema de educação. Mas é preciso trabalhar com a comunidade, o próprio método de Paulo Freire[36] facilita a integração com a comunidade. Além disso, não há necessidade de se ficar publicando novos livros didáticos anualmente, como se faz no Brasil. O governo federal tem acordos para essas edições, mas não há de fato necessidade. Tenho três filhas, cada ano as meninas mudam os livros. A criança deveria aprender a utilizar o livro, cuidar dele durante um ano, não rasgá-lo e depois passá-lo para o colega que vem atrás. Pode-se publicar pequenas gramáticas que vão passando de mão em mão, ano após ano. É o que se faz na Inglaterra e nos Estados Unidos.
A educação é dilapidatória nos aspectos ostensivos e naquilo que é essencial...

Que é a formação de professores...
Tenho a impressão de que, sob esse aspecto, o Fernando de Azevedo tinha muito mais "pé na terra" do que qualquer outro educador; por isso mesmo ele não pôde tantas vezes atuar.

De fato, nunca foi ministro de Educação. Consta que o Getúlio o convidou, mas ele não aceitou porque só aceitaria se tivesse carta branca.
O que faz muito sentido.

---

[34] João Baptista de Oliveira Figueiredo (Rio de Janeiro, RJ, 1918-Rio de Janeiro, RJ, 1999). Geógrafo, político e militar, foi o 30º presidente do Brasil de 1979 a 1985 e o último presidente do período da ditadura militar.

[35] Ver nota 36, entrevista com Abgar Renault.

[36] Para o professor Jader Britto, "Paulo Freire propôs um método que, a certa altura, deixou de mencionar para trabalhar por uma filosofia de educação, numa visão crítica de nova finalidade educacional, pedagógica e social".

Ele era, realmente, um iluminista autoritário...
Nem seria, poderia ser necessariamente um iluminista...

Ele era honesto, não aceitaria conluio, queria apenas resolver o problema e...
De certo modo, o que ele iria pedir, todo mundo sabia, ele queria uma quota-parte do bolo um pouco maior da que era dada à educação.

Eram 20% do orçamento e ele tinha toda a razão. Algo que não se percebe é que, quanto mais o tempo vai passando, mais difícil se torna o problema. Daqui a pouco vão ser necessários 40% porque os problemas crescem exponencialmente. A criança, além de tudo, tem condições familiares péssimas e que não ajudam; há fome, carência proteica etc. No Rio de Janeiro as estatísticas não são nada promissoras. Há uma repetência de 60%, o primeiro contato do brasileiro com o sistema é uma experiência de fracasso. Depois do primeiro ano...

A deserção depois é imensa, acho que é por volta de 50% ou algo assim.
Não, chega a 42%.

Do primeiro para o segundo ano a repetência é de 60%. Em geral, eles tentam um, dois anos e depois saem. Fundamental seria a proliferação no país de cursos pré-escolares... Parece não haver saída.
Aí é que entram as tais características que não estão querendo ver, o que é grave, não ver o quadro social e apenas entrar na análise tecnológica do problema. Com isso quero dizer o seguinte: estou convencido de que esses índices baixam substancialmente se você puder dar à escola brasileira as características de uma escola normal. O que é uma escola normal? É aquele padrão de escola que foi desenvolvido por países cuja escolarização chegou aos padrões que consideramos alto. Vale dizer: o conhecimento universal da palavra, o conhecimento de uma comunicação universalista, graças ao qual você pode aprender o que é higiene, você pode saber que está sendo mal ou bem alimentado, pode aceder à técnica moderna, pode produzir em condições mais rentáveis etc. Isto é o modelo que ficou conhecido desde sempre, desde o fim do século XVIII para cá, através de escolas que dão o mínimo de 6, 7 horas de escolaridade à criança. Isso é o mínimo.

Porque aí você consegue, de certa maneira, resolver, mesmo que em parte apenas, não totalmente.
Superar as barreiras sociais de classe.

Superar as barreiras de classe, as barreiras de alimentação, as barreiras culturais no sentido de que a criança vai poder jogar o seu futebol num ambiente mais sadio, a menina vai aprender a se valorizar etc. Um dado importantíssimo é que, nas favelas, a educação que é dada nas escolas, perto das favelas, está muito distanciada até da linguagem. É uma barreira que as crianças nem sempre conseguem vencer. Eu quase fui expulsa de uma reunião porque, nela, afirmei que a grande educadora dali era a Neuma, a famosa Neuma da Mangueira. Eu disse às professoras: "Engraçado, vocês estão com o problema de fracasso na alfabetização aqui na Mangueira, mas parecem desconhecer Dona Neuma,[37] a melhor alfabetizadora da Mangueira porque ela alfabetiza as crianças que saem na ala das crianças, no Carnaval, sem maiores problemas. O método dela é simples assim: 'quem não aprende a ler não vai brincar no carnaval nem sair na ala das crianças'". Elas aprendem porque têm um estímulo cultural forte, já se vê... Quase me mataram...
O método Paulo Freire...[38]

O método Paulo Freire, sim. Creio que Dona Neuma, moradora e alfabetizadora[39] não oficial da Mangueira, sem saber de que se trata, o emprega muito instintiva-

---

[37] Neuma Gonçalves da Silva, conhecida como Tia Neuma da Mangueira (Rio de Janeiro, RJ, 1922-Rio de Janeiro, RJ, 2000). Pastora, personalidade pública da Mangueira, filha de Saturnino Gonçalves, um dos fundadores do Bloco dos Arengueiros, que mais tarde originou a Escola de Samba Estação Primeira de Mangueira. Além de seus filhos de sangue, criou e educou 18 filhos adotivos. Considerada a Primeira Dama da Mangueira, sua casa era frequentada por personalidades como Noel Rosa, Villa-Lobos, Negrão de Lima e o prefeito Pedro Ernesto, além de Chico Buarque, Tom Jobim e Ricardo Cravo Albin. Integrou, na década de 1970, o Conselho Superior das Escolas de Samba, órgão fundado pela Associação das Escolas de Samba e criado por Amaury Jório. Em 2008, em sua homenagem, foi inaugurada a Escola Tia Neuma 2, na Vila Olímpica da Mangueira, para 500 crianças de seis a 14 anos. O evento contou com as presenças de Nélson Sargento e do ex-mestre-sala Delegado, além da cantora Alcione (que cantou o Hino Nacional) e da Banda do Corpo de Bombeiros do Estado do Rio de Janeiro. Na ocasião, a presidente da escola, Eli Gonçalves da Silva, a Chininha, filha da homenageada, declarou: "Ela tinha relação forte com a educação. Não era professora, mas ajudou a alfabetizar muitas crianças no morro".
[38] Paulo Reglus Neves Freire (Recife, 1921-São Paulo, 1997). Diplomou-se em direito na Faculdade de Direito do Recife. É conhecido por seus trabalhos na educação de adultos analfabetos. Professor convidado da Universidade de Harvard, prestou assistência, em Genebra, como consultor especial do Departamento de Educação do Conselho Mundial das Igrejas, e a atividades educacionais de outros países na América, na Ásia e na África. De volta ao Brasil, após o autoexílio, passou a lecionar na Pontifícia Universidade Católica de São Paulo e na Unicamp. Suas ideias e práticas foram objeto de numerosa coleção de teses e estudos acadêmicos, no Brasil e no exterior. É Doutor *Honoris Causa* em cerca de três dezenas de universidades no Brasil, na Europa e nos Estados Unidos.
[39] Em depoimento, o professor Jader Britto contou-me o seguinte: "Fiz o curso do método com o próprio Paulo Freire em fevereiro de 1964, na Faculdade Nacional de Direito. Trata-se de uma

mente. O pai dela era líder na Mangueira, é uma mulher incrível, ensina e dá as aulas na mesa da cozinha de sua casa. Então, eu pergunto: como é que pode? Outro detalhe: o Departamento de Cultura é um órgão muito fechado, tem horror a pesquisa. Precisamos chamar antropólogos, sociólogos, gente de fora, para ajudar. Justamente, os antropólogos modernos em geral são pessoas que tratam o objeto de seu estudo com delicadeza, respeito, são pessoas que não vão impor, pensam acertadamente que as iniciativas podem vir dos próprios favelados. Minha proposta não foi aceita, um fracasso total, a diretora ficou rubra, porque há mesmo um esprit de corps das professoras primárias, têm medo da pesquisa e de que outros setores entrem na educação. É uma das coisas...
Um corpo que está querendo defender sua corporação.

Claro, é o esprit de corps, mas é um esprit de corps[40] *tão barulhento... Concluindo, há uma separação da cultura, no sentido de que a práxis educativa brasileira é totalmente desvinculada da vivência cultural das pessoas a quem ela deveria ministrar a educação.*
E a educação brasileira está tão compartimentalizada que existem os burocratas da educação que não entendem nada de educação...

Não entendem nada, não têm sensibilidade.
Não têm nada a ver com burocracia, você vai ver, são compartimentos completamente diferentes, criam-se interesses reais.

O que senti é o seguinte: a máquina burocrática criou um momentum, com movimento próprio... Como solução, seria preciso, realmente, que o povo, a comunidade, criasse seus próprios centros educacionais...
Isso é impossível. Esse seria o caminho, mas resta saber até onde...

E o governo então, se fosse inteligente, aproveitaria a chance e indagaria: "Vocês precisam de quê?". Provavelmente teria como resposta: "Precisamos de uma

---

pedagogia globalizadora e complexa. Em vez do 'método', diria que a Dona Neuma aplicou, sem saber, ideias libertadoras da filosofia de educação do Paulo Freire".

[40] *Esprit de corps*: capacidade dos membros de um grupo de manter a crença em instituição ou objetivo, particularmente em face de oposição ou dificuldade. A moral do grupo é muitas vezes referenciada por figuras de autoridade como um genérico juízo de valor da força de vontade, obediência e autodisciplina daquele grupo encarregado de realizar tarefas atribuídas por um superior.

professora, precisamos de água, de banheiro...". A agressão do povo em relação à escola às vezes é grande. Li o relatório — mal ou bem, a burocracia escreve relatórios — como, por exemplo, sobre uma escola aqui no Rio de Janeiro e confesso que fiquei impressionada. Você estava falando que o tiro sai pela culatra e é verdade. Nos cursos noturnos, chamados supletivos, visando sobretudo jovens que não conseguem fazer direito o primário, estavam atendendo a suas necessidades dentro da sala de aula. E já não eram crianças, não. Pura agressão...
Mas se não tinham onde fazer, não é agressão.

Não, havia banheiros no andar. Acho que era agressão mesmo. Jogam pedra também, quebram, porque a escola é uma espécie de um cancro, não tem nada a ver com suas vidas, uma coisa horrorosa.
É uma escola na praça da Bandeira?

Olha, não me lembro. Mas tenho em casa o relatório, posso lhe mostrar.
Estão querendo fechar uma certa escola porque ninguém se sente mais com segurança nela.

Também tem isso. Os alunos não têm escola, não têm quase nada... Porque escola não é só escola. Escola é uma iniciativa que cada vez mais precisa ser compreendida com maior abrangência... Há que chamar as mães, a grande maioria das mães não sabe sequer ler, têm vidas complicadas, mas são mulheres importantes, porque a verdade é que são as mães, as mulheres, que conservam, guardam os filhos. A mulher pode ser até uma prostituta, contudo mal ou bem é quem fica, em geral, com o filho. Há que chamar essas mulheres, elas têm de colaborar de alguma forma, têm, talvez, de ajudar, trabalhar dentro da escola, alguma função há de haver que as integre. O Estado sente a necessidade da educação, mas, ao mesmo tempo, não consegue levar adiante esse projeto vital para o país. Porque a educação é altamente revolucionária, a médio e longo prazo. Por exemplo, vou lhe contar o que a Lígia Santos,[41] filha do músico e sambista

---

[41] Lígia Santos. Advogada, pesquisadora, museóloga e professora do ensino fundamental e universitário. Especialista em geriatria e gerontologia. Nasceu no bairro carioca do Maracanã, filha de dois ícones da música popular brasileira: o compositor Donga e a cantora Zaíra de Oliveira. Dedica-se à pesquisa de cultura brasileira, especialmente no campo da música popular ligada ao samba. Dentre seus trabalhos, destaca-se o livro, escrito junto com Marília T. Barbosa da Silva, *Paulo da Portela — traço de união entre duas culturas*, pioneiro estudo sobre o compositor Paulo da Portela, fundador da Escola de Samba Portela no Rio de Janeiro.

Donga,[42] *me contou. Ela é professora, servindo também no Departamento de Cultura. Certa época, ela estava trabalhando como subdiretora de uma determinada escola e notou que a diretora mandava as crianças da favela — favela esta que estava situada pertinho, um pouco acima da escola onde a Lígia trabalhava e que, teoricamente pelo menos, tinha sido construída para suprir a necessidade da área — para outro lugar, para uma escola bem mais longe. Essas crianças eram qualificadas por essa diretora como "negrada". Porque, para ela, esses alunos só trariam trabalho: sujos, dizem palavrão, não sabem falar direito. Nem sempre são inteligentes, porque eles já possuem um déficit proteico imenso e verbal. O problema é muito grave.*

Há outro problema também na educação que é a formação de professores.

Evidente, a formação dos professores. É preciso colocar gente jovem, mais idealista, com melhores salários.

Agora, Maria Luiza, você vai colocar a questão da educação para a vida... essas coisas você terá que ver bem.

Sim, isso é importante. Mas estamos acabando a entrevista.

Fica bem entendido, tudo o que eu disse, você pode aproveitar como for do seu gosto e se tiver alguma coisa ainda a conversar, podemos discutir depois.

Ah, claro. Muito obrigada, Houaiss.

---

[42] Ernesto Joaquim Maria dos Santos, conhecido como Donga (Rio de Janeiro, RJ, 1890-Rio de Janeiro, RJ, 1974). Músico, compositor e violonista. Filho de Pedro Joaquim Maria e Amélia Silvana de Araújo, Donga teve oito irmãos. O pai era pedreiro e tocava bombardino nas horas vagas; a mãe era a famosa Tia Amélia do grupo das baianas Cidade Nova; gostava de cantar modinhas e promovia inúmeras festas e grandes reuniões de samba. Participava das rodas de música na casa da lendária Tia Ciata, ao lado de João da Baiana, Pixinguinha e outros. Grande fã de Mário Cavaquinho, começou a tocar este instrumento de ouvido, aos 14 anos de idade. Pouco depois aprendeu a tocar violão, estudando com o grande Quincas Laranjeiras. Em 1917 consagrou a gravação de "Pelo telefone", considerado *o primeiro samba gravado na história*. Organizou com Pixinguinha a Orquestra Típica Donga-Pixinguinha. Em 1919, ao lado de Pixinguinha e outros seis músicos, integrou, como violonista, o grupo Oito Batutas, que excursionou pela Europa em 1922. Em 1926 integrou a banda Carlito Jazz. Em 1940, Donga gravou nove composições (entre sambas, toadas, macumbas e lundus) do disco *Native Brazilian music*, organizado por dois maestros: o norte-americano Leopold Stokowski e o brasileiro Villa-Lobos, lançado nos Estados Unidos pela Columbia. No final dos anos 1950 voltou a se apresentar com o grupo Velha Guarda, em shows organizados por Almirante. Enviuvou em 1951, casou-se novamente em 1953 e foi morar no bairro de Aldeia Campista, para onde se retirara como oficial de justiça aposentado. Doente e quase cego, viveu seus últimos dias no Retiro dos Artistas, falecendo em 1974. Está sepultado no Cemitério São João Batista.

Arquimedes de Melo Neto

Data: 25 de maio de 1981
Local: rua Almirante Tamandaré, 20/202 — Flamengo — Rio de Janeiro (RJ)

Em sua Conferência de 22 de junho de 1944, sob a Presidência de Anna Amélia Carneiro de Mendonça,[1] na Casa do Estudante do Brasil,[2] você fala sobre a importância de Fernando de Azevedo.
Mas parece que não fui eu, citando Fernando de Azevedo. Mas isso sou eu? Vou buscar meus óculos...

---

[1] Anna Amélia de Queiróz Carneiro de Mendonça (Rio de Janeiro, RJ, 1896-1971). Poetisa, tradutora e feminista carioca, teve seus poemas e crônicas publicados pelos mais importantes jornais do país. Atuou em defesa dos direitos das mulheres e nas iniciativas promovidas pela FBPF. Participou da Associação Damas da Cruz Verde que criou a maternidade Pró-Matre e foi a primeira mulher membro de um tribunal eleitoral do país. Fundadora da Casa do Estudante do Brasil (CEB), juntamente com Pascoal Carlos Magno, localizada na praça Ana Amélia, no Centro do Rio de Janeiro, e da Associação Brasileira de Estudantes. Passou a infância no interior de Minas Gerais, educada por preceptoras brasileiras, inglesas e alemãs. Casou-se com Marcos Carneiro de Mendonça, goleiro e historiador. A partir de 1944 o casal passou a residir em um palacete do século XIX no bairro do Cosme Velho, conhecido como "Solar dos Abacaxis", por conta dos adornos em ferro fundido que ainda hoje decoram a balaustrada das janelas frontais do solar. A mansão foi erguida em 1843 pelo bisavô de Anna Amélia, o comendador Borges da Costa. Em seu segundo livro *Alma*, em 1922, a poetisa introduziu o tema do futebol na poesia brasileira e colaborou a seu modo para difundir e popularizar esse esporte. Ensinava o jogo aos operários da fábrica de seu pai e dava instruções preciosas durante as partidas. Desde muito jovem era entusiasta do esporte: no seu 12º aniversário, pediu aos pais, como presente, uma bola, uma botina de sola grossa e começou a treinar. Anna Amélia e Marcos tiveram três filhos, sendo a mais nova a crítica teatral Bárbara Heliodora.
[2] Casa do Estudante do Brasil. Fundada em 1929 por um grupo de universitários cariocas, a Casa do Estudante do Brasil teve sua primeira diretoria eleita pelos representantes das escolas que formavam a antiga Federação Acadêmica do Rio de Janeiro, convocados pelo Caco. A Casa do Estudante do Brasil foi presidida por Ana Amélia de Queiróz Carneiro de Mendonça, poetisa e declamadora, tendo Pascoal Carlos Magno como secretário-geral, Hilder Correia Lima, Narcélio de Queirós, secretários, e Magdala Gama de Oliveira, tesoureira.

Está aqui, olha: "Palavras de Arquimedes de Melo Neto saudando em nome da Casa de Estudantes do Brasil...". Como não é você? (risos) Devia ser bem jovem.
Pois é.

Eu tirei xerox na Biblioteca Nacional. Você fez essa conferência em 1944. Mas há aqui alguns pontos que gostaria de examinar com você.
Engraçado, não tenho a menor lembrança. É novidade para mim. Não me lembrava mais. E é boa?

Muito boa. Gostaria de conversar com você sobre o seguinte: Fernando de Azevedo analisa, contesta, discute a frase de Marx[3] que julga que "as ideias dominantes, em toda época, são as ideias da classe dominante". Compreenda-se como ideias dominantes aquelas ideias que predominam, que prevalecem numa época...
E que os portugueses chamam de imperantes!

Exatamente, o termo é esse, então as ideias imperantes seriam as ideias da classe dominante. Mas Fernando de Azevedo considera que muitas vezes — e ele cita as próprias ideias e as do Anísio[4] — as ideias dominantes em uma determinada área, as ideias daquelas pessoas que estudam a fundo determinados problemas brasileiros, como a educação, e os entendem de modo progressista não são necessariamente as ideias da classe dominante, daquelas ideias imperantes politicamente. A prova disso é que as ideias mais progressistas, em certas áreas, como na educação, não vingam. Há contradições, portanto. Certamente, as obras que eles quiseram deixar para nós, pensando em uma transformação no setor educacional, redundaram em fracasso, tanto em 1928 como em 1935, a partir de...
De sucessivos fracassos.

É certo. O processo educacional brasileiro tem sido um fracasso e talvez nesse ponto o conceito de Marx não se aplique. Voltando: nem sempre as ideias dominantes no plano social... O que você diria sobre isso, concorda com Marx? A não ser que se entenda dominantes, e você definiu a palavra muito bem, como sinônimo de imperantes. Creio que a população, no Brasil, apoiaria a necessidade de transportes coletivos eficientes. Nenhuma pessoa, de fato, com um mínimo de bom senso, seria

---

[3] Ver nota 30, entrevista com Abgar Renault.
[4] Ver nota 20, entrevista com Abgar Renault.

contra a iniciativa. Porque, embora essas ideias sejam dominantes na população, elas não são imperantes junto ao poder, não prevalecem politicamente.
Não, aí é o poder armado, quer dizer, é a casta; aliás, como dizia um velho amigo e meu padrinho de casamento, o general Azevedo Costa[5]... é um bando bem armado e mal-intencionado, quando se referia ao Exército. Em família... De forma que eu confirmo, é um bando bem armado, mal intencionado, e hoje, mais do que mal intencionado, degenerado.

Maria Luiza Bittencourt:[6] O general Azevedo Costa esteve trabalhando na fronteira entre o Brasil e a Bolívia. Ele foi companheiro do barão do Rio Branco. E foi batedor da princesa Isabel.

*Então ele trabalhou junto com o autor d'*Os sertões, *conheceu bem o Euclides da Cunha.*
Maria Luiza Bittencourt: Exatamente. Mas o Fernando de Azevedo era muito simpático. Eu o conheci na Conferência que ele fez no Itamaraty.

---

[5] General João Álvares de Azevedo Costa (São João de Macapá, AP, 1871-Rio de Janeiro, RJ, 1953). Ainda cadete-sargento participou do movimento de 15 de novembro de 1889 no legendário 1º Regimento de Cavalaria. Em 1903, por ocasião da Questão Acreana, foi mediador junto aos chefes militares bolivianos, cumprindo a missão com tal brilhantismo que provocou calorosa saudação do barão do Rio Branco; membro da Comissão de limites, levantou topograficamente a zona fortificada do Norte do Brasil; na revolução de 1930, comandava a quarta Região Militar, em MG, e manteve-se fiel ao presidente da República, autoridade que, para ele, simbolizava a maioria do povo brasileiro que jurara defender. Esse ato digno custou-lhe uma reforma administrativa. Considerava o momento mais feliz de uma vida de lutas a ocasião em que o presidente Getúlio Vargas, promovendo-o a general do Exército, colocou sobre seu peito de soldado e de cidadão a condecoração que simbolizou o arrependimento do governo pela injustiça cometida.

[6] Maria Luiza Bittencourt (Paripe, BA, 31 dez. 1910-Rio de Janeiro, RJ, 7 mar. 2001). Advogada, casada com Arquimedes de Melo Neto. Filha única de Isaura Doria Bittencourt e do doutor Luiz de Lima Bittencourt. Foi para o Rio de Janeiro aos três meses de idade. Cursou o primário e o secundário no Colégio Maria Imaculada na praia de Botafogo. Ingressou para a Faculdade de Direito do Rio de Janeiro em 1927, aos 16 anos. Concluiu o curso com distinções, sendo titular da Medalha de Ouro "Conselheiro Cândido de Oliveira". Conheceu Bertha Lutz no segundo ano de direito, tornaram-se amigas e ingressou na Federação Brasileira pelo Progresso Feminino, fundada por Bertha Lutz, participando ativamente desta campanha. Em 1929, com um grupo de médicas, engenheiras e advogadas fundou a União Universitária Feminina, que é hoje a Associação Brasileira de Mulheres Universitárias. Foi pioneira na militância política, inaugurando a participação das mulheres no parlamento baiano, onde ingressou aos 24 anos. Fez da tribuna da Assembleia Legislativa um importante meio de expressão do inconformismo das mulheres que já não aceitavam estar ausentes das grandes decisões sobre o destino do país. Feminista de garra, oradora brilhante, estudiosa das questões jurídicas e sociais, destacou-se como deputada e advogada, enfrentando os desmandos do Estado Novo e denunciando os constantes casos de ofensa aos direitos da mulher e do povo oprimido.

AMN: Ele era mesmo simpático, comunicativo. Eles se davam ao luxo de fazer experiências, núcleos experimentais de interesse popular, mas não eram, não deixavam de ser elitistas. Não tinham desejo de viver numa sociedade coletivista, igualitária. Não tinham esse desejo, como eu tenho agora. Naquele tempo eu não tinha, não estava preparado e isso a gente tem que sedimentar, trabalhar muito intimamente o espírito para poder aceitar.

Não tinha raízes profundas em seu espírito. Arquimedes, um ponto de que você fala aqui, na matéria que escreveu e foi publicada no jornal, é o problema do elitismo dos intelectuais, mencionado por você há pouco.
Você leu do começo ao fim?

Sim.
Porque eu concluo com o problema do elitismo e do espaço de que falei.

Inclusive você incluiu os últimos livros dele em que fala de justiça comutativa...
Não estou aprofundado na obra de Fernando de Azevedo, faço apenas um depoimento de relações pessoais e apanhei as informações que estão aí.

Mas, justamente, esse é um problema que você alcançou, porque você escreve no seu artigo que, ao mesmo tempo que Fernando de Azevedo, numa determinada época, era elitista, no sentido de...
Cultural-intelectual.

Você escreveu assim: "o rebaixamento das massas teria condenado o Brasil social...".
Aí está entre aspas, não é?

Está, então, haveria nele a afirmação da necessidade de uma elite, até o fim da vida ele reiterou essa posição. Apenas, essa elite deve ser por merecimento, por qualidade; ele cita a União Soviética como exemplo porque menos de cinco anos após a Revolução de 1917 já haviam sido fundadas cinco universidades naquele país e, certamente, essas universidades não eram para o operário, ou seja, eles pensaram logo em formar um corpo de cientistas.
Eles têm lá a divisão de classe... Eu vou lhe relatar um fato: um cidadão em São Paulo, do Partido Comunista, que tinha um filho em Moscou, estudando, fez

uma vez numa excursão à Rússia e passando por Praga houve uma festa e os representantes brasileiros foram convidados ao Palácio. Na festa, eles começaram a circular pelos diversos salões, mas a direção do partido os chamou e advertiu: "Vocês precisam ter cautela nessa circulação, porque vocês estavam metidos no salão de operários, vocês são da direção, têm de estar...".

No seu salão apropriado.
De forma que é assim a situação lá; veja, eu fiquei perplexo quando soube disso.

Mas não é só o problema de divisão de classes, eu acho que, como experiência, a União Soviética é, em muitos sentidos, notável. O Fernando de Azevedo cita, algumas vezes, com admiração, um educador russo — Lunacharsky[7] —, que o Lênin escolheu como ministro da Educação e que depois, com o Stalin, desapareceu. Já ouviu falar alguma coisa sobre ele?
Não.

Onde eu poderia obter alguma informação sobre o Lunacharsky, no Consulado Soviético?
No Consulado, apesar de ser uma gente reacionária.

O Consulado soviético daqui?
Todos, porque eles eliminaram, mataram...

Parece que o Lunacharvsky foi um educador notável, um pouco como Fernando de Azevedo, à medida que queria fazer da União Soviética uma Grécia nova, com industrialização e humanismo.
Utopia.

Utopia, sim, mas era uma época em que prevalecia a fé positivista em relação à ciência, cega em relação à técnica, crença típica do século XIX, perdurando ainda em 1920.
No entanto, a técnica arrasou tudo. Basta isso.

---

[7] Ver nota 54, entrevista com Antonio Candido.

Penso que a técnica tem seu lado positivo. Fernando de Azevedo talvez tivesse uma fé excessiva na tecnologia.
Mas arrasou tudo. Por exemplo: o automóvel, o automóvel é um troço criminoso...

Pela poluição...
Não é só por isso, além da poluição, é um transporte egoísta.

É verdade, não é um transporte coletivo, que poluiria muito menos.
Exemplo: 80% dos ônibus no Rio de Janeiro têm chassi de caminhão porque custa 40% mais barato do que o chassi de ônibus.

Fernando de Azevedo escreve o seguinte: "educação de massas e elite são duas faces da mesma moeda". Cabem grandes reformas na educação de massa, na educação popular. Ele concretizou isso na Reforma de 28 e foi muito perseguido pela Igreja, ele e o Anísio Teixeira.
Os padres naquela época eram os tiras. O Anísio Teixeira terminou numa fazenda, cavando pedras preciosas, buscando o cristal de rocha. E ganhou melhor situação do que quando trabalhava para o Estado.

Eles almejavam o quê? Queriam a educação leiga, gratuita e universal, e isto, naquela época, no Brasil, era considerado subversivo. Então, eu não sei até que ponto se pode chamá-lo de elitista quando ele defende essas ideias...
Mas ele era de tipo elitista.

Como?
De tipo elitista, inclusive usava *pince-nez*. É, *pince-nez*, e era um pouco pernóstico e petulante, sabe como é? Um homem simples, nas relações objetivas era um homem simples e de boa fala. Não sei se para todos era assim, porque eu tratei com ele como *ghost-writer* da Anna Amélia que era poderosa nessa época, membro do Departamento Cultural, diretora da Casa do Estudante do Brasil, centro de renovação e agitação porque nós estávamos estagnados pela ditadura de Vargas.[8] O Pascoal Carlos Magno,[9] por exemplo, era um grande caráter.

---

[8] Ver nota 28, entrevista com Abgar Renault.
[9] Pascoal Carlos Magno (Rio de Janeiro, RJ, 1906-Rio de Janeiro, RJ, 1980). Ator, poeta, teatrólogo e diplomata, foi também vereador pelo antigo Distrito Federal e, no governo Juscelino Kubitschek,

Trabalhava numa revista do governo...
Onde se pagava 400 mil réis por uma colaboração e foi nomeado inspetor de ensino pelo Vargas e para mim, naquela época, era uma coisa não compatível com a posição de um revolucionário: aceitar um favor, como uma viagem.

Eu tive oportunidade de ir a USP, quando fui trabalhar em São Paulo; me ofereceram passagem e hospedagem, subsídio e tudo o mais, mas eu disse: "Nunca viajarei a um país estrangeiro subsidiado pelo Estado", porque não quero ficar com a minha opinião dependendo das boas graças do Estado. O Humberto Delgado,[10] também meu amigo, me declarou: "quando vencermos, virá um navio ao Brasil para levar brasileiros iguais a você", eu respondi: "Excelência..." — ele era muito convencional e gostava desse Excelência — "queira me perdoar, mas eu jamais viajarei a um país às custas do Estado, muito menos de um Estado pobre como é o nosso", de forma que sempre neguei essas viagens, eu repito, algumas viagens são corruptoras, viagens de pagamento de favores feitos, ou a fazer; então me ofereceram para ir e eu não quis.

Vou lhe contar outro fato. A Eneida me deu um livro quando chegou de Paris, ela andou por lá, deve ter ido a Moscou também, voltou meio alucinada e me disse: "Eu tenho um livro, não sei baseado em quê, quero que você publique, vou lhe mandar", mandou e o livro era um livro de crônica literária. A editora Bertrand do Brasil não era bem uma editora mercantilista, nem tradicionalista, era renova-

---

ocupou a função de chefe de Gabinete. É considerado um dos renovadores do teatro brasileiro, sendo responsável pela criação no país da função de diretor teatral. Foi um dos fundadores da Casa do Estudante do Brasil.

[10] Humberto da Silva Delgado (Terras Novas, Brogueira, Portugal, 1906-Villanueva del Fresno, Espanha, 1965). Militar português da Força Aérea, participou no movimento militar de 28 de maio de 1926, que derrubou a República Parlamentar e implantou a Ditadura Militar que, poucos anos mais tarde, em 1933, iria dar lugar ao Estado Novo liderado por Salazar. Representou Portugal nos acordos secretos com o governo inglês sobre a instalação das Bases Aliadas nos Açores durante a Segunda Guerra Mundial. Em 1944 foi nomeado diretor do Secretariado da Aeronáutica Civil. Os cinco anos que viveu nos Estados Unidos da América modificaram sua forma de encarar a política portuguesa. Convidado por opositores ao regime de Salazar, aceitou se candidatar à Presidência da República, em 1958, contra o candidato do regime, Américo Tomás, reunindo em torno de si toda a oposição ao Estado Novo. Numa conferência de imprensa da campanha eleitoral, em Lisboa, quando lhe foi perguntado que postura tomaria em relação ao presidente do Conselho Oliveira Salazar, respondeu: "Obviamente, demito-o!". Esta frase incendiou os espíritos das pessoas oprimidas pelo regime salazarista que o apoiaram e o aclamaram durante a campanha com particular destaque para a entusiástica recepção popular na praça Carlos Alberto no Porto a 14 de maio de 1958. Devido à coragem que manifestou ao longo da campanha perante a repressão policial foi cognominado "General sem Medo". Em 1959, na sequência da derrota eleitoral, graças à gigantesca fraude eleitoral montada pelo regime, vítima de represálias e alvo de ameaças por parte da política, pede asilo político na Embaixada do Brasil, para onde se exilou.

dora e tanto quanto possível didática, então, eu disse à Eneida que o livro dela não servia. Por isso, um amigo meu, o Odylo Costa, filho,[11] se encontrou na rua com ela que lhe perguntou: "O que é que você está fazendo aqui?". O Odylo respondeu: "Estou esperando o Arquimedes". Ela, que não gostava de mim, indagou então: "O Arquimedes ainda não morreu?". E eu me abri com ele: "Olha, Odylo, eu tenho pecado muito só por ter renunciado" e, então, mencionei: "renunciei a isto, àquilo, àquilo, àquilo...", eu nunca disputei com ninguém, um pouco, um bocado, uma situação. Nunca disputei. Nem oficialmente, nem extraoficialmente e é por isso que eu desperto tanta ira. Odylo ouviu tudo atentamente e ficou nisso. Quando foi um dia, um amigo me encontrou e disse: "Você é muito amigo de Eneida, não é?". Eu indaguei: Por quê? "Porque ela escreveu um artigo sobre você no *Diário de Notícias*, enaltecendo você e dizendo coisa e tal"; eu nunca vi esse artigo e nem me interessei por ler porque eu não gosto de ler notícias referentes a mim. Compreende como é? Não leio também restrições.

Depois, um intelectual chamado Marcos Vinícius Vilaça[12] foi para a Caixa Econômica Federal, para a cúpula, e me disse: "Arquimedes, aonde vai terminar

---

[11] Odylo Costa, filho (São Luís, MA, 1914-Rio de Janeiro, RJ, 1979). Jornalista, cronista, novelista e poeta brasileiro, bacharel em direito pela Universidade do Brasil, membro da Academia Maranhense de Letras (1953) e da Academia Brasileira de Letras. Desde os 15 anos, já se revelava no jovem maranhense a vocação de jornalista. Em janeiro de 1931, conduzido por Félix Pacheco, entrou para a redação do *Jornal do Commercio*, onde permaneceu até 1943. O jornalismo, embora ocupando boa parte de sua atividade intelectual, não o fazia esquecer a literatura e, em 1933, com o livro inédito *Graça Aranha e outros ensaios*, obtinha o Prêmio Ramos Paz da Academia Brasileira de Letras. Deixando o *Jornal do Commercio*, Odylo Costa, filho, foi sucessivamente fundador e diretor do semanário *Política e Letras* (de Virgílio de Melo Franco, de quem foi dedicado colaborador na criação e nas lutas da União Democrática Nacional), redator do *Diário de Notícias* e diretor de inúmeros jornais e revistas como: *A Noite, Jornal do Brasil, Tribuna da Imprensa, Senhor* e *O Cruzeiro*. Em 1965 deixou a função de redator do *Jornal do Brasil*, ao viajar para Portugal como adido cultural à Embaixada do Brasil. Mas nem sempre, ao longo dessa extraordinária atividade, foi apenas o jornalista de bastidores, o técnico invisível. Em 1952 e 1953, exerceu a crítica literária no *Diário de Notícias*. A partir de 1963, circunstâncias dolorosas levaram-no de volta a uma prática mais constante da poesia, que não abandonara de todo embora fugisse à publicação em letra de fôrma e até mesmo à leitura pelos amigos mais íntimos. E foi o maior deles, Manuel Bandeira, ao preparar a segunda edição da sua *Antologia dos poetas brasileiros bissextos contemporâneos*, o primeiro a ler alguns desses poemas, sobretudo os inspirados pela morte de um filho ainda adolescente, que tinha seu nome, poemas esses que Manuel Bandeira colocava entre "os mais belos da poesia de língua portuguesa". Animado ainda por Manuel Bandeira, Raquel de Queirós e outros amigos, Odylo Costa, filho, reuniu afinal seus versos em volume publicado em Lisboa em 1967. Na vida pública, Odilo Costa, filho, foi secretário de Imprensa do presidente Café Filho, diretor da Rádio Nacional e Superintendente das Empresas Incorporadas ao Patrimônio da União.

[12] Marcos Vinicios Rodrigues Vilaça (Nazaré da Mata, PE, 1939). Advogado, jornalista, professor, ensaísta e poeta brasileiro. Membro da Academia Brasileira de Letras, da Academia Pernambucana de Letras, da Academia das Ciências de Lisboa e da Academia Brasiliense de Letras e ex-ministro e presidente do Tribunal de Contas da União.

isso?". Eu disse: "No caos, e quem vai fazer a revolução é a mulher brasileira..." porque os homens brasileiros são castrados, e as mulheres vão provar seu valor já demonstrado através da história, em Tejucopapo (PE), Maria Quitéria na Bahia, a Ana Nery, a [Anita] Garibaldi e tantas outras, como a Joana Angélica, uma freira que foi assassinada também na Bahia protegendo um refugiado em seu convento.

Mas, voltando ao caso do Graciliano, você considera como cooptação, que é o termo que os sociólogos usam, o fato de Graciliano ter escrito numa revista ou, ao contrário, como o próprio Fernando de Azevedo diz, se você estiver dentro da estrutura administrativa, mas suas ideias forem ideias contrárias às ideias do governo, você pode até fazer um trabalho ao contrário, a contrapelo, crítico... Pode-se julgar o Graciliano por isso? Por exemplo, a postura do Fernando de Azevedo, o trabalho dele não foi um trabalho para favorecer as elites no poder, pelo contrário, ele trabalhou muito pela educação popular, em 1928, e por isso foi chamado de "bolchevista intelectual", isso pouca gente sabe. No entanto ele estava trabalhando para o governo. Então... eu avalio essas situações meio confusas, com gradações, porque a realidade é ambígua: ele era, por um lado, um elitista, mas, por outro lado, ele fez uma reforma muito voltada para o social.

Eu não sei se você já ouviu falar de um inglês que andou aqui na Cultura Inglesa, chamado Ted Church?[13] Esse Ted Church foi diretor do Departamento Cultural aqui da Cultura Inglesa no tempo da guerra e, uma vez, conversando com ele, eu lhe disse que Haroldo Lask era comunista. Ele me respondeu: "Para ser comunista na Inglaterra, basta não comer presunto", de forma que para ser comunista, no Brasil, naquela ocasião, bastava não usar meias. Havia um professor, Orlando Gomes,[14] professor de direito, na Bahia, que foi fazer

---

[13] Trata-se do professor Edgard Louis Church, que trabalhou por essa época na Cultura Inglesa, aqui no Brasil.
[14] Orlando Gomes (Salvador, BA, 1909-Salvador, BA, 1988). Um dos mais consagrados juristas brasileiros, formou-se pela Faculdade de Direito da Bahia em 1930 e dedicou a vida ao direito, sua prática, magistério e estudo. Autor de dezenas de livros, deixou um legado doutrinário que se faz leitura obrigatória para o estudo jurídico no Brasil, nos campos do direito civil, trabalhista e ainda da sociologia jurídica. Em 1937 foi preso pelo Estado Novo, por haver falado da extinta União Soviética em suas aulas. Pouco afeito à política, admirador do marxismo, experimentou na ilha de Fernando de Noronha a prisão por suas ideias, tornando-se defensor do Estado democrático. Em 1961 foi diretor da Faculdade de Direito, quando em sua gestão foi construída a sede atual dessa instituição. Membro da Academia de Letras da Bahia, tendo sido eleito no ano de 1968, em 1983, juntamente com demais juristas da Bahia, foi membro fundador da Academia de Letras Jurídicas da Bahia, ocupando até seu falecimento, em 1988, a cadeira de número 13.

concurso sem meia, como uma contestação e afirmação de comunista. Cruzava as pernas para saberem que ele estava sem meias. Não usou meias, é taxado de comunista.

Bom, Fernando de Azevedo não era comunista, mas houve uma evolução, uma maior abertura para o social em seu pensamento, um maior rigor. Ele era progressista, não há dúvidas, é preciso analisar o momento histórico.
De forma que Fernando de Azevedo foi chamado de "bolchevista"... Quer dizer, ele não gostava de ser, subjetivamente, um elitista, mas ele era um elitista. Como eu digo, resta pesquisar as origens, porque eu desconheço as origens...

As origens dele: por um lado pertencia à aristocracia decadente.
Ele foi proprietário de terras.

Não, não foi, seu pai era comerciante, mas faliu. A mãe dele teve 14 filhos... E ele foi estudar para ser padre.
Olhe lá, está vendo? Tudo leva a produzir um elitista rebelado.

Ah! Elitista rebelado, a expressão é boa. Ou seja, era um elitista revoltado... rebelado...
Subjetivamente ele era um elitista, e vingava-se objetivamente oferecendo oportunidades mais amplas para todos. Porque aí eu apenas levantei...

Mas levantou um ponto importante e conseguiu introduzir ambiguidade: ele era elitista, mas, ao mesmo tempo, acrescentou: rebelado, ou seja, com atitudes progressistas.
Transcreva aí o meu artigo.

Socialista anarquista, como Proudhon,[15] mas justamente me parece que o socialismo dele é um pouco idealista.

---

[15] Pierre-Joseph Proudhon (Besançon, FR, 1809-Passy, Borgonha, 1865). Filósofo, político francês, membro do Parlamento francês, é considerado um dos mais influentes teóricos do anarquismo, sendo o primeiro a se autoproclamar anarquista, até então um termo considerado pejorativo entre os revolucionários. Foi ainda em vida chamado de socialista utópico por Marx e seus seguidores, rótulo que não aceitava. Após a revolução de 1848, passou a se denominar federalista. Seu primeiro e maior trabalho, *Qu'est-ce que la propriété? Recherche sur le principe du droit et du gouvernement* (O que é a propriedade? Pesquisa sobre o princípio do direito e do governo), publicado em 1840, atraiu a atenção das autoridades francesas e também de Karl Marx, que começou a se corresponder com seu autor com quem se encontrou em Paris, por ocasião do seu exílio. A amizade de ambos

Utópico.

Exatamente, porque a propriedade seria considerada um roubo.
O Proudhon era de barricada...

Esse é um ponto sobre o qual ele a vida inteira falou muito, a necessidade de oportunidades iguais para todos e a questão da circulação das elites. Escreveu: "Elite não é aquele grupo que permanece agarrado ao poder, não quer sair de maneira alguma" — como eram, e continuam sendo, as oligarquias no Brasil —, "há necessidade de que haja uma circulação desses grupos". Ele cita Pareto,[16] *pois é necessário que a seiva venha de baixo e para isso a elite — ele não fala em intelectual orgânico, conceito que Antonio Gramsci*[17] *elaborou com detalhes — tem que ficar ligada como a seiva às suas raízes, a seiva que se origina do povo, isso ele escreveu pouco antes de morrer, então, considero que Fernando de Azevedo foi um homem que teve a capacidade de evoluir, ao contrário de muitos figurões.*
Agora, terminou na vala comum da Academia Brasileira de Letras e para mim isso é execrando.

---

chegou ao fim quando Marx respondeu ao seu texto *Sistema das contradições econômicas, ou A filosofia da miséria* com outro provocadoramente intitulado *A miséria da filosofia*. A disputa tornou-se uma das origens da divisão entre as alas marxistas e anarquistas nos encontros da Associação Internacional dos Trabalhadores. Proudhon favoreceu as associações dos trabalhadores ou cooperativas, bem como a propriedade coletiva dos trabalhadores da cidade e do campo em relação aos meios de produção, em contraposição à nacionalização da terra e dos espaços de trabalho. Para ele a revolução social poderia ser alcançada através de formas pacíficas. Proudhon tentou criar um banco operário, semelhante, em alguns aspectos, às atuais cooperativas de crédito, que beneficiaria os trabalhadores com empréstimos sem juros. Malograda a tentativa, a ideia seria apropriada por capitalistas e acionistas que incorporariam imposição de juros em seus empréstimos.

[16] Vilfredo Pareto (Paris, FR, 1848-Céligny, Suíça, 1923). Político, sociólogo e economista italiano, conclui seus estudos científicos na Universidade Politécnica de Turim. Durante o período de 1874 e 1892 vive em Florença, tendo sido engenheiro ferroviário e diretor-geral das estradas de ferro italianas. Nesta época, participa da Sociedade Adam Smith em Florença e junto a esta em manifestações contra o socialismo de Estado, o protecionismo e o militarismo do governo italiano. Era adepto, na época, da democracia e do liberalismo. Entre 1892 e 1894 publica estudos sobre os princípios fundamentais da economia pura, entre outros pontos da teoria econômica. Em 1897, através de estudo sobre a distribuição de renda, mostra que a distribuição de riqueza não se dava de maneira uniforme, havendo grande concentração de riqueza (80%) nas mãos de uma pequena parcela da população (20%). Introduziu o conceito de ótimo de Pareto e ajudou o desenvolvimento da microeconomia com a ideia de curva de indiferença. A partir de então, tal princípio de análise, conhecido como Lei de Pareto, tem sido estendido a outras áreas e atividades tais como a industrial e a comercial, sendo mais amplamente aplicado a partir da segunda metade do século XX. Na sociologia, Pareto contribuiu para a elevação dessa disciplina ao estatuto de ciência.

[17] Ver nota 78, entrevista com Antonio Candido.

Mas o nosso João Cabral[18] está nela.
Está, mas o João Cabral é uma vítima. Eu nunca dialoguei com o João Cabral.

Mas ele o conhece.
Só o vi uma vez na Livraria da Casa do Estudante do Brasil, quando ele era funcionário do Itamaraty, arrebanhando um estoque de livros de Arthur Ramos,[19] *Introdução à antropologia brasileira.*[20] Eu o ouvi falando com um funcionário da

---

[18] João Cabral de Melo Neto (Recife, PE, 1920- Rio de Janeiro, RJ, 1999). Poeta e diplomata. Sua obra poética inaugurou uma nova forma de fazer poesia no Brasil, que vai da tendência surrealista até à poesia popular, e caracterizada pelo rigor estético, com poemas avessos a confessionalismos, marcados pelo uso de rimas toantes. Irmão do historiador Evaldo Cabral de Melo e primo do poeta Manuel Bandeira e do sociólogo Gilberto Freyre, João Cabral foi amigo do pintor Joan Miró e do poeta Joan Brossa. Membro da Academia Pernambucana de Letras e da Academia Brasileira de Letras, foi agraciado com prêmios literários importantes. Quando morreu, em 1999, especulava-se que era um forte candidato ao Prêmio Nobel de Literatura.

[19] Arthur Ramos (Pilar, AL, 1903-Paris, França, 1949). Médico psiquiatra, psicólogo social, etnólogo, folclorista e antropólogo. Foi um dos principais intelectuais de sua época. Teve grande destaque nos estudos sobre o negro e sobre a identidade brasileira e foi também importante no processo de institucionalização das ciências sociais no Brasil. Em 1926, após defender a tese de doutorado denominada *Primitivo e loucura*, ganha o reconhecimento de Sigmund Freud, Paul Eugen Bleuler e Lucien Lévy-Bruhl. No mesmo ano recebe o título de doutor em ciências médicas pela Faculdade de Medicina da Bahia. O etnógrafo utilizou a psiquiatria, a psicanálise e a antropologia para investigar a mentalidade e a cultura dos brasileiros. De certa forma, pioneiro na aplicação da psicanálise para a pesquisa da religiosidade de origem negra no Brasil, Ramos também questionou o programa educacional de compromisso higienista. Em 1933, muda-se para o Rio de Janeiro e é nomeado por Anísio Teixeira chefe do Serviço de Ortofrenia e Higiene Mental. Em 1935 casa-se com Luisa Gallet, viúva de Luciano Gallet, sua grande colaboradora. Era um humanista e, através de suas ideias libertárias, lutou contra o imperialismo e o preconceito racial, sendo preso duas vezes pelo Dops, na ditadura Vargas. Na capital francesa, em 1949, foi diretor do Departamento de Ciências Sociais da Unesco, quando desenhou os primeiros contornos do Projeto Unesco no Brasil, que ocorreu na década de 1950. Morreu ajudando a construir um Plano de Paz para o mundo, ao lado de Bertrand Russel, Jean Piaget, Maria Montessori e Julien Huxley. A morte prematura interrompeu, em plena maturidade, a sua trajetória intelectual, sacrificando não apenas a continuidade da obra, mas a sua divulgação, especialmente nas três últimas décadas. De toda a sua vasta contribuição à antropologia, só *O negro brasileiro*, publicado pela primeira vez em 1934, ganhou, em 2001, nova reedição, dentro da série Memória Brasileira, da editora Graphia. Obras: *Primitivo e loucura* (1926), *Sordíce dos alienados* (1928), *Estudos de psicanálise* (1931), *Os horizontes místicos do negro da Bahia* (1932), *Psiquiatria e psicanálise* (1933?), *O negro brasileiro: etnografia religiosa e psicanálise* (Rio de Janeiro: Civilização Brasileira, 1934), *Educação e psicanálise* (São Paulo: Cia. Editora Nacional, 1934), *A higiene mental nas escolas: esquema de organização* (1935), *O Folk-lore negro do Brasil: demopsicologia e psicanálise* (Rio de Janeiro: Casa do Estudante do Brasil, 1935), *Introdução à psicologia social* (Rio de Janeiro: José Olympio, 1936), *O negro brasileiro* (São Paulo: Cia. Editora Nacional, 1940; Rio de Janeiro, Graphia Editorial, 2002), *A aculturação negra no Brasil* (Rio de Janeiro: Cia. Editora Nacional, 1942), *As ciências sociais e os problemas de após-guerra* (Rio de Janeiro: Casa do Estudante do Brasil, 1944), *Introdução à antropologia brasileira*, 2 v. (Rio de Janeiro: Casa do Estudante do Brasil, 1943/1947), *A organização dual entre os índios brasileiros* (Rio de Janeiro: [C. Mendes Junior], 1945) etc.

[20] *Introdução à antropologia brasileira.* Rio de Janeiro: Casa do Estudante do Brasil, 1943/1947. 2 v.

livraria, um funcionário — eu não gosto da expressão "empregado" —, dizendo que havia uma sobra de verba, iria perdê-la, e que resolvera comprar aquele livro para o Itamaraty, certamente para mandar para o exterior: a *Introdução à antropologia* do Herculano. Que é um dos meus primos, por causa desse livro paguei muito caro para a polícia e tudo o mais... Esse livro começou nas "Conferências de Inverno" e eu fui levado à polícia por denúncia de uma carta que dizia que era uma atividade comunista porque no prospecto de propaganda nós botávamos o corisco, companheiro de Lampião.

Personagem daquele filme do Glauber Rocha,[21] O Dragão da Maldade contra o Santo Guerreiro.
Não sei, eu sou um cidadão desligado do cinema há muito tempo, desde que, dentro do salão, as reuniões de cinema se tornaram insuportáveis; mas, então, eles me mandaram prender porque aquilo representava o bandido e nossa etnia, diziam eles; ora, aquilo é um vaqueiro, daqueles que, em Pernambuco, expulsaram os holandeses e ainda hoje estão prontos para expulsar de lá os nazistas, se caso vierem, porque, naquela altura, em 1942, pesava a ameaça da invasão nazista no Brasil. Uma coisa assim, eu respondi isso ao delegado, um delegado português, cujo nome é não sei o que lá, Braga, não é importante, é?

O nome, não.
Era um sujeito que veio da Pide e ficou por aí, mandou me chamar; a Anna Amélia tinha viajado para os Estados Unidos, que era a proteção para minha atividade editorial, que eu não teria feito de maneira nenhuma, se não fosse a sua mão benfazeja; porque eu editei trotskistas, comunistas, como Arthur Junqueira, fundador do partido comunista no Brasil, Mário Pedrosa[22] (trotskista), Edmundo Muniz[23] (trotskista), católicos e tudo o mais, só não publiquei anar-

---

[21] Glauber de Andrade Rocha (Vitória da Conquista, BA, 1939-Rio de Janeiro, RJ, 1981). Cineasta, ator e escritor. Foi um dos integrantes mais importantes do Cinema Novo, movimento iniciado no começo dos anos 1960. Com o princípio de "uma câmera na mão e uma ideia na cabeça", deu uma identidade nova ao cinema brasileiro. Filmes: *Deus e o diabo na terra do sol* (1963), *Terra em transe* (1967), *O dragão da maldade contra o guerreiro* (1968); Documentários de curtas-metragens: *Di Cavalcanti* (1977) e *Jorge Amado no cinema* (1979), entre outros.

[22] Mário Xavier de Andrade Pedrosa (Timbaúna, PE, 1900-Rio de Janeiro, RJ, 1981). Militante político e crítico de arte e literatura, iniciador da crítica de arte moderna brasileira e das atividades da Oposição de Esquerda Internacional no Brasil, organização liderada por Leon Trótski.

[23] Edmundo Moniz (Salvador, BA, 1911). Pensador marxista e jornalista, tinha ligações com a IV Internacional e o grupo de Mário Pedrosa. Publica 15 livros. Seus principais trabalhos são sobre a Guerra de Canudos, onde aplica aos acontecimentos a lei do desenvolvimento "desigual e combinado", elaborada por Leon Trótski. Diretor do extinto Serviço Nacional de Teatro (SNT),

quistas. Eu achava que minha função ali era eclética, não era de policiar pensamento de ninguém.

Lógico. Você poderia ter uma posição de esquerda, por que não, é uma posição válida.
Apenas eu nunca tive [posição] partidária, nem quis ter e, felizmente, não tive, porque eu hoje não aceitaria o Partidão de maneira nenhuma.

Mas por quê? Você considera o Partidão muito rígido?
Penso que o Partidão é um partido burguês, folclórico.

Você pensa assim?
Penso.

Você não está gostando das novas modificações que estão sendo feitas nele?
Eu acho que o melhor elemento entre o cabo Dias, o Giocondo Dias,[24] e o capitão Carlos Prestes,[25] o capitão ainda é o elemento melhor e mais progressista.

Você acha isso?
Acho. Tanto que ele está aceitando a cooperação do MR8.[26] Prestes. Movimento Revolucionário de 28 de outubro, data da morte de Guevara.[27] Ele está aceitando.

---

durante a presidência de Juscelino Kubitschek e João Goulart, onde trabalha com o crítico de teatro Sábato Magaldi, representante do orgão em São Paulo. Participa da redação da Vanguarda Socialista, junto com Patrícia Galvão, Geraldo Ferraz, Mário Pedrosa e Hilcar Leite, e da redação do Jornal *Correio da Manhã*, junto com Antonio Callado, Paulo Francis, Otto Maria Carpeaux, Hermano Alves, Carlos Heitor Cony e Márcio Moreira Alves, onde escreve polêmico editorial em 31 de março de 1964: "Basta!", contra o governo João Goulart.

[24] Giocondo Gerbasi Alves Dias (Salvador, BA, 1913-Rio de Janeiro, RJ, 1987). Militar, comunista, ex-secretário-geral do Partido Comunista Brasileiro.

[25] Luís Carlos Prestes (Porto Alegre, RS, 1898-Rio de Janeiro, RJ, 1990). Militar e político, secretário-geral do Partido Comunista Brasileiro, companheiro de Olga Benário, morta na Alemanha, na câmara de gás, pelos nazistas.

[26] Movimento Revolucionário 8 de Outubro (MR8) é uma organização política de ideologia socialista que participou da luta armada contra a ditadura militar brasileira e tinha como objetivo a instalação de um Estado socialista no Brasil. Surgida em 1964 no meio universitário da cidade de Niterói, no estado do Rio de Janeiro, com o nome de Dissidência do Rio de Janeiro (DI-RJ), foi depois rebatizada em memória à data da morte de Ernesto "Che" Guevara, na Bolívia, em 8 de outubro de 1967.

[27] Ernesto Rafael Guevara de la Serna, conhecido como "Che" Guevara (Rosário, Argentina, 1928-La Higuera, Bolívia, 1967). Político, jornalista, escritor e médico argentino-cubano, Guevara foi um dos ideólogos e comandantes que lideraram a Revolução Cubana (1953-59) que levou a um novo regime político em Cuba.

E o MR8 pretende ser, eu não sei, não tenho informações maiores, pretende ser um movimento armado, porque sem o movimento armado não haverá modificações. Pacificamente a gente pode evitar a hecatombe, mas a mudança, só armadamente.

Mas acontece o seguinte, não há estrelas, tem que haver oficiais já com algumas estrelas.
Não há necessidade de estrelas.

Como assim?
De profissionais militares?

Sim.
São uns covardões, que ao primeiro dia correrão. Eles defendem é o erário público nas mãos deles, mas na hora que houver uma luta de barricadas, eles dispararão, as mulheres não os deixarão nem sair de casa.

O Arquimedes, talvez você tenha razão. Nesse seu depoimento...
Está sendo gravado? Pode ficar para sua apreciação; agora, eu não quero que caia nas mãos dos torturadores. Porque minhas afirmações são muito...

Peremptórias.
Peremptórias.

Você escreve assim: "Quando mataram... a Universidade do Distrito Federal, onde haviam impedido o aproveitamento da sua cultura e experiência...", você se lembra de alguma coisa que fez com que o Fernando de Azevedo não pudesse trabalhar na UDF?
Parece que eu falo é sobre o Anísio Teixeira.

Não, não, é sobre Fernando de Azevedo... Está escrito: "Ao professor Fernando de Azevedo". Por isso eu fiquei em dúvida, por acaso você saberia se ele foi convidado, ou não quiseram aproveitá-lo por algum motivo?
Não, não me lembro, não tenho informações maiores. Porque ele era um homem radicado na cidade de São Paulo.

É verdade. Pode ter sido um equívoco. Depois você cita uma frase dele em relação à Universidade de São Paulo: "essa escola não é um laboratório de fazer doutores".
É, não tenho maiores elementos, eu devo ter tido naquela ocasião informações, detalhes. Eu me lembro até de uma reunião — agora estou me recordando — aqui, no apartamento de Iva Waisberg Bonow, na rua Álvaro Alvim, se não me engano. Compareceram Fernando de Azevedo, que fez um depoimento sobre a Escola Livre de Sociologia Política, que ele dirigia, também o Iguaí e o Gilberto Freyre;[28] eu também estava lá. Era um curso de sociologia que havia na casa da Iva Waisberg, era ela quem animava isso. Relendo o que escrevi: "Em reunião... do curso de Sociologia" e "A situação precária de São Paulo...", "seguir o destino da situação universal...". Eu gravei isso, não tinha a menor lembrança... Já era uma preocupação muito grande para uma pessoa da minha idade.

Mas não se lembrava?
Não, pensei que era sobre Afonso Arinos,[29] porque eu o saudei no Itamaraty, na Conferência Cultural Pan-Americana, mas não sabia que tinha feito a saudação a Fernando de Azevedo. Aliás, me arrependo muito de ter feito aquela conferência, porque Afonso Arinos revelou-se elemento policialesco a meu respeito.

Por quê? Isso foi em 1945, com a abertura democrática, depois da queda de Vargas?
Sim. Não foi só ele, não. Carlos Drummond[30] foi policialesco também em relação a mim. O Carlos Drummond, uma vez, dirigiu-se a Anna Amélia, quando houve uma eleição belicosa para a Diretoria da Associação Brasileira de Escritores, em que foram candidatos, de um lado, o Afonso Arinos pelos fascistas, chefiados pelo Carlos Lacerda,[31] que era fascista e outras coisas mais. O outro, era um baiano, professor... Foi candidato contra o Afonso Arinos, que, após [a reunião] ficou meu inimigo político. Eu fui aclamado para a mesa, eleita da seguinte maneira: um secretário, eleito pelos esquerdistas, pelos comunistas, representados

---

[28] Ver nota 2, entrevista com Antonio Candido.
[29] Ver nota 97, entrevista com Antonio Candido.
[30] Ver nota 82, entrevista com Antonio Candido.
[31] Carlos Frederico Werneck de Lacerda (Rio de Janeiro, RJ, 1914-Rio de Janeiro, RJ, 1977). Jornalista e político, fundador (1949) e proprietário do jornal *Tribuna da Imprensa*, criador da editora Nova Fronteira (1965), foi militante comunista, seguindo os passos de seu pai, Maurício de Lacerda, e do seu tio, Paulo Lacerda, antigos militantes do Partido Comunista Brasileiro (PCB), depois foi membro da União Democrática Nacional (UDN), vereador, deputado federal e governador do estado da Guanabara (1960-65).

por Edson Carneiro[32] — porque o Mário Pedrosa[33] ficou com o Carlos Lacerda e com o Afonso Arinos —, presidente: Edgardo de Castro Rebelo,[34] esquerdoide, e o outro secretário, eleito pela direita, era o Rubem Braga.[35] Mas Rubem Braga saiu para beber cachaça, não podia ser de outra maneira e, na ausência dele, o pessoal me chamou e eu fui [ficar como secretário]. Quando Rubem Braga vol-

---

[32] Edison de Souza Carneiro (Salvador, BA, 1912-Rio de Janeiro, RJ, 1972). Advogado e escritor, especializado em temas afro-brasileiros, fez todos os seus estudos em Salvador, até diplomar-se em ciências jurídicas e sociais pela Faculdade de Direito da Bahia, em 1936 (turma de 1935). Escreveu seu mais importante livro *Candomblés da Bahia* (1948) e vários outros livros sobre religiões, folclore e históricos: *Religiões negras* (1936), *Negros bantos* (1937), *O quilombo dos Palmares* (1947), *Trajetória de Castro Alves* (1947), *A cidade do Salvador* (1950), *Dinâmica do folclore* (1950), *A insurreição praieira* (1960) e *Ladinos e crioulos* (1964).

[33] Ver nota 25 desta entrevista.

[34] Edgardo de Castro Rebelo (Salvador, BA, 1884-Rio de Janeiro, RJ, 1970). Jurisconsulto e humanista. Sobre ele escreveu Antonio Paim em seu livro *A filosofia brasileira contemporânea* [Estudos complementares à história das ideias filosóficas no Brasil, v. VII, 2. ed., 2007]: "Chegam às cátedras da Faculdade Nacional de Direito, no Rio de Janeiro, nos começos dos anos trinta, em memoráveis concursos, Leônidas de Rezende (1889-1950) e Hermes Lima (1902-78), que ali encontraram Edgardo de Castro Rebelo. Castro Rebelo havia ingressado no Corpo Docente da Faculdade ainda na época da Primeira Guerra Mundial, mas experimentaria evolução assemelhada à dos novos e eminentes colegas, na direção do marxismo. Pela primeira vez em nossa história estrutura-se um grupo marxista, num estabelecimento de ensino de incontestável prestígio. Sua adesão àquela doutrina acha-se, entretanto, inteiramente dissociada da agremiação que se intitulava comunista, para explicitar suas vinculações com o regime soviético e com as versões oficiais do marxismo. Além disso, são homens de grande valor intelectual e que, por isso mesmo, não poderiam reduzir-se à condição de meros divulgadores. Buscam caminho autônomo e dão início no país ao que denomino de *marxismo acadêmico*". Suas aulas ficaram famosas. Basta dizer que Alzira Vargas, filha de Getúlio Vargas, presidente da República, aluna de um curso de Introdução à Ciência do Direito, ministrado por um professor de direita, pediu para ser transferida para a turma do Castro Rebelo, homem de esquerda.

[35] Rubem Braga (Cachoeiro de Itapemirim, ES, 1913-Rio de Janeiro, RJ, 1990). Escritor, reconhecido como um dos melhores cronistas brasileiros, era irmão do poeta e jornalista Newton Braga. Iniciou-se no jornalismo profissional ainda estudante, aos 15 anos, no *Correio do Sul*, de Cachoeiro de Itapemirim, fazendo reportagens e assinando crônicas diárias no jornal *Diário da Tarde*. Formou-se bacharel pela Faculdade de Direito de Belo Horizonte em 1932. Neste mesmo ano, cobriu a Revolução Constitucionalista deflagrada em São Paulo e é preso. Transferindo-se para Recife, dirigiu a página de crônicas policiais no *Diário de Pernambuco*. Nesta cidade, fundou o periódico *Folha do Povo*. Em 1936, lançou seu primeiro livro de crônicas, *O conde e o passarinho*, e fundou em São Paulo a revista *Problemas*. Durante a Segunda Guerra Mundial, atuou como correspondente de guerra junto à FEB (Força Expedicionária Brasileira). Rubem Braga fez diversas viagens ao exterior, onde desempenhou função diplomática em Rabat, capital do Marrocos, atuando também como correspondente de jornais brasileiros. Após seu regresso, exerceu o jornalismo em várias cidades do país, fixando domicílio no Rio de Janeiro, onde escreveu crônicas e críticas literárias para o *Jornal Hoje*, da Rede Globo de Televisão. Sua vida como jornalista registra a colaboração em inúmeros periódicos, além da participação em várias antologias, entre elas a *Antologia dos poetas contemporâneos*.

tou, a direita levanta então a questão, porque a mesa dirigia os votos, essa coisa, e então ele reclamou o meu lugar. Ou eu dava o lugar, ou não haveria eleição. Astrojildo Pereira[36] me havia assegurado que íamos ganhar, mas eu dissera a ele: "Astrojildo, tenha cuidado com a delegação mineira, porque mineiro é fogo...", e foram os mineiros que prepararam a casca de banana para ele escorregar e levar a pior, então, os mineiros trouxeram um monte de pacotes de procurações...

De todo o resto.
De escritores até... Eram todos mineiros, do interior.

De Leopoldo do Sapucaí...
Claro, trouxeram todo mundo e apresentaram aquelas procurações e todos votaram no Afonso Arinos. Levantou-se, então, uma questão: se aquelas procurações seriam válidas por serem mimeografadas — é a expressão, naquele tempo não havia o xérox, era o mimeógrafo. Pois bem, essas procurações, passadas de mimeógrafos e assinadas pelas pessoas, valeram e deram ganho de causa a Afonso Arinos. Então, discutiu-se durante quatro ou cinco horas, até de madrugada. E houve os maiores insultos... mas, baseado na maioria que Astrojildo Pereira assegurou, achei estratégico me retirar, porque se íamos ganhar a eleição, se a esquerda ia ganhar a eleição, eu me retirava, o Rubem assumia de novo o lugar de secretário na mesa, fazia-se a eleição, a esquerda ganhava, evitava não haver a eleição. Mas qual não foi a surpresa quando apareceu esse pacote de procurações e o plenário o submeteu à mesa; a mesa votou do seguinte modo: Edson Carneiro contra [a aceitação das procurações]; Rubem Braga, a favor [da aceitação das procurações]; voto de minerva, Edgardo de Castro Rebelo, que nos traiu: um jurista, era um esquerdoide; o jurista no Brasil é um bandoleiro armado de papo amarelo, com o winchester, o winchester quando ele é da situação. Pois bem, o Astrojildo veio e reclamou: "mas você não devia ter saído", eu respondi: "mas você me assegurou que nós tínhamos a maioria e eu saí para não prejudicar as eleições e eu tenho culpa?". Ele ficou sem resposta, sem argumento. Mas o desfecho, quando a direção se

---

[36] Astrojildo Pereira Duarte Silva (Rio Bonito, RJ, 1890-Rio de Janeiro, RJ, 1965). Escritor, jornalista, crítico literário e político, fundador do Partido Comunista Brasileiro/Partido Comunista do Brasil, em 1922.

reuniu para a posse, foi ainda mais surpreendente. O Dalcídio Jurandir,[37] já falecido, romancista da Amazônia, tomou o livro das mãos de Carlos Drummond — o livro de atas — e sumiu com ele, ou jogou pela janela, ou coisa assim e a pancadaria começou e acabou-se a Sociedade Brasileira dos Escritores. Até hoje. Então, eu ganhei a inimizade de Afonso Arinos, um artigo de Carlos Lacerda me denunciando como comunista, logo ele que já me denunciara em 1941 como nazista, no *Diário Carioca*, e depois, em 1945, me denunciou como comunista no *Correio da Manhã*. Eu mandei uma resposta, perguntando qual era o verdadeiro Carlos Lacerda: se era o que me tachara como nazista porque, como Otto Maria Carpeaux,[38] ele me atacou como nazista e, depois, como comunista, qual era a versão ideal, verdadeira? Carlos Lacerda era um homem

---

[37] Dalcídio Jurandir Ramos Pereira (Ponta de Pedras, Ilha de Marajó, 1909- ?, 1979). Romancista, Dalcídio estudou em Belém até 1927. Em 1928, partiu para o Rio de Janeiro, onde trabalhou como revisor, na revista *Fon-Fon*. Militante comunista, foi preso em 1936, permanecendo dois meses no cárcere. Em 1937 foi preso novamente, e ficou quatro meses retido, retornando somente em 1939 para Marajó, como inspetor escolar. Escreveu para vários veículos e acabou como repórter da *Imprensa Popular*, em 1950. Nos anos seguintes, viajou à União Soviética, Chile e publicou o restante de sua obra, inclusive em outros idiomas. Em 1972, a Academia Brasileira de Letras concedeu-lhe o Prêmio Machado de Assis, entregue por Jorge Amado, pelo conjunto de sua obra.

[38] Otto Karpfen, mais conhecido como Otto Maria Carpeaux (Viena, Áustria, 1900-Rio de Janeiro, RJ, 1978). Ensaísta, crítico literário e jornalista, austríaco por nascimento e brasileiro por opção, diante da escalada nazista, Carpeaux se sente inseguro e foge para o Brasil com a mulher, em fins de 1939. Ao desembarcar, não conhecia a literatura brasileira, nem o idioma, não tinha conhecidos. Na condição de imigrante, foi enviado para uma fazenda no Paraná, designado para o trabalho no campo. O cosmopolita e erudito Carpeaux ruma para São Paulo. Incialmente passa dificuldades; sem trabalho, sobrevive desfazendo-se de livros e obras de arte. Em 1940, tenta ingressar no jornalismo nacional, mas não consegue. Escreve então uma carta a Álvaro Lins a respeito de um artigo sobre Eça de Queirós. A resposta veio em forma de convite, em 1941, para escrever um artigo literário para o *Correio da Manhã*, do Rio de Janeiro. Seu artigo é publicado e iniciou assim uma publicação regular. Até 1942, quando se naturalizou, Carpeaux escrevia os artigos em francês, depois eram traduzidos e publicados. Mostrando grande inteligência e erudição, divulgou autores estrangeiros pouco ou mal conhecidos entre nós, tornando-se grande crítico literário. Publica então o livro de ensaios *Cinzas do purgatório*. Entre 1942 e 1944 Carpeaux foi diretor da Biblioteca da Faculdade Nacional de Filosofia e, de 1944 a 1949, diretor da Biblioteca da Fundação Getulio Vargas. Em 1947, publica sua monumental *História da literatura ocidental* — o mais importante livro do gênero em língua portuguesa — no qual analisa a obra de mais de 8 mil escritores, de Homero aos mestres modernistas. Em 1950, torna-se redator-editor do *Correio da Manhã*. Em 1951, publica *Pequena bibliografia crítica da literatura brasileira*, obra singular na literatura nacional — reunindo, em ordem cronológica, mais de 170 autores de acordo com suas correntes, da literatura colonial até nossos dias. Sua produção crítica literária é intensa, escrevendo em jornais semanalmente. Carpeaux foi forte opositor do golpe militar, em 1964, redigindo artigos acerca da retrógrada autoridade da então nova ordem militar, participando de debates e eventos políticos.

inconsequente, impetuoso, não admitia perder. Aí o primo da Maria Luiza, Paulo Bittencourt,[39] não publicou minha resposta e ficou assim.

Nessa sua conferência de 1944, você fala da preparação das elites dirigentes; como pensa a questão?
Aí na Conferência?

É, você, de certa maneira, dá o respaldo à necessidade da preparação e criação de elites dirigentes. Não há país nenhum no mundo que, independente da ideologia, não desperte para a necessidade de uma elite: o problema é de onde sai essa elite e quem ela representa.
Naquele tempo em que fiz essa saudação a Fernando de Azevedo, eu mesmo era um elitista, talvez ingênuo. Embora de tendências populares, porque eu era um filho de imigrantes, embora senhor de engenho, neto de senhor de engenho, era filho de imigrantes e imigrantes conviviam comigo diariamente. Além disso, os maçons influíram libertariamente sobre mim. A loja Maçônica se chama ainda hoje Frei Caneca, e sob o fluxo de frei Caneca eu me entusiasmei, porque frei Caneca...

Tinha ideias libertárias...
Libertárias. Um manancial formidável, o frei Caneca era um homem tão nacionalista, tão inimigo da Coroa, que ele escreveu na cadeia da Bahia — quando esteve preso em 1817, dois anos ou três — a primeira gramática brasileira da língua portuguesa que preconizava a reforma ortográfica, feita 140 e poucos anos depois, em 1943. E ia além, porque ele a queria mais ampla, evitando consoantes dobradas e... isso eu explico num trabalho que fiz. Mas eu era um elitista. E hoje, não sou.

Você não é, hoje, elitista, mas isso significa que, a seu ver, por exemplo, que, se houver uma democracia, uma democracia popular mesmo, deveria haver alguma divisão de trabalho?
Sim, haveria.

---

[39] Paulo Bittencourt (Rio de Janeiro, RJ, 1895-Estocolmo, Suécia,1963). Fundador, junto com o pai, Edmundo Bittencourt, do periódico *Correio da Manhã*. Estudou na Universidade de Cambridge, em 1912. Retornando a seu país, ingressou na Faculdade de Ciências Jurídicas e Sociais do Rio de Janeiro.

Numa democracia popular, nem todo mundo tem o talento e a vocação, a tendência, por exemplo, para ser cientista, para ser físico atômico etc. O importante é a maneira como essa elite é arregimentada.
A mais-valia é a mesma.

Mas não é cada um de acordo com a sua...
Bom, isso é a teoria de Marx, um judeu, e como todos os judeus sempre têm os quinhões, os papéis estabelecidos; mas, numa sociedade socialista, libertária, não existe a diferença da mais-valia, tanto que, em vários países da Europa, um lixeiro ganha hoje tanto ou mais do que um médico e aqui estamos marchando para isso. A proletarização das classes liberais.

Sim, mas em termos da direção intelectual, será sempre um grupo de pessoas...
A direção política. O ideal...

Sem direção intelectual e moral, não há vida política possível.
Eu disse isso aí?

Não foi você, mas você cita uma frase do Fernando de Azevedo que me parece muito boa: "Sem direção intelectual e moral, não há vida política possível".
É, mas é.

Agora, você não se outorga a direção, quem estiver na base é que escolhe se você assume, ou não, esse posto de direção. É isso?
É. Eu vou lhe dar elementos sobre Fernando de Azevedo. Meu filho trabalha no *Jornal do Brasil*. Ele é engenheiro lá, e me deu xérox de tudo o que tem no JB sobre Fernando de Azevedo. Eu lhe dou depois. Ele disse que vai pedir ao Konder.[40]

Ah, muito obrigada, que maravilha! Agora, uma outra dúvida: minha tese é uma tentativa de reconhecer no Brasil...
Para que universidade é a sua tese? A Universidade Federal?

---

[40] Leandro Konder, filósofo, estudioso da obra de Karl Marx.

Não, eu sou formada pela Federal, mas na época em que entrei para fazer a pós-graduação não havia ainda pós na UFRJ. Aliás, a pós-graduação em filosofia na PUC está fechada neste momento.
Está em greve?

Não, foi fechada, eles acabaram com a pós-graduação.[41] *Minha tese é a última que eles aceitaram... Demitiram muitos professores, inclusive na área de lógica matemática. Por motivos...*
Ah, sei. Econômicos, não? Quem faz pressão?

Ao que saiba, a Chancelaria da PUC fez pressão... Por motivos ideológicos também.

---

[41] A pós-graduação depois foi restaurada.

Dina Fleischer Venancio Filho

Data: 18 de março de 1981
Local: av. Ipiranga, 398 — Petrópolis (RJ)

Dona Dina, como a senhora conheceu Fernando de Azevedo?
Foi muito engraçado, eu não o conhecia, só o conheci no dia do meu casamento. Venancio,[1] meu marido, falava sempre nele, foi nosso padrinho de casamento, da parte de meu marido, nós só casamos no civil. Por sinal ele mandou uma caixa de presente, como se usava antigamente, com saboneteira, [suporte] para o pente, a escova e umas quatro garrafas de cristal verde e branco.

Lindíssimo.
Muito bonito, mas com os anos... Quando ele chegou (o casamento foi em casa, eu ainda morava na rua Dona Mariana), viu mamãe e disse: "Eu conheço a senhora". Mamãe respondeu: "Eu também o conheço." Mamãe havia feito uma estação de águas em Cambuquira e ele estava lá naquela ocasião. E diziam, à boca pequena, que estava noivo de uma moça...

Ele conta na biografia.
Mas a Elisinha[2] estava lá também e Fernando de Azevedo se apaixonou por ela, desmanchou com a outra e casou com ela. A aliança da Elisinha — ela me mostrou — ainda tinha o nome da primeira gravado.

---

[1] Ver nota 13, entrevista com Antonio Candido.
[2] Elisa Assunção do Amarante Cruz, filha do médico doutor Luís Gonzaga de Amarante Cruz e Elisa Assumpção. Casou-se com Fernando de Azevedo em 7 de setembro e 4 de outubro de

Ela não se incomodou com isso?
Não, ela nem se incomodou... Houve devolução de alianças, ele deu para a Elisinha assim mesmo e pronto. Ele tinha um carinho especial pela mamãe, porque mamãe se chamava Sara[3] e a mãe dele também se chamava Sara. E a primeira neta dele também teve o nome de Sara. Agora, Lívia, a filha mais velha[4] de Fernando de Azevedo, morreu, já casada, de um choque operatório, ele teve a tristeza de perder essa filha; o filho Fábio,[5] que era o terceiro, morreu de câncer.

Dona Dina, Fernando de Azevedo dedica a seu marido o livro Canaviais e engenhos na vida política do Brasil.[6] *Nesse livro há uma crítica muito grande à formação da nossa elite porque ele dizia que a elite brasileira, desde o século XIX, antes mesmo, até, era formada por pessoas que no fundo tinham muito desprezo pelo povo, pelo trabalho manual e eram profundamente autoritárias. A senhora diria que ele também era uma pessoa bastante autoritária?*
Muito autoritária.

Ele também sofria desse mal. Aliás, o livro que dedica ao professor Venancio Filho é um dos melhores livros dele...
Ele era uma pessoa autoritária, os outros se mantinham à distância. Ele teve muitos admiradores, como o Frota Pessoa,[7] o Paschoal Leme,[8] o Lourenço Filho,[9] pessoas que trabalharam com ele, porém nunca se sentiu tão bem assim

---

1917 (religioso e civil, respectivamente). Filhos: Lívia (1919), Lollia (1922), Fábio (1926) e Clélia Amarante Cruz de Azevedo (1929).
[3] Sara, mãe de Fernando de Azevedo.
[4] Lívia Flávia de Azevedo (1918-71). Filha de Fernando Azevedo.
[5] Fábio de Azevedo (1919-69). Filho de Fernando de Azevedo.
[6] Fernando de Azevedo. *Canaviais e engenhos na vida política do Brasil*. Estudo sociológico sobre o elemento político na civilização do açúcar. Rio de Janeiro: Instituto do Açúcar e do Álcool, 1948.
[7] Oswaldo Frota-Pessoa (Rio de Janeiro, RJ, 1917-São Paulo, SP, 2010). Biólogo, médico e geneticista brasileiro, considerado pioneiro da genética humana no Brasil.
[8] Paschoal Lemme (Rio de Janeiro, RJ, 1904-Rio de Janeiro, RJ, 1997). Professor primário formado pela Escola Normal, trabalhou na reforma do ensino no Distrito Federal. Na administração Anísio Teixeira ocupou o cargo de assistente do superintendente da Educação Secundária Geral e Técnica e Ensino de Extensão, tendo exercido, ao longo da vida, diversos cargos públicos. Foi considerado Doutor *Honoris Causa* pela Universidade Federal Fluminense e professor emérito pela Universidade do Estado do Rio de Janeiro. Obras mais importantes: *Educação de adultos* (1938), *Educação supletiva e educação de adultos* (1940), *Estudos de educação* (1953).
[9] Ver nota 41, entrevista com Abgar Renault.

como com o Anísio Teixeira.[10] O Anísio era muito aberto e o Lourenço Filho, meio termo.

Compreendo.
Gosto de contar uma coisa do Anísio Teixeira, só para se saber como ele era uma pessoa desprendida de tudo aquilo que a chamada elite — não a elite verdadeira — leva em conta, as aparências etc. Um dia o Anísio chegou em casa e disse para Emilinha[11] que eles tinham sido convidados para padrinhos de casamento de um funcionário. Então, avisou-a: "Olha, você se apronte que às 6 horas eu venho te apanhar e nós vamos ao casamento". Emilinha se aprontou e o Anísio não apareceu. Lá pelas 7, 7 e meia ele aparece para jantar. A Emilinha pergunta: "Anísio, não houve o casamento?". "Houve, mas eu estava muito ocupado, não pude vir te buscar, então outra pessoa assinou em seu lugar". "Mas Anísio, você foi ao casamento com essa roupa?". Ele respondeu: "Por quê, está tão ruim assim? Ué, todo mundo veio falar comigo...". (risos) Isso descreve o Anísio...

Como era o Fernando de Azevedo? O contrário, impecável?
Parece que era muito reservado. Uma vez nós fomos a São Paulo, os meninos eram pequenos, não me lembro em que ano foi, mas devia ter sido durante a guerra. Meu marido quando chegava a São Paulo logo tocava para ele; então ele disse: "Vocês venham aqui amanhã à tarde, não contem a ninguém, vai haver o casamento da minha filha...". Era a segunda filha,[12] que se casava com um aviador, mas ele não queria que as pessoas soubessem, não sei se porque ele era aviador em tempo de guerra, havia qualquer dificuldade assim..."Vai ser uma coisa muito simples, mas vocês venham." Aí eu disse: "Ih, Venancio (pai), eu não tenho chapéu para o casamento, como vai ser?". Eu só sei dizer que entrei lá numa loja qualquer, comprei umas flores, arranjei com uma fita, naquele tempo se usavam umas coisas assim e fomos ao casamento que foi todo em casa. Ele adorava esse genro.

---

[10] Ver nota 20, entrevista com Abgar Renault.
[11] Emília Telles Ferreira casou-se com Anísio Teixeira em 7 de maio de 1932. Filhos: Martha Maria (1937), Ana Cristina (1939), Carlos Antonio (1941) e José Maurício Ferreira Teixeira (1943). Em solteira, Emília Telles Ferreira.
[12] Ver nota 9, entrevista com Abgar Renault.

Ele tinha pavor de viajar de avião, mas mesmo assim aprendeu a pilotar avião.
Era lindo esse rapaz. Eu só me lembro que o primeiro nome dele era Murilo[13] e ele morreu numa Semana Santa em um desastre de avião. Fernando tinha grande admiração por esse genro. Do outro, ele não falava muito. Como ele era reservado, às vezes, ele era assim... um pouco cruel.

É mesmo? Irônico?
Não propriamente irônico, mas cruel em certas decisões. Como no caso desse filho que morreu de câncer.

Ele critica os médicos.
Critica, mas quando fui visitá-lo, depois que o filho tinha morrido, a Lollia,[14] a filha que perdera o marido aviador, me disse: "Papai não compreende que os médicos fizeram uma operação, cortaram o nervo para o menino não ter mais dor e papai acha que com o corte do nervo ele perdeu a sensibilidade e também as defesas. Ele morreu no dia em que fez essa operação, mas não foi pela operação, que foi feita para ele não sofrer mais dores. No dia em que fui visitá-lo, Fernando de Azevedo falou muito mal dos médicos. Depois, parece que ele não se dava bem com um dos netos. A Elisinha quis promover uma conciliação, mas ele não se deixou dobrar.

O filho dessa irmã?
Não, filho do Fabio, que morreu de câncer. Acho que esse menino deu muito trabalho ao Fabio, com história de entorpecentes, traficantes...

A senhora se lembra de alguma coisa que o professor Venancio, seu marido, falava sobre ele, sobre suas decisões, não? Ele tinha o professor Venancio na mais alta conta e escreveu um artigo lindíssimo sobre ele: "Vida profunda".[15] Seu marido era fechado também?
Não. Meu marido era uma flor, uma pessoa especial. Eles eram mesmo muito amigos.

---

[13] Em 28 de fevereiro de 1952, o genro Murilo Marx, aviador civil, morre no comando de um avião (1921-52). Fernando de Azevedo tinha o maior apreço por esse genro e escreveu sobre sua morte "O capitão Murilo Marx", publicado no livro *Figuras de meu convívio*. Era pai de Murilo de Azevedo Marx, arquiteto, presidente do Instituto de Estudos Brasileiros (IEB).
[14] Ver nota 9, entrevista com Abgar Renault.
[15] "Vida Profunda" foi publicado no livro de Fernando de Azevedo *Figuras de meu convívio*. São Paulo: Melhoramentos, 1961. p. 49-55.

Tinha capacidade de se relacionar com as pessoas mais difíceis.
Porque ele era muito jeitoso, ficava contornando arestas, era muito jeitoso para que não houvesse briga. Às vezes vou conversar com dona Marion Penna[16] porque eu a aprecio muito, não sei se você já teve contato com ela.

Já ouvi falar dela, terapeuta, ela é casada com um psicólogo, estudioso da fenomenologia?
Antonio Penna,[17] sim. Ela é psicóloga, atende no consultório. E, às vezes, quando eu ficava preocupada, ia conversar com ela, para que me explicasse certas coisas a respeito [da educação] dos netos. Ela sempre me animou. E, um dia, eu disse: "Dona Marion, eu fico boba com os problemas, não só dos meus netos, em casa do Alberto[18] e da Teresa,[19] mas com..."

Todo mundo...
"Com outras crianças também. Lá em casa nunca tive problemas com os meninos, estudavam direito, eu não sabia quando era dia de prova, nem nada, nunca...". Ela virou-se para mim e disse: "Dona Dina, a senhora endeusou a memória do seu marido". Eu não endeusei, ele era assim, uma criatura especial. O Venancio (pai) teve a infelicidade de perder o pai cedo; acho que ele tinha uns 11 anos, e a mãe dele ficou muito sucumbida. Agarrou-se muito a ele, porque ela tinha tido não sei quantos filhos, que morreram bebezinho, com certeza era Rh, não é?

É provável.
A Chiquita Peixoto[20] teve seis filhos e só sobreviveu o penúltimo que morreu tuberculoso. Mas, voltando: depois que o Venancio (pai) nasceu, minha sogra teve outro que também morreu. Eu não sei se depois ela teve mais. Então, se agarrou àquele filho, o que era muito natural, e o Venancio (pai) foi sempre muito estudioso, dava muito prazer à mãe, por isso ela era muito agarrada a ele, e ele também a ela. De modo que, quando vejo problemas com filhos, fico assim meio tonta, acho engraçado a Marion dizer que eu tinha endeusado a memória

---

[16] Marion Penna, psicanalista, casada com Antonio Gomes Penna.
[17] Antonio Gomes Penna (Rio de Janeiro, RJ, 1917-2010). Psicólogo.
[18] Ver nota 14, entrevista com Antonio Candido.
[19] Teresa Venancio Filho, nora de Dina F. Venancio Filho, casada com Alberto Venancio filho.
[20] Chiquita Peixoto (Francisca Faria Peixoto). Esposa de Afrânio Peixoto.

do pai do Alberto. Nossa, ele era assim, tinha que ser assim. O Venancio (pai) tinha muito jeito com o Fernando de Azevedo, porque o Fernando chegava, telefonava ou escrevia, escrevia muito. Você leu a correspondência?

Tenho alguma coisa. Vou tentar ler a correspondência toda, ou quase toda encontrável, a partir de abril, quando já estiver com a primeira versão da tese datilografada. Algumas cartas, o Venancio [filho] já me emprestou.
O Fernando de Azevedo escrevia muito; o Venancio [pai] não tinha tanto tempo assim para escrever e não respondia tanto. Agora, lembrando o trabalho do Fernando de Azevedo como diretor de instrução, foi no tempo do Washington Luís,[21] não é?

De fato...
E acabou em 30.

O Fernando executou a reforma da Instrução Pública, aqui no Rio, em 1928.
É, eu me lembro do Frota Pessoa, ele escreveu um livro sobre isso, ajudou muito o Fernando nessa época. Ele já morreu.

O Frota, inclusive, fez parte de uma equipe que elaborou o projeto da reforma.
Eu me lembro deles falarem muito da luta na Câmara.

Na Câmara dos Vereadores.
Eu me lembro muito da luta do Venancio (pai), do Fernando de Azevedo e do Frota Pessoa. Agora, não sei se ainda vive o filho do Frota, chamado Osvaldo;[22] era professor de física, se não me engano, casado com uma moça também professora de física, Elisa. Não sei se eles já morreram, se separaram. Criticaram muito o Fernando de Azevedo naquela época, quando ele foi diretor de Instrução...

---

[21] Ver nota 3, entrevista com Abgar Renault.
[22] Osvaldo Frota Pessoa Junior (São Paulo, SP, 1959). Filho do geneticista Frota Pessoa, formou-se em física (1982) e em filosofia (1984) pela USP; mestrado em física experimental pela Unicamp (1985) e doutorado em história e filosofia da ciência pela Indiana University (1990). Mestrado de ensino de ciências do Instituto de Física da USP (1994-96), Instituto de Estudos Avançados da USP (1997-99), Instituto de Física da Universidade Federal da Bahia (1999-2000, 2002) e Universidade Estadual de Feira de Santana (2001). Atua no Departamento de Filosofia, FFLCH, USP (2003-).

Diretor de Instrução Pública.
Então, a palavra "Educação" só apareceu depois...

Com o Campos, com o Chico Campos.[23]
Creio que por influência americana, até então era "diretor de Instrução".

Porque na França era "Directeur d'Instruction". A senhora achava que faziam críticas às reformas feitas por Fernando de Azevedo na área da educação?
Não, faziam a crítica aos prédios que ele tinha mandado construir porque...

Ah, sim, no estilo neocolonial português.
É, o Instituto de Educação. E algumas outras escolas, a Uruguai, a Argentina, dessas me lembro, no mesmo estilo. Elas ainda estão aí.

É, ele tinha mania daquele estilo, era uma cópia do neocolonial português, mas ao mesmo tempo não se sabe bem o que é...
Mas me parece que o Instituto de Educação, pelo menos, é funcional porque está aí até hoje e no ano passado, em abril de 80, foi o cinquentenário da Escola Normal. Houve uma grande festa. Tinha morrido, uns dias antes, um secretário do Instituto, Antônio Victor,[24] que também fora secretário do meu marido, eu fui a seu enterro. O diretor estava lá, e alguém me apresentou a ele que então me convidou para ir à festa do Instituto. Eu fui à festa, gostei. Houve um desfile de antigos alunos, como a Tônia Carrero,[25] que desfilou. Gostei de ver como o

---

[23] Ver nota 2, entrevista com Abgar Renault.
[24] Antônio Victor de Souza Carvalho, professor primário que passou para a administração, trabalhou na gestão Fernando de Azevedo e era secretário do Instituto de Educação quando Francisco Venancio Filho foi diretor (1945-46).
[25] Tônia Carrero, nome artístico de Maria Antonieta Portocarrero Thedim (Rio de Janeiro, RJ, 1922). Atriz brasileira. Estreia aos 25 anos no filme *Querida Suzana*, de Alberto Pieralise, ao lado de Anselmo Duarte, Nicette Bruno e da bailarina Madeleine Rosay. Na fita, sua beleza desperta a atenção do diretor Fernando de Barros que a convida para dois outros filmes: *Caminhos do Sul* (1949) e *Perdida pela paixão* (1950). O cinema é o primeiro palco da estrela. Em 1949, estreia no teatro em *Um Deus dormiu lá em casa*, de Guilherme Figueiredo, sob direção de Silveira Sampaio. A bem-sucedida montagem e a alquimia entre os dois amigos são o ponto de partida para diversos espetáculos da poderosa dupla. Depois disso, a convite do empresário Franco Zampari, entra para a Cia Cinematográfica Vera Cruz, na qual protagoniza *Apassionata* (1952), do descobridor Fernando de Barros, *Tico-tico no fubá* (1952), de Adolfo Celi, e *É proibido beijar* (1954), de Ugo Lombardi. De volta ao palco, estreia no Teatro Brasileiro de Comédia (TBC) em 1953, *Uma certa cabana*, de André Russin, com direção de Adolfo Celi. Em 1955, o casal e Paulo Autran formam a Companhia Tônia-Celi-Autran, que estreia, em 1956, *Otelo*, de Shakespeare, dirigido por Celi. Na

Instituto estava bem conservado. Parece que a construção é tão boa, sólida, não precisa de reparos constantes. Estava tudo limpo, bonito, gostei muito de ver. Agora, a impressão que eu guardo do doutor Fernando: sempre muito reservado, cerimonioso. Ele tinha períodos de... depressão. Eu sei porque uma vez ele esteve aqui no Rio e se sentiu muito mal. Ele esteve uma vez para ir aos Estados Unidos, ou à Europa, e desistiu. Venancio (pai) levou-o a um médico que, naquele tempo, era famoso, Irineu Malagueta.[26] Ele morava na avenida Copacabana, lá na altura do Lido. Mas depois nunca mais o vi.

Dona Dina, conversar com a senhora e tomar um bom vinho são dois agradáveis programas. O Fernando de Azevedo tinha também problemas emocionais, ele devia ser uma pessoa muito inteligente, mas meio encucada, não é? O que foi que o médico falou?
Bom, disse que era nervoso.

Talvez excesso de trabalho...
Quando eles moraram aqui, ficaram na rua Constante Ramos. Há pouco tempo atrás, passei por lá e vi essa casa. Quem vai da praia para o morro, à direita, acho que 96, não me lembro o número.

Uma casa muito bonita, ele a descreve, fala nela.
Não, não era essa, era uma casa estilo bangalô, antigo, uma varandinha, uma sala de visitas pequena. Uma vez ele ficou numa casa no Silvestre, do governo. Ah, mas esta era muito bonita. Era uma casa com janelas enormes, cortinas. Naquela ocasião [do meu casamento], a senhora dele não veio para o nosso casamento, não estava aqui, ela ia a São Paulo e ele ficava aqui. No dia do meu casamento, depois da festa, sabe como é, antigamente não se usava a palavra fofoca, mamãe o reconheceu, e disse: "É, ele estava com a noiva lá em Cambuquira, depois apareceu essa moça rica e tudo mundo disse que se separou da primeira,

---

década de 1960, ingressa na televisão a convite do autor Vicente Sesso para fazer na TV Excelsior *Sangue do meu sangue*, ao lado de Fernanda Montenegro e Francisco Cuoco, com direção de Sergio Britto. Na Globo participa de *Pigmaleão 70, O cafona, O primeiro amor*, entre muitas produções. Em 1967, despoja-se da imagem sofisticada e mergulha no universo de Plínio Marcos em *A navalha na carne*. Ao lado de Emiliano Queiroz e Nelson Xavier, e sob a direção de Fauzi Arap, vive a prostituta Neuza Suely. Uma montagem que incomoda a ditadura militar e se torna um dos espetáculos mais aplaudidos da temporada, além de divisor de águas em sua carreira.

[26] Irineu Malagueta. Médico famoso da época. Seu consultório ficava na rua México.

acabou o namoro porque essa era muito rica". De fato, a Elisinha tinha muito dinheiro. O pai dela, como é a história... Ah! A madrasta dela era mãe do Cristóvão Camargo.[27] Agora, não sei se o Cristóvão Camargo era filho do pai dela ou se quando o pai casou-se com essa senhora, ela já tinha esse filho. E o Cristóvão Camargo tinha uma casa lindíssima, na rua das Laranjeiras, e uma vez em que vieram ao Rio, almoçaram um domingo lá em casa e depois Elisinha disse: "Ah, eu tinha tanta vontade de ver minha madrasta, você quer ir comigo?". Eu disse: "Vamos". E fomos a essa casa da rua das Laranjeiras. Estou vendo agora a casa, não sei se ainda existe... Agora, o Fernando de Azevedo também era assim... como direi... muito mandão dentro de casa. As filhas nunca tinham assim muita liberdade. Ele adorava a filha Lollia. E você sabe quem foi Lollia? Porque ele estudou muito história romana e outro dia eu soube. Cícero... Você conhece a família Machado da Costa?[28]

Só de nome.
A neta de uma amiga minha, a Malita,[29] tem uma casa na ladeira do Ascurra, um assombro, e outra aqui em Petrópolis, em Correias. O marido da Malita foi grande engenheiro, especialista em pontes. Quando Fernando[30] perdeu o pai tinha 16 anos e o Oscar[31] foi lá em casa e disse: "Fernando, se você estudar en-

---

[27] Cristóvão Camargo. Irmão de Elisa Assunção do Amarante Cruz, esposa de Fernando de Azevedo.
[28] Família Machado da Costa.
[29] Amália Caminha Machado da Costa (Malita). Casada com Oscar Machado da Costa. O casal teve três filhas: Lídia, Amália e Luzia.
[30] Fernando Venancio Filho, engenheiro e físico, filho mais velho de Dina Fleischer Venancio Filho.
[31] Oscar Machado da Costa (Lambari, MG, 1894-Rio de Janeiro, RJ, 1963). Formado pela Universidade de Cornell (EUA), em 1916. Destacam-se entre os seus projetos a ponte sobre o rio Paraná, em 1920, a ponte sobre o rio Doce em Colatina, no Espírito Santo, quando inventou o aparelho e que denominou "Dinossauro", para lançamentos de voos metálicos hoje amplamente usados. Foi designado pelo Clube de Engenharia para proceder à vistoria técnica e aprovar a ponte Hercílio Luz, em Florianópolis, que é a maior do Brasil. Dedicou-se ao estudo e à execução de reforço de pontes metálicas e ferroviárias sem interrupção de tráfego, ou seja, montava a nova ponte ao lado da antiga, que depois era inutilizada. Recebeu a Ordem do Mérito Militar, era membro da American Society of Civil Engeneer, nos Estados Unidos, da Academia de Ciência de Nova York e da Sociedade de Engenheiros Civis da França. Casado com Amália (Malita), teve três filhas: Lídia, Amália e Luzia. Em 1963, recebeu o Prêmio Eminente Engenheiro do Ano, concedido, anualmente, pelo Instituto de Engenharia, em São Paulo, àqueles engenheiros que mais se destacaram durante o ano no desempenho de sua profissão. Autor do livro *Vigas armadas* e de várias monografias técnicas, o doutor Oscar Machado da Costa, como fiscal do Brasil nas obras da ponte internacional Brasil-Argentina, entre Uruguaiana e Paso de Los Libres, descobriu

genharia, você vai trabalhar comigo". Então, Fernando, no meio do quarto ano, em junho, foi trabalhar com ele em Porto Amazonas, perto de Curitiba, e nunca mais assistiu a uma aula, vinha fazer as provas...

Direto.
Direto, estudou sozinho o resto do quarto ano e o quinto ano. Fernando casou lá em São João, em Porto Amazonas, trabalhou um pouco lá e depois resolveu vir para o Rio. Bom, uma neta da Malita... mas para que eu estou contando isso?

Falava da origem do nome da Lollia.
Ah, sim, a origem do nome da Lollia... A Malita — viúva do Oscar, ele morreu há uns 17 anos — tem uma filha, que é desquitada e é tradutora, Luzia Machado da Costa.[32] Você já deve ter visto o nome em algum livro. Outro dia fui visitá-la e ela me disse... mamãe (Malita) tem uma neta que é casada com o filho do Flexa Ribeiro,[33] ele era separado e casou-se com ela.

Ah, aquela que é professora de história, a Lucia Hipolito?[34]
Não, você está pensando no filho mais velho. O segundo filho também se formou, trabalha na Secretaria do Colégio Andrews, chama-se Carlos Roberto[35] e é casado com essa menina. Então, a Bokel, minha amiga, me contou: "A Luzia

---

que a parte brasileira estava sendo construída errada (não se encontraria com a da Argentina) e não só a consertou como ainda conseguiu concluir a etapa do Brasil antes da Argentina. Sua morte foi anunciada pelo *Jornal do Brasil*: "Morreu aos 69 anos de idade na Casa de Saúde São Sebastião, onde se encontrava internado há alguns dias, o engenheiro Oscar Machado da Costa, considerado o maior especialista brasileiro na construção de pontes, e que ultimamente estava empenhado na projeção e execução de cinco viadutos entre os quais se destaca o que será o mais alto da América Latina, com 132 metros corresponde a um edifício de mais de 40 andares".

[32] Luzia Machado da Costa. Tradutora. Filha de Malita e Oscar Machado da Costa.
[33] Carlos Roberto Flexa Ribeiro. Diretor financeiro do Colégio Andrews.
[34] Lucia Hippolito (Bauru, SP, 1950). Cientista política, historiadora e conferencista brasileira, especialista em eleições, partidos políticos e Estado brasileiro. É autora de vários livros sobre política, dentre os quais *PSD de raposas e reformistas*, premiado como Melhor Obra de Ciência Política pela Associação Nacional de Pesquisa e Pós-Graduação em Ciências Sociais (Anpocs), *Política. Quem faz, quem manda, quem obedece*, escrito em coautoria com João Ubaldo Ribeiro, e *Por dentro do governo Lula. Anotações num diário de bordo*. Foi chefe de gabinete da Presidência do Instituto Brasileiro de Geografia e Estatística (IBGE). É bicampeã (2007-09) do Prêmio Comunique-se na categoria Jornalismo Político em Mídia Eletrônica. Em 2008, ganhou o prêmio de Mulher do Ano nos Meios de Comunicação, conferido pelo Conselho Nacional de Mulheres do Brasil. Recebeu o Troféu Mulher Imprensa 2010 na categoria Comentarista ou Colunista de Rádio, do qual é pentacampeã. É casada com o professor Edgar Flexa Ribeiro.
[35] Ver nota 33 desta entrevista.

está trabalhando na tradução da biografia de Cícero. E Cícero teve paixão por uma mulher, que se chamava Lollia, casada com Catilina". Aí, então, compreendi: "Ah, por isso o Fernando pôs o nome de Lollia na filha". Mas eu nunca poria o nome de Lollia numa filha, porque essa Lollia era uma mulher assim, uma mulher assado e tal. Dizem de grande beleza. E a outra filha do Fernando [de Azevedo] é Lívia Flávia e a mais moça se chama Clélia.[36]

Clélia é um nome bem romano. A senhora sabe que ele quase foi padre?
É verdade. Mas, chegou a se ordenar? Tenho ideia que não.

Ele teve formação humanista e bem jesuítica. Inclusive essa formação deu-lhe uma base cultural clássica.
Uma base filosófica, cultural...

E humanística.
Humanística, mas, ao mesmo tempo, acho que o temperamento dele não seria um pouco...

Um pouco rígido.
Ele era uma pessoa rígida, aí você usou a palavra... porque quando ele pensava numa coisa era aquilo e...

Faltava um pouco do que se chama de jogo de cintura, será?
Jogo de cintura... talvez por isso ele tenha conseguido fazer tantas coisas... Há pessoas mais maleáveis, mas ele...

Há um lado engraçado no início da vida de Fernando de Azevedo e que mostra um pouco como ele era. Acho interessante, curioso, ele ter começado escrevendo um livro sobre educação física.
Como é o nome? Antonio...

Antinous.[37] *Além de* Antinous, *ele escreveu um outro livro:* Da educação física: o que ela é, o que tem sido e o que deve ser.[38] *Interessante é que, no começo de sua*

---
[36] Clélia Amarante Cruz de Azevedo (1929). Filha de Fernando de Azevedo.
[37] Ver nota 62, entrevista com Antonio Candido.
[38] Ver nota 39, entrevista com Antonio Candido.

carreira, ele gostava muito de literatura, foi crítico literário. Parece que por causa disso, entre outras coisas, ele também foi muito amigo da Cecília Meireles,[39] não é?
Ah, sim...

Ela foi uma das signatárias junto com o Lourenço Filho, [Francisco] Venancio (pai) e Anísio [Teixeira], do Manifesto dos Pioneiros da Escola Nova.[40] Há no livro A cultura brasileira[41] *citações sobre a Cecília Meireles.*
Ele tinha grande admiração pela Cecília. O Anísio também.

O Anísio era muito platônico, mas o Fernando de Azevedo não era, não. Ele era um ser passional.
Houve um caso, eu não sei com quem, não sei se você sabe, eu descobri. Às vezes em certas cartas que escrevia para o Venancio (pai), Fernando de Azevedo se referia a isso.

Ele confessa nas memórias que nunca deixou de amar, que teve muitos casos.
Parece que sim, pelo que depreendi das cartas, mas o Venancio (pai) era um poço, não admitia que se falasse mal do outro...

Amigo até o fim.
Com o Alberto [filho] é também assim, ele pode saber, mas não conta...

Só nós mulheres é que não somos unidas, dona Dina. No entanto, em relação às minhas amigas, eu sou.
E eu também sou. Posso reconhecer, mas não conto e não divulgo.

Exatamente.
Eu não conto e não divulgo. Agora, um dia a X, sabe quem é? Ela me perguntou: "Dona Dina, o Alberto é a pessoa mais bem informada do mundo, então queremos que ele descubra o caso de uma pessoa que conhecemos. Eu sei que ele tem um caso, mas não quer confessar...".

---

[39] Ver nota 10, entrevista com Abgar Renault.
[40] Ver nota 75, entrevista com Antonio Candido.
[41] Ver nota 38, entrevista com Antonio Candido.

Ai meu Deus, que horror...
Eu respondi: "O Alberto prefere renunciar ao título de pessoa mais bem informada do mundo do que contar o caso de um amigo". Ele pode saber, mas não conta e, pelo que eu li, me parecia que era uma pessoa que trabalhava no setor de educação, mas não sei...

Sei.
Recordo que foi o Anísio Teixeira quem, como direi, lançou o Villa-Lobos[42] no Brasil. Meu marido estava na Europa, solteiro, quando o Villa-Lobos estava em Paris, e ele me contou que houve concerto dele lá e que não havia quase ninguém na sala, ninguém frequentava seus concertos. Quando o Villa-Lobos voltou para o Brasil, foi o Anísio quem, de fato, o lançou, com os coros escolares. Certa vez houve uma apresentação, acho que foi num campo de futebol, não me lembro bem; e eu fui com a Emilinha, mulher do Anísio Teixeira. Ela reclamou: "Pois é, a Cecília Meireles sentada lá naquela cadeira. Será que ela não pode se sentar também aqui, onde a gente está sentada?".

---

[42] Heitor Villa-Lobos (Rio de Janeiro, RJ, 1887-Rio de Janeiro, RJ, 1959). Maestro e compositor, destaca-se por ter sido o principal responsável pela descoberta de uma linguagem peculiarmente brasileira em música, sendo considerado o maior expoente da música do modernismo no Brasil, compondo obras que enaltecem o espírito nacionalista, ao qual incorpora elementos das canções folclóricas, populares e indígenas. Filho de Noêmia Monteiro Villa-Lobos e Raul Villa-Lobos, que, funcionário da Biblioteca Nacional e músico amador, deu-lhe instrução musical e adaptou uma viola para que o pequeno Heitor iniciasse seus estudos de violoncelo. Aos 12 anos, órfão de pai, Villa-Lobos passou a tocar violoncelo em teatros, cafés e bailes; paralelamente, interessou-se pela intensa musicalidade dos "chorões", representantes da melhor música popular do Rio de Janeiro, e, neste contexto, desenvolveu-se também no violão. De temperamento inquieto, empreendeu desde cedo escapadas pelo interior do Brasil, primeiras etapas de um processo de absorção de todo o universo musical brasileiro. Em 1913, Villa-Lobos casou-se com a pianista Lucília Guimarães, indo viver no Rio de Janeiro; em 1922, participa da Semana da Arte Moderna, no Teatro Municipal de São Paulo. No ano seguinte embarca para a Europa, regressando ao Brasil em 1924. Viaja novamente para a Europa em 1927, financiado pelo milionário carioca Carlos Guinle. Desta segunda viagem retorna em 1930, quando realiza turnê por 66 cidades. Realiza também nesse ano a "Cruzada do Canto Orfeônico" no Rio de Janeiro. Seu casamento com Lucília termina na década de 1930. Depois de operar-se de câncer em 1948, casa-se com Arminda Neves d'Almeida, a Mindinha, uma ex-aluna, que depois de sua morte se encarrega da divulgação da obra monumental. O impacto internacional dessa obra fez-se sentir especialmente na França e nos EUA, como se verifica pelo editorial que o *The New York Times* dedicou-lhe no dia seguinte a sua morte. Villa-Lobos nunca teve filhos. Em 1960, o governo do Brasil criou o Museu Villa-Lobos na cidade do Rio de Janeiro.

Ela estava sentada numa cadeira especial?
É, num lugar especial.[43] Bom, mas Anísio tinha grande admiração pela Cecília Meireles.

Fernando de Azevedo tinha um perfil de teor mais socializante, comparado com outros educadores. O próprio Lourenço Filho, as posições dele, em 1926, são extremamente abertas. Depois, ele mudou um pouco nos anos 30, quando entrou realmente para o governo federal. O Fernando de Azevedo parece ter manifestado sempre ideias socialistas, mas acho que há uma certa ambiguidade nele...
Ele era reconhecido, e também criticado, porque morava numa casa belíssima em São Paulo. Mas de um fato, não me lembro.

No Brasil, há gente que pensa que se a pessoa for socialista tem que morar dentro de um barraco.
Eu me lembro dele ter contado ao Venancio [pai] que vendeu isso, aquilo. Quando ele se casou, morava na rua Bela Cintra, uma rua mais ou menos central. Mas, quando morava aqui no Rio, falava muito com o Venancio que a "City"[44] estava abrindo uns terrenos no Pacaembu, e que ele ia comprar uma casa lá. Durante muito tempo, de qualquer ponto mais alto de São Paulo, podia-se ver a casa de Fernando de Azevedo. Era numa esquina assim, como direi...

Enviesada?
Não. Em ângulo agudo de um triângulo. O terreno era um triângulo isósceles e você via aquela ponta e aquele ângulo agudo. Uma casa em estilo neocolonial, varandas muito bonitas, muito bem construída. Ele morreu nessa casa.

Sempre morou lá e morreu com 80 anos. Ele nasceu em 94, morreu em 74. Oitenta certinhos.
Oitenta... Mas a Elisinha me contou que de fato ele era um ano mais velho.

---

[43] Cecília Meireles ocupava cargo importante na Diretoria de Instrução Pública. Dirigiu a Biblioteca do Mourisco. Além disso, mantinha coluna sobre educação no *Diário de Notícias* do Rio de Janeiro. Ver nota 10, entrevista com Abgar Renault.

[44] O nome refere-se à City Improvements, empresa responsável não só pelo zoneamento do Pacaembu como por todos os bairros jardins de São Paulo, com uma estrutura que existe até hoje.

Ah, então eu estava errada: ele nasceu em 93.
Parece que houve um engano, não sei bem. Papel de batismo, qualquer coisa assim. Porque naquele tempo não se registrava imediatamente. Havia registro de nascimento? Nunca vi o registro de nascimento do meu marido.

Se não havia oficialmente, havia nas igrejas...
Ah, é.

Em Tiradentes, guardavam-se os registros nas igrejas.
Parece que se queimou a certidão original, não sei bem o que houve. Quando veio o registro, veio um ano...

Atrasado.
E ele nunca se preocupou em mudar isso.

Ninguém se preocupa quando é para menos...
Quando ele comprou a casa, havia poucas casas construídas no Pacaembu, então às vezes você passava assim numa rua mais elevada, você via lá embaixo no vale...

A casinha dele.
Casinha, não. Uma casa boa.

Com uma grande biblioteca?
Não. A casa tinha grandes varandas, sala de jantar grande, o *hall* da escada também era grande, a sala da biblioteca era pequena, menor do que esta [sala].

Onde é que ele colocava os livros? Porque pela erudição... Ele devia ter no andar de cima outra biblioteca.
Talvez no outro andar tivesse, sim.

Uma outra biblioteca, grande.
Tinha uma sala de visitas pequena, a gente nunca entrava na sala de visitas. Ficávamos ou na varanda ou no *hall* de entrada, da escada.

Já ia direto da varanda para o hall.
Ou então ficava na sala de jantar. Aquela salinha...

Outro dia, escrevi uma carta para o Venancio [filho] em que eu a cito, dona Dina. Inclusive, eu e o Venancio [filho] discordamos sobre algumas coisas referentes ao Fernando de Azevedo.
É? Mas ele não me contou nada...

Não? Pois é...
Ele é muito reservado, o Alberto.

Mas o Venancio (filho), evidentemente, faz uma idealização do Fernando de Azevedo, a senhora é muito mais terra a terra. Contudo, tenho a maior admiração por ele.
Noto que o Venancio, meu filho — agora eu vou dizer Alberto para não confundir com o outro, meu marido, porque a Teresa [mulher de Alberto Venancio Filho] também chama o Alberto de Venancio. A gente sente que o Alberto sempre esteve à procura de um pai porque ele perdeu o pai com 12 anos.

Compreendo...
Doze anos. Então, os amigos de que ele gosta mais são sempre pessoas mais velhas: o Anísio Teixeira, o Fernando de Azevedo, o doutor Lourenço, o Afonso Arinos,[45] o Hermes Lima.[46] É a substituição do pai.

---

[45] Ver nota 97, entrevista com Antonio Candido.
[46] Hermes Lima (Livramento do Brumado, BA, 1902-Rio de Janeiro, RJ, 1978). Político, jurista, jornalista, professor e ensaísta, serviu como presidente do Supremo Tribunal Federal, foi membro da Academia Brasileira de Letras, eleito para a Academia Brasileira de Letras em dezembro de 1968, ocupando a cadeira nº 7, ministro do Gabinete Civil da Presidência da República de 8 de setembro de 1961 a 18 de setembro de 1962, e presidente do Conselho de Ministros, durante a breve experiência parlamentarista ocorrida no governo João Goulart. Formou-se na Faculdade de Direito da Bahia, em 1924, e foi eleito neste mesmo ano deputado estadual. Em 1926 muda-se para São Paulo, onde leciona na Faculdade de Direito do Largo de São Francisco. Em 1935, transfere-se para o Rio de Janeiro, onde ocupa o cargo de diretor da Faculdade de Direito da Universidade do Brasil (atual UFRJ). Colabora em diversos jornais, sendo neste ano preso pela Ditadura Vargas. Em 1945 participa da fundação da União Democrática Nacional (UDN), elegendo-se Deputado Constituinte pelo antigo Distrito Federal. Em 1947, participa da fundação do Partido Socialista Brasileiro, indo em 1950 para o Partido Trabalhista Brasileiro. Na década de 1950 representa o Brasil em eventos internacionais. Foi ministro das Relações Exteriores cumulativamente com o cargo de primeiro-ministro, continuando na pasta quando João Goulart assumiu o governo presidencialista. Uma de suas mais caras defesas durante a vida foi a do "Estado de direito". Durante o Regime Militar viu como única forma de preservar a integridade física do amigo a quem tanto admirava — Anísio Teixeira, sobre quem escreveu uma extensa biografia — lançar sua candidatura para a ABL. Anísio morreu, em 1971, de forma misteriosa, justamente quando realizava sua última visita protocolar. Em janeiro de 1969 foi aposentado do Supremo Tribunal Federal pelo Ato Institucional nº 6, AI-6.

Também o nível de inteligência do Venancio (filho) é tão alto, que ele só consegue mesmo dialogar ou ter amigos...
Quando o doutor Lourenço vivia, nós íamos constantemente, depois do jantar, uma vez por semana, ou de 15 em 15 dias, fazer uma visita. O Alberto gostava de conversar com ele. Quando o Anísio morava em Senador Vergueiro, também.

Vocês iam sempre?
Nós íamos sempre lá e ele gostava. Mas foi a que propósito que você...

Lendo os textos de Fernando de Azevedo encontro certa ambiguidade no pensamento dele, inclusive isso é um bom sinal, significa que houve uma evolução. Uma evolução...

Sim, uma evolução: ele, no começo, me parecia muito idealista, mesmo na reforma de 28 (começou em 26 mas terminou, de fato, em 1930). Uma pessoa idealista, como se não soubesse onde estava pisando: estávamos no Brasil, mas ele falando e escrevendo coisas maravilhosas sobre a Escola Nova. Nós sabemos, como, aliás, ele depois reconheceu, que a Escola Nova depois de 34 acabou, não é mesmo dona Dina?
É...

A verdade é essa, o Getúlio,[47] ou sua política educacional, conseguiu terminar com aquelas ideias. É claro que ficaram alguns núcleos. Então, eu costumo dizer ao Venancio [filho] que encontro certa ambiguidade em Fernando de Azevedo, no seu pensamento. Uma megalomania. Fiz uma análise de alguns de seus textos, e particularmente da palavra "megalopia", palavra que ele usava bastante. Uma palavra, assim, meio esquisita, que significa "visão em grande". Eu fui lendo toda a obra de Fernando de Azevedo, os 18 volumes, e ele fala em megalopia o tempo todo. Significa ver as coisas em grande.
Mas você vê exagerado ou você exagera?

Não, não é você ver exagerado, é você ver com distância, de certa maneira é você exagerar também; mas, sobretudo, é: você está tão afastado da realidade que você é quase como um Deus, que consegue ver todas as coisas. Considero isso impossível, acredito muito mais nas coisas pequenas. Não se consegue nunca ter a visão

---
[47] Ver nota 28, entrevista com Abgar Renault.

da totalidade, uma visão que pode se tornar perigosa, a pessoa acredita que sabe, por exemplo, o que é bom para todo mundo e pensa: então vamos organizar tudo. Mas em geral, em termos políticos, essa atitude pode ser perigosa. Toda doutrina totalitária, o fascismo, por exemplo, pensa que pode organizar o todo, porque sabem — ou pensam que sabem — o que é melhor para todos; não se ouvem as diversas vontades que podem ser contraditórias, complicadas. Acredito em pequenas comunidades, quando se pode fazer alguma coisa.

Mas a senhora, certa vez, me disse que achava ele ser, às vezes, arrogante, que pelo menos dava a impressão de arrogante, o que se pode também perceber em certos textos dele. A senhora confirmaria isso? Ele dava a impressão de ser realmente arrogante? Foi sobre isso que conversei com o Venancio (filho), sobre seu depoimento anterior, enfim, sobre o depoimento da professora Dina Venancio... Arrogante, não sei bem, talvez eu tenha me expressado mal, muito fortemente: arrogante, não.

Consciente de si, não foi isso que a senhora falou? "Arrogante", depois, no seu depoimento anterior a senhora disse: "Consciente do seu valor".
É, consciente de si, não é propriamente um convencimento, é uma supersegurança, uma certeza do seu valor.

Do seu valor e de suas ideias.
De suas ideias. Por isso, talvez, que o diálogo com ele fosse difícil, inclusive para certos amigos, o Venancio (pai) tinha que contornar, tirar as arestas.

O Anísio seria um deles? Ou eles dois se davam bem?
Não, os dois se davam muito bem, mas o Anísio era pessoa muito diferente, extraordinária.

O Anísio era de uma lucidez...
O Monteiro Lobato[48] dizia: "O Anísio cada vez mais pequenino, cada vez mais inteligente". Ele era de uma lucidez formidável, Fernando e Anísio se davam mui-

---

[48] José Renato Monteiro Lobato (Taubaté, SP, 1882-São Paulo, SP, 1948). Formou-se advogado em 1940 pela Faculdade de Direito de São Paulo. Em 1918, iniciou suas atividades tipográficas. No ano seguinte, associando-se a Octalles Marcondes Ferreira, fundou a empresa Monteiro Lobato & Cia., logo transformada em Cia. Gráfico-Editora Monteiro Lobato, que veio à falência em 1925. Mudou-se nesse mesmo ano para o Rio de Janeiro, criando a Cia. Editora Nacional, da

to bem. Emilinha[49] contava umas coisas engraçadas do Anísio e do Fernando de Azevedo. No dia do casamento,[50] ele foi acompanhando o Anísio e ela até a estação [de trem], eles viajaram de São Paulo para o Rio, como se usava na época. Ela me contou: "Menina, eu estava vendo a hora em que ele ia viajar com a gente!".

Na lua de mel? Conversando sobre altos problemas? A Emilinha é de família paulista?
Não, Emilinha é baiana, de pais baianos. Mas, não sei por quê, estavam morando em São Paulo.[51] Eles se conheceram na Bahia. A Emilinha tinha uma irmã linda, Lídia, que morreu há já bastante tempo, casada com Nestor Duarte.[52] E o Anísio era assim, muito ligado ao Nestor Duarte. Daí veio a amizade e o casamento. Depois Olga, irmã do Nestor Duarte, que faleceu de câncer, casou-se com o irmão do Anísio, Nelson Teixeira.[53] Outro irmão do Nestor Duarte, Jaime Duarte, casou-se com Ercília Penido.[54] O Anísio gostava muito do Nestor, eram amicíssimos e por causa da convivência ele conheceu a Emilinha.[55] E a Emilinha também fala de certa rispidez em Fernando de Azevedo.

---

qual foi acionário até 1930. Em 1927 foi nomeado adido comercial do Brasil em Nova York, onde conheceu Anísio Teixeira. Retomou ao Brasil apenas em 1931, quando lançou a Cia. Petróleos do Brasil. Durante 10 anos dedicou-se ao petróleo. De 1920 a 1940, escreveu diversos livros infantis como o *A menina do narizinho arrebitado* (1920), *O saci* (1921) e *O marquês de Rabicó* (1922).

[49] Ver nota 11 desta entrevista.

[50] O casamento foi no dia 7 de maio de 1932.

[51] O pai de Emilinha, Modesto Ferreira, trabalhava em São Paulo como coletor de impostos. Sua mãe chamava-se Lídia da Silva Telles, depois de casada passou a se chamar Lídia Telles Ferreira.

[52] Nestor Duarte Guimarães (Caetité, BA, 1902-Salvador, BA, 1970). Jurista, romancista e político, autor de livros marcados pela visão crítica do povo sertanejo. Nestor Duarte iniciou sua carreira ainda no governo Góes Calmon, tendo também ocupado a função de secretário de Agricultura no governo de Otavio Mangabeira, ocasião em que fundou o Instituto Biológico da Bahia. Deputado na Constituinte, em 1946-47, ali apresentou proposta para reforma agrária. Como jurista, foi professor da Faculdade de Direito da Universidade Federal da Bahia. Escreveu *Direito: noção e norma*, *A ordem privada e a organização nacional* e *A reforma agrária*. Como romancista produziu três obras de ficção, retratando as agruras do sertão: *Tempos temerários*, *Cavalo de Deus* e *Gado humano*. Foi um dos fundadores do Movimento Democrático Brasileiro (MDB) e opositor do regime ditatorial. Embora pouco numerosa, sua obra mereceu resenha do renomado Luis Recasens Siches, em *Pensamento jurídico do século XX*, e é ainda verbete da Enciclopédia Larousse.

[53] Nelson Teixeira. Engenheiro, irmão de Anísio Teixeira, professor de economia na Escola Mario Cavalcanti, no Rio de Janeiro.

[54] Jaime Duarte, casado com Ercília Penido Duarte, pais de Miguel e Pedro Penido Duarte.

[55] Anísio Teixeira conheceu Emilinha, irmã de seu amigo Nestor Duarte, em Salvador, ficou apaixonado, mas não se manifestou. Voltou para o Rio e lhe enviou o seguinte telegrama: "Consulte seu coração. Possível caso de afeto entre nós dois".

A senhora acha que ela também seria uma pessoa interessante [para entrevistar]?
Muito interessante. Agora ela está na Bahia porque viajou, levando a neta, filha da Marta, para passar lá algum tempo; a menina voltou por causa das aulas, mas a Emília ficou lá. O Fernando de Azevedo era um pouco ríspido com a Elisinha, sua mulher; assim, na mesa, se alguma coisa não estava como achava que devia ser, ele dava uma broncazinha na mulher. Isso eu assisti uma vez.

O feminismo dele, então, era muito de papel.
Sim, ele era muito assim. Agora, dava-se muito bem com o Anísio.

Escreveu um artigo tão bonito, "Anísio ou a inteligência".
O Anísio morreu em 1971.

Mas o livro é anterior, é uma homenagem ao Anísio. Ele publicou um livro com depoimentos sobre seus amigos, eu acho que é Figuras de meu convívio,[56] *ele escreve sobre o Anísio e o Lourenço Filho, entre outros. A característica máxima do Anísio, para ele, era a lucidez.*
É.

De extrema inteligência. O Fernando de Azevedo era um homem diferente, dedicou-se a coisas muito diferentes: começou estudando educação física, depois fez crítica literária, depois, por acaso, começou a interessar-se por educação. Já o Anísio não, foi aos Estados Unidos para estudar educação, sendo aluno do Dewey,[57] cursando o mestrado na Columbia University. A educação sempre foi

---

[56] Fernando de Azevedo *Figuras de meu convívio*. São Paulo: Melhoramentos, 1961. p. 111-125.
[57] John Dewey (Burlington, Vermont, 1859-1952). Educador, reformista social e filósofo do pragmatismo americano, Dewey nasceu em Burlington, Vermont, e teve uma carreira acadêmica relativamente apagada até que, em 1881, ingressou em Johns Hopkins, primeira universidade de estudos de pós-graduação da América. Foi nessa época influenciado por Hegel e seus textos nunca perderam o entusiasmo pelo que é dinâmico, vital e progressivo. A obra de Dewey assumiu uma tendência mais prática quando, em 1894, se tornou diretor do departamento de filosofia, psicologia e educação de Chicago. Ali permaneceu por 10 anos, até se transferir para Columbia onde o *Journal of Philosophy* se transformou em grande parte numa revista local para as discussões de Dewey e sobre Dewey. Sua obra como psicólogo e pensador da educação gerou uma reação contra as práticas educativas do seu tempo, excessivamente rígidas e formais. Dewey percebeu que a criança é uma criatura ativa, exploradora e inquisitiva e por isso a tarefa da educação consiste em alimentar a experiência introduzida pelo conhecimento e pelas aptidões naturais. A enorme influência de Dewey devia-se mais à sua capacidade para elucidar o caráter progressivo dos Estados Unidos de seu tempo (nos níveis pragmático, científico e democrático) do que uma

seu interesse maior. O Fernando, não. O diretor do jornal O Estado de S. Paulo, *Júlio de Mesquita,*[58] *pediu a ele para fazer um inquérito, o célebre Inquérito de 1926, que depois saiu em livro,* A educação na encruzilhada.[59] *O livro é muito bom, resultante de uma série de entrevistas dele com o Reinaldo Porchat,*[60] *o Lourenço Filho, entre outros, enfim, uma série de educadores*[61] *de São Paulo e do Brasil. Todavia, o mais interessante são as introduções que ele faz às diversas entrevistas.*

Aí é que ele se interessa por educação.

E em 1926 ele veio para o Rio de Janeiro.
Quem o convidou a vir para o Rio de Janeiro foi o prefeito Antônio Prado.[62]

Antônio Prado Júnior. Ele veio e foi um sucesso. Em termos teóricos, pelo menos, naquela época, antes de 32, ele já fala em Escola Nova, todos os princípios básicos da Escola Nova, escola única, gratuita, a escola comunidade, a escola do trabalho, já estavam na sua reforma. Para a época aquilo tudo era absolutamente revolucionário. Agora, ele em São Paulo era professor de...

---

argumentação filosófica técnica e precisa. No entanto, seu desenvolvimento do pragmatismo de James e Peirce ainda hoje é influente. Segundo Dewey, a investigação é um processo que corrige a si mesmo, conduzido num contexto histórico e cultural específico, e não precisa encontrar um fundamento na certeza ou no "dado". O conhecimento é apenas aquilo que se encontra garantido pela investigação. Dewey exprimiu suas ideias numa torrente de livros: a bibliografia centenária de sua obra contém mais de 150 páginas.

[58] Ver nota 33, entrevista com Antonio Candido.
[59] Fernando de Azevedo. *A educação na encruzilhada. Problemas e discussões. Inquérito para* O Estado de S. Paulo *em 1926.* 2. ed. Melhoramentos, 1960. A 1ª edição intitulou-se *A educação em São Paulo*. Problemas e discussões. São Paulo: Companhia Editora Nacional, 1937.
[60] Reinaldo Porchat (Santos, SP, 1868-São Paulo, SP, 1953). Advogado, político (eleito vereador estadual em São Paulo, 1931), professor de história e direito romano da Universidade de São Paulo e seu primeiro reitor (1934-38), exercendo um papel muito importante na organização da instituição. Um dos maiores amigos de Euclides da Cunha, foi também membro da Academia Paulista de Letras.
[61] Francisco Azzi, A. F. de Almeida Júnior, Renato Jardim, José Escobar, Sud Mennuci, Lourenço Filho, Paulo Pestana, Navarro de Andrade, J. Melo Morais, Roberto Mange, Teodoro Braga, Paim Vieira, Rui de Paula Sousa, Mário de Sousa Lima, Amadeu Amaral, Ovídio Pires de Campos, Raul Briquet, Teodoro Ramos, Reinaldo Porchat, Artur Neiva.
[62] Ver nota 4, entrevista com Abgar Renault.

Latim, de literatura portuguesa e brasileira, depois no Colégio de Aplicação, aliás, na Escola Normal, foi professor de sociologia educacional, e, depois, sociologia. Quando se fundou a USP, sua cadeira era sociologia.
Eu me lembro que houve uma briga entre ele e o Jorge Americano,[63] de São Paulo.

Um professor? Se não me engano, aconteceu o seguinte: o Fernando de Azevedo propunha, já naquela época, a criação de uma Universidade, e o Jorge Americano, penso que não era favorável à ideia da fundação dessa universidade. Deve ser a questão das universidades.
É, eu me lembro de se falar nisso. E o Jorge Americano era primo-irmão de duas grandes amigas minhas: a Branca Fialho[64] e a Lenita Torres.[65] Certa vez almocei com ela aqui no Rio, ela tinha uma filha morando aqui.

---

[63] Jorge Americano (São Paulo, SP, 1891-1969). Bacharelou-se pela Faculdade de Direito da Universidade de São Paulo em 1912, foi professor, advogado, promotor público, deputado estadual em São Paulo e deputado federal à Assembleia Nacional Constituinte em 1933. Pintor. Exerceu diversos cargos públicos. Professor da Faculdade de Direito de São Paulo e seu quarto reitor no período em que Fernando de Azevedo era diretor da Faculdade de Filosofia. Fernando de Azevedo, ao perceber que não recebia apoio do reitor, pediu demissão e foi substituído por André Dreyfus (No livro *História da minha vida*, Fernando de Azevedo descreve o episódio às p. 141-142 e 195-196). Jurista internacional e memorialista da cidade de São Paulo. Autor de vasta obra, aposentado, dedicou-se à produção de obras de caráter rememorativo, entre as quais se destacam *São Paulo naquele tempo* (1895-1915), *São Paulo nesse tempo* (1915-1935) e *São Paulo atual* (1935-1962). Foi o primeiro presidente da Sociedade Brasileira para o Progresso da Ciência.
[64] Branca Osório de Almeida Fialho (Petrópolis, RJ, 1896-Rio de Janeiro, RJ, 1965). Filha de família ilustre, recebeu educação com sólida base humanística. Casou-se com o desembargador Henrique Fialho. Destacada educadora, foi membro fundador da Associação Brasileira de Educação e do Instituto Brasil-Estados Unidos. Seu trabalho como educadora foi reconhecido ao ser escolhida uma das presidentes de honra do Congresso Internacional de Educação em Paris, em 1937, e agraciada pelo governo brasileiro com a Medalha Rui Barbosa. Presidiu a Associação Brasileira dos Amigos do Povo Espanhol, na década de 1930, e sua atuação junto às organizações de solidariedade às campanhas dos governos aliados durante a Segunda Guerra Mundial valeram-lhe a condecoração da Cruz de Lorena e ainda o título de Chevalier de la Legion d'Honneur e a medalha Au Service de la Pensée Française pelos serviços prestados na difusão da cultura francesa no Brasil. Participou de todas as campanhas promovidas pelo movimento de mulheres durante as décadas 1940-60 e foi nacionalmente conhecida quando sucedeu a Alice Tibiriçá como presidente da Federação de Mulheres do Brasil, em 1952, quando foi convidada pelo Conselho Mundial da Paz a visitar a antiga União Soviética. Embora não fosse comunista, foi eleita vice-presidente da Federação Democrática Internacional de Mulheres, entidade de mulheres socialistas e comunistas organizadas em todos os países socialistas, exercendo o cargo e a presidência da Federação Brasileira até morrer.
[65] Lenita (Maria Helena) Torres. Casada com Aluísio Martins Torres, tia de Heloísa Alberto Torres.

Lenita Torres é parente de quem?
Ela é viúva dum cônsul, Aloísio Martins Torres,[66] irmão do grande Alberto Torres.[67]

O que ela é da Heloísa Alberto Torres?[68]
Ela é tia, embora fosse mais moça...

Ah, sim, ela morreu no ano passado?
Morreu há uns três ou quatro anos. A Lenita morreu fez um ano, a filha dela trabalhava na Embaixada também, e ela se lembra de você e do Marcílio.[69] Por-

---

[66] Aloísio Martins Torres. Cônsul e irmão de Alberto Torres.
[67] Alberto de Seixas Martins Torres (Itaboraí, RJ, 1865-Rio de Janeiro, RJ, 1917). Político, jornalista e bacharel em direito, foi pensador social, preocupado com questões da unidade nacional e da organização social brasileira. Em sua obra refutava as teses do socialismo e do individualismo como incompatíveis com a realidade brasileira e responsáveis por sua desagregação. Cumpria, ao seu entender, conhecer objetivamente a sociedade brasileira para que se pudesse propor mudanças pragmáticas e soluções aos problemas encontrados, tendo um Estado forte à sua frente que conduzisse as mudanças necessárias.
[68] Heloísa Alberto Torres (Rio de Janeiro, RJ, 1895-1977). Antropóloga, terceira filha de Alberto Torres e Maria José Xavier da Silveira. Alcançou reconhecimento internacional por seus estudos e trabalhos nas áreas de antropologia, arqueologia e etnografia do Brasil, ocupando os principais cargos na área, inclusive o de primeira mulher a se tornar diretora do Museu Nacional. Passou parte da infância em Petrópolis, durante a gestão de Alberto Torres como presidente do estado do Rio de Janeiro, quando foi aluna interna do Colégio Notre-Dame de Sion. Ingressou no Museu Nacional em 1918, trabalhando como assistente do professor Roquete Pinto. Heloísa Alberto Torres, desde muito jovem, conviveu com alguns dos principais intelectuais brasileiros, amigos de Alberto Torres, como Rui Barbosa, Quintino Bocaiúva, Alberto de Oliveira e Nilo Peçanha. Foi fortemente influenciada por Roquete Pinto e pelo desbravador marechal Rondon. Em sua carreira, foi professora da Divisão de Antropologia, Etnografia e Arqueologia em diversas universidades (UDF, UFRJ e Uerj) e membro do Conselho das Expedições Artísticas e Científicas do Brasil. Foi uma das pioneiras da luta pelos direitos das mulheres no Brasil e representante do país em diversas conferências e entidades culturais no exterior. Como era seu desejo em vida, o sobrado colonial em que residiu durante os últimos anos de vida, ao lado da irmã Marieta, em Itaboraí, foi doado ao Iphan, e funciona hoje como a Fundação de Arte e Cultura (FAC). No acervo da Casa constam os estudos sociais realizados por Heloísa ao longo de uma extensa vida de trabalho, documentos de seu pai, Alberto Torres, que foi governador do Rio de Janeiro e uma proeminente figura política na virada do século XIX para o século XX, livros raros, correspondência — com destaque para cartas ao antropólogo francês Lévi-Strauss —, uma coleção de oratórios e imagens de santos, móveis antigos e vários outros itens que garantiram à Casa de Cultura a inclusão do rol de museus pelo Instituto Brasileiro de Museus (Ibram).
[69] Marcílio Marques Moreira (1931). Advogado, diplomata, professor universitário (Uerj). Após ser lotado no Itamaraty e em Washington, atuou no Ministério da Fazenda, BNDES, Copeg e na iniciativa privada. De 1986 a 1991 foi embaixador do Brasil em Washington, nos Estados Unidos, e em 1991 e 1992 ministro da Economia, Fazenda e Planejamento. De 2002 a 2008, foi membro da Comissão de Ética Pública da Presidência da República.

que um dia você me convidou para almoçar aqui em Petrópolis... Eu lhe disse: "Estou com uma amiga minha aqui". Você me respondeu; "Ah, mas traga sua amiga!". Depois o Marcílio nos levou até a rodoviária. Ela até já veio com a mala, era prima-irmã desse Jorge Americano.

Agora, dona Dina, a senhora se lembra de alguma observação do professor Venancio [pai]? A senhora sente assim, no Fernando de Azevedo, uma certa consciência de seu valor, quase chegando a uma certa arrogância...
Não. Acho que eu empreguei mal a palavra arrogância, ele era consciente de seu valor.

Talvez com uma certa indiferença pelas pessoas que não eram tão boas quanto ele, ou aquelas que ele achava que não eram tão boas...
Isso eu não posso responder, porque eu o conheci através do Venancio [pai], ele tinha grande admiração pelo Venancio [pai]; não posso saber se ele teria a mesma admiração por outras pessoas...

Não, tenho a impressão que ele só admirava as pessoas do mesmo nível dele.
E que não fossem tão afáveis como meu marido. Porque meu marido era jeitoso, contornava as dificuldades.

Por exemplo, ele cita muito, no livro A cultura brasileira[70], seu marido, o professor Venancio [pai], não sei se a senhora chegou a ler.
Sim, o Venancio [pai] ajudou muito naquilo. Eu me lembro que ele arranjou depoimentos do Vital Brasil.

Realmente, ele cita muito o professor Venancio [pai]. Inclusive, na IV Conferência de Educação, se não me engano, em dezembro de 1931. Depois houve a V Confe-

---

[70] Sobre a colaboração ao livro *A cultura brasileira*, eis a dedicatória de Fernando de Azevedo (setembro de 1943): "Ao Venancio amigo querido,
        a cujos estímulos e auxílios constantes
        de livros, documentos e sugestões, devo
        a feliz conclusão desta obra, escrita entre
        grandes dificuldades, com a qual julgou,
        na sua bondade incomparável, ter prestado
        um serviço ao meu país.
        Afetuosamente, Fernando de Azevedo".

rência de Educação. Há um depoimento do professor Venancio [pai], porque nessa conferência houve um conflito muito grande.
Essa de 1931, foi onde?

Em Niterói. Houve discussões acirradas sobre a educação leiga e a posição dos católicos.
Não me lembro e vou lhe dizer por quê: porque Fernando, meu filho, era pequeno, ele teria nessa ocasião 1 ano e meio, como bom matemático ele nasceu em 30 de junho de 1930, então a qualquer momento eu sei a idade certa dele. (risos) Então, quando ele nasceu, eu fiquei tão...

Desesperada, primeiro filho...
Eu não sabia nada. Então, um dia, o Delgado de Carvalho[71] foi lá em casa e falou assim: "Dina, você não sai mais de casa?". Eu disse: "Não". Eu cuidava do Fernando de manhã até a noite. Um belo dia, vi chegarem convites de formatura, e disse: "Ué, já estamos no fim do ano?". Porque a coisa que mais me impressionou, quando nasceu o Fernando, é que, para uma mãe ou para uma criança, não há domingo ou dia da semana...

Não há tempo.
Não há domingo ou dia de semana. Porque tudo é a mesma coisa: domingo tem que mamar, tomar banho, mudar fralda, não é mesmo? Porque quando a gente trabalha ou estuda, domingo é diferente, sábado é diferente, mas com criança pequena, não. Então, eu não me recordo dessas coisas.

O Delgado de Carvalho morreu há pouco tempo, não?
Morreu há pouco, sim. Morreu com 96 anos.

Eu conheci uma neta dele, foi minha colega no curso de psicologia que eu fiz na UERJ.
Não se lembra do nome?

Não, minha colega era filha de uma filha dele.
Não. A filha dele nunca se casou. Uma coisa muito triste, ele só teve um filho e uma filha e os dois sofrem da mesma doença. O filho já morreu. Eles vão per-

---

[71] Ver nota 6, entrevista com Antonio Candido.

dendo os movimentos aos poucos. A filha já não sai mais da cama. Até pouco tempo ela ainda cozinhava um pouquinho e tal... e o filho morreu assim. E o filho deixou cinco filhos lindos e a viúva mora com ele num apartamento em Copacabana, na avenida Atlântica.

Na esquina de Siqueira Campos.
Isso mesmo, e a nora dele, viúva do filho que mora com ele, é tia da segunda mulher do meu filho Fernando.

Eu estive lá quando ela se casou, já teve até um neném, essa minha colega, no ano passado.
Minha nora, a Liliane [Peregrini Venancio], tem uma irmã só por parte de pai (ela também perdeu a mãe cedo e o pai casou-se outra vez) e essa irmã, Cristina [Peregrini], casou-se com um professor da PUC. A Liliane então fez um chá de panela para ela em sua casa e me convidou; essa moça que você conhece estava esperando criança.

Ah, como era ela? Alta, magrinha.
Muito bonita, todas são bonitas.

Eu estive com ela quando se casou, fui ao casamento e fiquei boba ao ver o Delgado de Carvalho lá, com 95 anos. Foi um ano antes dele morrer. Ele estava muito bem, incrível, andando pelo apartamento...
Sempre muito espirituoso, engraçado. Sua mulher era uma senhora da família Monteiro de Barros Roxo,[72] uma verdadeira *lady*. Ele tinha estado muito mal antes, ela muito preocupada, e morreu de repente.

E ele foi morrer agora, com 96 anos. E com a cabeça boa, estava lá, andando, no dia desse casamento...
Há uns três ou quatro anos houve, no Dia do Professor, no Palácio Guanabara, uma homenagem a diversos professores. Eu fui lá por causa do Ismael França Campos,[73] ou da Iracema. E o Delgado chegou com uma das netas, recebeu uma medalha e declarou: "Eu nessa idade ainda sou amerdalhado?". (risos)

---

[72] Família Monteiro de Barros Roxo.
[73] Ismael França Campos. Professor de matemática do Instituto de Educação e casado com a professora Iracema, diretora do Colégio Bennet.

Ele manteve o espírito. A senhora foi aluna dele?
Não. Quando ele foi trabalhar como professor de geografia no Bennett eu já era formada. Ele de fato modificou o ensino da geografia. Pelos livros e métodos, tudo. O Venancio, meu marido, achava as aulas dele muito interessantes, quando podia ia assisti-las.

Imagino. Bons tempos, não é?
Então, o Delgado me dizia: "Quando o Venancio (pai) entra na sala de aula, penso que estou em um colégio de freiras porque as alunas não ficam sozinhas com o professor na aula, tem sempre uma freira". Então o Venancio (pai) é a freira do colégio. Está observando... (risos)

Por falar nisso, o professor Manoel Maurício[74] morreu, a senhora sabia?
Eu não o conhecia, ele era professor de quê?

Foi um grande professor de história, foi cassado e aí começou a trabalhar naqueles cursinhos para o vestibular.
Moço ainda.

Moço, 53 anos. Como eu não pude descer até o Rio, o Marcílio foi ao enterro porque ele, como eu, também fazia parte do Conselho Consultivo do Arquivo Municipal. Eu iria tomar posse hoje. Mas não houve a posse porque o professor Manoel Maurício era muito ligado ao Arquivo, ele também fazia parte desse Conselho. Com a revolução, ele foi cassado. A maior tristeza dele era ter que dar aula para cursos vestibulares, porque dizia que era um sofrimento, um martírio, para um bom professor, saber que está dando aquilo só para o aluno passar, que não está ensinando nada, que é apenas um negócio.
Entupir a criança.

---

[74] Manoel Maurício de Albuquerque (Alagoas, 1927-Rio de Janeiro, RJ, 1981). Professor, geógrafo e historiador. Sobre a vida e a obra desse pesquisador, Eulália Maria Lahmeyer Lobo publicou o livro *Manoel Maurício de Albuquerque: mestre-escola, bem-amado, historiador maldito* (1987). Seu nome foi postumamente reverenciado com a criação do Centro de Estudos Manoel Maurício de Albuquerque, o Cemma, que tem como objetivo principal preservar a imagem de seu patrono. No bairro de Anchieta, Rio de Janeiro, existe o Colégio Estadual Professor Manoel Maurício de Albuquerque desde 1984.

Sim, uma disciplina. Ele publicou um livro que o Marcílio comprou semana passada que é uma maravilha, História social do Brasil.[75]
Escuta aqui, eu perguntei para o Alberto, mas o Alberto não soube me responder. O Marcílio fez uma conferência para aqueles canadenses que estiveram aqui, em que língua ele fez?

Em português, penso eu.
Em português? E com intérprete ou tradutor?

Ah, deve ter sido tradução simultânea. A senhora sabe, aquela conferência deu até problema, os canadenses convidaram, o Marcílio foi lá e fez a conferência. Quando o Marcílio acabou e saiu da sala, veio falar com ele um representante da Escola Superior de Guerra, dizendo que queria o texto da conferência. Ele ficara do lado de fora da sala, porque os canadenses não o haviam deixado entrar na sala da conferência. Aí o Marcílio disse que não tinha o texto.
Porque ele falou...

Não leu, falou de improviso. Logo em seguida a essa conferência, houve um almoço na Escola Superior de Guerra brasileira. Mas acontece que os canadenses queriam ouvir antes vários conferencistas brasileiros, mas tudo tinha que ser off the record,[76] *sabe?*
Sim.

Para os expositores ficarem à vontade, eles não convidaram o pessoal da Escola Superior de Guerra. Aí foi um horror; depois, lá na Escola [Superior de Guerra], Marcílio disse: "Olha, não cabe a mim fazer os convites, eu sou convidado e falo. Eu não tenho culpa". Mas aí o tal oficial brasileiro, quando ele saiu da conferência, disse: "O senhor tem que me dar o texto da sua conferência, porque como é que é...".
Ele era convidado, o Marcílio.

É... O fulano ficou achando que tinha sido lesado, como era que a Escola Superior de Guerra canadense tinha feito uma coisa assim...
Uma traição?

---

[75] Manoel Maurício de Albuquerque. *História social do Brasil*. Ver nota 74 desta entrevista.
[76] *Off the record*: não oficialmente.

Para eles, uma traição. O Marcílio, depois, naquele prédio da ESG, ali na Urca, disse para um comandante que ele conhecia: "Olha, eu não tenho culpa, por favor, vê se o senhor se entende com esse seu subordinado — ao que parece, era um coronel, não sei das quantas — porque não cabe a mim fazer os convites".
Lógico.

E ele ainda explicou: "E eu realmente não tenho o texto e o que eu falei não tem nada assim demais...". Eles ficam logo com as orelhas acesas.
Bem, outro dia eu fui à Exposição da Madalena Colaço[77] e vi lá sua assinatura, a de Rosa Amélia e depois três rabiscos...

Do Marcílio.
Isso deve ser do Marcílio, eu pensei. (risos)

Que bonita aquela exposição.
Linda!!

Qual tapeçaria a senhora achou mais bonita?
Eu não sei... todas são lindas. Agora, eu também faço tapeçaria, mas não como as dela. Ela trabalha em *étamine*, os pontos são mínimos...

---

[77] Madeleine Colaço (Tanger, 1907-Rio de Janeiro, RJ, 2001). Francesa, naturalizada brasileira, de pais franco-americanos, casou-se em 1928 com o escritor e jornalista português Thomaz Ribeiro Colaço. Em 1940 o casal transferiu-se para o Brasil, fugindo da ditadura de Salazar. Estudou a arte da tapeçaria no Marrocos, na França, na Inglaterra e em Portugal, criando um ponto bordado batizado por Marie Cutolie de Ponto Brasileiro, registrado no Centre Internacional de la Tapissérie, na Suíça. Os "sambas" bordados de Madeleine Colaço, utilizando uma frase que ela mesma inventou, são dominados por ritmos pulsantes, alcançados através de uma justaposição de cor e texturas sutis. Ela consegue este efeito em parte com a mistura de fios de diversos materiais: lã, seda, algodão e fios metálicos, e também com uma mistura de pontos: o Ponto Brasileiro (criado por ela), o *point coulée* (ponto usado na célebre tapeçaria da Reine Matilde no século XI) e arraiolos. O resultado da nova técnica com a sensibilidade estética multicultural de Madeleine, misturando tradições marroquinas, brasileiras e francesas, rompeu a barreira que separa a arte do artesanato e a pintura do bordado. A sua bisavó Antoine Bonnet desenhava os brocados de seda fabricados em Lyon no século passado. Em 1963, pela primeira vez, expôs suas tapeçarias bordadas no Rio de Janeiro e, desde então, realizou inúmeras exposições individuais e coletivas no Brasil, Estados Unidos e principalmente na Europa. Madeleine Colaço faleceu no Rio de Janeiro em 2001 aos 94 anos de idade. Exceto entre artistas plásticos, pesquisadores e críticos, a arte de Madeleine Colaço, maior nome da tapeçaria brasileira, ainda é pouco conhecida pelo grande público.

São mínimos e ela me disse que usa uma técnica medieval. Mas o que achei mais bonito é um em que está escrito: "Essa noite choveu prata".
Lindo, lindo.

Agora, ela é uma mulher estranhíssima. Convidei-a para vir aqui em casa tomar uns drinques ou um chá; ela disse que não queria drinques. Mas acontece que choveu muito, eu não pude ir pegá-la. Ela veio mesmo assim. Estava assim: vestidão estampado até o chão, uma porção de joias, pintadíssima e com um chapéu verde, um chapéu meio parisiense, falando com uma pronúncia meio francesa: ela fala umas 10 palavras em português e cinco em francês.
Ela é francesa?

Creio que não, acho que é portuguesa. Ela me disse que, nas tapeçarias, os temas evidentemente eram brasileiros, mas o trabalho, quer dizer, a técnica, era medieval.
Alguém me disse que a Madeleine é mãe da Concessa[78] e que as duas são brigadas.

E quem é Concessa?
Também é uma tapeceira.

Mas até pouco tempo elas trabalhavam juntas.
Eu até fui à exposição com a Nalica.[79]

---

[78] Concessa Colaço (Lisboa, Portugal, 1929). Radicada no Rio de Janeiro desde a década de 1940. Integrante de tradicional família de artistas e intelectuais, tornou-se um dos grandes nomes da arte da tapeçaria no nosso país, participando desde os anos 1960 de exposições no Brasil e no exterior. Os pássaros, as flores, as frutas e os santos estão presentes em toda a sua produção através de uma profusão de cores e linhas.

[79] Maria Anália (Nalica) de Andrade Carvalho (Ituiutaba, MG, 1904-Rio de Janeiro, RJ, 1994). Com formação intelectual abrangente, tornou-se amiga no colégio Bennett de Dina Fleischer e essa amizade perdurou por toda a vida. Casou-se em 1927 com Afranio de Carvalho (Rio Pomba, MG, 1899-Rio de Janeiro, RJ, 1991). Consultor Jurídico do IBGE, Afranio foi comissionado a chefiar o IBGE, em Salvador, Bahia, onde ficou durante toda a Segunda Grande Guerra. De lá, viajou por todo o Nordeste e impressionou-se com o abismo entre a pobreza dessa região e o desenvolvimento no sul do país. Ao retornar ao Rio de Janeiro, em 1946, chefiou o Gabinete do ministro da Agricultura, Daniel de Carvalho; envolveu-se no projeto para o aproveitamento da cachoeira de Paulo Afonso, com o intuito de levar energia elétrica ao Nordeste, propiciando, assim, maior desenvolvimento da região. Com a criação da Companhia Hidroelétrica do São Francisco (Chesf), foi convidado para ser seu consultor jurídico. Exerceu o magistério como professor da cadeira de instituições de direito privado, na Faculdade de Economia (UFRJ). Entre as principais obras estão: *Pela livre circulação de mercadorias*, *Instituições de direito privado*, *Registro de imóveis*,

Está muito bonita!
Muito bonita. O colorido é uma maravilha, as lãs que ela utiliza... alguém me disse que ela tinge as lãs porque são cores que a gente não encontra por aí...

A gente não vê nem encontra. Eu hoje, aliás, fui ao Parque Real para comprar umas lãs para Ana Luiza.
A Ana Luiza está fazendo tapeçaria?

Está, ela já fez várias e agora pediu para eu comprar mais umas cores que estavam faltando. Ela gosta muito de fazer... é gostoso, não é?
É gostoso...

A senhora continua fazendo tapeçaria?
Eu continuo trabalhando. Esse ano só fiz uma almofada e uns tricôs para dar de presente a crianças que nascem. Quem é que vai nascer agora? Ah! A mãe da Teresa[80] vai ser bisavó. Um sobrinho da Teresa, o neto mais velho da irmã mais moça dela, que aliás se casou primeiro, vai ser pai. Ele é formado em arquitetura, estudou arquitetura no Bennett. Mas já sabe que vai ser pai, já é uma grande coisa. Só eu que não sou bisavó.

Ainda não?
Ainda não.

É. Também seus netos mais velhos são homens, não é?
Não, eu tenho essa menina nos Estados Unidos, já está casada vai fazer dois anos.

Dona Dina, conta um pouco da sua vida, da sua origem, eu adoro saber. A senhora veio para o Brasil quando, como é que foi?
Vim para o Brasil com uma tia, eu tinha só três anos. Português foi a primeira língua que eu falei.

Águas interiores, suas margens, ilhas e servidões, Revisão da Constituição de 1988, Raul Soares, um líder da República Velha, Paulo Afonso e a integração nacional. Esteve adiante de seu tempo, não só por sua consciência social (formulou um projeto de reforma agrária), mas por sua preocupação ambiental, escrevendo sobre a necessidade de preservação de florestas, matas e rios.

[80] Ver nota 19 desta entrevista.

Posso saber o ano em que a senhora nasceu, só entre nós duas?
Eu já fiz 73 anos. Tendo arrebentado a Primeira Guerra Mundial, nós não pudemos voltar [para a Polônia], então eu fiquei no Brasil com essa senhora, minha tia, a quem eu sempre chamei de mãe. Durante a guerra...

Era irmã de seu pai?
Irmã de minha mãe. Durante a guerra meus pais verdadeiros morreram pelas privações e doenças.

Em que cidade que eles moravam?
Lemberg (Lviv),[81] uma cidade pequena da Polônia. A guerra acabou em 18, meu irmão, então, devia ter uns seis anos e ele ficou sendo criado pelos nossos avós, pais da minha mãe. E mamãe contava sempre que ela tinha pesadelos de noite e que a irmã lhe aparecia e dizia: "Coitado do menino, sendo criado com velhos, daqui a pouco morrem e ele, como é que vai ficar?". Então mamãe teve um trabalho enorme, foi procurar a Cruz Vermelha para conseguir trazer o menino para o Brasil.

Esse é o seu irmão?
Meu irmão, o Isaac.[82] Eu me lembro, meninota de colégio, ouvir mamãe dizer assim: "Eu preciso mandar buscar o Isaac, como é que vai ser, criado lá longe, não pode ser... Meus pais estão tão velhos, daqui a pouco morrem, eu preciso mandar vir o Isaac e de mais a mais é uma companhia para a Dina". E eu, meninota, dizia assim: "Companhia? A gente precisa de companhia?". Porque eu sempre fui muito independente. E hoje em dia, quem é que é a minha companhia?

O Isaac.
É o Isaac. Porque meus filhos...

E quando ele chegou ao Brasil, que língua falava?
Ele falava polonês.

---

[81] Lemberg (Lviv), hoje Ucrânia, foi fundada em 1256, na Rutenia Vermelha. Importante centro cultural polonês e judaico, o Centro antigo da cidade histórica está na lista da Unesco como patrimônio cultural da humanidade. Pertenceu à Polônia, à Áustria, Alemanha, União Soviética e hoje faz parte da Ucrânia. Quando dona Dina nasceu, pertencia ao Império Austro-húngaro.
[82] Isaac Fleischer.

Ele fala até hoje?
Não, esqueceu. Ele devia ter uns 10 anos, tinha frequentado pouco a escola na Polônia, eu então dava aulas a ele, para ele poder pegar para uma turma correspondente à sua idade no colégio. Então, eu fiquei uns meses dando aula a ele: português, fazia ditado e me lembro que somar e multiplicar ele aprendeu num instante; mas dividir e diminuir foi uma luta! (risos) Eu ensinava a ele e assim ele pôde ir para o colégio. Acho que ele chegou [ao Brasil] no mês de maio ou junho. Mas eu me lembro que no primeiro carnaval ele ficou alucinado, achou uma coisa! Nós morávamos numa casa na rua Dona Mariana, frente de rua, e havia uma vila de casas que ainda existe, mas cada uma de um feitio e de uma pintura diferente, eram de um senhor português chamado Barbosa, português, não, brasileiro, que diziam que fazia casas de tijolo aparente por ser econômico, avô desses rapazes Bokel. Uma vez, ele estava jogando futebol, estava brincando lá e alguém falou "um conto de réis", e eu disse para o Isaac: "um conto de réis, você sabe o que é um mil réis, não sabe? Então um conto de réis são mil réis, um conto de réis é muito dinheiro". Quando chegou o carnaval, o Isaac falou assim: "Eu queria que o carnaval fosse um conto de dias". (risos)

Mas seus avós, ficaram na Polônia?
Não, eles morreram logo.

Posse de Fernando de Azevedo na Academia Brasileira de Letras, em outubro de 1968.
À esquerda, Austregésilo de Athayde.

Florestan Fernandes

Data: 5 de maio de 1981
Local: rua Nebrasca, 392 — Brooklin Novo — São Paulo (SP)

Professor Florestan Fernandes, gostaria de ouvir seus comentários sobre Fernando de Azevedo. O percurso de Fernando de Azevedo foi bastante original. Ele começou como professor de educação física, mas antes havia estudado para ser padre, era quase um jesuíta: primeiro estudou no Colégio Anchieta, em Friburgo, depois fez o noviciado em Campanha, sul de Minas, durante cinco anos, orientado por Leonel Franca...
Ele não chegou a ser jesuíta. Lendo as memórias dele, realmente, houve aquela crise econômica da família e talvez o caminho mais fácil para estudar era ir ao colégio dos jesuítas e, naquela época, não era uma oportunidade má. Agora, o sacerdócio não era compatível com o temperamento dele, a menos que o sacerdote tivesse um papel mundano, político, como teve até mais ou menos o fim do século XVIII, em que podia ser ministro, podia ser um guerreiro e que teria aberto, diante dele, todas as aventuras da carne, porque Fernando de Azevedo era um homem muito atraído pelo sexo.

Parece que a grande paixão dele foi [...].
Os dois se apaixonaram um tempo, mas ele teve várias grandes paixões em sua vida. Então, acredito que tinha conhecimento dessa dificuldade a enfrentar. É claro que, dentro da ordem, também teria diante de si uma carreira. Ele não era um homem contemplativo e até em termos de disciplina, trabalho intelectual organizado...

Parece que tinha vontade férrea, uma vontade jesuítica, na formação jesuítica eles advogam a disciplina da vontade, disciplina da inteligência...
Eles têm uma disciplina da carne, dos sentidos, de todas as inclinações, precisam se viciar, isso teve certa importância. Mas Fernando de Azevedo era um homem de inteligência política, muito atraído pelo poder; havia as duas tendências, independentemente do fato de que fosse um intelectual, no sentido lídimo da palavra. Não era um intelectual postiço, era um intelectual autêntico. Portanto, o que vou dizer não tem nada a ver com uma subestimação do Fernando de Azevedo como intelectual. Ele sentia uma sedução muito forte pelo poder, como ele sentia também pelo sexo, pela mulher bela.

Mas em que sentido? Essa atração pelo poder seria para ele um caminho, a possibilidade de poder transformar...
Não, era o poder mesmo. O poder como condição para comandar. Ele tinha essa necessidade. E, naturalmente, ele não queria o poder para se realizar no plano egoístico, ele queria o poder para atingir certos fins. Essa relação entre poder e desenvolvimento de personalidade é conhecida pelos psicólogos modernos e pouco importa que o intelectual ou o político, ou o revolucionário, seja lá quem for, faça a coisa por idealismo puro ou se ele faz porque tem necessidade de exercer influência, de se sentir poderoso, pouco importa a razão... Isso não importa, o que importa é que Fernando de Azevedo era um lutador tenaz, queria ficar na história, pensava a vida dele, inclusive, em termos de ter posição na história, de ser um homem que ficaria na história.

Mas nunca conseguiu o Ministério da Educação...
Mas não poderia. Isso é um problema sobre o qual se pode falar. Mas, já que a senhora levantou essa questão do Fernando de Azevedo, é preciso dizer o seguinte: ele não era um homem que pelo poder fizesse qualquer coisa, ele tinha certos valores, certos princípios, e procurava o poder, também, como um serviço, talvez isso seja um produto já da educação de base que ele recebeu na Ordem.

Penso que há, em sua personalidade, uma vertente importante da moral, da ética, no sentido mais amplo da palavra.
Poder é também um serviço. É uma realização da pessoa como pessoa, mas é também uma maneira da pessoa se fazer útil aos outros, à comunidade, à so-

ciedade. E eu tive oportunidade de trabalhar com ele, fui convidado para ser assistente dele em 45.

O senhor era assistente na cadeira de sociologia?
Era, sim. Fui estudante pobre, com muitas dificuldades. Comecei o curso em 41, em 41-42 fiz uma pesquisa para o professor Bastide[1] — houve uma série de peripécias que não vem ao caso contar —, até que Fernando de Azevedo tomou conhecimento desse trabalho; o professor Bastide teve um contato com o professor Emilio Willems,[2] que era, esse sim, o assistente do Fernando de Azevedo nessa ocasião.

Esse trabalho foi "Educação e cultura infantil"?
Não, o trabalho era um estudo sobre folclore. Na verdade, é o livro *Folclore e mudança social na cidade de São Paulo*. Essa foi a pesquisa, o material básico que está lá, já em segunda edição pela editora Vozes. O Roger Bastide levou o material, me levou a falar com o Willems e eu deixei o trabalho com o Willems. Queria que o publicasse e o Willems explicou: "Olha, eu admiro que, como estudante, tenha feito esse trabalho, mas não posso publicar tudo, a revista é pequena para isso; agora, se quiser separar alguns aspectos", e me sugeriu alguns tópicos, como a educação... eu não me lembro mais dos títulos, são os primeiros artigos meus que saíram na revista *Sociologia*. Isso deve ter saído em 42 ou 43.

---

[1] Ver nota 30, entrevista com Antonio Candido.
[2] Emilio Willems (Colônia, Alemanha, 1905-Nashville, Estados Unidos da América, 1997). Cientista social alemão, radicado no Brasil e, sucessivamente, nos Estados Unidos. Em 1924, iniciou os estudos de ciências econômicas na Universidade de Colônia, continuando-os logo na Universidade de Berlim, onde entrou em contato com a escola sociológica alemã, que, à época, contava com a influência das ideias de Ernst Troeltsch, Max Weber, Werner Sombart, Wilhelm Dilthey e Georg Simmel, entre outros. Em 1931, num período difícil para a economia e a política na Alemanha, na véspera da ascensão dos nazistas ao poder, Willems emigrou para o Brasil. A partir de 1941, torna-se professor catedrático de antropologia na Faculdade de Filosofia, Ciências e Letras da Universidade de São Paulo. Na USP, onde teve como seus assistentes Egon Schaden e Gioconda Mussolini, contribuiu na formação de muitos cientistas sociais brasileiros, realizando várias e relevantes pesquisas de campo. Em 1949, mudou-se para os Estados Unidos, indo lecionar na Vanderbilt University, em Nashville. A importância de Willems para a antropologia brasileira é muito grande, tendo em vista o fato de ele ter sido o primeiro docente da matéria, na Universidade de São Paulo. Em particular, também merecem destaque suas contribuições teóricas e empíricas no tema da aculturação, além da sua destacada participação no movimento dito dos "estudos de comunidade".

43, volume 522, p. 134... De fato o senhor fez um corte...
Mas antes disso o Fernando de Azevedo já tinha falado [comigo]. Realmente, foi em 42 que ele falou comigo pela primeira vez, deve ter sido o professor Emilio Willems que nos aproximou.

Ele ainda é vivo, o Emilio Willems?
É, está nos EUA.

Ele é americano?
Não, é alemão, naturalizado brasileiro e agora naturalizado norte-americano. O fato é que, exatamente em 43, o Fernando de Azevedo conversou comigo e perguntou se eu queria ser seu assistente. Eu me formei no fim de 1943 e fui convidado para ser assistente dele. A conversa do Fernando de Azevedo, no telefone, foi em 42. A primeira conversa. Foi iniciativa dele, ele soube da minha vida, do trabalho, o Willems deve ter-lhe falado, ele ligou para a casa onde eu vivia, que era de uma amiga minha, a Ivana Pirman de Castro,[3] e me ofereceu: "Olha, sei que você é um estudante brilhante, que tem dificuldades... então, eu ofereço a você, se você precisar de recursos materiais, eu sou um homem que pode ajudar, se você precisar de livros, a minha biblioteca está à sua disposição, se você precisar de orientação, estou à sua disposição". Uma iniciativa rara de um professor no Brasil, ainda mais que eu não tinha sido aluno dele. Eu era aluno do Roger Bastide em sociologia e o Fernando de Azevedo, naquela época, era só professor do Curso de Didática, na Faculdade de Filosofia. Quando fiz o Curso de Didática, por um acaso, também não foi meu professor porque ele se transferiu para ciências sociais e, naquele ano, quem deu sociologia para didática foi o próprio Bastidinho, de quem fui aluno por quatro anos.

Havia o Roger Bastide e, também, o Paul Arbousse-Bastide.[4]
O Roger Bastide foi meu professor só em 41, ainda em sociologia. Depois, voltou a ser meu professor em 43, mas já em política. Mas não no ano todo porque ele voltou para a França. Eram diferentes.
O Fernando de Azevedo era um homem que ambicionava o poder, mas não era um oportunista, não era um homem que quisesse o poder para ser importante

---
[3] Ivana Pirman de Castro. Casada com José de Castro Manso Preto, amigos de Florestan Fernandes.
[4] Ver nota 29, entrevista com Antonio Candido.

pelo poder. Ele queria poder e queria ser importante, mas como um intelectual que tinha o que fazer com o poder. Tanto que a grande ambição dele estava na área das reformas, o grande orgulho da vida dele foi a reforma que fez no Distrito Federal.

É, a famosa Reforma de 28.
E depois, na criação da Universidade de São Paulo, teve também papel importante, tentando se projetar. Muita coisa surge no nome dele, muita coisa não surge; realmente, ele se coloca como uma pessoa que queria ter importância na área de educação, de transformar a educação. Agora, o que eu queria dizer mesmo, não sei se a senhora sabe, é que, durante o longo período em que nós convivemos, fui assistente dele de 45 até 51, 52, não me lembro direito agora. A partir de certo momento, o Bastide me convidou para passar para a cadeira dele, Bastide, trocando de segundo assistente da cadeira dois para ser primeiro assistente da cadeira um. Foi um pouco difícil a transferência, tive até atritos com o Fernando de Azevedo, porque ele ficou ciumento, mas a questão foi aprovada no Departamento...

Parece que ele era muito ciumento dos amigos...
É. Acontece que o Bastide disse que a escolha que ele ia fazer era do seu sucessor e que ele não escolheria outra pessoa senão eu; que ele havia me consultado, que eu estava de acordo, então o Departamento tinha que decidir. O Departamento decidiu a favor da transferência e o Fernando de Azevedo realmente não gostou, não ajudou nada na transferência e eu tive até grande conflito com ele por causa disso. Mas, depois, tudo terminou bem porque somos duas pessoas de bom caráter e os atritos foram superados sem ressentimento.
Agora, eu tive várias provas da coragem dele, coragem cívica, coragem política, de decisão. Numa ocasião, não me lembro mais da data, um intelectual que está no Rio, atualmente, que tem certo prestígio, e que, na origem, foi integralista, depois deixou de ser integralista, passou para a esquerda, foi punido e tudo. Esse homem, numa das andanças dele, esteve na reitoria, era o *factotum* de um dos reitores daqui.

Quem é?
Não posso dizer o nome por causa da pessoa que merece respeito. Fizeram uma lista de intelectuais a serem expurgados da Universidade de São Paulo.

Sei. Isso quando foi, depois de 1964?
Não, isso foi muito antes.

Ah, na época do Getúlio.
Não, na época do Getúlio não, posteriormente. Não me lembro direito em que época foi. O fato é que eu soube porque tive um colega estudante, depois ele foi trabalhar no Departamento de Ordem Política e Social;[5] ele viu aquela lista e veio me avisar: "Olha, seu nome está na lista, eles estão fazendo isso e isso, vai haver um expurgo na Universidade". Ele me disse: "Você pode tomar providências e sair dessa lista", eu respondi: "Não, não vou tomar providência nenhuma, eu já sei o que vou fazer. Procurei o Fernando de Azevedo e lhe disse: 'Olha, doutor Fernando, está acontecendo isso, isso, isso", era no governo de Ademar,[6] agora não me lembro bem que governo era. Sei que o Fernando de Azevedo mostrou aí uma coragem única. Só vi alguém fazer isso: eu próprio em relação ao Fernando Henrique Cardoso;[7] não deixei que o lugar dele na Universidade fosse por água abaixo com a deposição dele, mas isso até quando pude, depois também fui punido; no caso, ele se afastou e queriam liquidá-lo por abandono de cargo, não deixei.

O secretário da Justiça naquela época seria o Miguel Reale?[8]
Não lembro, não. O fato é que eu cheguei ao Fernando de Azevedo e lhe disse: "Olha, está havendo isso, eu não quero expor a cadeira de sociologia II a uma situação dessas e nesse caso eu prefiro me demitir a ser afastado de uma forma que prejudique o trabalho da cadeira". E ele: "Não, você não vai se demitir. Para

---

[5] Dops: Departamento de Ordem Política e Social.
[6] Ver nota 13, entrevista com Abgar Renault.
[7] Fernando Henrique Cardoso (Rio de Janeiro, RJ, 1931). Sociólogo, cientista político, político e professor Emérito da Universidade de São Paulo, lecionou também no exterior, notadamente na Universidade de Paris. Foi funcionário da Cepal, membro do Cebrap, senador da República, ministro das Relações Exteriores, ministro da Fazenda e presidente do Brasil por duas vezes (1995 a 2002). Graduado em sociologia pela Faculdade de Filosofia, Ciências e Letras da USP, desenvolveu considerável carreira acadêmica, tendo produzido diversos estudos sociais em nível regional, nacional e global, e recebido prêmios e menções honrosas. Foi eleito o 11º pensador global mais importante, pela revista *Foreign Policy* em 2009, pelo pensamento e contribuição para o debate sobre a política antidrogas. É cofundador, filiado e presidente de honra do Partido da Social Democracia Brasileira (PSDB). Natural do Rio de Janeiro, radicou-se em São Paulo, tendo casado com a antropóloga Ruth Cardoso. Atualmente, preside o Instituto Fernando Henrique Cardoso (IFHC, São Paulo) e participa de diversos conselhos consultivos em diferentes órgãos no exterior, como o Clinton Global Initiative, Brown University e United Nations Foundation.
[8] Ver nota 19, entrevista com Antonio Houaiss.

chegarem a você eles têm de me demitir primeiro". Depois, parece que a resistência que ocorreu dentro da Universidade foi grande e isso tudo sumiu nas urinas. Posteriormente, fui eleito para a Congregação, como representante dos assistentes, representante dos livres-docentes; eu próprio fui para a Congregação, depois de passar a ser professor contratado, no lugar do Roger Bastide, e pude acompanhar as lutas do Fernando de Azevedo; ele foi um homem duro na luta, realmente lutava, tinha posições assumidas, enfrentava arduamente todos os riscos, embora tivesse a capacidade de negociar, de perceber que não devia abandonar posições, que ficaria a dispor...

Ele usava a expressão "não faço transações".
Transação tinha um significado pejorativo, transação era negociar no sentido mau, vender-se para o adversário.

Você podia negociar, mas não praticar transações.
No passado, transação significava negociar o lugar, vender-se, e o Fernando de Azevedo era um homem de princípios, ele lutava, não fazia transações. Eu acompanhei várias lutas nas quais ele se meteu, na Congregação, na Universidade. É claro que, se ele tivesse uma posição e julgasse estratégico manter aquela posição, ele mantinha, não tinha aqueles pruridos infantis "vou largar esta posição..." não, isso ele não fazia. Ele era uma pessoa serena, refletia bem e tomava posição racionalmente. Se visse que era conveniente para a causa dele abandonar o lugar, ele abandonava, caso contrário, não abandonava. Ocupava o lugar e não dava nenhuma vantagem ao inimigo. Fosse de conjuntura, ou inimigo permanente, ele ficava ali. Você vê o adversário que o Centro Dom Vital teve, naquele período. Ele era duro na luta, duro no tombo.

No Rio, eu consegui ler a correspondência dele com o professor Francisco Venancio Filho, tem coisas muito pessoais, inclusive mostra como ele odiava o Dreyfus.[9] Todavia, ele escreve: "Como é que o Alceu, um homem, que, afinal de contas, admiro como intelectual, pode tomar uma posição de fanático?". Fernando de Azevedo foi chamado de bolchevista intelectual quando o que ele queria era uma coisa simples: ele lutava por uma escola gratuita, universal e única.
Esse era o problema do laicismo, a Igreja... Aqui em São Paulo nós tivemos que enfrentar a Campanha de Defesa da Escola Pública, o grande centro de luta era a

---

[9] Ver nota 63, entrevista com Dina Fleischer Venancio Filho.

Igreja Católica, que naquela época estava numa posição ultrarreacionária, e eu tive uma posição importante nessa campanha. O Fernando participou, mas já marginalmente, em algumas ocasiões. E, embora o projeto de Diretrizes[10] tenha saído das mãos deles, dos educadores, eles idealizaram o projeto na época da Constituição de 34, não calcularam que estavam armando o uso adversário e depois o assunto voltou à baila pela mão do Lacerda com a Igreja atrás e aí foi uma luta tremenda. Mas o Fernando de Azevedo, mesmo depois que se aposentou, até o fim, manteve essa posição intransigente de lutar por ideais, ele não era só um homem que tinha ideais, ele lutava tenazmente de forma corajosa, altruísta, devotada. A tal ponto que, depois de 64, fui preso, houve o problema dessas comissões de inquérito, ele foi à Congregação combater, porque como professor emérito tinha direito de ir às Congregações. Fernando de Azevedo ficou irritadíssimo com a Congregação, achando que a Congregação tinha se acovardado, queria capitanear uma luta lá dentro que ninguém estava querendo realizar, a não ser um grupo pequeno de umas oito ou 10 pessoas e, inclusive, no dia em que fui fazer o meu depoimento ele quis entrar comigo na sala do inquiridor, um coronel, eu que não permiti: "Doutor Fernando, o senhor não vai fazer isso comigo. Não, não, sou o responsável por minhas ações, não preciso de um tutor. Eu não aceito, eu compreendo as suas intenções, o senhor quer ser solidário comigo em tudo, eu aceito sua solidariedade, mas não aceito essa posição de entrar numa coisa dessas, precisando do senhor". Mas com o Cruz Costa[11] ele entrou, e, mesmo quando a situação já estava preta, que nós já estávamos em 1969, quando fomos realmente punidos de uma vez, afastados da Universidade, ainda aí ele manteve uma posição [corajosa].

E o senhor acha que talvez por isso ele nunca tenha sido convidado para ministro da Educação?
Não, o problema de ser ministro da Educação era outro.

Havia a prática dos conchavos políticos...
Na verdade, ele pensava que, talvez, um político como o Getúlio Vargas pudesse ver nele um homem suficientemente criador para realizar alguma coisa

---
[10] Lei de Diretrizes e Bases da Educação (LDB). Define e regulariza o sistema de educação brasileiro com base nos princípios presentes na Constituição. Foi citada pela primeira vez na Constituição de 1934. A primeira LDB foi criada em 1961, seguida por uma versão em 1971, que vigorou até a promulgação da mais recente, em 1996.
[11] Ver nota 24, entrevista com Antonio Candido.

importante. Ele era um homem inteligente, conhecia o positivismo, conhecia o Brasil, sabia que uma ditadura burguesa poderia permitir o enfrentamento de problemas que, em outras condições, não seriam enfrentados, tanto que alguns aliados do Fernando de Azevedo ficaram muito irritados quando ele escreveu aquela introdução ao censo, aquele estudo...

A cultura brasileira. Parece que ele se arrependeu muito em relação aos elogios que fez ao Estado Novo.
Não, ele não se arrependeu, não. Ele fez aquilo e depois saiu... era uma oportunidade que ele tinha de fazer chegar ao conhecimento do [presidente] era a oportunidade que ele tinha de se afirmar diante do Getúlio Vargas, que ele conhecia há mais tempo. O Capanema era amigo dele, pensava que talvez pudesse ser ministro da Educação e realizar uma grande obra, mas ele não era um homem com apoio exterior suficiente para que fosse atraente para o Getúlio: um ministro de Educação como o Fernando de Azevedo seria uma fonte de problemas para o Getúlio Vargas. Era um político hábil, ele provavelmente percebeu o valor do Fernando de Azevedo, mas nunca fez nada por ele e o próprio Capanema sempre foi um homem muito fechado, muito egoísta, muito individualista.

O Capanema foi um bom ministro para a Cultura no sentido de que ele criou, realmente, um oásis...
Mas como ministro da Educação foi um descalabro.

É, todo o plano da Escola Nova, que o Anísio e o Fernando fizeram, sendo que Fernando de Azevedo foi quem redigiu o Manifesto, aquilo tudo foi por água abaixo.
É sobre isso que eu queria conversar: o Fernando de Azevedo não teve oportunidade e ele não teve oportunidade porque a sociedade brasileira não era suficientemente avançada. Na verdade, ele tem uma origem burguesa, é um homem que nasce dentro de uma família de tradição em Minas, inclusive rica.

E que depois perde todo o dinheiro.
É, depois perde, mas nem por isso ele deixa de ter uma família tradicional, família bem situada, e, para eles, o problema era de levar a burguesia a posições radicais, quer dizer, o Fernando de Azevedo teria sido bom na Argentina, onde o radicalismo teve um florescimento, ou na França, onde um intelectual do tipo dele era parte do cunho francês, da inteligência. Agora, no Brasil, com uma bur-

guesia urbanarretrógrada, obscurantista, que não tinha condições de realizar as tarefas históricas mínimas e que vai à República em ressentimento contra o Império. A história dos republicanos aqui é uma história sórdida, eu não sei se a senhora leu o livro do José Maria dos Santos,[12] a maneira raciocinada com que eles afastaram a responsabilidade de lutar contra a escravidão, porque calcularam: "se lutarmos contra a escravidão, teremos contra nós os fazendeiros, e então, adeus Partido Republicano". Então, se omitiram naquela fase final, tiveram o apoio dos fazendeiros e ficaram sendo o Partido dos Fazendeiros. Agora, dentro dessa burguesia, que era muito inteligente, se destacam aqueles Prados,[13] por exemplo, que tiveram um papel muito importante nesse momento. Há um processo pelo qual o conservador brasileiro impediu que a abolição se convertesse em revolução econômica e social. Ficou só uma revolução política, social por seus efeitos, porque, é claro, se se transforma toda a estrutura do sistema de trabalho, há uma revolução. Mas eles se antepararam, cortaram o processo revolucionário e determinaram o curso da evolução política da sociedade brasileira a partir das posições de poder, porque eles eram inteligentes, mas ficaram rentes a seus interesses de classe da maneira mais mesquinha, mais tacanha. Mesmo que o Fernando de Azevedo surja mais tarde, ele não tinha ambiente. Essa burguesia podia admirar o Fernando de Azevedo, mas não dá a ele esse mandato. A primeira grande coisa na vida dele foi aquele concurso em Minas e ele já leva ripada, quer dizer, ganha o concurso, mas não leva. Como aconteceu com o Antonio Candido aqui, depois.

Mas parece que, com o Antonio Candido, foi perseguição também.
Não, não foi perseguição, o problema foi que o Sousa Lima,[14] um homem de mais idade, era o professor da cadeira, anteriormente; houve o concurso, empataram na classificação e desempataram por voto de minerva: o Antonio Candido acabou sendo esbulhado e o Fernando de Azevedo foi esbulhado numa comissão ainda pior, porque aquilo teve uma repercussão... são dois fatos lamentáveis. Posteriormente, ele encontra pela frente o Centro Dom Vital, os intelectuais

---

[12] José Maria dos Santos (1877-1957). *Os republicanos paulistas e a abolição.* São Paulo: Martins, 1942.
[13] Prado. Tradicional família de São Paulo.
[14] Mário Pereira de Sousa Lima (Juiz de Fora, MG, 1893-?). Ensaísta, gramático, professor. Publicou o ensaio *Os problemas estéticos na poesia brasileira do parnasianismo ao simbolismo* (1945) e obras de gramática. Foi o primeiro titular da cadeira de literatura brasileira da USP, de que obteve a cátedra em concurso realizado em 1945.

católicos, isso tudo mostra que a sociedade brasileira não tinha condições de absorver uma personalidade como Fernando de Azevedo. Ele chega por um acaso ao Distrito Federal, ele chega por acaso à Secretaria de Educação, aqui, com o Ademar, mas ele não esquentou lugar.

O senhor tocou num ponto interessante. Então, teria sido tudo por acaso...
Porque são convites, ele mesmo conta nas memórias, conta como é que...

O Prado Júnior o levou ao Washington Luís; mas, certamente, há um problema, uma ambiguidade, que me parece uma das coisas interessantes na trajetória de Fernando de Azevedo: ele faz um projeto, que é a reforma educacional do Distrito Federal, um projeto que, de certa maneira, está totalmente em desacordo, a meu ver, com a mentalidade oficial do momento, tanto que não vingou. Isso é uma noção...
Mas não é bem do momento. O problema aí é que a senhora tende a refletir...

É uma escola socializante, é uma escola do trabalho, é uma escola-comunidade.
Pois é. O problema está todo aí, o avanço que ele pretendia fazer, se a senhora pega o Manifesto dos Pioneiros da Escola Nova, a senhora vê bem ali que eles queriam converter a República, num plano pedagógico, que não refletia a realidade. Era um requisito para que a República funcionasse, que o sistema de educação se tornasse republicano, eles não queriam mais que isso. Se ele fosse francês, ele teria feito isso no século XIX, talvez antes da metade do século XIX. Houve reformas profundas na era napoleônica, sob Napoleão; portanto, na verdade, em termos propriamente capitalistas, seria uma coisa para a burguesia se interessar, mas a burguesia não se interessou porque não era uma burguesia urbana de tradições polidas e, principalmente, não era uma burguesia que tivesse surgido no ímpeto de um capitalismo autossustentado, um capitalismo com desenvolvimento autossustentado. Era uma burguesia de periferia ainda, quando Fernando de Azevedo surge, profundamente vinculada à produção agrária e à exportação, com setores urbanos insatisfeitos, mas que não tinham muita solidez. Então, aconteceu com ele o que acontece com Getúlio quando ele sugere à burguesia que apoie Volta Redonda, a burguesia não entende, diz que não pode ser. Poderia, não quis apoiar, não quis entrar na criação da Companhia de Petróleo, quer dizer, é realmente uma burguesia especulativa, e que não é capaz de arrostar suas tarefas históricas básicas. Portanto, essa burguesia não podia ab-

sorver pedagogos da envergadura de Fernando de Azevedo, de Anísio Teixeira[15] e mesmo de Lourenço Filho.[16]

Sim, mas como é que ele chegou ao poder?
Ele chega porque, dentro dessa burguesia, há pessoas mais ou menos intelectualizadas, que entendem a necessidade de transformar a educação e tudo aquilo que, realmente, o próprio Fernando de Azevedo comungou. A senhora encontra essa frase num dos ensaios dele "Façamos a revolução antes que o povo a faça".

Sim, isso é uma afirmação típica do liberal.
É, se não fizermos a revolução na escola, no Estado, na sociedade, o povo vai fazer a revolução na rua. Então, esse pessoal era sensível a essa mensagem, pelo menos, uma parte...

A parte que era liberal, sim, mas que também tinha o apoio do Washington Luís, isso é que eu não entendo...
Não, o Washington Luís[17] realmente sancionou o convite a Fernando de Azevedo, mas quem fez o convite foi o Prado Júnior.[18] Ele foi levado pelo Alarico Silveira[19] que se interessou pelo programa e assim ele teve carta branca. Fernando de Azevedo fez uma reforma muito avançada para a situação brasileira, mas que correspondia à necessidade da sociedade brasileira em termos capitalistas; se fosse para a ordem social competitiva funcionar normalmente, aquele era um dos requisitos. A reforma do ensino era uma necessidade básica e, exatamente aí, os setores retrógrados da burguesia e instituições fortes, como a Igreja Católica, sabotaram. Entraram em luta. Então, o que a senhora vê é a tragédia desses grandes pioneiros da educação. Eles eram figuras necessárias, eles responderam ao mandato que receberam, que foi mais ou menos a coisa que aconteceu com o Nabuco, um mandato da raça negra, um mandato que não se configurava em termos de uma relação jurídica, mas se configurava como uma relação moral, não é? Com os educadores acontece a mesma coisa, eles assumem as obrigações,

---

[15] Ver nota 20, entrevista com Abgar Renault.
[16] Ver nota 41, entrevista com Abgar Renault.
[17] Ver nota 3, entrevista com Abgar Renault.
[18] Ver nota 4, entrevista com Abgar Renault.
[19] Alarico Silveira. Secretário de Estado dos Negócios da Educação de 1º de maio de 1920 até 30 de abril de 1924. Secretário do Interior no Governo de Washington Luís, em São Paulo e depois secretário da Presidência, no Rio de Janeiro. Pai de Diná Silveira de Queirós.

em termos desse mandato tácito do povo, que precisava de um novo tipo de educação, um novo tipo de escola. Agora, quando eles avançam nessa direção, ficam girando no vazio. Se surge um grupo, uma corrente ou uma personalidade que entende e apoia, pode-se iniciar o processo. Esse processo não tem continuidade porque, depois, a própria sociedade solapa. E pode solapar de imediato ou pode solapar mais tarde, mas sempre vai solapar. Por quê? Porque a sociedade não tem como apoiar isso. Em termos de situação de interesses da classe dominante, seria uma potencialidade, se a classe dominante fosse constituída por pessoas que vissem esses interesses de uma perspectiva mais ampla, não de uma forma muito restrita.

Ele fala muito na necessidade de uma "mudança de mentalidade".
É, e com isso eles foram vitimados. O Anísio tinha mais habilidade, tinha maior flexibilidade que o Fernando de Azevedo, em matéria de compromissos; era um homem correto, sério e tinha uma capacidade maior de adaptação; mas o Anísio, também, não pôde fazer o que tinha condições de fazer. O Lourenço Filho, um homem de competência muito grande como técnico, também não fez o que podia fazer. Nenhum deles fez. Realmente, eles foram vitimados pelo fato de que "entenderam qual era a tarefa deles" e tentaram desempenhar os papéis impostos por essas tarefas e, nisso, entraram em conflito com as elites intelectuais e culturais. Essas elites, tacitamente, pensavam em termos da tradição e das conveniências. Um tipo que vem com essas transformações é inconfidente, não é? Derrubam.

Mas não percebiam nem o processo de modernização para o qual o Brasil estava caminhando. É uma burguesia que parece esquizofrênica.
Eles poderiam modernizar, mas não queriam modernizar em termos de envolver a relação de poder que ali havia. O que o Fernando de Azevedo e os outros estavam fazendo envolvia uma democratização do aparelho do Estado e limitava, de alguma forma, o controle do poder por famílias importantes de várias regiões do país. É o problema de democratizar alguma coisa antes que a sociedade se democratize, e o Estado também. Fica muito difícil. A democracia que imperava e ainda impera, agora mais do que nunca, é uma democracia restrita.

É uma democracia de exclusão, ela não é verdadeiramente uma democracia.
Democracia restrita, é a democracia ateniense, é um conceito correto. Pode haver uma democracia de participação ampliada, pode ser uma democracia total.

Essa democracia restrita era uma democracia para as pessoas que se classificavam na sociedade civil e tinham voz política.

Sim, mas sem a possibilidade de haver mecanismos de expressão da vontade social.
Mas é claro. Porque se não fosse uma democracia restrita seria uma democracia de participação ampliada. O que o Fernando de Azevedo e os outros queriam fazer era, realmente, na área da educação, criar as condições que levassem a essa democracia de participação ampliada, criar essa realidade e, com isso, eles enfrentaram conflitos sérios e acabaram sendo vítimas de confusões porque o socialismo de Fernando de Azevedo era um socialismo reformista, um socialismo perfeitamente palatável para o gosto burguês.

Mas nem tanto palatável.
Não, não era palatável para uma burguesia reacionária ultraconservadora, obscurantista, que não entendia propriamente o papel de classe dirigente em termos mais avançados. Os educadores não eram de setores extremistas. Não eram pessoas que quisessem implantar uma revolução proletária.

Penso que o Fernando de Azevedo tinha uma atitude — é um dos eixos da minha tese — de grande racionalidade, ele tentava pensar em abstrato.
Em abstrato, é. Mas veja bem, se a senhora pega aquela proclamação dos educadores sobre os princípios, aquele manifesto, o Manifesto dos Pioneiros da Escola Nova, a senhora vê que aquilo tudo é uma tentativa de fazer com a educação no Brasil o que havia sido feito na França.

Na União Soviética também, ele cita muito Lunacharsky.
Na verdade, o problema ali é muito de pensar a história como se a burguesia brasileira fosse capaz de se soltar, de ser uma burguesia revolucionária, conquistadora. Ela não era. O resultado era que não tinha espaço para isso, não é? Seriam mudanças perfeitamente compatíveis.

A educação no Rio de Janeiro é uma calamidade. Estamos com uma repetência, no primário, de 60% a 70% (agora já estão deixando publicar nos jornais, mas até o ano passado não deixavam), ou seja, o primeiro contato que a criança tem com o sistema educacional já é de fracasso; em geral, com uma carência de proteína muito grande, entre outros vários problemas que dificultam o aprendizado. Nunca

se conseguiu, no Brasil, levar-se a coisa até o fim, porque no fundo, educação não é só educação: educação é muito mais que educação...
Existem outras coisas, inclusive uma mobilização desinteressada.

Não pode haver educação sem participação da comunidade.
É isso que eu estava dizendo, estava falando sobre democracia. Se, vamos supor, houvesse um proletariado mais consistente, mais organizado, que lutasse por aquilo, aí esses educadores teriam um ponto de apoio, um reforço e aí eles ficavam atraentes para os políticos. Eles realmente dependiam de déspotas esclarecidos e esses déspotas esclarecidos não são comuns na história do Brasil. Nós não tivemos nenhum déspota esclarecido assim, marcante. O próprio Getúlio não era um déspota esclarecido.

Ele era talvez um déspota, mas não esclarecido.
Não, ele era um homem que fazia o seu jogo... selecionava, mas...

Ele fazia muitas transações, apoiado nas mesmas oligarquias que se uniram.
Deixou, inclusive, uma estrutura oligárquica no poder, ele juntou as oligarquias.

Em 1928, quando o Fernando de Azevedo quis que a reforma fosse aprovada — ele conta isso no seu livro de memórias —, teve de fazê-lo na marra, porque nem as oligarquias — que apoiavam o governo que o trouxe para o Rio, e que deviam apoiá-lo porque ele era um homem de Washington Luís e do Prado Júnior — e nem a oposição o apoiaram. O único homem que o apoiou foi o Maurício de Lacerda.
O Maurício de Lacerda, sim, o Fernando de Azevedo gostava muito disso e repetia "ele era a unoria".

A unoria, exatamente...
A senhora tocou num ponto aí que também merece reflexão. É sobre a própria carreira intelectual dele, parece que tem dúvidas sobre o caráter científico da vocação dele. Esse é um ponto difícil de tratar, porque é claro que o melhor lugar para formar uma mentalidade científica não era a Ordem de Jesus, nem a Faculdade de Direito de São Paulo: eram lugares em que essa mentalidade estava sujeita a inibições, talvez até à corrupção, a uma deformação. A palavra certa é deformação, inibição e deformação. O trajeto dele é interessante porque as armas que usa para se afirmar inicialmente são as armas intelectuais que ele

aprendeu a dominar na Companhia: o corpo e a mente, a atividade do intelectual. Tanto é que ele escolhe fazer o quê? Um concurso na área de educação física. Depois, vem para São Paulo e vai viver do quê? Do ensino do latim e quando ele vai lecionar no Anglo, o diretor — ele conta também isso em suas memórias[20] —, o diretor não queria aceitá-lo porque era demasiado jovem. Ele então escreveu uma carta em latim para o diretor, que se chamava Reader, e o homem ficou encantado. Mas, como ele era muito novo, titubeou. O Fernando de Azevedo sugeriu: "O senhor pode me experimentar como professor". Ele experimentou e gostou. O Fernando de Azevedo manteve uma disciplina tão rígida na classe que, depois, ele nos contava: "Se voasse uma mosca na classe a gente poderia ouvir a mosca voando". Aí, o diretor chamou-o e disse: "Olha, doutor Fernando, o lugar é seu, mas relaxa um pouco a disciplina".

A repressão jesuítica não retira, porém, certa acuidade, com distorções, evidentemente, mas que o faz se interessar pela sociedade brasileira e citar a encíclica Rerum novarum.
Mas, veja bem, ele vai para o ensino do latim, estuda direito, se interessa por matérias relacionadas com as ciências sociais, começa a escrever comentários literários no *Correio Paulistano* e n'*O Estado de S. Paulo*, e realiza aquele levantamento...

Em 1926, um levantamento sobre a educação no Brasil. Depois, sai o livro...[21]
Quando se lê *No tempo de Petrônio*, nota-se que a imaginação dele era fecundamente sociológica. Os quadros intelectuais que ele imagina, toda aquela situação histórica...

Concordo, chamei inclusive a atenção sobre isso na minha Introdução porque o romano Petrônio foi crítico muito perspicaz da sociedade do seu tempo. Não sem razão inspirou Fellini a rodar o filme Satyricon.
Ele era um crítico menos subjetivista, partia da situação humana e da realidade social. Com isso, ele estava armado para o pensamento sociológico, tinha uma vocação espontânea que, depois, na medida em que ele se encaminha para a educação e os problemas práticos surgem, vai aguçar a necessidade de ver quais são as funções sociais, quais são as necessidades que o sistema não preenche,

---

[20] Suas memórias estão no livro *História de minha vida*. Rio de Janeiro: Livraria José Olympio, 1971.
[21] Ver nota 59, entrevista com Dina Fleischer Venancio Filho.

porque ele não está estruturado para preencher as funções sociais. Então, por aí, esse elemento sociológico acaba ganhando uma agudez maior ainda, de maior penetração, de maior densidade; nesse momento, começa a ler — não sei se o Júlio de Mesquita teve alguma influência nisso —, mas ele vai ler os franceses, principalmente o Durkheim.

Sim, Durkheim.
Ele foi um durkheimiano e um durkheimiano no sentido mais específico, porque ele conheceu e estudou Comte. Inclusive, o único curso que ele deu mais fechado, mais limitado, fora da área de educação, foi sobre Durkheim. Porque antes ele dava um curso de sociologia que era enciclopédico. Começava na Grécia e terminava... quer dizer, era uma coisa muito [linear]... Eu e o Antonio Candido sugerimos que ele deveria mudar, e então ele escolhe a corrente positivista da sociologia. Positivista, quer dizer, de Comte até Durkheim. Fernando de Azevedo conhecia bem Durkheim. A senhora junta, então, a essa aprendizagem que passava pelo crivo abstrato, mas que ele opunha ao concreto, a senhora lê os *Princípios de sociologia* e vê o rigor que ele alcançou, por essa via, na reflexão sociológica. De todas essas pessoas que são anteriores ao aparecimento do ensino universitário das ciências sociais de uma forma rigorosa, o Fernando de Azevedo é o único que tenta ter um pensamento preciso. Quando se compara o Gilberto Freyre com ele, o Gilberto Freyre é realmente um divagador, uma pessoa que realmente não tem método, não tem disciplina de trabalho científico. O Fernando de Azevedo se coloca o problema da ciência, os fundamentos lógicos da explicação, o método. É preciso respeitar um pouco a condição que vitimiza um intelectual como ele, que surge num país com recursos tão pobres, tão precários, como o Brasil. Ele merece mais respeito que nós, até nesse ponto, porque nós tivemos um ensino sistemático, tivemos professores competentes...

Na época dele não havia nada, havia muitas falhas na educação. Vocês tiveram a USP, não é mesmo?
É. Quando o Roger Bastide veio para cá já tinha dois livros publicados, livros de sociologia: *Os elementos de sociologia religiosa* e *Os problemas da vida mística*, fora outros trabalhos. E tivemos professores, então, que estavam aferidos para trabalharem no seu país de origem. Se nós tivemos méritos, nossos méritos foram de não ter ficado na sombra dos franceses e não nos termos tornado coloniais ou colonizados. Agora, o mérito do Fernando de Azevedo foi de achar

um caminho significativo e importante, independentemente de qualquer adestramento, nasceu de uma capacidade...

Do ímpeto do criador.
É, de uma capacidade íntegra dele, não era um simples imitador, ele não procurou imitar Durkheim, porque uma coisa que eu saliento é a maneira pela qual coloca o problema da educação, uma maneira pela qual o próprio Durkheim ficava superado. Na verdade, você tem uma encruzilhada aí: o Fernando de Azevedo, embora não fosse um conhecedor profundo do Dewey, faz uma bifurcação e procura... Porque estamos numa situação latino-americana, tem algo parecido com os EUA; então, talvez a via prática impôs a ele essa correção. Por isso, é preciso dar dignidade ao significado da obra dele, a ciência respondia a uma capacidade que ele tinha de trabalhar organicamente com a realidade.

Uma dificuldade que há em relação ao racionalismo de Fernando de Azevedo, e que me parece que leva a que ele seja, de certa maneira, incompreendido, é o seguinte: há uma expressão em relação a Platão, que eu não sei se o senhor concordaria, acho que é de Léon Robin, um estudioso de Platão, que escreveu que a vida de Platão foi uma action entravée. Ação travada. Ele interpreta o pensamento de Platão da seguinte maneira; é preciso subir ao cume das ideias, construir um mundo ideal, abstrato, um modelo, enfim, para depois poder, então, realmente, voltar ao real e poder agir melhor, mais eficazmente, nele. Não é uma alienação. Não se trata do estudo desinteressado no sentido de alienado, separado da realidade concreta. Fernando de Azevedo é muitas vezes criticado por falar em "estudos desinteressados", mas é um momento necessário para a reflexão sobre a realidade, uma pausa.
Realmente, quando ele falava em estudo desinteressado, o que ele queria dizer era aquilo que na ciência nós chamamos de pesquisa básica.

Exatamente.
Era o conhecimento fundamental. No passado, a expressão "estudo desinteressado" correspondia a isso, não era uma expressão rigorosa. Mas o Fernando de Azevedo, pela própria estrutura mental dele, não era um homem para estudo desinteressado.

De fato.
Ele já estava de antemão empenhado, o engajamento dele não era o engajamento que eu tenho, e o Antonio Candido vive me reprimindo, porque acha

que eu faço injustiças com o Fernando de Azevedo por causa do meu tipo de engajamento e que se deveria ver o Fernando de Azevedo relativamente ao momento histórico dele. É uma reflexão mais tipo Taine. Mas, para a situação que ele viveu, a maneira pela qual o intelectual se colocava... O Fernando de Azevedo, veja bem, era muito jovem quando recebe encargos, isso é um mecanismo da elite tradicional. O que as classes dominantes faziam? Elas incorporavam o intelectual às elites. Ele ficava um porta-voz das classes possuidoras, estava cooptado. Se ele não se mantivesse na linha, pau nele.

Foi o que aconteceu com ele.
E mostrou que era um homem que não era alienado. Exatamente sobre isso a senhora precisa ter muito cuidado, porque é claro que se pode definir alienação como se quiser, mas se entende alienação, aqui, em termos de uma deformação da consciência pela ideologia básica da sociedade, isso todos sofrem. Se forem imputar a ele o fato de que ele não foi ao fundo da consciência burguesa e que ele não fez a crítica dessa consciência, bom, aí também é querer exigir demais.

Porém, ele teve a consciência possível, me parece.
É, dentro do limite do que era possível. Ele não era um homem alienado, era um homem engajado no seu tempo e tinha muito orgulho disso. Ele se dizia um homem do seu tempo. Lutando para que a sociedade se transformasse e não via o problema da mudança na educação como algo teórico, ele via como um processo. A reflexão tinha de criar os quadros, quer dizer, você tem que estudar a realidade e ver em que direção a realidade precisa ser transformada, em que direção ela pode e deve ser transformada, e ele então se engajava nesse processo. Se isso é ser alienado... Agora veja bem que a ubiquação, a era burguesa tinha de ser [ubíqua] pela natureza das coisas; então, a falsa consciência existe, mas ela surge nos limites... Para retrabalhar com Fernando de Azevedo você precisa ser um Marx,[22] Adam Smith,[23] Ricardo[24] etc. O pessoal que faz essas afirmações, é um pessoal leviano.

---

[22] Ver nota 30, entrevista com Abgar Renault.
[23] Adam Smith (Kiskcaldy, Fife, Inglaterra, 1723-90). Filósofo e economista. Em 1776 publicou *Uma investigação sobre a natureza e causas da riqueza das nações*, considerado o primeiro trabalho de maior escopo sobre economia política.
[24] David Ricardo (Londres, 1772-1823). Economista. Sua reputação vem principalmente da obra *Princípios de economia política e taxação* (1817); deu importantes contribuições à teoria do valor-trabalho, à teoria dos rendimentos e à teoria das vantagens comparativas.

É, eu julgaria talvez assim, porque, por exemplo, como o Fernando de Azevedo era sociólogo, dotado de uma racionalidade rigorosa, achava que a realidade social é inteligível, pelo menos em parte; se ela é inteligível você pode verificar certas constâncias, leis etc. Então, em relação ao positivismo, em relação ao conceito de progresso, ele tem um trabalho sobre o conceito de progresso em que faz aquela distinção básica entre "juízo de valor" e "juízo de realidade".
É, que era do Durkheim. Eu tenho um ensaio que era uma bíblia do Fernando...

É, saiu agora, organizado pelo senhor.
Não, eu sou coordenador da coleção, quem fez foi o José Albertino Rodrigues.[25]

O senhor considera possível haver um conceito de progresso sem juízo de valor? Porque ele define progresso como aumento do alcance e significado da experiência humana. Ora, o significado da experiência humana, dependendo da ideologia, não varia? Seria possível haver um conceito de progresso totalmente isento de juízo de valor? Ele tenta provar isso.
Se a senhora pergunta a mim como marxista, respondo que o marxista não tem esse problema, mas para o Fernando de Azevedo existia o problema porque isso já vem no Comte, o intervalo técnico, a noção de intervalo técnico. Dentro da perspectiva comtiana, o conhecimento permite conhecer a dinâmica da transformação da sociedade. Com isso você ganha condições de produzir uma técnica social e reduz a duração de estruturas arcaicas. Você pode ter o poder de transformar a sociedade num sentido racional. Então, o progresso continua a ser uma criação do homem só que não é uma criação arbitrária, a partir, vamos supor, de um idealismo puro ou de valores abstratos. É através de conhecimento. O conhecimento permite entrar na essência das coisas, na dinâmica da realidade da sociedade, e as intervenções, então, são racionais. Então, para ele, dentro de uma perspectiva que era muito durkheimiana, a senhora lendo *As regras do método*,[26] aquela parte sobre o normal e o patológico, a senhora tem ali o tratamento preciso que, dentro dessa mentalidade científica positivista, se dá a esse problema. O fato social como coisa. Não é que Durkheim não soubesse que existem valores na sociedade, não é que ele não respeitasse valores. É o contrário. Mas os valores, para os sociólogos, são fatos, são coisas e

---
[25] José Albertino Rosario Rodrigues (1928-92). Sociólogo e docente da Universidade Federal de São Carlos. Grande amigo de Florestan Fernandes, faleceu vítima de um desastre de carro.
[26] Émile Durkheim. *As regras do método sociológico*. Ver nota 39, entrevista com Abgar Renault.

dão um conhecimento que permite a você determinar qual é o estado normal, qual é o estado patológico e como você pode intervir, então, em profundidade, na transformação dos sistemas sociais, na transformação até de tipos, não só de formas concretas de sociedade, do próprio tipo social. Aí a noção de progresso está imbricada numa capacidade de ação dos homens que converte a ciência no motor da evolução cultural. Agora, eu não vou julgar isso. Como marxista, nós fazemos uma crítica cerrada a essa postura de ciência positiva.

Porque Fernando de Azevedo tenta provar que é possível haver um conceito de progresso absolutamente científico, objetivo.
Sim, exato, é isso aí.

Então o significado, para o senhor, poderia ser, por exemplo, uma maior participação das forças produtivas, para outro, seria maior significado da experiência humana e assim por diante.
Para o marxista, não é isso, não. É a recuperação da pessoa, do trabalhador, que foi reduzido a instrumento da máquina, não humano.

Pois é, para outros seria o contrário, ou algo diferente.
O Marx dos ensaios filosóficos, o jovem Marx, é o Marx do fim da vida dele. Ele nunca deixou de advogar o socialismo que pretende transcender a sociedade capitalista, eliminando essas coisas. Agora, para nós, não haveria esse problema de distinguir entre julgamento de valor e julgamento de realidade. Para ele, dentro de sua perspectiva — é preciso fazer esse esforço, colocar-se na perspectiva em que ele pensava —, era um pensamento rigoroso e adequado a um sistema. A senhora usou o conceito certo, era racional. Era racionalismo. Agora, esse racionalismo fecha tudo, porque no fundo a realidade não respeita esse enquadramento.

É, me parece um pouco com o pensamento de Platão, que escreveu A república *e quis implantar uma república ideal na Sicília, na Magna Grécia; foi um fracasso porque tentou educar um rei que, entre outras coisas, era um ignorante, um déspota e que não tinha a menor sensibilidade para ouvir Platão ou os problemas levantados por Platão.*
Mas aí, a senhora veja, no seu trabalho, a senhora tem de trabalhar de uma forma rigorosa, tem de ir rastreando as fontes intelectuais dele, para determinar

[seu pensamento] porque senão... O que dizem do Fernando de Azevedo é uma bobagem. Ele foi vítima dos contemporâneos e está sendo mais vítima ainda dos que vieram depois.

A contribuição dele foi muito importante. Agora há, por exemplo, entre nossos contemporâneos, uma discussão sobre o conceito de elite. Por exemplo, o historiador Carlos Guilherme Mota me parece equivocado em relação ao Fernando de Azevedo, porque ele dá ao conceito de elite que o Fernando de Azevedo prega um sentido totalmente diferente daquele que o Fernando atribuía ao termo.
Inclusive a definição que está no *Pequeno dicionário da língua brasileira*, do Antenor Nascentes[27], é do sociólogo Fernando de Azevedo. É do Pareto,[28] eu tenho o livro.

É o Pareto, exatamente, o conceito de circulação das elites.
É, aquele conceito... Dentro do marxismo, há uma tentativa violenta de condenar o uso do conceito de "elite", principalmente nos marxistas que andaram lendo Altusser e outros autores indigestos. Eu não vejo essa necessidade, porque uma classe dominante tem suas elites.

Elite não pode ser entendido como vanguarda?
Pode. Veja bem, o Wright Mills[29] foi terrivelmente criticado pela esquerda nos EUA porque usou o conceito de "elite no poder", exatamente porque quis se livrar do conceito de classe. Depois a Marion Dönhoff,[30] que é uma das críticas de esquerda mais agudas, mais pertinentes, mais penetrantes do Wright Mills, acabou fazendo aquilo que o Wright Mills devia ter feito, combinar classe e elite. É claro que a classe tem suas elites, não só a classe burguesa, a classe operária também. A vanguarda da classe operária é uma elite.

---

[27] Antenor de Veras Nascentes (Rio de Janeiro, RJ, 1886-Rio de Janeiro, RJ, 1972). Filólogo, etimólogo, dialectólogo e lexicógrafo de grande importância para o estudo da língua portuguesa no Brasil. Ocupou, como fundador, a Cadeira nº 3 da Academia Brasileira de Filologia.
[28] Ver nota 16, entrevista com Arquimedes de Melo Neto.
[29] Charles Wright Mills (Texas, 1916-Nova York, 1962). Sociólogo norte-americano, escreveu entre outros livros *Elite do poder* (The Power Rlite, 1956) e *A imaginação sociológica* (1959). O primeiro analisa a dinâmica do poder, da burocracia e, obviamente, da elite.
[30] Marion Hedda Ilse von Dönhoff (1909-2002). Jornalista alemã, participou da resistência contra Hitler e depois da guerra tornou-se uma das mais importantes intelectuais de seu país. Trabalhou durante 55 anos para o jornal *Die Zeit*.

Me parece que o Fernando de Azevedo usa o termo elite não no sentido da "nata" da classe dominante, porque ele fala, inclusive, de elite de mandato social, ele fala de uma elite que tem que estar ligada... Ele cita, inclusive, se não me engano, Emilio Willems...
O dicionário do Emilio Willems,[31] não é?

Creio que está no último livro que o Fernando de Azevedo escreveu, se não me engano, de 1962: A cidade e o campo na civilização industrial. Ele escreve o seguinte, usando inclusive a palavra "seiva": "esta elite não poderia estar desligada das suas bases" porque ela tem que ser alimentada pela seiva trazida pelas raízes...
É, mas esse eu tenho, é exatamente isso. Ele está refletindo...

Sim, se essa elite tem de ter a seiva, então, me parece, se eu compreendi o que o Carlos Guilherme Mota quis dizer, nesse sentido, pelo menos, ele dá a impressão de que o Fernando de Azevedo é um elitista, daquele tipo aristocrático, que leva à permanência do status quo e não de uma vanguarda que quer exercer um papel pioneiro.
Não, Fernando de Azevedo não era elitista. Você não pode pensar o Fernando de Azevedo em cima do seu quadro humano, ele não se propunha ser membro de uma elite tradicional. Ele se colocava como fazendo parte de uma elite criadora, uma elite que, inclusive, na perspectiva dele, tinha uma função revolucionária dentro da sociedade brasileira. Ele faz uma adaptação com o socialismo, e que não era muito perfeita, mas ele definia a sua ambição maior saindo dos quadros burgueses e penetrando no socialismo reformista. Nesse caso, ele se via como fazendo parte de uma elite criadora. Uma elite intelectual é criadora. Ele é membro da classe dominante, se ele é um intelectual orgânico no sentido do Gramsci,[32] tem de produzir, ele tem de participar de uma elite inventiva, é nesse sentido. E isso é sociológico. Porque há nos EUA, e talvez isso tenha influenciado o Carlos Guilherme, uma tendência a chamar "elitista" e "sociedade elitista" uma sociedade tradicionalista. E o que aconteceu no Brasil, se você pega o fim do século XIX e início do século XX, aqui, um Nabuco[33]

---

[31] Emilio Willems. *Dicionário de sociologia*. Globo, 1950. Ver nota 2 desta entrevista.
[32] Ver nota 78, entrevista com Antonio Candido.
[33] Joaquim Aurélio Barreto Nabuco de Araújo (Recife, PE, 1849-Washington, EUA, 1910). Político, diplomata, historiador, jurista, jornalista, orador, poeta e memorialista. Formado pela Faculdade de Direito do Recife. Foi um dos fundadores da Academia Brasileira de Letras. Foi um dos grandes

estava em conflito com as tarefas das elites intelectuais, ele rompeu com isso no que dizia respeito ao abolicionismo; não rompeu em outras coisas, a tal ponto que era fiel à monarquia, não é? Então, é preciso pensar o Fernando de Azevedo também assim. Por dever de profissão ele via o conceito de elite precisamente, e por necessidade de comunicação ele se colocava dentro do setor da elite intelectual, que rompia com o obscurantismo do meio ambiente.

Porque Fernando de Azevedo em relação às elites afirmava, primeiramente, que é preciso haver a circulação dessas elites, uma troca, portanto; e, segundo, há uma seleção dessas elites. Ele fala de uma elite das capacidades...
No meu caso pessoal, quando ele convida o Emilio Willems, ele convida uma pessoa que vem sancionada pela formação. Era um alemão, professor com tese de doutorado na Alemanha, então é um valor importante para Fernando de Azevedo. Depois ele convida o Antonio Candido de Mello e Souza, quer dizer, um intelectual que se tornou conhecido rapidamente por causa das críticas que publicou na *Folha*[34] e que tem uma imbricação tradicional, depois ele convida o Florestan Fernandes, que ele sabia que não era ninguém.

Não, era alguém que ele conhecia bem...
Mas, não, se ele fosse um elitista, ele já não me convidaria.

Claro, mas ele fala de uma elite das capacidades.
Pois é, mas veja bem. Se ele fosse elitista nesse sentido que você expõe... Essa visão da sociedade tradicional, elitista, é uma maneira pela qual, nos EUA, se usa muito o conceito de elitismo, realmente ele não se colocava...

Sim, o Fernando de Azevedo é muito claro. Ele escreve assim: "uma elite de qualidade ou aristocrática". Aristocrática aí, no sentido preciso, mas aberto, é preciso compreender e valorizar a semântica da palavra aristocrática.
Pois é. Aí ele não está falando...

---

diplomatas do Império do Brasil (1822-89). Além de *O abolicionismo* (1883), *Minha formação* (1900), figura como importante obra de memórias, onde se percebe o paradoxo de quem foi educado por uma família escravocrata, mas optou pela luta em favor dos escravos. Nabuco diz sentir "saudade do escravo" pela generosidade deles, num contraponto ao egoísmo do senhor. "A escravidão permanecerá por muito tempo como a característica nacional do Brasil", sentenciou.
[34] *Folha de S.Paulo*. Fundado em 19 de fevereiro de 1921 com o nome original de Folha da Noite por Olival Costa e Pedro Cunha.

No sentido de aristocrático restrito, que o Carlos Guilherme Mota parece ter usado, mas no sentido amplo de aristocrático, uma elite capaz, de qualidade. E por esse pequeno trecho...
Não, mas eu preciso lhe contar uma coisa que é importante para você entender. Quando Fernando de Azevedo me convida, eu fui convidado por três professores naquele momento: um deles, o Egon,[35] foi até discutir com o Fernando de Azevedo, foi à casa dele no Pacaembu. Não sei se você foi ver onde morava Fernando de Azevedo, na rua Bragança...

Bragança, 55. Mas já foi destruída.
Era uma espécie de palácio, não era tão pequeno... Mas eu convidei Fernando Henrique primeiro, convidei depois Renato Jardim Moreira, depois o Octávio Ianni,[36] para trabalharem comigo. Quando eu convidei o Octávio Ianni, havia uma pessoa que trabalhava comigo, de uma família tradicional — Ofélia Ferraz do Amaral —, ela vem falar comigo e diz: "Florestan, eu soube que você convidou o Octávio para assistente", eu disse: "Convidei". "Mas você pensou bem no que você fez?" Aí eu tive um frio no estômago. Eu falei: "O quê? O que há com o Octávio?". Ela disse: "Não, pense bem no que você está fazendo". E eu: "O que que eu estou fazendo? Ele foi um aluno brilhante, eu vejo nele um potencial de carreira científica na sociologia, invulgar, e é minha obrigação selecionar pessoas iguais ou superiores a mim e não piores que eu".

---

[35] Ver nota 20, entrevista com Antonio Candido.
[36] Octávio Ianni (Itu, SP, 1926-São Paulo, SP, 2004). Sociólogo. Formou-se em ciências sociais pela Faculdade de Filosofia, Ciências e Letras da USP (1954), passando a integrar o corpo de assistentes da Faculdade, na cadeira de sociologia I, da qual Florestan Fernandes era o titular. Foi um pensador devotado à compreensão das diferenças sociais, das injustiças a elas associadas e dos meios de superá-las. Aposentado pelo AI-5 (e proibido de dar aulas na USP), foi para a Pontifícia Universidade Católica de São Paulo (PUC-SP) e integrou a equipe de pesquisadores do Centro Brasileiro de Análise e Planejamento (Cebrap). Ianni participou da chamada Escola de Sociologia Paulista, que traçou um panorama novo sobre o preconceito racial no Brasil. Ao lado de Florestan Fernandes e do ex-presidente Fernando Henrique Cardoso, é considerado um dos principais sociólogos do país. Nos últimos anos, dedicou seus estudos à globalização. Principais obras: *Cor e mobilidade social em Florianópolis* (1960, em colaboração), *Homem e sociedade* (1961), *Metamorfoses do escravo* (1962); *Industrialização e desenvolvimento social no Brasil* (1963), *Política e revolução social no Brasil* (1965), *Estado e capitalismo no Brasil* (1965), *O colapso do populismo no Brasil* (1968). Também devem ser citadas: *A formação do Estado populista na América Latina* (1975), *Imperialismo e cultura* (1976), *Escravidão e racismo* (1978), *A ditadura do grande capital* (1981), *Classe e nação* (1986), *Dialética e capitalismo* (1987), *Ensaios de sociologia da cultura* (1991), *A sociedade global* (1992).

Coisa rara, essa atitude.
Nesse caso o Octávio se impôs pelo valor dele. Ela repetiu, então: "Não, Florestan, pense bem no que você está fazendo". Eu falei: "Bom, Ofélia, eu não estou entendendo o que você está falando, me diz de uma maneira clara o que é". E ela: "Mas ele é um italianinho".

Que horror!
Aí eu respondi: "Olha Ofélia, isso não quer dizer nada. Eu sou um portuguesinho".

É um pouco de São Paulo isso, não é?
Para você ver, isso é o Brasil, não é São Paulo. No Rio é pior ainda, porque aqui o "italianinho", o "portuguesinho" chegam lá e ficam catedráticos.

É, o senhor tem razão.
Quantos você tem no Rio?

Poucos.
Ainda no *Estado*, não, eu não leio o *Estado*, foi na *Folha*, no Folhetim, da *Folha*. Tem um artigo um pouco virulento lá sobre o imbricamento intelectual no Rio de Janeiro, uma reflexão muito severa sobre esses aspectos. Esse é o elemento tradicional. Agora, quando o Fernando de Azevedo usava o conceito de elite, ele, em primeiro lugar, usava de uma forma sociológica. Em segundo lugar, quando ele se via como membro de uma elite, ele se colocava como intelectual orgânico que, por assim dizer, estava interessado nas tarefas revolucionárias da classe dominante que, no caso brasileiro, negligenciou e, inclusive, combateu essas tarefas.

Pois é, essa incongruência...
Não é incongruência...

É obscurantismo. Bom.
O obscurantismo é dos outros, não é dele.

Não, dele não.
Agora, neste caso, os que chamam Fernando de Azevedo de elitista acabam sendo injustos porque o conceito de elitista não qualifica ninguém. Ele era um homem de elite pelo valor dele.

Inclusive, ele mudou. O livro que Carlos Guilherme Mota está citando é A cultura brasileira.
Não é o problema da cultura. A postura do Carlos Guilherme é de exigir que se pense em termos de classe, conflitos de classe e não usar a cultura para esconder esse mundo de miséria e de conflitos que podem ser ocultados se a cultura é tratada...

Como um todo.
É, como um todo e ignorando...

As diferenças.
É, pode se usar o conceito de cultura para apanhar isso. E o Fernando de Azevedo no livro *A cultura brasileira* trata exatamente da cultura no sentido letrado. Porque, como um bom durkheimiano, ele tinha de resolver o problema da morfologia dessa cultura, ele tem todo um capítulo a respeito.

Aliás, no prefácio ele faz uma observação, diz que não usa o conceito antropológico de cultura. Se você entra no conceito antropológico, evidentemente, você não pode falar em cultura, mas em culturas. Com diferenças. Outra coisa que também tem relação com isso que o senhor falou, ele trabalha muito, por exemplo, com a noção de interesse geral, e eu colocaria isso como uma questão: se, no fundo, quando você fala em interesse geral, você não está escamoteando, muitas vezes, interesses que podem ser contraditórios?
Aí você entende o seguinte: eu saí dessa dificuldade num período em que meu radicalismo me levou ao combate ao Estado Novo; eu me tornei um extremista no início, antes do Estado Novo se consumir, eu passei para militante da 4ª Internacional e fiquei [lá] vários anos. Depois, eu vi que não havia perspectiva e me afastei, os companheiros entenderam e fiquei, ainda, vários anos lá, não sei quantos anos, não me lembro mais, se até 48, 49... O fato é que fiquei alguns anos nesse movimento, o que foi muito importante para mim.

Para sua formação.
É, para minha formação. Mas eu me perdi...

Nós estávamos falando sobre o problema de interesse... Interesse geral e interesse particular.

Ah, sim. Quando eu coloco esse problema... porque é claro, o Fernando de Azevedo usa uma terminologia, que, de um lado, é um pouco kantiana, e de outro lado, é um pouco católica.

É, ele fala assim "ver o Brasil em grande... megalopia...".
Mas é preciso ver uma coisa, o intelectual na década de 40, no início da década de 50, tinha poucas possibilidades de afirmação ultrarradical. E eu queria que o que eu falasse fosse entendido. Então, eu colocava a questão em termos de interesse médio da sociedade. Porque é uma maneira de combater... Tenho um ensaio que se chama *Reflexão sobre os problemas de mudança social no Brasil*[37] em que eu caracterizo o comportamento típico das nossas classes dominantes em termos de resistência sociopática à mudança.

É o sentimento de medo às mudanças.
Agora, se você quer combater essa resistência à mudança, que é sociopática, você tem de usar uma terminologia que tenha circulação.

Que não aumente o medo.
É, olha o comunista aí. Então, é o lobo com pele de cordeiro. Para evitar isso, então, eu procurava uma terminologia mais ou menos permeável e defensável. O que o Fernando de Azevedo queria dizer era a mesma coisa. Não é o interesse de um pequeno grupo, não é o interesse, vamos supor, só das classes dominantes ou das elites das classes dominantes ou dos setores urbanos mais avançados. A sociedade brasileira tem certos interesses [comuns].

E quando você fala em interesses gerais, no fundo você está sendo progressista, porque no fundo existe um princípio...
Mas isso aí é um problema da Constituição, é um problema de uma ordem jurídica, é o problema da existência de uma sociedade competitiva. Há certos interesses que são gerais. O fato de um indivíduo ser proletário, ou sequer ter se proletarizado, você pega um índio, um posseiro, um seringueiro, que coleta borracha, um trabalhador semilivre que está jungido àqueles... [...]. Ele tem interesses que são comuns porque, dentro de uma sociedade capitalista, se a ordem social competitiva funcionasse, ele teria certas garantias sociais, certas

---

[37] Florestan Fernandes. *Mudanças sociais no Brasil.* São Paulo: Difec, 1974. p. 19-57.

garantias jurídicas, certas garantias políticas que seriam universais, quer dizer, delas participariam todos, ricos ou pobres, burgueses e não burgueses. Esse é o interesse geral. Agora, como a nossa sociedade capitalista é subdesenvolvida, dependente e o trabalho livre se universalizou, em termos de sistema social, de sistema de trabalho, mas não chegou a ter uma realidade concreta em toda a sociedade, então, há certos interesses gerais que não são respeitados. Isso não exclui a desigualdade. A desigualdade se sobrepõe a esse interesse geral e com isso cria interesses particulares que, às vezes, entram em atrito com o interesse geral. Mas, veja bem, se você lê o ensaio de Weber,[38] *A ética protestante*, naquela parte em que ele começa a discutir o momento em que surge o trabalhador livre, o contrato é uma necessidade para que apareça o trabalhador livre. Então, é do interesse geral da sociedade que aquele homem tenha garantias para fazer um contrato ou, então, o que ele é? Servo? Escravo? Um homem que vende o trabalho. Uma sociedade que precisa do trabalho como mercadoria, precisa do contrato, precisa de garantias jurídicas para esse sujeito que não é nada diante do dono da empresa. Então, aí, há interesse geral. É preciso pensar no interesse geral. E, nesse sentido, ele...

E que o senhor traduziria, na sua nomenclatura, como interesse médio...
Interesse médio, é.

Agora, uma outra coisa que eu não entendi bem. Ele fala, voltando atrás, em relação, justamente, à colocação do Pareto, sobre a circulação das elites, ele diz que o Pareto foi mais feliz na explicação do mecanismo do que na explicação das causas dos fatores que produzem essa elite.
Olha, eu aí já não estou tão por dentro do pensamento do Fernando de Azevedo. Provavelmente, o que ele está querendo dizer [é que] o Pareto foi um homem que trabalhou na sociologia e na economia, ele tinha um *trend* muito matemático na reflexão. Agora, lendo *A sociologia geral* você vai ver que ele tinha uma erudição histórica muito grande, nisso ele parece um pouco com o

---

[38] Max Weber (Erfurt, Alemanha, 1864-1920). Sociólogo e economista. Filosoficamente, é conhecido por insistir na distinção entre fato e valor. Seu trabalho mais conhecido é *A ética protestante e o espírito do capitalismo* (1904), que exerceu grande influência na teoria sociológica, estabelecendo a ligação entre a ascensão do capitalismo e o desejo de ver no sucesso um sinal da salvação predestinada. Weber percebeu que este tipo de estudo requeria análises comparativas com outras culturas e épocas, e grande parte da sua obra é sobre este problema.

Talcott Parsons,[39] no sentido de ter uma boa erudição histórica. Nos trabalhos do Parsons essa erudição não aparece. Conversando com ele, ou lendo um ensaio como o que ele escreveu sobre o problema do negro nos EUA, você vê que a erudição existia. Nos trabalhos, não, porque fica só aquela parte abstrata, geral, cansativa. O Pareto, ao contrário do livro de economia, sua erudição histórica acabou aparecendo em tudo quanto é página do livro *A sociologia geral*; mas o curioso é que não há uma conexão entre as categorias teóricas e essa erudição histórica. As duas coisas são sobrepostas e paralelas; provavelmente o que o Fernando de Azevedo queria dizer é que o que está falhando, o que está faltando, no Pareto, é a capacidade de ligar os fatos históricos em termos concretos. Fazer o que o Durkheim faz com a divisão do trabalho, principalmente com o suicídio.

Ver as relações, as causas...
Procurar a causa antecedente, essa articulação, porque o mecanismo está muito bem descrito, agora, com a causação, como apanhar esse processo. Se você opera num nível de sociologia formal e sistemático, então, realmente, para um sociólogo da formação do Fernando de Azevedo, havia uma total impossibilidade de passar de uma sociologia para outra, quer dizer, ele trabalhava no plano de uma sociologia do tipo da durkheimiana. Havia uma sociologia geral, mas os problemas da sociologia geral não têm nada que ver com os problemas da sociologia geral na Alemanha, que era uma sociologia formal e construtiva. O Fernando de Azevedo não entendia uma sociologia construtiva, ele entendia só uma sociologia com base *in re*, com fundamento na coisa. Ele era durkheimiano nisso. Você pega as regras do método e você vê, então, como...

Precisa de uma base empírica.
Precisa haver um sistema de referência empírica para compreender as variações das causas e dos tipos e, inclusive, colocar o problema do relativismo em termos que são muito aproximadamente históricos, não historicistas, mas históricos. O Pareto não responde a isso no plano explicativo, porque o Pareto era um sociólogo formal por excelência, como foi, também, um economista matemático informal, quer dizer que a sociologia dele é uma sociologia sistemática, não adianta nada ele ter uma erudição histórica e sociológa, provavelmente aguça-

---

[39] Talcott Parsons (Colorado Springs, CO, 1902-79). Sociólogo. Desenvolveu uma análise funcionalista dos sistemas sociais através de seus livros *A estrutura da ação social* (1939) e *O sistema social* (1937).

da... O problema é que na explicação os fatos não aparecem, então a causação social é abstrata, é uma sociologia construtiva. Durkheim repudia isso. Durkheim conhecia a sociologia.

Durkheim vai à coisa.
É.

O senhor já elucidou muitas dúvidas e de uma maneira muito clara. Em relação àquela célebre frase de Marx: "as ideias dominantes de uma época são as ideias da classe dominante", Fernando de Azevedo não aceita isso.
Não poderia aceitar.

Ele cita o caso dele e do Anísio, especificamente, e escreve o seguinte quando está se referindo ao setor da educação: "muitas vezes as ideias dominantes de um determinado setor vão contra as ideias da classe dominante...".
Mas isso é não entender bem a reflexão de Marx para quem a ideologia de uma sociedade é a ideologia da classe dominante. Com isso, o Fernando de Azevedo era muito mais representativo da classe dominante do que da média da burguesia, porque, veja bem, ele realmente estava, ele, o Anísio e outros, estavam levantando as tarefas históricas dessa burguesia, mas essa burguesia estava operando com ideologias que não eram plenamente adequadas ao capital industrial, não eram adequadas à situação que uma burguesia que pretendesse realizar sua revolução deveria aceitar. Na verdade, aí você tem uma contradição dialética. O intelectual orgânico vai além da sua classe, vivendo a ideologia que deveria ser a ideologia da classe, porque a classe estava sucumbida, defendendo ideias e valores já ultrapassados, muito mais representativos do Brasil...

Arcaico.
De origem colonial do que do Brasil que poderia suportar uma revolução do tipo francesa ou do tipo inglesa. O Fernando de Azevedo, o Anísio e outros estavam pensando nesse tipo de revolução...

Mas as ideias dele não eram as ideias da classe dominante?
Nos termos do Marx, quando ele fala de uma "ideologia da classe dominante", quando o Fernando de Azevedo fala "vamos fazer a revolução na escola senão o povo a faz na rua", aí você vê como a ideologia da classe dominante marca a

posição dele, a situação de interesse de classe é a situação de interesse de classe de toda a burguesia; agora, em termos de ação concreta, essa burguesia tem correntes, tem uma corrente reacionária, tem uma corrente conservadora, tem uma corrente liberal, tem uma corrente radical. O Fernando de Azevedo está nessa corrente radical...

Progressista.
Que aqui foi sufocada, que aqui foi vitimada pela história, porque o resto da burguesia, mesmo os liberais, acabava tendo que fazer uma composição entre as tarefas que deveriam ser assumidas por eles e as tarefas que eram permitidas pelo grosso da classe dominante. Quem saísse disso era esmagado, eu já insisti sobre isso. Então, por aí, ele lidou no plano das aparências, parecia que ele rompia com a burguesia. Na verdade, a burguesia não avançou, não saturou o espaço que deveria ter saturado. É por isso que o Manifesto é tão avançado, é um manifesto que necessitava de uma burguesia conquistadora.

Tinha que se entrar, se abrir...
Que fizesse pelo menos o que fizeram os republicanos nos EUA, por ocasião da Independência; penso o papel dos EUA, em termos de nação independente, nação autônoma, com desenvolvimento próprio. Eles vão à guerra civil para decidir exatamente esse dilema, qual vai ser o fulcro da orientação política da nação. Aqui nós não tivemos um setor da burguesia que avançasse nessa direção: os intelectuais, ou se adaptavam às possibilidades e tinham lá o seu "brilhareco", mas, naturalmente, não... quer dizer, ou ser um Capanema ou ser um Fernando de Azevedo. Esse é o problema, ou ser um Chico Campos, um Francisco Campos ou ser um Anísio Teixeira. Nesse plano é que você precisa refletir.

E por isso, talvez, eles nunca conseguiram obter realmente [uma mudança real].
Daí a nossa burguesia ser autoritária, e só vai permitir a modernização quando o poder está ferreamente concentrado nas suas mãos, monoliticamente. Aí, moderniza.

A ferro e fogo.
Porque não corre risco, não precisa dividir poder, não precisa democratizar coisa nenhuma. Esses educadores queriam democratizar. A sociedade capitalista é uma sociedade democrática, inclusive ela permite a existência dos sindicatos,

exige a existência dos sindicatos, do movimento operário. Sem o movimento operário, sem o socialismo do movimento operário, não há república democrática avançada.

Nossa burguesia, ao mesmo tempo que quer a industrialização, é extraordinariamente autoritária. Não quer dar um passo...
Mas, veja bem, você tem que fazer uma ginástica para entender o Fernando de Azevedo aí.

Nesse limiar, onde ele se situa.
Ele e os outros. Agora, é claro que ele entendeu mal a frase do Marx. Nisso, o Pareto também foi muito sensível, numa sociedade em processo de revolução, o Pareto é um homem que coloca bem finamente essa questão. Por exemplo, se você tem uma situação como a que ocorre em Cuba, ou como a que ocorreu na Rússia ou na China. É claro que o grosso das classes dominantes vai se voltar contra essa transformação. Mas uma boa parte das classes dominantes, já antes da consumação dessa transformação, vai se colocar ao lado do movimento revolucionário por um processo de crítica. Veja a posição do Caio Prado, aqui. O Caio Prado não é só de uma família poderosa, é de uma família aristocrática. E, no entanto, ele foi para o PC. Foi porque ele se proletarizou? Não, ele foi por uma via de crítica moral. A mesma coisa você pode pensar sobre uma importante parte da esquerda católica que, naturalmente, está longe da proletarização, mas vai em termos de uma crítica ética da sociedade de classes na periferia.

É o que, aliás, o Fernando de Azevedo faz no início da sua obra, ele exerce muito essa crítica ética, ao se voltar para o social ele o faz muito sob o ponto de vista ético.
Agora, querer que ele, na década de 30, tivesse um engajamento... ele não teve essas oportunidades, são oportunidades que surgem. Os jovens hoje não conseguem entender as oportunidades que têm, dissipam.

Eu acho que ele conseguiu esgotar, dentro do seu momento, toda a razão possível.
A tragédia de todos eles é que não deram uma ínfima parte do que eles teriam capacidade para dar se a sociedade brasileira fosse outra. Eles foram limitados. Ao mesmo tempo que essa sociedade permitiu que eles começassem muito cedo, e dessem muita coisa, porque poucos eram chamados para o serviço intelectual; nesse sentido, eles foram limitados. Então, realmente, eles devem a essa

sociedade o prestígio precoce, o fato de chegarem a posições de poder, de terem logrado exercer influência, coisa que é muito difícil hoje, mas, ao mesmo tempo, essa sociedade tirou deles a possibilidade de trabalharem num nível mais profundo em que eles poderiam trabalhar. O rendimento intelectual deles, você pode imaginar isso facilmente, se eles fossem mais exigidos, se eles tivessem tido a oportunidade de pôr em prática as ideias, desenvolver os movimentos sem todo esse choque, sem todas essas limitações, onde eles teriam chegado?

Exatamente: longe.
Eles não morreram em crisálida, claro, mas foram inibidos, foram empobrecidos.

É, eu me lembro do seguinte: conversando com uma moça que trabalhou com o Anísio, ela me contou que o Anísio, quando surgiu o método Paulo Freire, ficou curioso em conhecer o que Paulo Freire[40] podia realizar. Ele, Anísio, tinha uma visão bem diferente, aberta, não tinha um medo patológico ao novo, o qual ele podia, inclusive, dependendo de sua eficácia, não aceitar.
Aliás, nenhum deles tinha.

É.
Mesmo o Lourenço Filho. Eu não o conheci, tive contato muito superficial, ele me mandou um livro. Mas ele era um homem muito competente, era um homem capaz de ter feito muito mais coisas. Quanto ao Fernando de Azevedo, Anísio Teixeira, Carneiro Leão e vários outros, eu tenho a impressão, é óbvio, que eles foram subaproveitados de uma maneira...

Brutal.
Chocante. Talvez se tivessem ido para a área da ficção, uma área intelectual que não fosse tão massacrada, poderiam ter atingido um nível autêntico, a potencialidade mais extrema. Mas eles trabalharam numa área...

---

[40] Depõe o professor Jader Britto, colaborador de Anísio Teixeira: "Quando a imprensa começou a divulgar notícias sobre o método Paulo Freire, a partir da experiência de Anficos (RN), em 1963, falava-se em 'alfabetizar em 40 horas'. A reação de Anísio foi esta: 'Ou o método é mágico, ou o autor é um mistificador'. Algum tempo depois, Anísio recebeu Paulo Freire que lhe prestou amplas informações sobre o método. Disse ele então: 'Paulo Freire não é um mistificador, mas continuo achando que o método dele é mágico.' Anísio considerava o trabalho de alfabetizar extremamente complexo e desafiador, requerendo tempo e condições pedagógicas adequadas. [...] Apesar de seus vários méritos, o método não passou por uma avaliação científica, ao que saiba".

Muito ingrata.
Ingrata e sujeita a muita dúvida, a muito temor, como você diz aí. Não sei se você quer mais alguma coisa...

Acho que o senhor resolveu muitas dúvidas que tinha... Aliás, algumas, antes mesmo que eu as colocasse.
Agora, eu aconselharia que ouvisse o Antonio Candido. Porque o Antonio Candido conhece, ele é muito acessível.

Ele não está em São Paulo, está em Poços de Caldas. Parece que ele vai ao Rio[41] também.
Ele vai muito ao Rio porque ele tem uma filha que mora lá, então é muito fácil para você combinar um encontro com ele.

Outra coisa, o conceito de cooptação com o qual, por exemplo, o Sérgio Miceli trabalha, ele coloca o Fernando de Azevedo como cooptado. O senhor veria tal colocação, dentro daquele esquema de que o senhor falou, não?
É, a cooptação numa sociedade do tipo da sociedade brasileira é a regra. Você não tem como não ser cooptado. O conceito de cooptação é usado por Gramsci e os norte-americanos usam também demais.

Quando há um critério que se aplica a pessoas ideologicamente muito diferentes, aí fica difícil usar o critério, que fica menos válido, porque, por exemplo, o do Graciliano Ramos...
Bom, o Graciliano até não é o grave. Há muitos intelectuais importantes, que realmente foram inibidos pelo fato de que aceitaram posições e depois ficaram com medo de avançar. O Fernando de Azevedo não tinha esse medo.

Ele ia até o ponto em que eles o cortavam.
O Anísio já não ia, mas não é por temor não. O Anísio gostava de ser simpático, ele queria satisfazer a todos. Se você faz o confronto em termos de ordens religiosas, do jesuíta para... como é que se chama aquele outro que...

---

[41] A entrevista com Antonio Candido de Mello e Souza foi realizada em 17 de maio de 1981, no Rio de Janeiro.

Dominicano?
Dominicano? Não, não, franciscano.

Franciscano?
Franciscano. O Anísio gostava das ideias, tinha uma relação lúdica com o mundo cultural, isso o Fernando de Azevedo não tinha. O Anísio, apesar de toda a racionalidade do pensamento dele, tinha elementos dionisíacos na personalidade que o Fernando de Azevedo só tinha na área do sexo e, assim mesmo, para relações muito íntimas. Ele era um apolíneo, por excelência. E com uma disciplina de trabalho que inclusive a família...

Sofreu muito com isso.
A família não tinha muito Fernando de Azevedo, não. Ele podia ficar 24 horas dentro de casa, fechado, lendo, trabalhando.

Inclusive, o senhor repara, o Anísio disse sempre que "educação era um problema meramente técnico", eu não sei até que ponto, também, ele dizia isso por prudência, para se defender de possíveis perseguições, e o Fernando de Azevedo, desde os anos 20, quando ele fez o Inquérito, em 1926, e até o fim da vida, afirmava o contrário: "Não, a educação é um problema político, é um problema de filosofia educacional...".
Mas aí, a vantagem que ele levava por via da Ordem era muito grande, porque os jesuítas pensam as relações muito em termos de poder. Dentro da Ordem Fernando de Azevedo absorveu uma concepção...

Mas o Anísio também tinha tido uma formação jesuítica.
Tinha, mas isso não sei até que ponto [ele a absorveu]...

Bom, parece que o Anísio era a grande esperança dos jesuítas baianos...
Isso eu não sabia.

Eles iam formá-lo para ser a cabeça, o provincial da Ordem Jesuítica no Brasil.
Ele seria um tipo assim parecido com aquele...

Padre Franca?
Não, aquele bispo lá de Recife.

Dom Helder Câmara?
Dom Helder. O Anísio seria um dom Helder.

Será?
É, porque aí ele teria sido levado a posições de poder mais independentes.

É, talvez. Mas, de qualquer maneira, ele foi uma grande decepção para os jesuítas. Dom Helder também saltitou em muitas direções.

Bom, dom Helder em certo momento da vida foi integralista.
O Anísio saltitou também. Tirado o elemento básico nele que é o Dewey, o alicerce, no resto ele era um homem que desfrutava; hoje ele podia defender uma posição e no dia seguinte ele já estava com outra.

O Fernando de Azevedo, não, era bastante coerente...
O Fernando, não.

Houve uma evolução, realmente, no pensamento dele.
É claro que houve porque ele cresceu com a sociedade. Se a sociedade não cresceu mais, não foi por culpa dele.

O Darcy Ribeiro escreveu um conto, uma coisa muito interessante, o Darcy tem muita admiração pelo Anísio...
É porque eles são muito parecidos. Só que o Anísio... Como colocar a questão... O Anísio gostava do debate e no debate trocava as posições para se divertir, mas não sentia por si próprio o fascínio que o Darcy sente por si mesmo.

Sei.
O Darcy sente um fascínio muito grande por si mesmo, pelo que ele fala, pelo que ele faz. O Anísio já não tinha essa egolatria, não.

O senhor diria que o Darcy está demasiado contente consigo mesmo?
O Anísio era contente consigo, mas não tão contente como é o Darcy, ele não era possuído pela egolatria. O Darcy é umególatra perfeito, as mulheres que se metem com ele se estrepam porque ele não adora nenhuma, ele se adora. Isso não é um defeito, é uma condição humana, ele é assim, mas eles são muito parecidos

porque gostam do brilho, gostam de causar admiração, gostam de despertar reconhecimento de valor.

Minha filha tem a maior admiração e é amiga da mulher dele, a Berta,[42] antropóloga muito conceituada, não sei se o senhor a conhece. Mas, voltando: o Darcy não tem muitas inibições, ele aceita discutir qualquer assunto. Eu fico admirada, se o senhor disser assim: "vamos falar sobre grades, como fazer grades", ele é capaz de tecer toda uma teoria e explicar tudo a respeito de grades...
Pois é, mas isso é um pouco de leviandade. Você não pode saber tudo. E o Anísio gostava do debate, ele amava o debate e eu guardo uma lembrança amarga das relações com o Anísio porque eu fui ríspido com ele uma vez, na Editora Nacional. Ele era muito amigo do Octávio,[43] dono da editora, e de vez em quando vinha a São Paulo. A Editora Nacional, que tinha a Coleção Pedagógica. Então, como ele dirigia uma coleção, virava e mexia eu encontrava o Anísio lá. O Anísio foi muito simpático comigo, no início do meu trabalho, com os assistentes, quando eu coloquei a cadeira de sociologia numa perspectiva maior, em relação com a sociedade brasileira, criando programas de maior amplitude, inclusive ele apoiou, deu uma pequena verba lá do centro para colaborar na pesquisa...

Na Capes?
É, o Fernando Henrique [Cardoso], o Renato e o Octávio Ianni fizeram pesquisa no extremo sul. Então, eu sempre gostei muito dele, ele sempre gostou muito de mim. Tínhamos um convívio ocasional. Por causa da editora, ele passou a vir mais aqui, depois que se afastou ou foi semiafastado do lugar dele, aí eu tive mais oportunidade de conversar com ele. Um dia lá, ele me irritou muito. Porque não é brincadeira, depois de 64, depois de 69, você não pode aguentar o tipo de intelectual brasileiro quando ele pretende continuar o mesmo, não é? Aí,

---

[42] Berta Gleizer Ribeiro (Beltz, Romênia, 1924-Rio de Janeiro, RJ, 1997). Antropóloga, considerada a maior pesquisadora da cultura material dos índios brasileiros. Autora de vários livros, entre eles, *Os índios das Águas Pretas* (1996). Foi casada com o antropólogo Darcy Ribeiro. Iniciou suas pesquisas na década de 1940, ao acompanhar o marido em expedições.

[43] Octalles Marcondes Ferreira (Congonhas do Campo, MG, 1901-São Paulo, SP, 1973). Fundador e diretor-geral da Companhia Editora Nacional, inaugurou também a indústria editorial brasileira, publicando quase todos os grandes nomes das letras brasileiras. Pioneiro e líder na produção de literatura didática de todos os níveis para as nossas escolas, amante das manifestações artísticas no Brasil, foi grande colecionador de móveis, pinturas e esculturas brasileiras, constituindo sua coleção uma das mais expressivas e valiosas de todo o mundo. Foi um dos fundadores e diretores do Museu da Casa Brasileira e diretor cultural da Fundação "Armando Álvares Penteado".

o Anísio estava lá com umas discussões, logo depois que eu voltei do Canadá. Então, isso foi por volta de 1970. Eu estava numa tensão tremenda, se pudesse liderar um grupo que embargasse as bases militares, eu teria feito. Eu estava naquela tensão tremenda e o Anísio sai com uma conversa dessas... Ah, eu fiquei furioso e disse: "Doutor Anísio, o senhor parece que não aprendeu nada. O senhor acha que vai até o fim da vida com essa história de ir sempre se divertindo com as ideias, o senhor não acha que é nossa obrigação procurar outro tipo de relação com este mundo[44] no qual nós estamos vivendo?".

Bonito isso.
Mas eu fui tremendo. Depois, eu fiquei tão envergonhado, porque eu gostava dele, eu acho que ele é o mais puro de todos aqueles educadores. Com tudo que ele tinha feito de pequeno, que as pessoas podem dizer que pode ter sido por ambição, por poder e tudo, ele era o mais puro, era o mais idealista, era o que ficou mais rente ao problema básico da educação elementar, da educação da massa do povo, e eu fiquei muito frustrado e nunca tive oportunidade de dizer isso a ele. Olha...

É, ele teve uma morte misteriosíssima.
"Desculpa, eu não estava querendo ofendê-lo"; ele não reagiu, ele devia ser um homem tímido, os homens que são muito brilhantes, em geral eles escondem a timidez com o brilhantismo. Então, ele se recolheu, ficou assustado. Acho que nunca ninguém falou com ele nesses termos e eu caí em mim logo em seguida. "Volto, falo com Anísio? Não, deixa que ele tem de aprender."

Realmente foi uma situação delicada...
E nunca mais tive oportunidade.

O Darcy conta uma coisa engraçada. Ele foi fazer uma conferência sobre os índios, acho que sobre os índios canela, ele trabalhava já para o Anísio e o Anísio foi junto. O Darcy teve uma sorte danada.

---

[44] A afirmação de Florestan, compreensível embora, levando-se em consideração seu estado de espírito naquele momento de forte repressão, parece esquecer o itinerário de Anísio Teixeira, duas vezes levado ao ostracismo pelos que detinham o poder: Getúlio e os militares. Anísio jamais mudou de posição ao voltar dos Estados Unidos: coerência na defesa do ensino público, e sempre tornou pública sua admiração pelo sistema escolar americano.

O Anísio Teixeira ouviu toda a conferência. Isso é o Darcy quem conta, ele não diz que a conferência foi muito boa, mas deve ter sido brilhante.
Ele é brilhante.

Pois é. Ele diz que foi uma beleza. E que ele só ouvia o Anísio Teixeira ficar murmurando, resmungando umas coisas durante a conferência. Acabada a conferência, o Darcy chegou perto do Anísio e perguntou: "O que você estava falando?". O Anísio falava assim: "São uns gregos, são uns gregos", ele tinha chegado à conclusão de que os índios canelas eram, em sua organização social, uns verdadeiros gregos...
Mas o Anísio era um homem extraordinário, num certo sentido e, desses educadores todos, foi o que deixou um legado um pouco mais... que persistiu um pouco mais, embora o uso desse legado seja deturpado.

É, aqui no Brasil nós temos a tradição de destruirmos tudo.
O Instituto Nacional de Estudos Pedagógicos, o Capes, todos esses programas foram corrompidos, mas, ainda assim, ficaram e alguma coisa fazem.

É. Exatamente. Mas, professor, tenho comigo um texto seu, publicado no livro do Roberto da Cunha, Política de educação, *e outro comentário:* Canaviais e engenhos. *"Aspectos políticos sobre a utilização do açúcar". O artigo foi escrito em 22 de fevereiro de 1949?*
Isso. Deve ter saído no Suplemento Literário d'*O Estado de S. Paulo*.

Talvez esteja guardado também no próprio Instituto de Estudos Brasileiros (IEB).
É, se quiser, posso checar a referência. Eu tenho minha produção até 64, tenho tudo tombado. De 64 para cá, não. Quando você tiver um problema específico, volte.

Muito obrigada. Eu talvez tenha que vir outras vezes a São Paulo.

Francisco de Assis Barbosa

Data: 17 de maio de 1981
Local: Ibam — Rio de Janeiro (RJ)

Fernando de Azevedo escreveu 18 livros. O primeiro foi sobre educação física.[1] Você o conheceu quando?
Eu o conheci bem mais tarde, através do Sérgio Buarque de Holanda e do Cruz Costa,[2] praticamente quando fui candidato à Academia [Brasileira de Letras]. Foi aí que comecei a frequentá-lo. Ele foi muito simpático porque logo me apoiou, fizemos logo amizade.

Parece que a filha do Cruz Costa sabe muita coisa sobre ele.
Deve saber, é uma moça muito eficiente. O Sérgio [Buarque de Holanda] também sabe muita coisa dele.

Quando ele morreu, você fez um discurso.
Sim, eu representei a Academia na morte dele e fiz um discurso.

E, naquele discurso, você menciona, duas vezes, o convite que Fernando de Azevedo recebeu para ser ministro. Um foi ainda na época do Chico Campos, ou foi já com o Capanema?
Ele conta isso no livro de memórias dele, Memórias da minha vida. A primeira vez ele foi convidado pelo Getúlio e a segunda vez pelo [Dutra].[3]

---

[1] Ver nota 39, entrevista com Antonio Candido.
[2] Ver nota 24, entrevista com Antonio Candido.
[3] Getúlio Vargas convidou-o duas vezes. (Nota de MLPM)

Recusou as duas vezes porque ele queria carta branca, foi mesmo assim?
Recusou as duas vezes, queria carta branca. Ele sempre exigiu isso, exigiu e lhe deram carta branca quando veio ser diretor de Instrução Pública, aqui no Rio, convidado pelo Antônio Prado Júnior. Fez o mesmo também quando foi secretário de Educação, acho que no tempo do Valdomiro Lima,[4] em São Paulo.

Foi convidado, mas ficou muito pouco tempo...
Foi por pouco tempo, sim, ele se aborreceu.

Justamente, você lembrou a Reforma de 26, que me deixou curiosa. Gostaria de ouvir seu ponto de vista, porque, sendo você paulista, talvez possa me esclarecer porque a Reforma de 26-30, quando Fernando de Azevedo foi diretor de Instrução Pública, no então Distrito Federal — anterior, portanto, ao Manifesto[5] da Escola Nova, de 1932 —, foi uma reforma revolucionária porque, já naquela época, ele estava pregando a escola gratuita, universal, leiga, reivindicações que, inclusive, os católicos, em 32, combatiam.
Ele teve formação jesuítica, não foi?

Realmente, e conseguiu manter a ética daí oriunda com a abertura para o social. Agora, o que me pergunto é o seguinte: ele veio para cá com o Prado Júnior que era amigo do Washington Luís. Fernando de Azevedo fala em escola comunitária, revela grande abertura para os problemas sociais. Parece-me que ele não estava sabendo que governo o convidara. Afinal de contas, Washington Luís foi o político que declarou ser a questão social uma questão de polícia.
Mas isso é um exagero. Essa frase do Washington Luís é preciso que seja compreendida no seu contexto. O Washington Luís estava se candidatando à presi-

---

[4] Valdomiro Castilho de Lima (Rio Grande do Sul, 1873-Petrópolis, RJ, 1938). Militar e político, começou sua carreira no regimento da Guarnição de Fronteira de Missões, em 1890, depois passou para a Escola Tática e de Tiro de Rio Pardo. Participou da Revolução de 1893, ao lado das forças legalistas, e em 1898 entrou para a Escola Militar da Praia Vermelha, no Rio de Janeiro. De volta ao Rio Grande do Sul, foi eleito deputado estadual em 1904. Foi depois reeleito, com mandato até 1913, ao final do qual retornou às atividades militares. Foi interventor federal no estado de São Paulo de 6 de outubro de 1932 a 27 de julho de 1933.

[5] Assinaram o *Manifesto*: Afranio Peixoto, A. de Sampaio Doria, Roquette Pinto, Júlio de Mesquita Filho Raul Briquet, Mario Casassanta, C. Delgado de Carvalho, A. Ferreira de Almeida Jr., J. P. Fontenelle, Roldão Lopes de Barros, Noemy M. da Silveira, Hermes Lima, Attilio Vivacqua, Paulo Maranhão, Edgar Süssekind de Mendonça, Armanda Álvaro Alberto, Garcia de Rezende, Nóbrega da Cunha, Paschoal Lemme, Raul Gomes, Cecília Meireles.

dência de São Paulo; tinham havido naquela ocasião grandes greves em São Paulo. O problema da greve estava então muito presente. Washington Luís fez um discurso com sua plataforma, falando do movimento de São Paulo, dizendo que no Brasil — e isso representava o Brasil naquele momento — a questão social ainda era um caso de segurança pública, não era ainda uma questão social. Ele achava isso e declarou isso como candidato ao governo de São Paulo, não podia falar de outra maneira. Mas Washington Luís, como governador[6] de São Paulo, foi bastante atuante. São Paulo foi o primeiro estado a aplicar as determinações da Conferência de Paris, da Conferência da Paz. Houve um acordo, depois, para a formação do Direito Internacional do Trabalho, chamada Repartição Internacional do Trabalho, cujo primeiro presidente foi Alberto Damásio,[7] um antigo socialista, que depois virou a mão, tornou-se um burocrata internacional do trabalho; aliás, quando ele esteve no Brasil, o Castro Rebello escreveu um artigo contra ele. Acontece que todas aquelas recomendações da Conferência da Paz, a lei de 8 horas, a lei contra trabalho de menor nas fábricas, uma série de reivindicações, eram as reivindicações trabalhistas, sociais, daquela época, discutidas na Conferência da Paz. São Paulo aplicou todas, antes do governo federal.

Sim, mas o senhor repara: o que Fernando de Azevedo reclamava, uma das coisas contra a qual mais lutou, foi, por exemplo, o compadrismo, o voto de cabresto etc., toda a bandeira da Revolução de 30. Parece-me que Washington Luís, o homem que, afinal, mesmo que indiretamente, o enviara ao Rio de Janeiro, era o oposto dessa posição crítica. Então, parece haver uma contradição, porque Fernando de Azevedo foi bastante progressista, revolucionário, para a época, antes de qualquer coisa...

Não sei se foi propriamente Washington Luís que o convidou, foi o Prado Júnior, delegado do Washington Luís, mas que era um homem que o respeitava também.

---

[6] Até a Revolução de 30, o atual governador de Estado era denominado presidente de Estado.

[7] Francisco de Assis Barbosa provavelmente refere-se a Albert Thomas (1878-1932), espécie de diretor vitalício do Bureau Internacional du Travail, domesticado às funções de burocrata internacional, esquecido de *seu bon vieux temps* de agitador socialista, que veio em visita ao Brasil em 1925. A "carta aberta" foi publicada no *Correio da Manhã*, Rio de Janeiro, edição de 21 de julho de 1925; Castro Rebello lembra nesse documento que, às vésperas da chegada daquele funcionário diplomático, a Câmara dos Deputados se deu conta de que era preciso discutir o projeto de código de trabalho, que lá andava encalhado havia anos. Ver Introdução que Francisco de Assis Barbosa faz ao livro de Edgardo de Castro Rebello *Mauá & outros estudos* (Rio de Janeiro, Guanabara: Livraria São José, 1975).

Sim, mas não concordaria ele com Washington Luís em termos ideológicos?
Não sei, e também não sei se Washington Luís foi um homem que se pudesse considerar como extremamente reacionário para a época.

Interessante.
Um homem que foi muito ligado ao Jorge Street, ao Roberto Simonsen. O Washington Luís, antes de ser presidente de São Paulo,[8] representou uma ala muito avançada, a ala que combateu as oligarquias. Ele rompeu com todos, foi um *Grand Seigneur*, porque ele derrubou todo mundo para poder mandar sozinho. Derrubou as oligarquias. Ele brigou até com um velho amigo, o Altino Arantes,[9] e fez uma verdadeira revolução no PRP [Partido Republicano Paulista]. Washington Luís foi uma espécie, assim, de burguês progressista.

Ligado ao Simonsen, à indústria de São Paulo, que estava nascendo, era uma outra oligarquia nascendo.
O Jorge Street, e também o Carlos Inglês de Sousa,[10] uma autoridade, muito preocupado com a recuperação da moeda brasileira. Foi dele a ideia do Cruzeiro. Washington Luís, quando eleito, foi dentro de uma atmosfera... depois do governo do Arthur Bernardes, tido e havido como um governo ultrarreacionário, e que manteve o país durante quatro anos em estado de sítio. Washington Luís chegou, tomou posse no dia 15 de novembro e deixou que o estado de sítio durasse até 31 de dezembro, mas não renovou o estado de sítio. Aí apareceu o jornal fluminense *A Nação* e depois... Ele chegou num clima de muita simpatia para com ele. Teve certa popularidade, percebe-se isso — se você acompanha através das revistas do ano, como a revista *Careta* — pelas fotografias e carica-

---

[8] Ver nota 6 desta entrevista.
[9] Altino Arantes Marques (Batatais, 1876-São Paulo, 1965). Décimo presidente do estado de São Paulo (1916-20). Formado na Faculdade de Direito do Largo de São Francisco (1895), foi deputado federal por quatro mandatos de 1906 a 1908, de 1911 a 1915, 1921 a 1930, e deputado constituinte em 1946. Membro da Academia Paulista de Letras e presidente efetivo do Instituto Histórico e Geográfico de São Paulo, primeiro presidente do Banespa.
[10] Carlos Inglês de Sousa (Aracaju, 1882-Rio de Janeiro, 1948). Economista. Em 1924, publicou *A anarquia monetária e suas consequências*. Em 1926, publicou *Restauração da moeda no Brasil*, que dedicou ao recém-eleito presidente Washington Luís Pereira de Sousa. Nessa obra, retomou a preconização para amelioração da moeda e incorporou "uma fórmula para se substituir a unidade milréis pela de Cruzeiro, se este for o nome escolhido [...]". Ainda em 1926, com a mudança de governo, foi nomeado diretor do Banco do Brasil onde permaneceu até a deposição do presidente com a Revolução de 30. Durante a sua passagem pelo governo não teve tempo para efetuar a mudança da moeda, o que só ocorreu em 1942 no governo de Getúlio Vargas.

turas, que são caricaturas muito favoráveis, muito engraçadas. O Getúlio foi o primeiro ministro da Fazenda dele, ficou dois anos como ministro da Fazenda...

Depois deu um golpe...
Pois é, aceitando a chapa dele e tal. Acho que a imagem que temos do Washington Luís é a de um homem autoritário... não vou dizer a você que não o fosse, era um homem autoritário, sim, mas se você comparar todos os homens fortes do fim da Primeira República, todos o foram e tiveram que dar duro: Epitácio [Pessoa], [Arthur] Bernardes e Washington Luís. Todos eles eram autoritaristas, queriam o poder.

E o Fernando de Azevedo, um homem da sua época, não poderia deixar de ser, também, bastante autoritário.
Bastante autoritário. Fernando de Azevedo é um homem de formação jesuítica, mas sempre combateu o fascismo e foi de uma grande coerência. Washington Luís, o próprio José Américo, tiveram simpatia pelo fascismo, tiveram até palavras de simpatia ao Mussolini, naquela época, a década de 20, quando veio o pavor comunista... Quando o Wilson[11] caiu nos Estados Unidos, logo depois da Paz, o Wilson perdeu as eleições e houve aquele grande período republicano. A tônica era o perigo comunista.

E perigo esse que o Fernando de Azevedo — acho que ele foi original por isso — não aceitou. Para se discutir o pensamento dele é preciso discutir essa característica, que é o racionalismo acima de tudo, por isso ele chama esse medo do comunismo de sinistrismo: as pessoas, em vez de procurar entender as ideias, estudá-las, têm medo dessas ideias que lhes parecem perigosas. No Brasil, temos a tradição do que

---

[11] Thomas Woodrow Wilson (Staunton, Virgínia, 1856-Washington, DC, 1924). Eleito presidente dos Estados Unidos por duas vezes seguidas, ficando no cargo de 1912 a 1921, era membro do Partido Democrata, tendo também sido reitor da Universidade de Princeton e laureado com o Nobel da Paz em 1919. Foi o presidente americano durante a Primeira Guerra Mundial. Interrompeu uma série de mais de 16 anos de presidentes do Partido Republicano. Foi a figura-chave por trás da Liga das Nações — fundada durante a Primeira Guerra Mundial para promover a paz internacional. Considerado pai do idealismo, lutou por uma Alemanha livre e com condições para um desenvolvimento econômico e democrático. Principal impulsionador da Sociedade das Nações. Conhecido por suas convicções racistas: reduziu bruscamente a participação de negros na política em muitos estados dos EUA, apesar de em sua campanha apregoar os direitos civis. Além disso, foi um inveterado interventor militar na América Latina, invadindo Nicarágua, México, Panamá e Haiti.

Fernando de Azevedo chama de sinistrismo. Desde os anos vinte, em alguns livros dele, ele já fala isso, é preciso olhar os problemas de frente e procurar compreender todos os seus aspectos, não ficar com receio. Hoje, o anticomunismo ainda tem essa característica de sinistrismo, mas acho que ele não caiu nisso.
Não caiu.

Talvez porque ele resolveu se abrir...
Para a educação.

Para a educação e o social.
Aliás, o movimento da Associação Brasileira de Educação (ABE),[12] da qual ele foi secretário-geral, foi um movimento extremamente liberal para a época; depois, os vários movimentos de reforma educacional no Brasil, e tudo que aconteceu na década de 20, inclusive com a Reforma Carneiro Leão (1922), no Rio de Janeiro, Anísio Teixeira (1923) na Bahia, Lourenço Filho (1922) no Ceará, o movimento da ABE (Associação Brasileira de Educação), isso tudo perfaz linha muito curiosa, que não é possível esquecer.
Agora, uma coisa muito interessante que o Fernando de Azevedo fez foi o Inquérito de 26, em São Paulo. E também o Movimento no jornal *O Estado de S. Paulo*. Porque nada mais reacionário que *O Estado de S. Paulo*. Você viu a enquete de uma menina que escreveu para a revista *Bravo*?

Não, li só a menção sobre isso.
É uma matéria muito curiosa. *O Estado de S. Paulo*, durante anos, mesmo no tempo do velho Júlio de Mesquita, simpático aos bernardistas, em São Paulo — e o *Magister dixit* na redação —, resolveu contratar João Caetano, um homem que escreveu poesia, ligado à União Soviética. E João Caetano escreveu uma série de artigos contra a chamada oligarquia paulista. Não se pode deixar de ver essas coisas.

Para compreendê-las.
Para compreender o mecanismo daqueles plutocratas paulistas, como eles eram chamados. Fernando de Azevedo passou de um livro sobre cultura física, depois veio aquele sobre Petrônio...

---

[12] Ver nota 5, entrevista com Antonio Houaiss.

No tempo de Petrônio.
No Tempo de Petrônio é um livro de um pedantismo extraordinário, depois ele entrou no campo da educação e, quando veio para o Rio, revelou-se grande administrador.

Acho interessante isso nele, houve uma evolução em seu pensamento, a capacidade de repensar certas coisas.
Aliás, as cartas guardadas em sua casa...

Na rua Bragança, 55, no bairro Pacaembu.
Havia fotografias de amigos em seu escritório, como a do Roquete Pinto[13] a quem ele respeitava muito, do Frota Pessoa,[14] muito seu amigo, e do Francisco Venancio Filho,[15] que Fernando de Azevedo respeitava muito também. Aliás, era muito ligado também ao Alberto Venancio Filho.[16]

Houve divergências entre o Fernando de Azevedo e o Roquete Pinto, mas eles se davam bem. Inclusive escreveu um artigo muito bonito sobre o Roquete Pinto, quando este morreu. E a correspondência dele com Francisco Venancio Filho, pai do Alberto Venancio Filho, também é muito interessante, longa.
Agora, eu caracterizaria o pensamento do Fernando de Azevedo, não sei se você vai concordar comigo, como de um racionalismo ultré, *extremado. Quando ele esteve no Rio de Janeiro, a situação política era mais ou menos a mesma que existe atualmente na área da educação. O governador cede aos pedidos políticos e reina ali o compadrismo. Com tudo isso, a impressão que eu tenho do Fernando de Azevedo é o oposto disso. Ele admirava muito o educador Lunacharsky,[17] um russo incrível, que queria transformar a república soviética numa espécie de Nova Atenas. Fernando de Azevedo pairava um pouco sobre a realidade, porque, quando se lê o* Projeto de

---

[13] Edgar Roquette-Pinto (Rio de Janeiro, 1884-Rio de Janeiro, 1954). Médico legista, professor, escritor, antropólogo, etnólogo e ensaísta. Foi membro da Academia Brasileira de Letras e é considerado o pai da radiodifusão no Brasil. Foi, também, membro do Instituto Histórico e Geográfico Brasileiro, da Academia Brasileira de Ciências, da Sociedade de Geografia, da Academia Nacional de Medicina, da Associação Brasileira de Antropologia (da qual foi presidente de honra) e de inúmeras outras associações culturais, nacionais e estrangeiras. Foi um dos fundadores do Partido Socialista Brasileiro.
[14] Ver nota 7, entrevista com Dina Fleischer Venancio Filho.
[15] Ver nota 13, entrevista com Antonio Candido.
[16] Ver nota 14, entrevista com Antonio Candido.
[17] Ver nota 54, entrevista com Antonio Candido.

instrução pública, *parece que o projeto não se refere ao Brasil, à nossa realidade miserável. Ele possuía uma imaginação incrível, então idealizou coisas lindas, difíceis, impossíveis para aquela época: Escola Comunidade, escola do trabalho...*
Ele era assim mesmo... E um ponto muito curioso desse racionalismo, mesmo quando havia uma reação na arquitetura, ele advogava o neocolonialismo aqui no Rio.

Foi adepto do neocolonialismo em arquitetura.
Foi adepto, sim, era contra o modernismo, em termos técnicos. Foi quando precisou do apoio do Anísio para construir aquele edifício horroroso.

A Escola Normal, que passou a se chamar Instituto de Educação.
Ao mesmo tempo, se fazia a construção da Escola Naval, também no mesmo estilo.

Mas, concomitantemente, Fernando de Azevedo fazia a Reforma, considerada por muitos como modelo e exemplo de modernização.
É um modelo mesmo.

Havia o Instituto Jean-Jacques Rousseau, na Suíça, que publicou numa revista matéria relacionando as melhores e maiores reformas de educação já feitas. Comparando com os franceses, que sempre foram um pouco clássicos em matéria de educação, a reforma de Fernando de Azevedo era um modelo de reforma. Foi uma reforma realmente voltada para o social, talvez muito mais do que a do Chico Campos, em Minas Gerais, visando ao trabalho em cooperação, em que as crianças e jovens fariam, eles próprios, em conjunto, o trabalho. Há, por isso, certa ambiguidade na personalidade de Fernando de Azevedo.
Mas, comparando com a reforma do Chico Campos, é preciso considerar o reacionarismo da Igreja naquele tempo.

Ainda mais a mineira.
A Igreja mineira era muito reacionária e o Antônio Carlos[18] não queria brigar com padre.

---

[18] Antônio Carlos Ribeiro de Andrada (Barbacena, 1870-Rio de Janeiro, 1946). Político, prefeito de Belo Horizonte, presidente da Câmara dos Deputados do Brasil, senador da República,

Não podia...
Então, havia essa coisa toda, havia o Mário Casassanta,[19] de Minas, que fazia campanha pelo ensino religioso na escola, porque a reforma do ensino, em Minas Gerais, teve a característica de cunho religioso.

Fernando de Azevedo era contra.
Ele era contra e o Chico Campos, depois, como ministro, voltou com essa história. E aqui no Rio nasce um auxílio extra, o Alceu Amoroso Lima.

O Alceu combateu-o, o Fernando de Azevedo o considerava um fanático. Naquela época ele, realmente, foi um fanático.
Um fanático.

Mas, tive uma experiência interessante com ele quando o entrevistei, na semana passada. O doutor Alceu possui a capacidade, que o Fernando de Azevedo também possuía, de repensar suas posições. Ele me confessou o seguinte, "o que aconteceu, Maria Luiza, é que eu estava recém-convertido e o Jackson de Figueiredo, pouco antes de morrer, tinha dito que ele podia morrer sossegado, porque já havia alguém, que seria eu, Alceu, que iria escrever a obra dele, não iria apenas continuar, não, iria escrever a obra dele, Jackson. Quando ele morreu, peguei suas bandeiras. Eu não conhecia, realmente, a verdadeira Igreja Católica". Doutor Alceu está agora muito ligado a uma igreja mais moderna, mais atuante no campo social.
Acho que isso aconteceu graças à influência do Jacques Maritain.

---

presidente da Assembleia Nacional Constituinte de 1932-33, ministro de Estado e presidente do estado de Minas Gerais.

[19] Mário Casassanta (Jaguari (Camanducaia), MG, 1898-Belo Horizonte, MG, 1963). Fez os primeiros estudos na terra natal e os preparatórios no Ginásio São José, de Pouso Alegre, cidade onde se formou na Escola de Farmácia. Bacharelou-se em 1925, na Faculdade de Direito de Minas Gerais. Dedicou boa parte de sua carreira às atividades pedagógicas, foi professor em diversos colégios de Belo Horizonte e também do Distrito Federal. Em 1938, ingressou como professor da Faculdade de Direito da Universidade de Minas Gerais e foi um dos fundadores da Faculdade de Filosofia da Instituição. Atuou também como promotor de justiça e inspetor-geral da Instrução Pública do Estado. Ocupou os cargos de diretor dos departamentos de Educação do Distrito Federal e de Minas Gerais e do Centro de Pesquisas Educacionais. Foi reitor da UMG por dois mandatos. Entre outras obras, escreveu: *São Francisco de Assis e as aves do céu* (1926); *Minas e os mineiros na obra de Machado de Assis* (1932) e *Razões de Minas* (1932).

Depois da fase do Maritain, exatamente. Agora, realmente, há cartas do Fernando de Azevedo que mostram isso, a incapacidade do Alceu de compreender o pensamente dele. Fernando de Azevedo era um racionalista, desejava avaliar as coisas sob todos os ângulos. Ele dizia, nessas cartas, "Eu não sei por que razão, o Alceu, um intelectual que pode ser admirado por tantos motivos, está dizendo essas mentiras sobre mim só porque estamos, realmente, abrindo os olhos para a verdade, para a realidade educacional". Ele foi chamado de "bolchevista intelectual", disseram coisas incríveis sobre ele e suas ideias. No Brasil, agora, é muito pior, temos 7 milhões de crianças numa escola primária bastante precária. Na época do Fernando de Azevedo era bem menos, o Brasil não tinha chegado ainda ao ponto que chegamos, mas ele já estava, de certa maneira, percebendo como o problema iria se agravar.

É verdade, porque a explosão demográfica já começava a se manifestar na década de 20. O crescimento do Brasil foi fantástico, a população cresceu de uma maneira fora de qualquer previsão e, naturalmente, não havia estudos de demografia naquela época, mas ninguém previa a explosão que houve depois de 30.

Agora, o senhor tocou num dos vetores do pensamento dele, que estou tentando compreender, justamente: o problema das elites. Penso que esse conceito é mal compreendido porque Fernando de Azevedo, até o fim da vida, achava que formação das elites e educação popular seriam duas facetas de um mesmo problema. Não se pode descuidar da educação popular, mas isso não quer dizer que não deva existir uma elite. Fernando de Azevedo, inclusive, cita a União Soviética, que, menos de cinco anos depois da Revolução de 1917, já havia inaugurado cinco grandes universidades, visando à pesquisa, à criação. Acho que não se compreende bem o sentido das palavras de Fernando de Azevedo quando ele afirma ser inevitável a cultura aristocrática ou de qualidade. Ele usa a palavra "aristocrática" no sentido de "qualidade". Ele não estava negando a necessidade de uma circulação das elites, ou de que essa elite seja recrutada em todas as classes sociais, mas afirmando a necessidade da criação de universidades para formá-las e aos intelectuais que tivessem uma ligação com suas raízes, com o povo. Que deixasse passar a seiva. Mesmo assim, nenhum país pode existir sem uma elite. Numa leitura um pouco apressada, o livro Ideologia da cultura brasileira[20] *considera o Fernando de Azevedo um elitista. Ora, muitos só o conhecem através de* A cultura brasileira, *que não acho que seja dele a obra... Mais importante.*

---

[20] Ver nota 23, entrevista com Abgar Renault.

O que me parece realmente válido em A cultura brasileira[21] *é o trabalho, a investigação que ele teve de realizar para fazer aquele apanhado geral. Sobretudo, a parte da educação.*
A síntese, não é?

É um livro do qual se pode discutir cada um dos capítulos, mas é um livro fundamental.
Básico.

São monografias, enfim, necessitando no futuro de aprofundamento e acréscimos. Isso não está bem compreendido. Voltando à questão das elites: a quem serve essa elite? É a questão do intelectual orgânico. Depende para quem ela trabalha, mas, certamente, ela é necessária. Fernando de Azevedo escrevia isso no momento em que estava em andamento a fundação da Universidade de São Paulo. E a USP foi e continua a ser tão importante...
E foi ele?

Ele foi um dos fundadores. Ele estava falando da necessidade de que houvesse uma elite, e que a universidade preparasse não apenas para profissões liberais, para entrar no mercado de trabalho, mas que também formasse pesquisadores. Falava-se dos chamados estudos "desinteressados", na medida em que seu objetivo não é realizado a curto prazo, mas produz teoria, experimentações e, a médio e longo prazo, resultados. Como é que você vê essa questão?
Eu acho que o livro do Carlos Guilherme Mota é um livro leviano e sem muita base de informação. Ele ataca Fernando de Azevedo, como ataca o Sérgio Buarque de Holanda.

É, mas aí foi quase uma briga pessoal.
Pois é, mas ele não entende, ele quer o quê? Hoje o *Jornal do Brasil* publica uma entrevista com o Houaiss...

Sobre linguagem.
Sobre a linguagem e, coisa interessante, ele pergunta: "O locutor de rádio pode falar errado? Não, não pode". Não pode falar errado porque ele não está represen-

---
[21] Ver nota 38, entrevista com Antonio Candido.

tando uma classe popular determinada, ele está levando uma mensagem universalista. Isso é o que Carlos Guilherme Mota também não está entendendo.

Não entende, exatamente.
Aliás, o Houaiss vai participar de um simpósio que vamos fazer sobre Lima Barreto e vai falar sobre a linguagem de Lima Barreto; ele vai estabelecer o que é a linguagem de um escritor que tem que se comunicar com o público; o Houaiss acha que o escritor, por exemplo, quando fala como escritor, tem que usar a linguagem correta. Agora, se aparece o elemento do povo, quando ele fala, como ele tem que falar? Fala como o povo fala. No Brasil, antes do modernismo, havia esse truque. Em Machado de Assis, por exemplo, os diálogos dele são perfeitos, o sujeito não erra, ninguém erra no português.

Era, sobretudo, a linguagem da alta burguesia...
Até hoje, você pode ver também a mesma coisa, por exemplo, nos livros do Josué Montello.[22] Eu li todos os livros do Josué Montello. É típico. Os personagens falam impecavelmente, não erram no português. Isso é uma coisa. Isso é que o Guilherme Mota e também o Sérgio Miceli[23] — não sei se você leu o livro dele.

Li. Sou até amiga do Sérgio, a crítica é interessante, pertinente em certos pontos, mas nem sempre. Ele também comete injustiças ao colocar certos intelectuais na grade que utiliza para entender os intelectuais, sem perceber nuances e diferenças. Pois é.

Ele vê defeitos físicos...
Aquele livro dele é também de uma pessoa muito imatura...

---

[22] Josué Montello (São Luís, MA, 1917-Rio de Janeiro, 2006). Jornalista, professor, teatrólogo e escritor. Entre suas obras destacam-se *Os tambores de São Luís*, de 1965, a trilogia composta pelas novelas *Duas vezes perdida*, de 1966, e *Glorinha*, de 1977, e pelo romance *Perto da meia-noite*, de 1985. Trabalhou como diretor da Biblioteca Nacional e do Serviço Nacional de Teatro, escreveu para a revista *Manchete* e o *Jornal do Brasil*, além de colaborar com o governo do presidente Juscelino Kubitschek. Suas obras foram traduzidas para o inglês, francês, espanhol, alemão e sueco. Algumas de suas novelas foram roteirizadas para o cinema; em 1976, *Uma tarde, outra tarde* recebeu o título de *O amor aos 40*; e, em 1978, *O monstro*, filmado com o título de *O monstro de Santa Teresa*.
[23] Ver nota 35, entrevista com Antonio Candido.

O Antonio Candido escreveu uma Introdução fazendo algumas ressalvas.
Aliás, eu participei de uma mesa-redonda na Fundação Getulio Vargas e estranhei que o Sérgio Miceli, em seu livro, ao falar sobre as relações entre o intelectual e o poder, não cita sequer o Lourival Fontes.[24]

E nem o Anísio.
Aquilo ali é uma alucinação. O prefácio do Antonio Candido é um primor.

O Antonio Candido aplica a distinção que, aliás, é de Durkheim,[25] e que o Fernando de Azevedo usa muito também, entre juízo de valor — critério de valor — e juízo de realidade. E ele acha que o Miceli utiliza critério de realidade no juízo de valor.
O Fernando de Azevedo foi o primeiro divulgador do Durkheim. Olhando a bibliografia do Fernando de Azevedo, chega-se à conclusão que o livro que escreveu sobre sociologia é um livro realmente importante, considerando-se a época em que saiu.

De fato. Inclusive há uma carta do Lévy-Strauss[26] para o Fernando de Azevedo em que ele afirma que nem na França havia um manual daqueles. No Brasil,

---

[24] Lourival Fontes (Riachão do Dantas, SE, 1899-1967). Jornalista e político, melhor conhecido por ter sido o ministro de propaganda do presidente Getúlio Vargas, entre 1934 e 1942. Iniciou sua carreira jornalística em 1914, trabalhando para o *Jornal do Povo*, de Aracaju. Em 1922, graduou-se pela Faculdade de Direito do Rio de Janeiro. Aproximando-se de Getúlio Vargas, apoiou a Aliança Liberal. Após fundar a revista *Hierarquia*, de cunho fascista, em 1931, foi nomeado funcionário da prefeitura do Rio de Janeiro, durante a gestão de Pedro Ernesto. Membro da Sociedade de Estudos Políticos, da qual emanaria a Ação Integralista Brasileira (AIB), Fontes foi nomeado por Vargas diretor do Departamento de Propaganda e Difusão Cultural (DPDC) em 1934. Como esperado, Fontes apoiou a instauração do Estado Novo, em 1937. Continuou dirigindo, até 1942, o DPDC, que teve sua denominação modificada duas vezes — para Departamento Nacional de Propaganda e, depois, para Departamento de Imprensa e Propaganda — e sua capacidade de ação ampliada, tendo censurado a imprensa em prol de Vargas. Em 1945, Lourival Fontes foi nomeado embaixador brasileiro no México, tendo pedido exoneração desse cargo com o final do Estado Novo. Mais tarde, participou da bem-sucedida campanha de Vargas à presidência e foi nomeado chefe do Gabinete Civil. Contudo, em razão do suicídio de Vargas, abandonou o posto para concorrer ao Senado por seu estado natal. Foi eleito e cumpriu mandato até 1963.
[25] Ver nota 39, entrevista com Abgar Renault.
[26] Claude Lévi-Strauss (Bruxelas, 1908-Paris, 2009). Antropólogo, professor e filósofo francês, é considerado fundador da antropologia estruturalista, em meados da década de 1950, e um dos grandes intelectuais do século XX. Professor honorário do Collège de France, ali ocupou a cátedra de antropologia social de 1959 a 1982. Foi também membro da Academia Francesa — o primeiro a atingir os 100 anos de idade. Desde seus primeiros trabalhos sobre os povos indígenas do Brasil,

em São Paulo, quem quisesse estudar sociologia, não tinha nem como comprar os livros. Numa carta, linda, do Bastide para o Fernando de Azevedo, ele declara que vai escrever a resenha do livro Sociologia educacional *para a revista* L'Anneé Sociologique;[27] *considera também que, depois da obra de Durkheim, nenhum de seus seguidores, nem mesmo franceses, tinha escrito nada mais sério. Mas teme que a guerra não lhe permita fazê-lo, e, de fato, a Segunda Guerra Mundial não permitiu que ele escrevesse a resenha e o livro fosse lançado na França. A Sociologia educacional é um livro influenciado pelo espírito positivista, mas muito bem feito. Foi traduzido para o espanhol, mas não para a França.*
Agora, compare os livros de sociologia publicados antes, e depois, de Fernando de Azevedo. Primeiro, há o livro do Pontes Miranda. Compare Pontes Miranda com Fernando de Azevedo.

A quem ele dedica, inclusive, Sociologia educacional.
Pois é. Porque, realmente, Pontes de Miranda foi o primeiro homem que falou em sociologia no Brasil. Não há dúvida nenhuma. Mas, comparando *Princípios de sociologia* com o livro do Pontes Miranda, o livro do Fernando de Azevedo é muito mais assentado. É posterior ao livro do Pontes, mas há um livro posterior ao livro do Fernando de Azevedo que é o livro do Gilberto Freyre, *Lições de sociologia*, que também não se compara com o do Fernando, que é muito superior.

Inclusive, há certa rivalidade entre os dois, não é?
É verdade, o livro do Gilberto Freyre, editado pela José Olympio, em dois volumes, são as aulas dadas por ele na Universidade do Distrito Federal, aqui no Rio de Janeiro.

Quem era o secretário de Educação nessa época?
Era o Anísio, em 1935. Eu era estudante do quarto ano de direito, em 34-35. O Gilberto Freyre deu o curso aqui. O Anísio deixou a UDF pouco depois da sua fundação, em 35. Eu assisti às aulas do Gilberto.

---

que estudou em campo, no período de 1935 a 1939, e a publicação de sua tese *As estruturas elementares do parentesco*, em 1949, publicou extensa obra, reconhecida internacionalmente. Dedicou uma tetralogia, as *Mitológicas*, ao estudo dos mitos, mas publicou também obras que escapam do enquadramento estrito dos estudos acadêmicos — dentre as quais o famoso *Tristes trópicos*, publicado em 1955, que o tornou conhecido e apreciado por um vasto círculo de leitores.
[27] Ver nota 44, entrevista com Antonio Candido.

Estava recém-fundada. Mas, então, voltando: esse pessoal, em relação aos livros deles, não conheço profundamente a obra do Gilberto Freyre, mas, em relação ao Fernando de Azevedo, acho engraçado, porque, se você percorrer toda sua obra, lendo os primeiros livros dele, percebe logo uma grande diferença: ele mudou, foi um verdadeiro autodidata. Como mudou também em sua atuação. Mas manteve até o fim a ideia da necessidade de uma elite de qualidade no Brasil. Hoje, parte da elite intelectual brasileira está na universidade e muitos professores o criticam. Porque o Fernando de Azevedo fala em educação "aristocrática ou de qualidade". Mas há trechos em seus livros nos quais parece até que está falando sobre o intelectual orgânico. O intelectual deveria estar ligado ao povo, justamente, para dele retirar a seiva, o estímulo. Há de fato a necessidade crescente dessa liderança no mundo, senão os intelectuais ficam no ar. Só quem não lê com atenção Fernando de Azevedo interpreta de maneira negativa sua afirmação. Não de deve diminuir a qualidade da educação, ela tem de estar ligada ao povo, tem de representar bem esse povo, há muitas formas de expressão simbólicas. E uma delas seriam os trabalhos de seus intelectuais. No auge da crise paulista, o grande físico José Leite Lopes,[28] conhecido internacionalmente, certamente pertencente a uma elite, se manifestou com coragem, é um intelectual que pensa o Brasil de maneira crítica. Também o Mário Schenberg...[29]
O Antonio Candido...

Sim, todos eles. Haveria, talvez, uma certa dificuldade em se falar na importância das elites. O Fernando de Azevedo escreve o seguinte: "elite e educação popular são as duas faces de um mesmo problema". É preciso abrir a educação popular da maneira mais ampla possível, começando pela formação das professoras, pelas Escolas Normais, porque, no Brasil, as professoras, às vezes, não têm formação adequada.
Se você for conversar com a elite intelectual de São Paulo, como o Fernando Henrique Cardoso, verá que ela não aceita sem ressalvas o Carlos Guilherme Mota.

---

[28] José Leite Lopes (Recife, PE, 1918-Rio de Janeiro, RJ, 2006). Físico especializado na teoria quântica de campos e em física de partículas. Foi, juntamente com César Lattes, um dos fundadores do Centro Brasileiro de Pesquisas Físicas (CBPF) em 1949. Combateu a ditadura e articulou a criação de instituições de pesquisa. No Brasil, participou de articulações para fundar o CBPF e outras instituições importantes, como a Comissão Nacional de Energia Nuclear (CNEN), o Conselho Nacional de Desenvolvimento Científico e Tecnológico (CNPq), e a Financiadora de Estudos e Projetos (Finep). Foi presidente da Sociedade Brasileira de Física (SBF) de 1967 a 1971.
[29] Ver nota 95, entrevista com Antonio Candido.

O Fernando Henrique, por exemplo, disse que o Carlos Guilherme Mota[30] é o Ibrahim Sued[31] da sociologia. Eu não sei se ele disse isso, ouvi dizer e achei muito engraçado.

Autoritário ele era, realmente, mas entre as correntes autoritárias brasileiras algumas, realmente, eram nitidamente não progressistas, antipovo. Eu afirmaria que o Fernando de Azevedo fazia parte de uma corrente autoritária e progressista. Realmente progressista.

Era a mentalidade da época. Provavelmente, quando todos ficarmos velhos, vamos perceber certas facetas da nossa própria época, da mentalidade que a inundava, e da qual, talvez, não tivemos consciência plena, não é mesmo?
É lógico, claro.

Não é isso? O João Cabral,[32] outro dia, estava me lembrando que, agora, estão todos falando contra o autoritarismo, mas, naquela época, todo mundo, tanto de direita quanto de esquerda, achava que precisávamos de um governo forte no Brasil. Era preciso fazer alguma coisa, mudar e não sei o que mais.
Bem, o autoritarismo do Fernando de Azevedo é um autoritarismo...

Temperado.
É um autoritarismo que não se compara, por exemplo, ao autoritarismo defendido por Alberto Torres,[33] ou o defendido pelo Oliveira Viana.[34] Eles foram

---

[30] Ver nota 65, entrevista com Antonio Candido.
[31] Ibrahim Sued (Rio de Janeiro, RJ, 1924-Rio de Janeiro, RJ, 1995). Jornalista e colunista social, iniciou a sua carreira na imprensa como repórter fotográfico em 1946. Adquiriu reputação ao cobrir a visita do então comandante das tropas aliadas na Segunda Guerra Mundial, general Dwight D. Eisenhower, ao Brasil. Em 1954, passou a trabalhar n'*O Globo*, onde se destacou, assinando uma coluna social que marcou época e influenciou jornalistas. Sua coluna passou a ser lida por todas as camadas sociais a partir do final da década de 1950, tendo passado a conviver com personalidades famosas no Brasil e no exterior. Em 1993, deixou o jornalismo diário e passou a publicar apenas uma coluna dominical n'*O Globo*.
[32] Ver nota 18, entrevista com Arquimedes de Melo Neto.
[33] Ver nota 67, entrevista com Dina Fleischer Venancio Filho.
[34] Francisco José de Oliveira Viana (Saquarema, RJ, 1883-Niterói, RJ, 1951). Professor, jurista, historiador e sociólogo, membro da Academia Brasileira de Letras. Ingressou na Faculdade Livre de Direito, no Rio de Janeiro, onde se bacharelou em 1906. Catedrático da Faculdade de Direito da Universidade Federal Fluminense, em Niterói, lente de direito criminal, em 1916. Ocupou diversas funções públicas estaduais e federais, até tornar-se, a partir de 1940, ministro do Tribunal de Contas da União. Suas obras, versando sobre a formação do povo brasileiro, têm o mérito de ser das primeiras que tentaram abordar o tema sob um prisma sociológico e diferenciado. Escreveu

os autoritários daquela época que, por assim dizer, prepararam o integralismo brasileiro. O Alberto Torres, aliás, é um autor extremamente contraditório, sem base alguma, um sujeito tão maluco, você vê, dois livros dele são em francês, publicados pela Imprensa Nacional como se ele estivesse passando uma mensagem do Brasil ao mundo. Quando trabalhei na Presidência da República certa vez, em 1956, na Imprensa Nacional, ele chegou para mim e falou assim "Vou te mostrar uma coisa", abriu assim os livros e perguntou: "Você sabe para que é isso aqui?". Eram as duas edições em francês do livro dele.

O Brasil fala para o mundo.
O Brasil fala para o mundo. Alberto Torres era um homem extremamente irrealista, um homem que entusiasmou tanta gente, anterior aos nacionalistas, porque ele brigou contra o papa, foi o homem que teve a coragem de chegar e denunciar que o papa queria estabelecer no Brasil um império maior do que o da Rodésia,[35] lá na África. Aliás, o Juarez Távora foi grande admirador do Alberto Torres. Existe a Sociedade dos Amigos de Alberto Torres e a doutrina integralista é quase toda baseada em Alberto Torres. Há outra coisa, o Oliveira Viana foi o homem que criou, também, toda a Legislação Trabalhista Brasileira.

Baseada na Carta del lavoro? Porque mais tarde, com o Getúlio, o Lindolfo Collor teve atuação importantíssima nessa área.
Feita por Oliveira Viana. E todas aquelas juntas de trabalho, fascistas, essas comissões disso e aquilo, empregadores e empregados, tudo baseado no fascismo.

O Fernando de Azevedo, em certa fase da vida — é a mentalidade da época —, considera em um dos seus livros sobre educação a necessidade de um governo forte. Assim começa por afirmar: "Inclusive nós tentamos, nós precisamos de um governo forte porque vemos o aparente sucesso da Alemanha e da Itália". Mas

---

Populações meridionais do Brasil (1918), considerado um clássico do pensamento nacional. Foi um dos ideólogos da eugenia racial no Brasil e combateu a vinda de imigrantes japoneses para o país. Autor de frases como "os 200 milhões de hindus não valem o pequeno punhado de ingleses que os dominam" e "o japonês é como enxofre: insolúvel". Como jurista, especializou-se no direito do trabalho, ramo então nascente no Brasil, que ajudou a consolidar, além de haver sido o organizador da legislação que criou o imposto sindical.

[35] Rodésia do Sul foi o nome da colônia britânica que existiu na África Austral entre 1888 e 1979 e que deu origem ao atual Zimbábue. A Rodésia original surgiu em 1888 quando Cecil Rhodes conseguiu direitos de mineração na região.

depois, como ele era muito racionalista, bem jesuítico, bem dialético, racionalista no sentido de que leva o pensamento até o fim, depois ele volta atrás e escreve: "Pensamos isso, mas foi uma coisa momentânea, esse sucesso". Teve a lucidez, a coragem, de mudar. No Brasil, talvez não desse mesmo resultado acreditar que só um governo forte faria as grandes reformas educacionais, uma reviravolta que ultrapassasse o empreguismo, nossa tradição do "jeitinho" e tal. Acho que ele se deixou levar um pouco pelo pensamento quase fascista da época, fala, inclusive, em mística, se empolga, mas, depois, o racionalismo dele é tão grande que volta atrás. Considerava-se um liberal, apesar de tudo ainda conseguiu manter uma atitude, em certos aspectos, liberal. O que você acharia?

Bem, eu não chamaria um homem como o Fernando de Azevedo de liberal; ele era, como você disse muito bem, um racionalista. Ele se inclina muito para o socialismo, foi um homem que nunca se libertou do espírito jesuítico.

Da ética.

Daquela ética. Aliás, uma das melhores coisas no livro *A cultura brasileira* é a explicação da nossa cultura com base no [bacharelismo]. Ali eu também estou de pleno acordo com ele, porque a nossa cultura...

Literária...

Cultura literária, a cultura da chamada "elite brasileira", e também concordo com o que ele fala da cultura popular, toda essa coisa, nada disso foi compreendido. A base cultural brasileira é o discurso.

E horror ao trabalho manual, a carreira é feita na base do palavreado,[36] da palavra e é até curioso, logo ele, Fernando de Azevedo, homem que tinha uma formação literária e apreciava a literatura — e pour cause, talvez — tivesse se tornado um durkheimiano.

É, formação literária, mas muito avessa à...

---

[36] Azevedo, como Gramsci, critica acerbamente toda cultura verbal, "demais afastada do concreto, cheia demais de retórica e poesia, demais desdenhosa das realidades humanas, sem contrapeso científico". Se Gramsci vincula a herança retórica à influência da cultura clássica ensinada nas escolas italianas, Fernando de Azevedo atribui essa cultura arcaica ao fato de nossa colonização ter sido feita por um Portugal transmissor de cultura escolástica, tributária de uma religião mais transmissora de rituais que propriamente criadora, eminentemente literária, e nas condições sociais e econômicas que, na maior parte dos países ibéricos, marcam a transição de uma civilização patriarcal para a civilização técnica industrial. Maria Luiza Penna. *Educação e transformação*. São Paulo: Perspectiva, 1987. p. 16. (Estudos).

A frescura. Exatamente.
Ele nunca aceitou o modernismo, embora ele, por exemplo, respeitasse o Mário de Andrade....

Bom, o modernismo eu não classificaria como frescura, mas, enfim. Fernando de Azevedo era amicíssimo do Mário.
Amicíssimo e respeitava muito o Mário, como respeitava o Lobato, que era também inimigo do modernismo.

Ah, sim.
O Lobato[37] era muito amigo dele; sempre combateu o modernismo e os modernistas sempre gozaram o Lobato e o combatiam. Muitos modernistas combatiam também Fernando de Azevedo. Faziam brincadeiras e tal... Mas pela ação como professor, como líder educacional, como líder cultural, um homem que teve discípulos excepcionais, que se formaram com ele e, ao mesmo tempo, foram diferentes em seus próprios campos...

Cruz Costa, Antonio Candido, Florestan Fernandes... Nesse sentido é que ele é liberal, porque repare, como professor desses alunos, ele lhes deu a possibilidade de amplo desenvolvimento, de um crescimento. De serem diferentes, inovadores. E de formarem seus próprios discípulos, com caminhos também próprios, inovadores. Foi um pioneiro em São Paulo, na medida em que não tendo nunca estado numa faculdade de sociologia, foi o primeiro professor de sociologia educacional em São Paulo. Depois, ocupou a cadeira de sociologia. Nesse ponto, conseguiu com seus estudos, de certa maneira, ultrapassar as lacunas.
Ultrapassar, claro.

E os discípulos não o repetem, tiveram ampla autonomia para seguir caminhos individuais, próprios, não é mesmo?
E aqui no Rio mesmo, quando foi diretor de Instrução Pública, ele se cercou de elementos mais avançados sob o ponto de vista da educação para a época.

---
[37] Ver nota 48, entrevista com Dina Fleischer Venancio Filho.

Ele escolheu um Comitê técnico excepcional: Francisco Venancio Filho, Frota Pessoa, Paschoal Leme,[38] Antonio Carneiro Leão[39] e muitos outros.
Era o Venancio, o Lobato, eu acho que Cecília Meireles[40] também trabalhou.

Claro, ele tinha grande admiração por Cecília Meireles, uma pessoa excepcional, grande poeta.
O Fernando de Azevedo tornou-se, no fim da vida, muito meu amigo. Quando eu ia a São Paulo e não ia lá vê-lo, ele ficava com o maior ciúme...

Ele cultivava demais a amizade. Então, você acharia que — isso é algo que sempre me faz refletir — tanto a obra do Fernando de Azevedo quanto a do Anísio — tirando, evidentemente, a Universidade de São Paulo, que foi desde logo um sucesso — no campo de educação popular, sobretudo, não foram levadas adiante. Aqui no Rio, muita coisa foi destruída.
Não foram levadas adiante. O Anísio é outro educador também de formação jesuítica.

Você classificaria a formação jesuítica como portadora de importante conotação ética, moralizante, na época muito forte, mas dotada de certa rigidez?
Acho que rigidez, ética, tudo isso entra aí, mas você precisa considerar também que, naquela época, não havia uma tradição política no país. Se você estudar o Partido Socialista Argentino, em 1895, e as várias tentativas de formação de partidos socialistas aqui no Brasil, verá que todas fracassaram. Houve a tentativa de formação de um partido socialista em 1922, houve outra tentativa em 1925, com Evaristo de Morais[41] e todas fracassaram. Por quê? A formação política no

---

[38] Ver nota 8, entrevista com Dina Fleischer Venancio Filho.
[39] Ver nota 4, entrevista com Antonio Houaiss.
[40] Ver nota 10, entrevista com Abgar Renault.
[41] Antônio Evaristo de Morais (Rio de Janeiro, RJ, 1871-1939). Rábula, advogado criminalista e historiador, estudou em colégio beneditino da Capital do Império, onde posteriormente lecionou. Participou da construção do Partido Operário, primeira agremiação partidária de caráter socialista da história do Brasil. Após 23 anos de prática forense, aos 45 de idade, veio finalmente a formar-se em direito, sendo na ocasião o orador de sua turma. Foi cofundador da Associação Brasileira de Imprensa, em 1908. Na década de 1910 trabalhou na defesa dos marinheiros rebelados na Revolta da Chibata. Tornou célebre a campanha pela anistia dos presos, que somente suspenderam a revolta com a promessa jamais cumprida de o governo brasileiro não cometer represálias contra os rebeldes. Foi advogado de defesa de João Cândido Felisberto, o marinheiro conhecido como "Almirante Negro" pela sua formidável campanha estratégica na condução da rebelião dos marinheiros. Em 1902, fundou o Partido Socialista. Especializou-se na defesa trabalhista e integrou o Ministério do Trabalho, colaborando pela Consolidação das Leis do Trabalho. Pai dos advogados Evaristo de Moraes Filho e Antônio Evaristo de Moraes Filho.

país era essa: governo e oposição. Não havia uma base ideológica, não havia formação ideológica, de modo que todos os políticos... Até mesmo o próprio Miguel Calmon Almeida,[42] um homem ultraconservador, quando ele fala sobre socialismo, você crê que ele é socialista, mas ele não é, não tem nada disso, mas ele falava de socialismo como se fosse socialista. Quando o Joaquim Murtinho[43] assume o Ministério da Indústria e Comércio, em 1897, e faz aquele Relatório, ele já fala do perigo do socialismo no Brasil.

Do perigo?
Do perigo do socialismo. Mas é verdade que naquela época a tônica ainda no âmbito do proletariado brasileiro era toda anarquista, era toda de cunho anarquista. Mas, por exemplo, o Movimento da Liga teve como um dos elementos mais atuantes o José Veríssimo, ele fala em socialismo, usa a palavra socialismo. Muitos intelectuais brasileiros eram liberais e ousavam dizer que o socialismo era uma coisa meio fora, [...]. Quando houve o Domingo Sangrento na Rússia, em 1905, José Veríssimo também defendeu os revolucionários russos, naquela hora, ele fez um artigo bonito. José do Patrocínio escreveu um artigo fabuloso "Ave Rússia", em 1905.

Mas você acha que Fernando de Azevedo e o Anísio — se bem que eles tenham algumas facetas diferentes — não teriam prática da política?
Não teriam...

---

[42] Miguel Calmon du Pin e Almeida (Santo Amaro da Purificação, BA, 1796-Rio de Janeiro, RJ, 1865). Visconde com grandeza e marquês de Abrantes, político e diplomata, formado pela Faculdade de Direito de Coimbra em 1821, de 1822 a 1823, no contexto da luta pela Independência da Bahia, presidiu o conselho interino que governou a província a partir da Vila de Cachoeira, coordenando a resistência brasileira contra o governador das Armas, Inácio Luís Madeira de Melo. Além dos diversos cargos públicos, foi membro do Instituto Histórico e Geográfico Brasileiro, presidente da Imperial Academia de Música e provedor da Santa Casa de Misericórdia, do Rio de Janeiro.

[43] Joaquim Duarte Murtinho (Cuiabá, MT, 1848-Rio de Janeiro, RJ, 1911). Político liberal e estadista, ganhou fama por restaurar as finanças republicanas no governo Campos Sales (1898-1902).

Eles queriam mudar a realidade rápido demais...
O Anísio aceitou ser diretor de Instrução do governo Góis Calmon[44] na Bahia. Governo esse que teve o Hermes Lima[45] como oficial de gabinete. Mas o Góis Calmon, irmão do Miguel Calmon, era o homem do Banco Econômico da Bahia e era um homem de ideias progressistas, mas não queria saber de revolução social, estava muito longe disso e não tinha nenhuma base política. Veja você, qual o pensamento do Rui Barbosa? Quando Rui Barbosa chega ao fim da vida e começa a falar em socialismo, e aquela coisa toda, é o socialismo, sim, mas uma coisa muito vaga. Quando se vai comparar, por exemplo, com o grupo argentino, percebe-se que este é um grupo muito mais politizado. Inclusive, até o próprio Yrigoyen,[46] que foi o homem da União Cívica Radical, na Argentina, era um homem muito mais avançado, nas suas ideias, que qualquer político brasileiro da época. Agora, como ele tinha que lutar contra o partido socialista, um partido forte, tinha que usar uma determinada linguagem perante a disputa eleitoral. Na Argentina a disputa não era como aqui no Brasil, com o voto de cabresto, de bico de pena etc. Na Argentina havia muito mais verdade eleitoral do que aqui. Havia muito mais consciência política. De modo que lá a definição ideológica era uma coisa que tinha que ser afirmada e aqui esses homens não tinham ainda uma ideia política muito sedimentada. Fernando de Azevedo era um homem de ideias políticas assim... Queria a honestidade na coisa pública, e queria que suas ideias fossem respeitadas. Como educador, ele tinha que seguir as ideias mais avançadas e ele era uma espécie de porta-voz, pioneiro delas. Agora, os políticos não queriam essas ideias, não as aceitavam... Acho que não havia uma caracterização muito rigorosa para o político brasileiro naquela época. Não havia diferenças entre o Washington Luís, o Antonio Carlos, o Getúlio Vargas. Era tudo a mesma coisa.

---

[44] Francisco Marques de Góis Calmon (Salvador, BA, 1874-1932). Político e advogado, era filho do almirante Antônio Calmon du Pin e Almeida e de Maria dos Prazeres da Cunha Góis. Foi presidente da Bahia de 1924 a 1928. Fez seus estudos primários no Colégio Florêncio, na capital baiana, formou-se na Faculdade de Direito do Recife. Era avesso à política e interessado em economia por conta dos cargos ocupados no Banco da Bahia. Com o declínio de J. J. Seabra, Góis Calmon é lançado seu candidato. Graças a adesões inesperadas e de última hora, dentre as quais conta-se a do doutor Deocleciano Teixeira, pai do pedagogo Anísio Teixeira, Calmon é eleito. Seu governo foi inovador, no sentido de ter procurado montar um secretariado composto, em sua grande maioria, de jovens expoentes, que tinham se destacado na vida acadêmica — como o próprio Anísio, que ocupa a pasta de diretor-geral de ensino (equivalente a secretário de educação), Nestor Duarte, na agricultura, e muitos outros.

[45] Ver nota 46, entrevista com Dina Fleischer Venancio Filho.

[46] Juan Hipólito del Sagrado Corazón de Jesús Irigoyen, conhecido como Hipólito Yrigoyen (12 de julho 1852-3 de julho de 1933). Político argentino, duas vezes presidente de seu país (1916-22 e 1928-30).

Muita politicagem, é isso?
Sim, claro, quais eram as ideias? Era uma plataforma muito deficiente.

O ideário era muito fraco. Era uma salada.
Uma salada. Eles achavam que aquelas leis, tanto as leis votadas pelo Epitácio Pessoa[47] de combate ao anarquismo[48] e também as leis da imprensa... A primeira lei foi chamada Lei Federada, do tempo do Bernardes, mas só foi aprovada com o Washington Luís, a Lei Aníbal de Toledo. O Washington Luís tinha liberado a imprensa, logo depois de 1º de janeiro de 1927, e ele faz essa lei em agosto. A lei, então, fecha a nação, mas logo em seguida ele permite a formação do bloco operário camponês, que vai disputar as eleições da Intendência do Rio de Janeiro e elege dois interventores.

Como justificaria, então, a vinda de Fernando de Azevedo para o Rio de Janeiro?
Ele veio trazido pelo Prado Júnior. Convidado pelo Prado Júnior, porque aquele Inquérito de 26, realizado pelo Fernando de Azevedo, realmente, havia feito muito sucesso; acredito que o Júlio de Mesquita, diretor d' O Estado de S. Paulo, tenha até colocado pressão para que ele aceitasse fazê-la. O Inquérito de 26 realmente causou sensação. Alertou para os problemas educacionais brasileiros. Talvez o Washington Luís quisesse colocar um paulista, mas não, Fernando de Azevedo era mineiro. Talvez o Washington Luís quisesse mesmo era prestigiar o Prado Júnior e como este era admirador do Fernando de Azevedo...
Fernando de Azevedo era mineiro, mas radicado em São Paulo e ao grupo d' *O Estado de S. Paulo* que era anti-Washington Luís.

---

[47] Epitácio Lindolfo da Silva Pessoa (Umbuzeiro, PB, 1865-Petrópolis, RJ, 1942). Político e jurista, presidente da República entre 1919 e 1922, seu governo foi marcado por revoltas militares que acabariam na Revolução de 30. Foi deputado federal, ministro da Justiça e do Supremo Tribunal Federal, procurador-geral da República, senador, chefe da delegação brasileira junto à Conferência de Versalhes e juiz da Corte Internacional da Haia. Seus principais atos como presidente foram: 1) Construção de mais de 200 açudes no Nordeste; 2) Criação da Universidade do Rio de Janeiro, em 1912; 3) Comemoração do primeiro Centenário da Independência; 4) Construção de mais de 1.000 km de ferrovias no sul do Brasil; 5) Nomeação de um civil, Pandiá Calógeras, para ministro da Guerra.

[48] A Lei da Repressão ao Anarquismo (17 jan. 1921): A fim de conter a ascensão do movimento operário e a onda de greves e revoltas dos trabalhadores, o presidente Epitácio Pessoa promulgou, em 1921, a Lei de Repressão ao Anarquismo. A nova lei foi uma ação do governo visando eliminar a influência das ideias anarquistas no movimento sindical.

Sim, mas como é que eles mandam exatamente...
Entra aí ainda é um pouco do liberalismo brasileiro. Como é que você explica, por exemplo, que um homem como José Oiticica,[49] um anarquista, talvez o mais conhecido do Rio de Janeiro, que havia sido preso no governo Bernardes, seja convidado pelo Washington Luís para ensinar filologia portuguesa na Universidade de Hamburgo na Alemanha e aceita? O governo Washington Luís, através do ministro Otávio Mangabeira,[50] o mandou para a Alemanha, através de um convênio que havia, e ele só voltou em 1930. O líder anarquista era colaborador dos jornais *A Lanterna*,[51] *Ação Direta*[52] e diretor do jornal *Spártacus*,[53] que pregavam a luta social, a ação direta, todas essas coisas — um homem considerado perigosíssimo e que tinha sido preso no governo do Bernardes.

É verdade, mas aí você pode argumentar com aquela história, uma velha tradição política brasileira, você manda porque o sujeito indesejado tem família, quer benesses, é uma maneira de se afastar o inoportuno com um cargo de professor visitante ou uma Embaixada em Paris. Você despacha o fulano e ele se cala...
Mas no caso do Fernando de Azevedo, o Washington Luís...

Desejava fazer uma boa administração. Ele sabia que a educação no Distrito Federal era um problema crucial; aliás, é até hoje, realmente, um problema quase insolúvel, tal a confusão, a politicagem. Não há possibilidade de se levar os pro-

---

[49] José Rodrigues Leite e Oiticica (Oliveira, 1882-Rio de Janeiro, 1957). Professor, dramaturgo, poeta parnasiano e filólogo e notável anarquista brasileiro.

[50] Otávio Mangabeira (Salvador, BA, 1886-Rio de Janeiro, RJ, 1960). Engenheiro, professor e político, foi governador da Bahia e membro da Academia Brasileira de Letras. Engenheiro encarregado da inspeção dos trabalhos do porto da Bahia e professor de astronomia da Escola Politécnica da Bahia, foi membro do Conselho Municipal de Salvador, elegeu-se deputado federal pela Bahia (de 1912 a 1926). Ministro das relações exteriores (1926-30), membro da União Democrática Nacional (1945). Entre outras obras, escreveu: *Halley e o cometa do seu nome* (1910), *Voto da saudade*, ensaio (1930), *Pelos foros do idioma, discursos e artigos* (1930) e *Christus Imperat*, ensaio (1930).

[51] *A Lanterna*: periódico anarquista, fundado por Benjamim Mota, cuja temática principal era o anticlericalismo, foi publicado no Brasil no início do século XX, e nele José Oiticica publicou seu primeiro texto anarquista. Durante muito tempo Edgard Leuenroth foi principal editor.

[52] *Ação Direta*: periódico anarquista publicado no Brasil por José Oiticica em 1929, voltando a ser reeditado de 1946 a 1958.

[53] *Spártacus*: periódico anarquista publicado no Brasil por Fábio Lopes dos Santos Luz, cuja primeira edição data de 1919.

jetos pra frente, a não ser que se fizesse uma coisa mais popular, mais ligada às comunidades onde as escolas estão inseridas.
Washington Luís queria realizar uma boa administração. Agora, mais importante do que Fernando de Azevedo ter sido convidado, é ele ter sido prestigiado da maneira que foi.

Totalmente, algo incrível. Mas o mesmo não aconteceu com o Ademar de Barros,[54] o secretário de Justiça na época era o Miguel Reale[55] e eles brigaram.
Ele foi secretário de Educação [do Ademar de Barros].

Menos de nove meses.
Mas ele também foi secretário de Educação no governo Valdomiro Lima, um momento difícil.

Ah, sim, naquele momento, logo depois da Revolução Constitucionalista, ele foi membro do Comitê da Reforma do Código de Educação.
Num governo muito antipatizado em São Paulo, ele conta isso no livro de memórias.

Na realidade, você não pode equacioná-lo facilmente. A opinião pública ficou muito bem impressionada com o Inquérito de 1926,[56] prestigiado pelo diretor do Estadão, Júlio de Mesquita. Em seu livro, Júlio de Mesquita[57] conta que instou para que Fernando de Azevedo aceitasse fazê-lo. O Inquérito vale por várias razões, sobretudo pelas pessoas que são entrevistadas,[58] todas muito importantes — Amadeu Amaral, Manuel B. Lourenço Filho, Artur Neiva, entre outros —, mas também pelas

---

[54] Ver nota 13, entrevista com Abgar Renault.
[55] Ver nota 19, entrevista com Antonio Houaiss.
[56] O célebre inquérito, publicado sob o título de *A educação na encruzilhada* (Fernando de Azevedo. *A educação na encruzilhada*. Inquérito para o jornal "O Estado de São Paulo". 1926. 2. ed. Melhoramentos, 1960) é, na verdade, documento histórico de uma época de transição que nela se reflete com suas contradições internas, seu apego ao passado e suas novas tendências educacionais. É ao mesmo tempo uma obra atual, pelos problemas que discute e que ainda não saíram da agenda de debates.
[57] Ver nota 33, entrevista com Antonio Candido.
[58] Participaram do inquérito: Manuel Bergström Lourenço Filho, A. F. de Almeida Júnior, educadores; Teodoro Ramos, engenheiro e matemático; Artur Neiva, cientista; Navarro de Andrade, especialista em agricultura; Reinaldo Porchat, jurista e professor; Ovidio Pires de Campos, professor de clínica médica; Roberto Mange, engenheiro; Amadeu Amaral, poeta, escritor e jornalista.

observações de Fernando de Azevedo. O Inquérito, realmente, teve em São Paulo uma repercussão grande, então; a opinião pública ficou muito mobilizada. Fernando mostrou, praticamente, concretamente, o que era a educação do Brasil desde a educação popular até a educação profissional, educação universitária. A rigor, não tínhamos nenhuma universidade no Brasil. O que eles chamavam de universidade era a junção de três faculdades, Engenharia, Direito e Medicina. Chamavam a isso de universidade, mas não era universidade no seu sentido atual.
O Antonio Carlos criou a Universidade de Minas, com o Mendes Pimentel, na reforma dele, não é?

É, nos anos 20, mais precisamente em 1922, mas parece que não funcionava ainda como universidade.
Também foi criada uma Universidade do Paraná, em 1912.

Nos mesmos moldes.
Mas em São Paulo tinha havido uma reforma da educação com o Sampaio Dória.

Em 24, 26, não é?
Em 24. Acho que no governo Carlos de Campos.[59]

O Fernando de Azevedo, em toda a sua vida, foi bastante coerente e lúcido a esse respeito, nunca se enganou. Sempre repetiu que a educação — talvez sua formação filosófica o tenha influenciado — não é só um problema técnico, é um problema político. E há o problema da educação ser ou não um elemento de transformação, até hoje isso se coloca e é estudado pelos economistas: a educação como elemento transformador. Na primeira fase do pensamento do Fernando de Azevedo, que poderíamos qualificar como de "otimismo pedagógico", ele crê que através da educação pode-se mudar o Brasil. Há um livro do Jorge Nagle,[60] A educação na Pri-

---

[59] Carlos de Campos (Campinas, SP, 1866-São Paulo, SP, 1927). Advogado e político, foi o décimo segundo presidente do estado de São Paulo, de 1924 até o dia de sua morte. Em seu governo, ocorreu a Revolução de 1924. Foi fundador e membro da Academia Paulista de Letras.

[60] Jorge Nagle (Cerqueira Cesar, SP, 1929). Professor normalista pela Escola Normal de S. Cruz do Rio Pardo. Licenciado em pedagogia, pela FFCL da USP. Tem exercido, ao longo da vida, numerosos cargos públicos no campo da educação (Unesp, Fundação para o Desenvolvimento da Unesp (Fundunesp)), participação em Colegiados (Fapesp, Conselho de Reitores das Universidades Estaduais do Estado de São Paulo (Crusep) e Crub-Conselho de Reitores das Universidades Brasileiras (Ceub) e Conselhos (Conselho Superior da Fundação Escola de Sociologia e Política de São Paulo, Conselho Estadual de Educação). Produção acadêmica: *A reforma e o ensino* (1973), *Educação e*

meira República, *mencionando essa atitude. Fernando de Azevedo não embarca muito tempo nessa esperança, percebe que, se a educação é forma de transmissão de cultura, ela faz parte dessa cultura e, nessa medida, reflete um pouco o tipo de país e cultura que temos, ou seja, que a educação só é transformadora quando há uma mudança social, realmente mais ampla ou, então, quando a reforma é feita por um governo forte. Ele diz que o Getúlio perdeu todas as oportunidades de mudar a educação. Pelos comentários que faz, parece não gostar muito do Capanema. A seu ver, a educação só pode ser transformadora quando houver uma mudança mais ampla, na medida em que a educação faz parte de uma realidade cultural maior. Qual sua percepção a respeito disso?*
Talvez seja um problema técnico também...

No Brasil, me parece que não é técnico apenas, acho que é também um problema político.
É um problema político...

Muitos economistas, por exemplo, o Delfim, parecem não ter sensibilidade para problemas de cultura e educação. Por quê?
Nossos governos, em geral, não percebem essa importância crucial. O Capanema tinha um curso de formação de professores que era, em linhas gerais, grande. Foi um grande ministro, construiu a base do Ministério da Educação e da Cultura. Por exemplo, prestigiou, apesar de ser muito combatido, os arquitetos novos, construiu o edifício do Ministério de Educação e Cultura, mas foi uma questão de política cultural, não de educação. A educação pouco avançou no período do Capanema.

A educação tem muito a ver, ela é importante porque, se você ampliar as oportunidades de educação, com enorme esforço nessa área, você dá maior possibilidade a essa cultura de se democratizar, não é?
Há um livro fabuloso sobre educação no Brasil para a época que é o livro do José Veríssimo, *A educação nacional*. Sobretudo a segunda edição, que ele ampliou muito.

---

sociedade na Primeira República (1974), *Educação brasileira: questões de atualidade* (Org.) (1975), *Educação e linguagem* (Org.) (1976). Produziu 11 capítulos de livros, dezenas de artigos, entrevistas e outros trabalhos publicados em revistas especializadas e jornais.

É de que ano?
Ele publicou esse livro logo depois da Reforma Benjamim Constant.

Em 1890.
A segunda edição do livro é de 1910, antes da Reforma Rivadávia. Aliás, ele teve uma briga muito grande com o Rivadávia, foi muito perseguido por ele; morreu em 1916, mas a segunda edição do livro é fabulosa. De certa maneira, tudo sobre o que o Fernando de Azevedo depois vai escrever, vai participar, exercendo uma liderança, o José Veríssimo escreveu antes em seu livro. Ele não teve forças para continuar, não teve o poder na mão, mas percebeu o fulcro da questão.

Cabe observar que o Fernando de Azevedo teve e não teve poder, porque, por exemplo, quando se publicou A cultura brasileira, *ele ficou muito triste, há cartas dele dizendo que nenhum jornal de São Paulo havia feito menção ao livro. A seu ver, a imprensa de São Paulo se manteve calada por causa do Getúlio, da comissão censitária da qual Fernando fazia parte?*
Não, a imprensa de São Paulo naquela época, depois...

Ele se queixava: "Eles não podem... estão me desconhecendo, não há nenhuma crítica, nem que seja contra...". A imprensa quase toda se calou, mas A cultura brasileira *não era um livro feito de brincadeira e a imprensa adotou o silêncio. Agora, como terá sido a relação dele com o Getúlio, teria ele se arrependido de ter aceitado aquele trabalho, das análises críticas da cultura brasileira, da política... Você sabe de alguma coisa?*
Olha, o Getúlio era um homem muito conciliador, eu acho que a comissão censitária foi uma das iniciativas mais importantes feitas no Brasil.

A direção do Teixeira de Freitas[61] foi muito importante.

---

[61] Mário Augusto Teixeira de Freitas (São Francisco do Conde, BA, 1890-Rio de Janeiro, RJ, 1956). Ingressou, em 1908, na Diretoria-Geral de Estatística do Ministério da Agricultura, Viação e Obras Públicas, onde promoveu numerosas pesquisas estatísticas, até então inéditas no país. Graduou-se com distinção no curso de direito, em 1911, pela Faculdade de Ciências Jurídicas e Sociais do Rio de Janeiro. Em 1920, foi nomeado delegado-geral do Recenseamento em Minas Gerais e sua notável atuação nesse cargo levou o governo mineiro a convidá-lo para reformar a organização estatística estadual. Como diretor do Serviço de Estatística Geral de Minas Gerais lançou importantes trabalhos, entre eles o *Anuário estatístico do estado*, o *Anuário demográfico* e o *Atlas corográfico municipal de Minas Gerais*. No Rio de Janeiro colaborou na organização do Ministério da Educação e Saúde Pública, no qual passou a dirigir a Diretoria de Informações,

O Teixeira de Freitas foi essencial, assim como o Jorge Mortara,[62] você percebe que de todos esses censos realizados aqui, o do Teixeira de Freitas é o mais bem feito de todos.

Teixeira de Freitas mudou o censo no Brasil.
Tem o seguinte: o estudo que o Alberto Passos Guimarães[63] publicou sobre as favelas do Rio de Janeiro...

Nessa época?
Nessa época. O estudo do Alberto Passos Guimarães foi avançadíssimo, ele mostra de que se compõe essa população de favelados, é um trabalho muito bem feito. Tanto o Jorge Mortara, como o Carneiro Felipe,[64] não eram getulistas — o Jorge Mortara, inclusive, nem brasileiro era —, mas o Getúlio apoiou esse movimento. Pergunto: o Fernando de Azevedo também se engajou? Porque era um momento muito sério, importante.

Segundo Alberto Venancio Filho, parece que Fernando de Azevedo se arrependeu profundamente de ter feito uma menção elogiosa ao Getúlio. Em compensação, todo mundo fala do Movimento da Escola Nova, discutido no livro, e ele, mais tarde, no próprio livro, afirma que o Estado Novo conseguiu acabar com toda a obra educacional do grupo. O Capanema, como você disse...
Na área da educação não avançou nada. No campo cultural foi formidável.

Estatística e Divulgação. Sua criação máxima de pensamento e ação foi o IBGE. Em 1941, participou em Washington da criação do Instituto Interamericano de Estatística onde exerceu destacado papel, tendo sido eleito seu primeiro presidente e, posteriormente, presidente honorário.

[62] Mortara Giorgio (Mantua, Itália, 1885-Rio de Janeiro, RJ, 1967). Economista, demógrafo e estatístico. Foi professor na Universidade de Messina de 1909 até 1914, Roma (1915-24), Milão (1924-38) e diretor do *Giornale Degli Economisti* (1910-38). Foi forçado a deixar a Itália em 1939 por motivos raciais, vindo para o Brasil, onde foi assessor técnico do Censo Nacional (1939-48) e, em seguida, do Conselho Nacional de Estatística, onde dirigiu o laboratório (1949-57) e criou uma florescente escola de demografia. Em 1954 foi nomeado presidente da União Internacional para o Estudo Científico da População, da qual tornou-se presidente honorário (1957). Em 1956, voltou a lecionar na Universidade de Roma. Tornou-se membro da Academia Nazionale dei Lincei (1947).

[63] Alberto Passos Guimarães (Maceió, AL, 1908-Rio de Janeiro, RJ, 1993). Ensaísta, autodidata, preocupado com a justiça social. Principais obras: *Inflação e monopólio no Brasil — por que sobem os preços?* (1962), *Quatro séculos de latifúndio* (1963, reed. 1968), *A crise agrária* (1978), *As classes perigosas: banditismo rural e urbano* (1982).

[64] Ver nota 10, entrevista com Antonio Houaiss.

No plano educacional, não avançou, acho que ele não avançou porque o campo educacional — vide Paulo Freire — é um campo revolucionário.
É um campo que exige, concomitantemente com a reforma educacional, a reforma política.

Exatamente. Conheço uma professora, a Lígia Santos, filha do músico Donga, não sei se o senhor a conhece, a Ligia foi professora primária de escola pública; ela me contou coisas bem estranhas sobre as diretoras das escolas públicas do Rio. Ela tem uma tese muito interessante e esclarecedora[65] sobre o Paulo da Portela,[66] fundador da Escola de samba da Portela. De acordo com suas pesquisas, ele foi uma espécie de intelectual orgânico da favela brasileira, na medida em que possuía cultura muito superior ao pessoal do morro e pôde assim abrir caminhos para o seu povo. O pai dele não era do morro, a mãe, sim, e ele lia Sófocles, Goethe. A Ligia me

---
[65] Ver nota 41, entrevista com Antonio Houaiss.
[66] Paulo Benjamin de Oliveira, popularmente conhecido como Paulo da Portela (Rio de Janeiro, RJ, 1901-49). Sambista e compositor. Era filho de Joana Baptista da Conceição e Mário Benjamin de Oliveira, sendo uma figura fundamental na história da cultura brasileira nas décadas de 1920, 1930 e 1940. Paulo da Portela trabalhou como lustrador e participou de pequenas agremiações carnavalescas formadas por operários e funcionários públicos. Começou a frequentar rodas de samba no subúrbio da cidade do Rio de Janeiro no início dos anos 1920. Paulo da Portela fundou com Antônio Caetano e Antônio Rufino dos Reis o Conjunto Oswaldo Cruz, que depois foi renomeado para Quem nos Faz é o Capricho, Vai Como Pode e, finalmente, Gres Portela, em referência à Estrada do Portela. Paulo da Portela foi um dos que mais lutaram para mudar a imagem estereotipada e preconceituosa que se tinha a respeito do sambista, de malandro e vagabundo, para a de artista de respeito. Para isso, ele impôs vestuário próprio para sua agremiação, e defendia que todos os portelenses estivessem devidamente vestidos com as cores da escola no dia do desfile. Foi o primeiro presidente da Portela e sua casa foi a primeira sede da escola, muito embora nesta época a sede não fosse nada além de um lugar para guardar os instrumentos. Em 1937, Paulo da Portela foi eleito Cidadão Samba. Ainda no mesmo ano, participou da primeira excursão de sambistas ao exterior, indo ao Uruguai, e retornando ao Brasil já no Carnaval. Ao voltar, desentendeu-se com integrantes da Portela, que não permitiram que seus amigos Heitor dos Prazeres e Cartola, que não estavam devidamente vestidos com as cores da agremiação, desfilassem. Por conta disso, Paulo não desfilou mais e se afastou da escola. Durante as tentativas dos Estados Unidos de construir uma "relação de boa vizinhança" com os vizinhos da América do Sul, Paulo da Portela foi escolhido para ser o modelo da criação do personagem Zé Carioca, bem como para representar o samba no exterior. Por conta disso a Portela excursionou pelos Estados Unidos. Por conta do seu desentendimento com a diretoria da Portela, Paulo compôs "O meu nome já caiu no esquecimento". Cartola também fez na ocasião um samba, "Sala de recepção" ("Aqui se abraça o inimigo/ como se fosse um irmão"). Depois de sua morte, grupos como o Rosa de Ouro e A Voz do Morro e intérpretes como Paulinho da Viola e Monarco realizaram gravações de suas músicas mais famosas e foi também lembrado em sambas de Monarco. Participativo na política, Paulo da Portela filiou-se ao PTN em 29 de dezembro de 1946, sem nunca ter sido candidato a cargo eletivo. Foi homenageado junto com Natal e Clara Nunes pela Gres Portela no ano de 1984, no enredo "Contos de areia", que deu o 21º campeonato do Carnaval do Rio de Janeiro à escola.

contou que as próprias diretoras de escola são racistas e reclamam, falando assim: "Não, não queremos a negrada na nossa escola". As crianças moram no morro e a escola é embaixo do morro, ou perto, mas as diretoras não querem problemas. Quando você vê uma criança pobre na escola, você não está colocando apenas uma criança pobre na escola, você está colocando muito mais: entram aí também problemas de saúde, problemas sociais. Às vezes, as escolas são apedrejadas. As escolas públicas no Rio de Janeiro — os jornais não publicam isso, mas estamos com uma repetência de 60% — são apedrejadas, elas pertencem a uma espécie de zona incontrolável. Muitas escolas no Rio estão nessa situação atualmente. Por isso, penso que a educação pode ser revolucionária e mudar o país econômica e socialmente.
A criança vai à escola também para comer, por causa do alimento. As professoras nem sempre estão interessadas.

Às vezes quase analfabetas, então, a educação pode tornar-se profundamente ineficiente. Fernando de Azevedo sempre lutou contra essa realidade. O Capanema manteve a situação como estava, estática, não pôde mexer nisso, porque é algo muito trabalhoso e controverso. Mexer com educação popular é complicado.
E sem reforma política não se pode fazer nada.

Aí é que está a questão do autoritarismo, algo que me faz pensar, que deixa meio em dúvida também. Na União Soviética, se a criança faltar à escola, os pais são chamados para dar explicações, se eles continuam faltando e não têm um índice bom de aprendizagem os pais têm de ir conversar de novo com os professores. Nos Estados Unidos, idem. Aqui...

Fernando de Azevedo em 1926, à época em que publicou o "Inquérito sobre a educação", pesquisa encomendada por Júlio de Mesquita Filho, diretor de *O Estado de S. Paulo*.

Heládio Antunha

Data: 21 de maio de 1981
Local: Faculdade de Educação da USP — São Paulo (SP)

Qual é exatamente o sentido do seu trabalho?

Estou procurando estudar o pensamento do Fernando de Azevedo, suas ideias, se houve uma evolução, se houve modificações, cotejando um pouco com o momento histórico-social, mas no plano do pensamento. As ideias, é claro, têm relação com a realidade sociocultural e histórica; mas como minha área é filosofia, só lendo os projetos dele, estudando as reformas, se pode compreendê-lo melhor. Descobri ali um sistema, fechado, muito bem feito, numa sociedade que está se industrializando, então ele percebia bem o que seria necessário para o avanço da educação no Brasil, mas, ao mesmo tempo, quando se constata o que é a política no Brasil, o que é a realidade brasileira, suas ideias me parecem irrealizáveis. Agora, ele tentou. Sempre tentou colocar em prática suas ideias e projetos. Em que época o senhor conheceu Fernando de Azevedo?
Eu o conheci na Faculdade de Filosofia, quando estudava sociologia educacional, por volta de 1946. Era uma pessoa muito amiga em matéria profissional, falava por si mesmo, muito interessante. Depois, trabalhei com ele aqui na USP, no Centro Regional de Pesquisas Educacionais: obtive um cargo de chefia no magistério e naturalmente tive muito contato pessoal porque despachava direto com ele.

Como era ele? Comenta-se que se tratava de uma pessoa autoritária.
Tinha, sim, uma personalidade autoritária. Mas, no fundo, não sei bem como explicar... acho que ele era... um gozador, se fazia de autoritário, impostava

aquela personalidade de autoritário. Acho que sentia prazer nisso. Por exemplo, no caso das nossas reuniões administrativas na Faculdade, no Centro Regional: ele chegava nessas famosas reuniões, sentava-se à cabeceira, todos os funcionários graduados ficavam ao redor da mesa e então ele despachava. Despachava ofício, aquela coisa toda. Deixava todo mundo esperando, porque havia gente que necessitava logo de um despacho dele, de uma verba para pagar alguém que estava precisando e tal, mas conseguia manter aquilo durante horas, até ele se dignar a assinar. Depois, fazia o seguinte: conversava, ficava falando, contando o passado, as peripécias pelas quais tinha passado no Rio de Janeiro, como fora a reforma federal, que ele considerava excepcional, e a de São Paulo, as atitudes que tinha tomado em face aos poderosos etc. Levava tempo. Era assim que ele procedia. Era curioso.

Ah! Aquela reforma foi muito importante mesmo.
Muito importante e que reformou de alto a baixo o ensino, só não instalou a televisão porque naquela época não havia televisão, mas instalou a rádio educativa.

E cinema também... O arquivo dele foi doado ao Instituto de Estudos Braileiros (IEB). Estou trabalhando nesse arquivo e li cartas vindas da França, da Alemanha, falando justamente nesses centros de filmes pedagógicos instalados por ele.
Certo. Não sei se a senhora sabe, mas há um trabalho sobre Fernando de Azevedo escrito por um professor aqui da faculdade, Nelson Piletti.[1] Ele escreveu sobre a Reforma de 1920 e a Reforma de 1928, utilizando o material deixado por Fernando de Azevedo, guardado no Instituto de Estudos Brasileiros. A senhora já ouviu falar no professor Piletti?

Não, mas sei que o material referente à Reforma está guardado em 10 pastas.
Talvez fosse interessante a senhora conversar com esse professor sobre a reforma de Fernando de Azevedo. A tese já foi aprovada, fiz parte da banca.

---

[1] Nelson Piletti (Bento Gonçalves, RGS, 1945). Educador e historiador, é formado em filosofia, pedagogia e jornalismo, mestre, doutor e livre-docente em história da educação brasileira pela Universidade de São Paulo e professor da Faculdade de Educação da USP desde 1974. É autor de diversos livros na área de educação, de livros didáticos na área de história e também autor do romance *Sônia sete vidas* e de uma biografia sobre dom Hélder Câmara. Escreveu o verbete de Fernando de Azevedo para o *Dicionário de educadores brasileiros*.

Não conheço a pesquisa do professor Piletti. A reforma, para a época, foi muito avançada.
Exato. Acho que o professor Piletti pode lhe dar boas informações. É fácil localizá-lo no Departamento, aqui, ou no Departamento de Filosofia. No Instituto de Educação o pessoal pode informá-la.

Há algo curioso — talvez o fracasso não seja uma categoria filosófica, mas, mesmo assim, quando se começa a ler sobre a vida de Fernando de Azevedo, fico tomada por um sentimento estranho e todo educador deve sentir isso também: ele tinha determinados ideais, tinha recebido formação filosófica, se considerava o filósofo da educação no Brasil e quando se lê o projeto, quando se estuda a reforma e se admira os ideais da reforma, percebe-se que a iniciativa foi bastante adequada às necessidades brasileiras: é o que deveria ter sido feito. Mas, na verdade, Fernando de Azevedo nunca conseguiu realmente ter sucesso, talvez porque no Brasil nunca se consegue, realmente, levar as reformas avante, implantá-las de forma duradoura. Por que seria isso? Quando eu menciono a categoria de fracasso para meu orientador da tese, ele responde: "fracasso não é uma categoria filosófica!". Eu digo: "Não, não é, mas está perto da realidade, porque a Reforma de 28, de janeiro de 1928, foi positiva, muito bem-intencionada, mas, evidentemente, como a própria Escola Nova, depois de 34, foi decaindo, decaindo... No Brasil, a educação é principalmente um problema político, de vontade política, mexe com muita coisa. Talvez não haja também vontade da sociedade...
Bom, eu não sei. Pode ser que seja, mas a reforma talvez seja utópica também. Talvez não exista adaptação, uma verdadeira adaptação, que princípios estão na moda, na moda utópica na Europa, nos EUA. Quando, depois, se tenta aplicar esses princípios no Brasil, eles não batem com a realidade e, afinal de contas, o reformador acaba por se afastar, ou então muda o governo, não é verdade? Penso que foi o caso da reforma de Fernando de Azevedo.

Não se dá continuidade aos projetos iniciados.
Não se dá continuidade e parece que a coisa toda fracassou. Não estudei muito a fundo a reforma de Fernando de Azevedo, mas participei da banca do Nelson Piletti, pude fazer várias observações, uma delas é que, realmente, a reforma, sob o ponto de vista ideológico, de manifestação das intenções, é muito ambiciosa, quer atingir vários setores ao mesmo tempo; realmente, ela teria empolgado, porque toda terminologia usada, todas as expressões utilizadas caem no gosto popular.

Houve então uma promoção muito grande da reforma; a meu ver, há uma pequena falha na pesquisa do senhor Nelson Piletti: ele se baseou principalmente na documentação deixada pelo próprio Fernando de Azevedo, homem muito meticuloso — a senhora deve ter notado isso —, deixou tudo já organizado, praticamente o arquivo todo, de certa forma para ser pesquisado e levando...

E levando às conclusões desejadas.
De certa forma, sim...

Interessantíssimo, o que o senhor está me falando.
Realmente, isso é algo que precisaria ser dito, com todo o respeito que se tenha por Fernando de Azevedo. Eu o respeito muito, como meu professor, como o líder que conheci muito bem e que aprendi a entender. Mas realmente... A impressão que dava, inclusive, para quem fosse visitá-lo em sua casa...

Rua Bragança, 55.
Era uma mansão aqui no Pacaembu, uma casa muito bonita. Eu não sei se a senhora chegou a conhecer.

Não. Sei, porém, que vai ser destruída.
Era muito formal, era complicado para a gente se aproximar dele. Então, a impressão que se tinha é que ele tinha preparado todo o ambiente para a casa virar um museu. A esperança dele seria de morrer e deixar...

Um centro, talvez um centro de pesquisas.
Talvez um centro de pesquisas. Isso era o que corria, uma brincadeira que se fazia e que comentaram no dia do enterro dele. O ideal dele — como o ideal de um ator é de morrer no palco representando — seria de morrer escrevendo, porque ele escrevia à mão, a bico de pena, nunca usou máquina de escrever, então, tinha a caligrafia muito caprichada. O ideal dele seria o de morrer naquele ambiente...

Parece que ele era vaidosíssimo...
Muito vaidoso. Ele tinha coisas incríveis. Houve um tempo em que ele era diretor aqui do Centro Regional de Pesquisas Educacionais, no tempo do Anísio Teixeira,[2] e foi convidado para ser secretário de Educação da Prefeitura.

---

[2] Ver nota 20, entrevista com Abgar Renault.

Com o Prestes Maia?[3]
Prestes Maia. No tempo em que ele foi secretário e ao mesmo tempo diretor do Centro Regional de Pesquisas Educacionais. Ele chegava e perguntava para a secretária: "Alguma correspondência?". "Ah, sim, está aqui!" E ele olhava, olhava: "Ah! Sim, está aqui". E era um ofício do doutor Fernando de Azevedo, secretário de Educação do município, para o doutor Fernando de Azevedo, diretor do Centro Regional de Pesquisas Educacionais. Então, recebia o ofício, lia e dizia: "Ah! Sim", depois de ler e tal, dava o despacho. Era curiosíssimo.

Esta é ótima. Não é possível.
Interessantíssimo isso, não é? Não é para diminuí-lo, é para mostrar um aspecto do temperamento.

Obtive o depoimento do professor Antonio Candido e ele falou também dessas peculiaridades da personalidade do Fernando de Azevedo. Ele foi um homem excepcional, como o senhor está afirmando, mas ele tinha também um lado... Todos têm suas fraquezas.
Exato. Posso contar mais uma pequena história interessante da vida dele, também com todo respeito, mas é um detalhe curioso, no tempo em que ele foi diretor, houve uma reunião, um debate em que ele se reuniu, aqui, com o Anísio Teixeira.

Em que ano mais ou menos?
Por volta de 60, talvez um pouco antes. O Anísio Teixeira começou a falar nas explosões que estão ocorrendo no século XX, ficou empolgado, era a primeira vez que víamos o Anísio Teixeira se empolgando. Então ele explicou que seriam três explosões: a demográfica, a explosão do conhecimento, aquela coisa. No fim, o Anísio Teixeira se empolgou de tal maneira e enumerou não três, mas cinco, cinco ou mais explosões. Isso é para mostrar o temperamento do Anísio Teixeira, como ele se empolgava, conseguindo chegar a cinco, seis, sete explosões. Já Fernando de Azevedo, falando sobre o mesmo assunto, disse: "Tal coisa se divide em três aspectos", e a impressão que se tinha, quando ele abordou aquele assunto e o dividiu em três aspectos, é que ele poderia ter falado em três, como falado em dois ou quatro, dava tudo na mesma; ele começou a falar, a falar

---
[3] Ver nota 40, entrevista com Abgar Renault.

e saiu o primeiro aspecto; depois, falou sobre o segundo aspecto; ele conseguiu chegar ao terceiro, completar a coisa, mas dava a impressão que ele não tinha ainda pensado no assunto muito claramente. Conto isso para mostrar a diferença entre ele e o Anísio Teixeira, um se empolga e o outro, não.

Agora, justamente, há uma defasagem entre o ideal da reforma e a realidade, porque, em termos formais, nas ideias, em termos ideais, a reforma é perfeita. Fernando de Azevedo fala em escola do trabalho, escola-comunidade, escola leiga, universal e gratuita. Estive trabalhando por um certo tempo no Departamento de Educação, no Rio, no Departamento de Cultura da Secretaria de Educação. O Rio é caso fora de série, os problemas de São Paulo não são os mesmos do Rio. Mas, no Rio, a educação tornou-se um descalabro; há uma repetência no primeiro ano primário de sessenta por cento, as pessoas que lá trabalham se sentem usadas, reina a politicagem das mais baixas. O Fernando de Azevedo teve experiência parecida quando trabalhou no Rio, levado pelo Prado Júnior,[4] de 1928 a 1930. Abre-se o Diário Oficial[5] e constata-se que os/as diretores/as dos Decs[6] são mudados/as de um lugar para outro, professores são retirados sem maiores explicações. Os ocupantes de cargos de chefia são transferidos sem sequer serem comunicados, por causa das eleições de 1932. Então, o problema é bem complicado. Por exemplo, o Projeto de Escola Comunidade, uma ideia basicamente boa, até hoje está sujeita ao papelejamento, à burocracia sem propósito. Eu era da assessoria de projetos, fizeram uma matéria comigo e eu confessei: isso aqui é papelejamento, é só papel. Acabei indo embora, é claro.
Existe no papel e não existe na realidade.

Colocar a comunidade participando da vida da escola é uma iniciativa excelente, motivadora, deveria ser realizada, mas não pode ser realizada porque há entraves de ordem política. Levanta o problema de participação e outros mais. A burocracia quer ter o controle completo sobre as coisas. É um negócio que deveria funcionar, só trabalhei lá em cargo de confiança, depois pedi demissão porque

---

[4] Ver nota 4, entrevista com Abgar Renault.
[5] Diário Oficial da União (DOU). Um dos veículos de comunicação pelo qual a Imprensa Nacional tem de tornar público todo e qualquer assunto acerca do âmbito federal. O DOU consiste de três seções, que publicam: 1) Leis, decretos, resoluções, instruções normativas, portarias e outros atos normativos de interesse geral; 2) Atos de interesse dos servidores da administração pública federal; 3) Contratos, editais, avisos ineditoriais.
[6] Distritos Educacionais; hoje é Coordenadoria Regional de Educação (CRE).

percebi que a máquina não é feita para funcionar. A impressão que se tem é que a máquina burocrática é feita pra rodar, mas sem sair do lugar.

Certo, o problema é bem mais complexo... De certa maneira, as reformas educacionais no Brasil têm fracassado, na medida em que elas pretendem solucionar o problema; mas é um problema muito mais complexo, muito mais amplo, não se limita apenas a soluções técnicas, através da educação. Realmente, há problemas sociais, econômicos os quais, em geral, o educador, o reformador não leva em conta e por isso não consegue resolver o problema da educação. Tive vontade de examinar uma reforma, aqui em São Paulo, a do Sampaio Dória,[7] uma reforma muito importante também... Naquela ocasião, o Dória queria uma solução técnica para o problema educacional, então a coisa fracassou também.

Professor, o senhor conhece o professor Jorge Nagle?[8] *Não o conheço, mas achei o livro dele muito interessante. Valeria a pena entrevistá-lo?*

Muito. Ele mora em Araraquara, mas vem muito aqui. Está em contato frequente com esta faculdade, tem colegas aqui, inclusive ele foi nosso companheiro no tempo do Fernando de Azevedo.

Ah! Seria interessante. Bom, volto para o Rio no sábado. Quem sabe o senhor me arranjaria uma entrevista com ele.

Posso encaminhar a senhora a um grande amigo dele que trabalha na Faculdade, está sempre em contato, sabe os horários dele, os dias em que ele vem:

---

[7] Antônio de Sampaio Dória (Belo Monte, AL, 1883-São Paulo, SP, 1964). Político, jurista e educador brasileiro, foi diretor-geral da Instrução Pública (1920-24) e coordenou várias reformas de ensino. Foi para São Paulo ainda criança, onde concluiu o curso primário e fez os estudos secundários. Entrou na Faculdade de Direito de São Paulo (1904), formando-se bacharel em ciências jurídicas e sociais (1908). Em São Paulo exerceu a advocacia (1908-20) e atuou na educação. Criou um estabelecimento modelo de ensino primário e secundário e fez parte de um grupo de educadores que preconizavam a reformulação da pedagogia no Brasil. Foi assistente jurídico no Ministério da Justiça e procurador regional do Tribunal Eleitoral de São Paulo (1934-37). Demitido das funções públicas pelo regime do Estado Novo, também foi exonerado de suas atividades docentes na Faculdade de Direito de São Paulo (1939), por ter participado de manifestações contra o regime. Recuperou seu cargo docente (1941) e com a deposição de Getúlio Vargas foi nomeado ministro da Justiça pelo presidente da República interino José Linhares. Publicou: *Recenseamento escolar: relatório* (1920), *Questões de ensino: a reforma de 1920 em São Paulo* (1923), *Espírito das democracias* (1924), *Educação moral* (1928), *O comunismo caminha no Brasil* (1933), *Os direitos do homem* (1942), *Direito constitucional* (1958), *Psicologia da educação* (1959).

[8] Ver nota 60, entrevista com Francisco de Assis Barbosa.

o professor José Mário Pires Azanha.[9] Também no Departamento de Filosofia da Educação, de Ciência da Educação, pode falar com a dona Arlete.

Obrigada. Voltando ao que o senhor estava se referindo em relação à educação: o fato de que a educação, para ter sucesso, deveria estar ligada a transformações de ordem econômica e social. Assim, a educação poderia ter, realmente, um papel transformador. O Fernando de Azevedo, no começo, me parece muito otimista e, depois, aos poucos, vai ficando mais com os pés na terra, reconhecendo que a educação não consegue ter um papel transformador se ela não estiver ligada a outras reformas, se não há toda uma...
Uma série de providências em vários setores. Ela, isoladamente, é um elemento muito importante, mas não suficiente para promover...

Acho que a prática educativa tem que estar ligada, também, à cultura do povo...
Sem dúvida.

Para a educação ser transformadora, como o senhor falou, se ela não estiver ligada, apropriada, à cultura de um povo, ela não consegue realmente ter efeito. É um problema complicado, complexo, o do papel transformador da educação. Porque pensava-se que através da educação...
No século passado se falava que "abrir uma escola é fechar uma prisão, uma cadeia".

Pois é. Aqui em São Paulo, há grande aceitação das escolas? Porque no Rio, pelos relatórios que lia, nem sempre há uma aceitação da escola, às vezes elas são apedrejadas. Parece-me que em São Paulo não é assim, há uma maior aceitação da escola pública.
Pode ser a violência do Rio.

---

[9] José Mário Pires Azanha (Sorocaba, SP, 1931-São Paulo, SP, 2004). Professor emérito da Universidade de São Paulo, foi diretor-geral do Departamento de Educação e chefe de gabinete da Secretaria de Estado da Educação de São Paulo. Fez seu doutorado e livre-docência na Faculdade de Educação da USP, onde realizou sua carreira docente até o concurso do Departamento de História e Filosofia da Educação, onde se aposentou em 2001. Foi membro do Conselho Estadual de Educação de São Paulo. No Instituto de Altos Estudos da USP, foi o primeiro ocupante da Cátedra da Unesco para Cidadania e, acadêmico, ocupou a cadeira nº 19 da Academia Paulista de Educação.

A violência é muito grande e a escola, de certa forma, representa o sistema.
Exato. Podem ser vários fatores. Em São Paulo, acho que sim, há uma demanda muito grande pela escola pública. É impressionante. Mas não estou muito por dentro desses problemas.

Na reforma do Sampaio Dória, o senhor já tinha apontado a dificuldade de se pensar a educação como problema técnico, porque, na verdade, a educação não é um problema técnico apenas.
Exato, ela é também um problema técnico, dentro de um conjunto de problemas, ela assim se insere. Se a senhora quiser, posso lhe dar um exemplar da minha pesquisa.

Obrigada, gostaria muito de conhecê-la.
Professor, há um outro livro do Fernando de Azevedo, acho Sociologia educacional, *em que ele cita uma frase de Marx[10] afirmando que as ideias dominantes de cada época são as ideias da classe dominante. O Fernando de Azevedo não aceita essa afirmação. Ele diz que, muitas vezes, dentro de uma estrutura burocrática, ou dentro do governo, alguém pode agir contra, estar em desacordo com as ideias da classe dominante, daqueles que detêm o poder. E ele cita como exemplo o caso dele e de Anísio Teixeira, que estavam fazendo reformas que eram reformas com uma base socializante etc. Como o senhor veria isso? O senhor considera possível ter essa força, assim, dentro de um esquema...*
Eu realmente não saberia dizer. É muito séria essa pergunta... preciso de um pouco mais de tempo para pensar sobre isso. Trabalho mais na história da educação brasileira, e tenho feito uma análise da legislação... Agora, uma manifestação sobre um problema sério como esse, sem preparo, acho um pouco...

Um pouco prematuro, talvez. O Fernando de Azevedo tendia a valorizar excessivamente sua obra, talvez precisasse aprofundar mais o sentido das palavras de Marx.
Um pouco prematuro, certo.

Outro aspecto do qual ele fala também muito é o problema da educação em massa e da educação das elites. Quando Fernando de Azevedo fala de educação de elites, ele toma elite no sentido de uma nata, aqueles que chegassem a essa categoria

---

[10] Ver nota 30, entrevista com Abgar Renault.

que pertenceriam a ela por seus próprios méritos cuja legitimidade não viria da hereditariedade.
Certo.

Quando falava em educação das elites, estava implícito que essas elites deveriam ser recrutadas em todas as camadas da sociedade.
Verdade. Ele atina essa dualidade do sistema educacional brasileiro e, inclusive, isso era uma proposição que estava muito em moda naquela época, na Primeira República. Realmente, os políticos e educadores estavam percebendo que havia uma dualidade no sistema de educação no Brasil. O José Augusto Bezerra de Medeiros,[11] por exemplo, deputado importante naquela época, já usava a expressão "educação da elite" e "educação popular". A preocupação era exatamente essa, a de que o país havia cindido o seu sistema de educação em dois setores. A educação das elites tinha ficado com o governo central, através de Ato Adicional,[12] em 1934. E a educação popular, a cargo das províncias e, mais tarde, dos estados, o que era insuficiente para realmente promover a educação. O governo central havia encampado e se responsabilizado pela educação das elites, porque havia interesse do próprio governo em manter aquela situação e, portanto, preparar os quadros para perpetuação do próprio sistema; de outra parte, como, no Brasil, naquela época, o povo era muito reduzido por causa da escravidão, a educação popular foi relegada, desprezada e deixada a cargo das províncias; por isso é que haveria esse atraso histórico no país, com tantos analfabetos, pelo fato de não haver interesse da parte do governo central pela educação popular. Pode-se constatar que o problema continua na Primeira República e de fato há toda uma tentativa de vários setores, de vários partidos políticos, de deputados, de promover a educação popular, em mostrar que o Brasil não chegaria a se desenvolver sem uma educação popular à altura das suas necessidades, em quantidade e qualidade. Percebe-se que na Primeira República o problema é sentido e muito aguçado, mas em face da própria Constituição de 91, que estabelecia a distribuição de competências educacionais, a distribuição foi feita de tal maneira que realmente continuou o ensino popular, primário, normal etc., a cargo dos estados; o que se percebeu é que os estados não

---

[11] José Augusto Bezerra de Medeiros (Caicó, 1884-1971). Advogado, magistrado, professor e político brasileiro. Integrou os quadros da ABE. Governou o Rio Grande do Norte na década de 1920. Escreveu artigos no *Jornal do Brasil*. Há um verbete dedicado a ele no *Dicionário de educadores brasileiros* (UFRJ).

[12] O ato adicional, proclamado por lei de 12 de agosto de 1834, foi uma modificação à Constituição brasileira de 1824.

tinham condições econômicas para sustentar a educação popular, a não ser o estado de São Paulo, por causa da sua pujança econômica, que começou exatamente no final do Império e começo da República; o Rio de Janeiro, por ser a capital do país, e mais um ou outro estado. Os demais não tinham condições satisfatórias para promover a educação popular. A Primeira República vai assistir a essa tentativa de promoção, inicialmente apenas a nível retórico, da educação popular. Todo mundo defende a instrução popular e isso vai culminar na década de 20 com a tentativa de algumas reformas. A começar pela Reforma de 20, do Sampaio Dória, seguido por Anísio Teixeira, na Bahia, culminando com a do Francisco Campos,[13] em Minas Gerais, e Fernando de Azevedo, no Distrito Federal. De maneira que essas reformas, embora fossem reformas locais, logo tiveram repercussão nacional. São nacionais, no sentido de que elas procuravam despertar — e despertaram —, através das mudanças nos estados e no Distrito Federal, um interesse, uma consciência de toda a nação brasileira para a importância da educação popular. Tanto isso é verdade que logo depois já começa a haver certa preocupação nacional, a nível federal, em termos de direitos do cidadão, que aparece na Constituição de 34, por exemplo. Então, esse é o problema. Agora, não sei, a senhora conhece o inquérito de Fernando de Azevedo.

Conheço, de 1926. Saiu em O Estadão,[14] *graças ao Júlio de Mesquita.*[15] *Foi até engraçado, porque o Júlio de Mesquita, em seu livro* Política e cultura,[16] *conta que o Fernando de Azevedo hesitou em realizar o inquérito, ele teve até que forçá-lo um pouco.*

Exato. É que realmente até essa época o Fernando de Azevedo não havia tido contato com os problemas da educação.

Fernando de Azevedo era um rapaz saído do seminário dos jesuítas, em Itu. Ele era, sobretudo, um escritor dedicado à literatura, fazia crítica literária. Seu primeiro livro Da educação física[17] *é um livro interessante, um primor de racionalismo, muito curioso. Achei engraçadíssimo, porque ele não parecia...*

Não parecia ter o tipo de atleta, fisicamente...

---

[13] Ver nota 2, entrevista com Abgar Renault.
[14] Ver nota 59, entrevista com Dina Fleischer Venancio Filho.
[15] Ver nota 33, entrevista com Antonio Candido.
[16] Júlio de Mesquita Filho. *Política e cultura*. São Paulo: Livraria Martins, 1969.
[17] Ver nota 39, entrevista com Antonio Candido.

Não, não tinha. Faria ele alguma ginástica, algum esporte?
É difícil pensar na figura dele, naquela época, com aquele *pince-nez*, todo vestido formalmente como se fosse um cultor de educação física, parece uma contradição.

É verdade, mas, de qualquer forma, o inquérito feito por Fernando de Azevedo foi muito interessante.
Parece que ele não conhecia nada de educação, naquela época, mas aceitou a incumbência, manifestando assim uma acuidade, realmente, uma percepção de inteligência muito grande e logo se colocou a par de tudo. A partir daí, tornou-se um líder educacional no país. Interessante, quem examina o inquérito que ele promoveu percebe logo que é um inquérito curioso, porque, de certa maneira, Fernando de Azevedo procura inculcar ideias através do próprio inquérito. No caso, por exemplo, da educação das elites, da preocupação com a fundação da Universidade...

É, ele já estava pensando na necessidade da fundação de uma Universidade.
Exato. Quando coloca as perguntas, ele as coloca já esperando uma resposta positiva, um posicionamento a favor ou contra, ele pergunta de tal maneira que parece... "Não acha a Vossa Excelência, a Vossa Senhoria, que seria bom uma Universidade, uma Faculdade para São Paulo?" Não é uma técnica de entrevista objetiva, não é verdade, uma técnica que...

Induz, é indutiva, leva a uma conclusão...
Exato, ela é indutiva.

O senhor acha que esse inquérito foi um turning point,[18] *uma coisa importante na carreira dele?*
Foi importante na carreira dele e importante também para a educação brasileira. Realmente, a partir daí o pessoal tomou consciência da importância do assunto e a participação na ABE é muito importante também nesse sentido.

Foi fundada em 1926, não é?
Não, foi um pouco antes, 1924, por aí. Ele pronunciou algumas conferências, fez pronunciamentos muito importantes, de tal maneira que se tornaram, tanto o inquérito de Fernando de Azevedo, como o inquérito da ABE e grandes conferências na ABE, marcos fundamentais na história da educação no Brasil.

---

[18] *Turning point*: ponto crucial.

Houve algum inquérito, assim, específico da ABE, antes de 1926?
Não, antes não, depois. Em 28, se não me engano, houve o Inquérito sobre o ensino universitário no Brasil. Muito importante.

Sobre o ensino universitário: química, engenharia...
Não, sobre o ensino superior, sua importância. Há no inquérito também um questionário, vou lhe mostrar, era muito lido e indicado para normalistas. Formadas pela Escola Normal da Praça, não sei se a senhora já ouviu falar. A Escola Normal Caetano de Campos foi fundada no século passado e reformada por Caetano de Campos,[19] logo depois da Proclamação da República. Foi uma escola normal, formadora, portanto, de professores primários, professores e também técnicos em ensino. Teve importância extraordinária na educação popular no Brasil, e em São Paulo, durante praticamente toda a Primeira República. Ela começou como a única escola normal, durante um certo tempo, e teve influência muito grande. Formou líderes da educação paulista naquela época, inclusive formou indivíduos que passaram a exportar o *know-how* paulista para outros estados. É o caso do Lourenço Filho[20] que foi da Escola Normal e que depois foi reformador no Ceará.

Ah! Sim, o Lourenço Filho também se formou nessa escola.
Se formou nessa escola. O Lourenço Filho, o Almeida Júnior...[21]

---

[19] Antônio Caetano de Campos (São João da Barra, RJ, 1844-São Paulo, SP, 1891). Médico e educador brasileiro, estudou no Colégio Tautphoeus na capital do Império e cursou medicina na Escola de Medicina. Cirurgião na Marinha do Brasil, durante a guerra do Paraguai, foi vítima de beribéri e teve de abandonar o serviço militar. Em São Paulo, residiu na chácara Figueira, no Brás, de propriedade de Brazílico Aguiar, filho de dona Domitila de Castro e Canto Melo, a marquesa de Santos. Após algum tempo praticando medicina como médico particular, é nomeado em janeiro de 1872 médico e cirurgião da Santa Casa de Misericórdia, estabelecendo-se na capital paulista, onde acabou por se dedicar à educação. Por indicação de Rangel Pestana, foi convocado pelo então presidente do estado, Prudente de Morais, para reorganizar o ensino público paulista. Com a reforma que levou seu nome, institucionalizou pela primeira vez o método defendido pelo Movimento dos Pioneiros da Escola Nova, baseado no educador americano John Dewey.
[20] Ver nota 41, entrevista com Abgar Renault.
[21] José Ferraz de Almeida Júnior (Itu, SP, 1850-Piracicaba, SP, 1899). Pintor e desenhista da segunda metade do século XIX, assimilou o legado do realismo de Gustave Courbet e de Jean-François Millet, articulando-os ao compromisso da ideologia dos *salons* parisienses e estabelecendo uma ponte entre o verismo intimista e a rigidez formal do academicismo, característica essa que o tornou célebre ainda em vida. De forma semelhante, sua biografia é até hoje objeto de estudo, sendo de especial interesse as histórias e lendas relativas às circunstâncias que levaram ao seu assassinato: Almeida Júnior morreu apunhalado, vítima de crime passional.

Ele fez a Reforma no Ceará, quando o Fernando de Azevedo fez a sua, no Rio, e o Chico Campos, em Minas.
Acho que ele fez a Reforma no Ceará, enquanto o Sampaio Dória estava fazendo a Reforma aqui no estado de São Paulo.

Ah, então foi anterior.
Em 1922, por aí. Essa é a informação que tenho. Mas não acompanhei. Então, vários educadores se formaram na Escola Normal da Praça, educadores de eminência aqui em São Paulo, inclusive, eu tenho a lista... Esse Escobar era um dos professores da Escola Normal, a senhora poderia conhecer melhor, um pouco mais profundamente, se examinasse o inquérito que foi promovido pelo jornal *O Estado de S. Paulo*, em 1914. Só que, diferentemente do que ocorreu com o inquérito de Fernando de Azevedo, esse inquérito de 1914 foi dirigido a normalistas apenas. Porque naquela época, realmente, quem trabalhava na educação de São Paulo eram as normalistas. Depois é que começa haver interesse por parte de formados em direito, politécnicos etc. Então, nesse primeiro inquérito aparecem vários líderes educacionais da época, João Chrisóstomo,[22] Oscar Thompson,[23] Renato Jardim Moreira...[24]

Renato Jardim foi depois para o Rio, trabalhou lá...
Foi para o Rio com o Fernando de Azevedo. E o Escobar era um deles. Diferentemente dos demais, era muito lido, muito versátil em literatura, muito preocupado com o problema pedagógico.

---

[22] João Chrisóstomo. Um dos entrevistados escolhidos por Júlio de Mesquita para responderem ao inquérito de 1926. São em número de 14: Oscar Thompson, Paulo Pestana, Ruy de Paula Souza, João Lourenço Rodrigues, Antonio Rodrigues Alves Pereira, João Chrisóstomo, Arnaldo de Oliveira Barreto, Antônio de Azevedo Antunes, José Ribeiro Escobar, Mariano de Oliveira, Pedro Voss, João Pinto e Silva, Francisco Azzi e Ramon Roca Dordal.
[23] Oscar Thompson (Cidade de Paraibuna, SP, 1872-1935). Bacharel em Ciências Sociais e Jurídicas pela Faculdade de Direito do Largo de São Francisco, Cafeicultor e Deputado Estadual. Criou um grêmio literário, a Arcádia Normalista. Foi adjunto da Direção da Escola-Modelo do Carmo. Em 1901, assumiu o cargo de diretor da Escola Normal de São Paulo. Foi inspetor-geral da Instrução Pública.
[24] Renato Jardim Moreira (Resende, RJ, 1868-São Paulo, SP, 1951). Simpatizante dos ideais escolanovistas e bastante rigoroso em suas críticas aos tradicionalistas, defensor do método analítico, pertenceu à geração de educadores anterior à de Fernando de Azevedo e Lourenço Filho. Participou da fundação da Escola Agrícola de Batatais. A seu respeito escreveu Fernando de Azevedo: "Ele tem a amargura de uma inteligência crítica que tudo vê e não se ilude, e a altivez indomável dos que se habituaram a respeitar antes de tudo a si mesmos, por um sentimento profundo de dignidade pessoal" (*O Estado de S. Paulo*, 5 ago. 1927. p.2).

Uma loucura.
Mas já aparece em 1914.

Então devia ser pessoa já de certa idade quando o Fernando de Azevedo o interrogou, no Inquérito de 1926, que teve muita importância. Acho também que a Reforma do Fernando de Azevedo, no Rio de Janeiro e as outras também têm muito valor, talvez menos pelo conteúdo do que pela conscientização que elas trouxeram.
Exato.

Não é que o conteúdo não fosse válido, era muito válido, mas estava de certa maneira fora do contexto.
Exato.

Mas a conscientização foi muito importante.
É, havia muito "diretório" com tudo isso, como se dizia naquela época.

Fernando de Azevedo era um pouco repórter. Em seu livro A cultura brasileira[25]*, ele fala pejorativamente da "nossa formação literária", bombástica, bacharelesca etc. Em* A cultura brasileira *ele escreve que, depois de 1934, de certa maneira, todo o movimento da Escola Nova sumiu, foi por terra, porque, realmente, não se falou mais sobre isso, não é mesmo? Depois do Golpe de 37, o movimento da Escola Nova, os Pioneiros, aquela coisa toda, não foi adiante.*
Não se cumpriu, sobretudo a partir de 37. Alguns desses educadores, inclusive, mudam de ideia...

O Lourenço Filho, um deles.
Sim, ele foi um dos que aderiram, parece, à ditadura. Terminologia, sistema, ele escreve em 1940... E o Fernando de Azevedo também.

Também ele deu uma guinada?
Deu uma guinada, depois voltou atrás. Nota-se que eles, como educadores, como homens do seu tempo, queriam se pronunciar e se pronunciar, de certa maneira, é uma forma de se arrepender. Isso é importante.

---

[25] Ver nota 38, entrevista com Antonio Candido.

É importante, mas aí eu não sei. O problema é que o Fernando de Azevedo... Numa carta, ele diz que o Getúlio[26] teve todas as oportunidades de fazer uma grande reconstrução na área da educação e que perdeu essas oportunidades. De certa maneira, ele faz a apologia do governo forte. Se o governo forte der ao educador a oportunidade e a possibilidade para realizar aquilo que ele considera o melhor, então ele adere e realiza...
Fica mais fácil.

Ficaria mais fácil. Mas, na verdade, a coisa não foi assim. A Revolução de 1930, de certa maneira, fez um rearranjo das forças políticas. Acho que o Getúlio conseguiu cooptar grande parte das oligarquias, todas elas continuaram, foi preciso continuar com elas, senão perdiam poder. O Getúlio era homem habilidoso, convidou Fernando de Azevedo para ministro da Educação, mas quando Fernando de Azevedo expôs a ele o que faria, se fosse ministro, o Getúlio respondeu: "Assim não vai ser possível nomeá-lo, porque eu tenho compromissos políticos...". Quando Fernando de Azevedo queria uma coisa ele exigia carta branca para realizá-la.
É. Parece que houve uma dificuldade.

Parece que foi assim: "Eu tenho obrigações e compromissos políticos, não posso ceder em tudo...". Aí, então, o Fernando se retraiu... Por suas cartas — há, inclusive, cartas dele para Alzira Vargas,[27] que era sua amiga pessoal —, parece que ele teve esperança, é sempre possível manter a esperança, de que um governo forte, com ele à frente, atuando, poderia realizar grandes coisas.
Bom, não sei.

Depois, se arrependeu.
É, realmente, se a senhora examinar A cultura brasileira, na primeira edição há uma posição mais favorável aos governos autoritários. Nota-se diferenças com relação à posição dele nas edições posteriores.

Na primeira edição?
Sim, na primeira edição. Seria o caso — é um lembrete — da senhora examinar essa primeira edição.

---

[26] Ver nota 28, entrevista com Abgar Renault.
[27] Ver nota 71, entrevista com Antonio Candido.

A minha edição é a da Universidade de Brasília, a última. Eu não li a primeira edição, não consegui, estive até em Pernambuco, buscando livros do Fernando de Azevedo, na Livraria Saraiva, no Recife, caríssima, rua da Matriz, 22.
Tem Saraiva aqui também.

*Encontrei quase tudo escrito por Fernando de Azevedo. Estranho, em Pernambuco, consegui mais do que em São Paulo. Fui ontem a um livreiro localizado na rua São Bento, já tinha estado lá outras vezes. Muito simpático, aquele senhor. Ele me conseguiu algumas coisas, mas não a primeira edição d'*A cultura brasileira, *seria interessante para poder fazer o cotejamento mencionado pelo senhor.*
A senhora encontra na biblioteca da USP.

Consegui muita coisa na Biblioteca Nacional, graças ao Plínio Doyle.[28]
Parece que era muito estudioso, muito atualizado em relação às doutrinas que estavam em moda na Europa, nos Estados Unidos. Tenho a impressão de que ele foi um grande compilador. Escreveu quase um compêndio muito bem organizado, mas...

O criador...
Não sei até que ponto se pode dizer que ele foi um criador. É um ponto que a senhora poderia, não sei se já tem opinião formada, mas podia pesquisar essa condição. Ele escrevia muito. Há trabalhos dele que fizeram muito sucesso... Mas não sei até que ponto foram trabalhos pioneiros, trabalhos originais; até que ponto ele seria um criador. Não digo que fosse apenas um compilador — porque ele era muito inteligente —, mas parece que se preocupava muito com as ideias em

---

[28] Plínio Doyle (Rio de Janeiro, RJ, 1906-Rio de Janeiro, RJ, 2000). Advogado e bibliófilo, graduou-se em ciências jurídicas e sociais pela Faculdade Nacional de Direito da Universidade Federal do Rio de Janeiro. Participou do Centro Acadêmico de Estudos Jurídicos e Sociais (Caju), seleto grupo de estudantes da mesma Faculdade, no qual somente se ingressava mediante a defesa de uma tese. Advogado da Editora José Olympio, de 1935 e 1960. Bibliófilo, reuniu uma biblioteca com mais de 25 mil livros, vendida em 1989 para a Fundação Casa de Rui Barbosa. Fundou o Sindicato dos Escritores do Rio de Janeiro, com Homero Homem e Adonias Filho. Era anfitrião dos Sabadoyles, reuniões em que se encontravam escritores e intelectuais, como Carlos Drummond de Andrade, Paulo Mendes Campos, Murillo Araujo e Pedro Nava. Fundou o Arquivo-Museu de Literatura Brasileira (AMLB), instituto que guarda documentos de grandes autores na FCRB. Lançou a autobiografia *Uma vida*, em 1999. Uma de suas proezas foi identificar, na edição comemorativa dos 100 anos do romance *Iracema*, de José de Alencar, as 106 edições nacionais e estrangeiras da obra, em 1965. Doyle tinha outro prazer de pesquisador: buscar nos arquivos da Justiça autos de processos que tivessem ligação com a literatura. Foi assim que encontrou no Fórum do Rio de Janeiro o testamento do senador José Martiniano de Alencar, pai do romancista José de Alencar, e os autos do processo criminal sobre a morte de Euclides da Cunha.

voga e variou um pouco em função das ideias que estavam na moda. Tenho essa impressão. Mas não poderia afirmar porque não sou um especialista na obra dele.

Bom, ele teve uma certa fidelidade a Durkheim,[29] não é verdade?
Exato.

Embora não considere seu melhor livro, A cultura brasileira *realmente é um livro importante para se possuir e ler, porque alguém que não conhece a cultura brasileira vai, sim, de fato, aprender muita coisa lendo essa obra. Pode-se discordar em alguns pontos de sua perspectiva; contudo em outras e mais recentes monografias há uma nova visão crítica.* Princípios de sociologia,[30] *que publicou em 1935, é obra de compilação, não há dúvida. A* Sociologia educacional,[31] *porém, já mostrou mais maturidade, certa originalidade. Havia muito pouca coisa, só havia o livro do Durkheim. A* Sociologia educacional *teve muito êxito.*

Teve êxito, e é um livro interessante também.
É bem interessante.

É bem construído, leva as pessoas a pesquisar, no fim de cada capítulo há uma seção com perguntas. Considero um pouco mais criativo, melhor estruturado. Ele, de certa maneira, estende um pouco o conceito de educação de Durkheim, a transmissão, o processo de transmissão de uma cultura; mas ele vê também o outro lado, ou seja, quem recebe essa cultura, esses conhecimentos, reage também. Processo de feedback, *de retroalimentação; não é um processo estático, há essa retroação, o que me parece interessante, enfatizado por Fernando de Azevedo.*
Exato. Influência do Dewey.[32]

Do Dewey, não sei, mas certamente do Anísio. Muito mais do Anísio, que foi muito ligado aos americanos, não é mesmo?
É verdade.

Bem, professor, nossa hora acabou. Muito obrigada pelo tempo que o senhor me concedeu.

---

[29] Ver nota 39, entrevista com Abgar Renault.
[30] Ver nota 1, entrevista com Antonio Candido.
[31] Ver nota 43, entrevista com Antonio Candido.
[32] Ver nota 57, entrevista com Dina Fleischer Venancio Filho.

Iva Waisberg Bonow

Data: 5 de junho de 1981
Local: Flamengo — Rio de Janeiro (RJ)

A senhora foi aluna de Fernando de Azevedo?
Eu pertenço à geração de discípulos de Fernando de Azevedo, não no sentido de aluna, discípula no sentido de seguidores da filosofia de educação dele.

A senhora o conheceu quando?
Olha, eu o conheci nos anos 30, e depois, em 1952, fui à casa dele. Nós fizemos uma viagem a São Paulo, meu marido e eu, dei lá um curso para a Secretaria de Educação de São Paulo sobre orientação educacional. Eles pretendiam formar o primeiro grupo de orientadores educacionais em São Paulo.

Já na época do Inep?
Não, anterior ao Inep. Mas foi a Secretaria de Educação de São Paulo que me convidou porque, naquela ocasião, eu tinha já trabalhado para o Ministério da Educação, no Departamento de Ensino Industrial: eles tinham um projeto pelo Ponto Quatro, associado ao Departamento de Educação dos Estados Unidos, de formação de orientadores educacionais para as escolas técnicas nacionais. Nós tínhamos, na época, 20 e tantas escolas técnicas nos principais centros das gran-

---

[1] Instituto Nacional de Estudos e Pesquisas Educacionais Anísio Teixeira (Inep). É uma autarquia federal vinculada ao Ministério da Educação (MEC). Seu objetivo é promover estudos, pesquisas e avaliações periódicas sobre o sistema educacional brasileiro, com o objetivo de subsidiar a formulação e implementação de políticas públicas para a área educacional.

des capitais. Era uma rede de escolas. Então, juntamente com o Ponto Quatro, que subsidiou os professores brasileiros e americanos, o Ministério — na época era ainda Ministério de Educação e Saúde, ainda não era Ministério de Educação e Cultura — criou essa rede. Eu fui convidada para coordenar o primeiro curso e dar os princípios de orientação educacional. Formamos, em 1950, o primeiro grupo.

Antes as escolas técnicas não tinham essa orientação?
Não, orientação educacional, a figura do orientador educacional decorreu da Lei Francisco Campos, que fez a Reforma de Ensino e nela existia um artigo pelo qual os estabelecimentos de ensino médio deveriam ter orientação educacional, quer dizer, um serviço de orientação educacional.

Deve ter sido a reforma do Chico Campos,[2] depois da Revolução de 1930, não é?
Depois da Revolução.

Em 1931, quando se criou o Ministério da Educação, ele terá sido o ministro nessa época?
Primeiro, ele foi ministro da Educação, depois foi ministro da Justiça. Nessa época, ele fez a reforma.

Então foi na época do primeiro governo do Vargas.[3]
Do Vargas. Eu dei o primeiro curso, coordenei, fiz a seleção dos orientadores e, inclusive, depois, fiz um trabalho monográfico de apreciação sobre cada um deles, para avaliar se estavam aptos, ou não, a fazer esse trabalho. Depois, o MEC me chamou para dar outro curso, que terminou em 1954. Não sei se a Secretaria de São Paulo tomou conhecimento dele através do orientador que tinha sido formado naquele grupo e que dirigia, em São Paulo, uma escola industrial.

O Liceu de Artes e Ofícios?
Não, a Getúlio Vargas. A Escola Industrial Getúlio Vargas, que correspondia à Escola Técnica Nacional, aqui do Rio de Janeiro; era "Técnica Nacional" porque nós éramos, na ocasião, capital. Bem, a partir daí eles me convidaram. Faço essa

---

[2] Ver nota 2, entrevista com Abgar Renault.
[3] Ver nota 28, entrevista com Abgar Renault.

ilação, de que eu seria a pessoa que gostariam de ter, por terem tomado conhecimento daquele meu curso anterior, porque já havia um orientador educacional formado lá. O Mira y Lopes também foi convidado, participou da equipe e também vários outros professores. Não conheço a lista dos que participaram. O fato é que, em 1952, fui a São Paulo, e nós não nos demoramos muito. O curso foi intensivo, parece que de duas semanas. Nessa época é que eu procurei o professor Fernando de Azevedo.

A senhora já o conhecia?
Já o conhecia. Aqui no Rio, no Instituto de Educação.

A senhora o conheceu pessoalmente no Instituto de Educação em que época? Em 1945?
Justamente, nessa época...

Então, a senhora não o conheceu em 1932, na época dos Pioneiros, dos Manifestos? Nessa época a senhora não havia tido ainda contato com ele?
Não, em 1932 eu ainda estava terminando a Escola Secundária do Instituto de Educação. Peguei, portanto, a Reforma que atingiu o Instituto de Educação e transformou a antiga Escola Normal no Instituto de Educação... Em 1930 é que realmente começou. O Anísio Teixeira[4] é que estava dirigindo, naquele momento, o Departamento de Educação, da Prefeitura do Distrito Federal, porque nós éramos na época a capital, e o Anísio compôs aqui um grupo de educadores cujo ninho era justamente o Instituto de Educação. Era o Lourenço Filho...[5]

Paulista.
Que veio dirigir o Instituto de Educação. Era o Venancio Filho,[6] era o Edgar Süssekind de Mendonça.[7]

O Frota Pessoa?[8]
O Frota Pessoa trabalhava diretamente com o Anísio no Departamento.

---

[4] Ver nota 20, entrevista com Abgar Renault.
[5] Ver nota 41, entrevista com Abgar Renault.
[6] Ver nota 13, entrevista com Antonio Candido.
[7] Ver nota 32, entrevista com Antonio Houaiss.
[8] Ver nota 7, entrevista com Dina Fleischer Venancio Filho.

O Renato Soares também?
O Renato, não me lembro. E quem mais? Tinha um grupo muito numeroso... Em 1952, eu fui a São Paulo e a propósito de estar lá — já estava casada — eu o procurei, telefonei-lhe e ele foi gentilíssimo, me recebeu em sua casa... Lembro que nos recebeu no seu gabinete. Forrado do chão ao teto de livros. Tivemos uma conversa da qual não tenho, assim, uma recordação clara, não me lembro, mas, lembro-me bem, sim, de uma peculiaridade, muito interessante... Foi o seguinte: ele tinha uma memória extraordinária, o doutor Fernando de Azevedo, citava os autores de memória. No meio da conversa, de repente, fazia referência a um autor e reproduzia um trecho desse autor e me dizia: "Olha, você quer ver, quer conferir?". Claro que eu não queria conferir. Ele dizia: "Mas, olha, você vai ver..." e, então, ele pegava a escada, a parede era coberta de livros, subia a escada, conforme fosse a citação... Havia uma escada... O escritório tinha um pé-direito muito alto, então para alcançar as prateleiras mais altas havia uma escada corrediça, como era usual, e, às vezes, até nas bibliotecas se usa hoje ainda. Havia aqueles corrimões e a escada enganchava, então, ele subiu, rapidamente, e foi pegar lá... ele falou assim: "Eu vou dizer a você o lugar exato onde está esse livro e, antes de pegar o livro, vou dizer-lhe a página. Sou capaz de localizar, na página, o espaço onde se encontra o parágrafo que citei". Isso me pareceu, assim, uma coisa incrível...

Extraordinária.
Em matéria de exercício de memória e de aptidão mnemônica, muito, muito rara. E olha, ele não fez isso uma vez só durante a nossa conversa. Fez várias vezes. Fazia uma referência a um autor, e eram autores os mais diferentes, na área da sociologia, na de filosofia, na da educação, na da antropologia, em uma série de áreas. Primeiro citava e depois lá ia ele escada acima... era, assim, uma espécie de exibição, mas era uma exibição...

Mostrando vaidade?
Não tanto no sentido de vaidade, era mais no sentido de fazer um exercício, um exercício de memória e de cultura...

De mostrar isso a alguém.
E de me mostrar que ele não citava em falso. Depois, me contou: "minha secretária, quando eu dito para ela determinados trechos e os livros onde eles

se encontram — ela agora tem confiança, mas de início não tinha e me dizia: 'Doutor Fernando, eu vou conferir'". Então, foi muito engraçado. Foi isso que guardei dessa entrevista. E aí nós combinamos uma troca de correspondência. Ele me deixou muito à vontade e me disse: "Iva, quando precisar trocar ideias, me escreva". Eu respondi: "Mas isso vai me criar um constrangimento, o senhor é um homem ocupadíssimo, como é que vou fazer isso?". Ele respondeu: "Eu vou ter sempre tempo para responder a você, sempre tenho tempo de manter uma correspondência que me interessa". Curioso, porque ele era tido como um homem reservado, de pouca expansão afetiva; entretanto, me tratou com tanta atenção, eu me senti muito à vontade. A verdade é que eu era meio caradura, não tinha noção da distância entre professor-aluno, essa coisa, hierarquia, "Doutor Fernando de Azevedo e tal", eu estava acostumada, no Instituto de Educação, a ter acesso a todo o grupo de professores, educadores, administradores, quase que em pé de igualdade... Esse era o clima que existia aqui no Rio. Não havia essa distância entre aluno e professor, nós perguntávamos, arguíamos e eu, então, era extremamente curiosa, curiosa de saber, de conferir, de crescer... perguntava muito, ao Anísio, ao Lourenço e outros. Às vezes, eu até incomodava meus colegas com minhas perguntas, mas nem ligava para isso. Iniciou-se, então, uma correspondência entre nós porque eu mesma comecei a atuar na área da educação e nessa época já tinha feito concurso para a cadeira de psicologia educacional no Instituto de Educação; então, eu tinha muito o que escrever a ele sobre as mudanças que estavam ocorrendo e a decepção que isso me causava.

Isso em que época?
Isso foi em 1952 e, aí, continuamos...

Mudanças em que sentido?
Mudanças no sentido de deterioração real do espírito, do idealismo, da fé em que a educação é o grande instrumento de transformação social. Nesse sentido.

A senhora tocou num ponto interessante, porque, justamente, eu estou querendo dirigir o meu trabalho um pouco para estas duas palavras: educação e transformação, esses dois conceitos, para essa relação, porque no fundo é uma relação importante, educação e transformação. Eu acho que há no pensamento de Fernando de Azevedo, no início, quase um excesso de otimismo pedagógico, na medida em que não se pode realizar, realmente, essa transformação sem coaduná-la, no pla-

no educacional, com medidas nos outros setores. Mas depois, lendo a obra dele, percebi que ele foi, realmente, mudando e entendendo que não se pode pensar a educação por si só, ela não é a única mola propulsora dessa transformação. Ela pode auxiliar a transformação, mas a educação reflete muito a atmosfera de uma época, a mentalidade de um grupo. Então, se pensamos, por exemplo, na Grécia Antiga, constatamos que a educação espartana certamente era diferente da educação ateniense, porque cada pólis possuía uma visão de mundo diferente. Então, acho que a senhora tocou num ponto crucial, como a educação pode ser transformadora, ou, pelo menos, como ela pode, dialeticamente, influir num processo de reconstrução nacional, porque há dificuldades no próprio meio educacional, dificuldades na sociedade; penso que não existe ambiente mais conservador do que o da educação, é um dos ambientes mais difíceis de se mudar, de aceitar ideias novas... Há uma burocracia hercúlea, [tudo] é muito difícil. Então, gostaria que me falasse sobre isso, porque a senhora tocou num ponto que me interessa particularmente.

Bem, realmente, você tocou no ponto crítico do problema. A Revolução de 30 trouxe, sim, um vento de esperança, acreditando que seria possível capitalizar os valores humanos mais expressivos, mais criativos, mais audazes, honestamente envolvidos no processo de transformação social, não no sentido de benefícios para si próprios, mas, sim, no sentido dos benefícios sociais. Então, todos esses nomes que citei são de pessoas que, realmente, acreditavam que através da educação se pudesse transformar a sociedade, se pudesse transformá-la. Seria um processo um pouco às avessas: em vez da transformação da educação ocorrer em função da transformação econômica-política da sociedade, seria através da educação que o processo político-econômico iria mudar no sentido de criar-se condições mais humanas para as pessoas, para o brasileiro, e um processo em que cada um participaria realmente, estaria em condições de participar. É verdade que isso é um pouco mítico, é uma idealização, mas foi um movimento extraordinariamente importante em todas as áreas e que se refletiu em todos os aspectos. Foi a época em que surgiu a Coleção Brasiliana, foi a época, por exemplo, em que todo o setor editorial começou a traduzir e adaptar uma literatura em que vinham já os bafejos de transformações de outras nações que já tinham dado esse passo. Por exemplo, lá nos EUA, houve uma revolução democrática através da educação, da escola primária pública, da escola à qual o povo teria acesso de acordo com as qualificações, naturalmente, do educando; não com uma escola que recebe apenas todo mundo, mas uma escola que pretende ter a porta aberta para todos aqueles que progressivamente se mostrassem mais capazes, não é? A nossa escola era uma escola seletiva; nós sabíamos que a educação apresentava as características de uma aristocracia rural privilegiada que ainda achava que mandar os filhos para a Europa era, realmente, civilizá-los. Isso era uma impregnação muito forte; mas, nesse aspecto, com Carneiro Leão,[9] Fernando de Azevedo, Anísio Teixeira e outros houve, de fato, uma revolução nesses conceitos e, sem ser, no fundo, um movimento propriamente nacionalista, chauvinista, jacobina, nada disso. Foi um movimento de valorizar o ser humano, que nós pouco éramos, e por isso o propusemos ao povo brasileiro, e, também [tínhamos] a preocupação em diversificar, em regionalizar, tudo isso fazia parte do pensamento daquele grupo. E o que aconteceu, nós já sabemos, não é? A descontinuidade é uma característica infeliz do nosso processo.

Essa descontinuidade, realmente, é ponto pacífico, mas a senhora não acha também que significa um certo fracasso desse movimento todo, porque, de certa maneira, no Brasil, a possibilidade da democratização, ou a concretização dessa democratização da qual a senhora estava falando, escola para todos, universal, gratuita, de acordo com suas capacidades, é um mito, porque nós sabemos que existe um processo de seleção prévio, mesmo na escola chamada universal e gratuita. Como a senhora falou muito bem, existe "a idealização, um mito, que estaria por baixo disso". E a senhora não acha que é impossível, também, no Brasil, dentro da própria mentalidade das classes dominantes, porque "abrir uma escola" significaria muito mais do que apenas "abrir uma escola", significaria democratizar-se no sentido amplo da palavra, no sentido de acesso ao saber, mas, sobretudo, de acesso ao poder.

Seria o acesso ao poder pelo saber, quer dizer, dentro daquele velho espírito socrático...

Do qual, aliás, está muito imbuído o pensamento de Fernando de Azevedo.

O sábio se formaria... todos nós, de certa maneira, podemos ser sábios ou somos sábios. E buscar essa centelha é, realmente, dar ao ser humano oportunidade dele se descobrir e, ao se descobrir, se revelar e, ao se revelar, comunicar. Então, se nós vamos às raízes, é a dominante socrática.

---

[9] Ver nota 4, entrevista com Antonio Houaiss.

Ou seja, é uma forma de racionalismo, porque todas as vezes que esses educadores, tanto Fernando de Azevedo, quanto Anísio, me parece, tentavam algo mais concreto, os obstáculos aumentavam e seus objetivos frequentemente fracassavam. Esses educadores pioneiros, percebendo nossas dificuldades, tentavam realizar algo mais coerente e logo levavam pau. A educação, a democratização do ensino parecem coisas tão inocentes, mas de fato a educação não pode ser realizada num país em que existe uma mentalidade extremamente obscurantista, autoritária, uma mentalidade que não aceita mudanças mais profundas...

Não pode aceitar em termos totais e absolutos, mas pode no sentido de desenvolver um processo de arejamento, que forma verdadeiros núcleos onde esse espírito permanece.

Mas a senhora acredita que permaneceu? Porque a impressão que tenho é que as iniciativas foram todas destruídas. A senhora vê mesmo o próprio Inep, um megacentro de pesquisas sociais, com centros de pesquisas educacionais, depois de 1964, reduziram aquilo a quê? A um centro de recursos humanos.

Sim, é verdade, mas aconteceu uma outra coisa, é que cada universidade acabou tendo um Centro de Estudos Sociais, um Centro de Pesquisas Biomédicas etc., a universidade foi progressivamente assumindo uma série de projetos que antes estavam centralizados em órgãos diretamente ligados ao governo, como o Inep, como o Centro Brasileiro de Pesquisas Educacionais. Foi isso que aconteceu. O fato é que a nossa universidade estava muito restrita a um processo de formação profissional, direcionado para o trabalho, para o emprego, preparando mal para a profissão e muito estreita, só com esse objetivo. Nossa universidade estava inteiramente divorciada da pesquisa, nosso professor de ensino superior não era visto como pesquisador, era visto simplesmente como um lente que ia para a tribuna e deitava seu verbo em cima do aluno e nem aqueles aspectos de aprender a profissão, através da prática, nem esse espírito, existiam ainda, quer dizer, era uma educação verbalista por excelência, não é verdade?

Retórica.

Então os departamentos estaduais, os institutos, esses órgãos do Estado, no sentido genérico — Estado no sentido da União —, eles, de certa maneira, foram os primeiros núcleos onde se começou a pensar em termos de pesquisa, em termos de conhecimento da realidade, em termos de diagnóstico educacional, de conhecimento de nossas reais dificuldades e de nossas potencialidades, visando implementar objetivos.

Voltando, então, a senhora falou que haveria um movimento de extremo idealismo no sentido quase filosófico do termo, da possibilidade de, em vez do sistema educacional ser apenas um reflexo da realidade, ele ser, ao contrário, quase como uma mola propulsora.
Esse era o espírito.

Mas, a senhora teria alguma ideia de por que não foi possível, se há uma impotência intrínseca do sistema educacional para realizar tais objetivos, se por circunstâncias específicas nossas, brasileiras ou porque, de fato, o sistema educacional não pode deixar de ser, em parte pelo menos, um mero reflexo do meio social. A senhora considera que haveria a possibilidade do sistema educacional ter atuação transformadora?
Isso me parece óbvio. É óbvio, para mim, que o único processo, o único instrumento que realmente dá continuidade a uma civilização é o processo educacional. Ele é sentido como tão perigoso por aqueles que empolgam o poder, o poder político, o poder de mando, que ele é atingido no sentido de não propiciar os meios, não valorizar o profissional da educação...

É uma forma de controle ideológico tremendo.
Desestimulam de tal forma o educando, tornam a escola tão vazia de sentido e com isso tentam impedir as transformações profundas. Porque toda revolução política é caótica, toda revolução é um caos, caos frequentemente necessário para que depois se estabeleça uma ordem, um progresso e um pulo. Bem, mas o que permanece, realmente, na base de todo processo de desenvolvimento humano, nós vamos constatar que ainda é aquilo que ficou em cada um de nós. Sob a forma de atitudes, hábitos, crenças, valores, técnicas; então, o poder muda, as revoluções se fazem e, às vezes, há revoluções inteiramente obscurantistas. Não podemos igualar todas as revoluções, mas há umas tantas revoluções que abrem claros — não podemos desconhecer que a Revolução Francesa abriu um claro, isso é inegável.

Parece-me também que a Revolução Russa teve um plano educacional que levou a modificações importantes. O Fernando de Azevedo tinha grande admiração pelo russo Lunacharsky,[10] *ministro da Educação do Lênin;*[11] *ele citava muito os grandes educadores do mundo e o Lunacharsky era um deles.*

Até agora, o conhecimento real, factual, que eu tenho da Revolução Russa é muito escasso. As comunicações que chegam até nós são muito restritas. A língua é tão estranha ao nosso mundo de comunicação que o que sai publicado é aquilo que interessa que seja publicado.

A senhora não pode fazer uma avaliação?

Eu não posso fazer uma avaliação certa disso. Agora, deve estar havendo alguma coisa importante e séria num país tão grande, tão heterogêneo — do ponto de vista cultural — como a Rússia, pois a Rússia é um mosaico de comunidades culturalmente muito diferentes, com línguas diferentes, e unificar isso, nós nos perguntamos, não seria um problema? Isso foi unificado realmente com respeito e consideração à cultura de cada uma dessas regiões? Com os valores culturais de cada uma delas? Foi incorporado a uma educação real? São perguntas às quais eu não posso responder. Não tenho os meios para responder porque eu mesma, de certa forma, me desvinculei um pouco dessas matérias; tenho interesse, mas há bastante tempo que já não tenho atuação no setor educacional.

Pareceu-me interessante porque, em relação a esses problemas e à possibilidade de haver uma grande reforma educacional, a senhora imediatamente associou à questão dos valores culturais. Isso considero muito válido, a senhora não vê, não lhe ocorre a possibilidade de uma grande reforma.

As coisas de fora para dentro são uma forma de opressão, é uma forma de robotização do ser humano. É um processo de colonização arbitrário, porque foi o que fez com que se extinguisse, com que se massacrassem civilizações, das quais nós não podemos nem avaliar a contribuição que teriam dado à humanidade. Não foi isso que fizeram os colonizadores espanhóis, os colonizadores portugueses, os holandeses, os franceses e os ingleses? Não foi isso? Não foi destruir? Ou foi construir? Foi colocar o quê? Colocar um padrão cultural que poderia ser válido somente para determinadas nacionalidades, que vieram historicamente contribuindo para esses envolvimentos, sobre outras comunidades, inteiramente desvinculadas desse processo...

---

[10] Ver nota 54, entrevista com Antonio Candido.
[11] Ver nota 24, entrevista com Abgar Renault.

Então, o problema se torna muito mais complexo. Porque, dentro da pluralidade das culturas, isto se aplica, evidentemente, à União Soviética, é óbvio, mas, mesmo em relação ao Brasil, para se colocar a transformação social de acordo com determinado projeto, me parece que os educadores tinham mesmo que inserir em suas propostas toda essa ambiguidade, as diversidades...
Essa multiplicidade e essa diversidade.

Enfim, de culturas diferentes.
Porque, senão, o que causou o grande peso das áreas rurais para as áreas urbanas? Foi a implantação de objetivos imediatos, não só de sobrevivência, mas de atração para populações que tinham suas raízes e suas vidas nessas comunidades, mas que não tinham os meios de preservá-las, nem crescer ou fazê-las crescer...

Em relação aos problemas trazidos pela industrialização, essas pessoas não são incentivadas como pessoas, não existe nem a possibilidade de incentivos.
E o que nós fazemos com os índios, o que fazemos com as populações sertanejas é, justamente, desconhecer, destruir, desvalorizar inteiramente a vida e os padrões culturais de cada uma dessas regiões e comunidades. Considerar que a nossa vida é que é boa, citadina, importada da França, importada da América, importada da Cochinchina. Agora, veja como é inteiramente contraditório colocar, por exemplo, uma etiqueta de comunista em Anísio Teixeira, ou uma etiqueta de comunista em Fernando de Azevedo, ou lá quem seja... é estúpido, é um desconhecimento absoluto da essência do pensamento e da vocação desses homens.

Fernando de Azevedo foi chamado de bolchevista intelectual.
Mas como? Como você pode conciliar as duas coisas?

A senhora preparou um curso para a escola profissional?
Ensino industrial.

Mas no projeto de Fernando de Azevedo, pelo menos na Reforma que começou em 1926 e terminou com a Revolução de 30, não haveria certo dirigismo no projeto dele para a industrialização? Ele admitia a existência das classes sociais como ponto pacífico e então, já que deveria haver uma classe operária e que era neces-

sário formar mão de obra qualificada, que ela fosse educada com os cursos pré-vocacionais e vocacionais. Não haveria um certo dirigismo nisso e, portanto, uma certa ambiguidade em relação a seus ideais de igualdade?
Eu, sinceramente, não vejo nisso ambiguidade porque, inclusive, o curso profissional básico era praticamente equiparado ao curso ginasial que tinha um cunho mais acadêmico, pois pretendia formar o aluno para a Universidade.

Preparar para as profissões liberais. Mas um rapaz ou uma moça com esse curso profissional...
O curso profissional básico? Ele era equivalente, por exemplo, na Reforma de Anísio Teixeira, ao Ginasial.

Mas depois, se quisesse, o rapaz poderia entrar numa universidade?
Diretamente não, mas através do vestibular; submetendo-se à seleção, ele podia.

Teria meios intelectuais, ele teria preparação?
Desde que esse curso vestibular não se propusesse, como geralmente se propunha, questões muito mais ligadas aos estudos acadêmicos do que àqueles conhecimentos básicos que também existiam no curso industrial básico. Ou seja: as universidades eram, realmente, muito mais elitistas; uma coisa é elitismo, outra coisa é seleção. E a seleção tem o critério de examinar o mérito, a capacidade, o valor e isso, evidentemente, é indispensável, porque a diversidade humana é uma realidade indiscutível e válida... Imagine se nós todos fôssemos iguais, seria um horror. Mas o critério elitista é diferente porque já pressupõe que os candidatos provenham de determinados níveis, de determinadas escolas...

A seleção é feita a priori.
Então, as universidades faziam a seleção, com base em suas provas vestibulares, para ingresso na escola superior: elas propunham questões que, realmente, faziam mais parte do conteúdo das escolas acadêmicas do que das escolas profissionalizantes. Entretanto, veja que coisa...

Isso tem sentido, porque a escola profissionalizante, ao mesmo tempo que daria ao aluno a possibilidade de ter um emprego, que antes não teria, e um lugar ao sol, digamos assim, e, tendo sido bem preparado, se ele quisesse, entraria numa universidade. Mas não seria esta universidade de agora, seria uma universidade

mais aberta em que haveria, por exemplo, como nos EUA, cursos em que se pode formar até engenheiro técnico, começando como eletricista.
Exato.

Se você tem um bom curso de eletrônica...
Quando o Anísio Teixeira e os outros educadores começaram a trabalhar na Lei de Diretrizes e Bases, foi com esse espírito...

Demorou 10 anos para sair aquela lei...
E saiu horrível, com terríveis deformações. Mutilando o espírito e a filosofia e criando muitas vezes um caos.

A oposição, naquela época, era liderada pelo Carlos Lacerda.[12] *Colocaram a questão de maneira muito dicotômica, ou era o "ensino livre", que, como a senhora falou, reflete uma seleção prévia ou, então, o ensino totalmente estatal. O Fernando de Azevedo dizia: "Nem uma coisa nem outra". O ensino, ministrado pelo Estado, livre, mas evidentemente com certa disciplina. O Estado em nosso país tem que assumir essa responsabilidade em virtude da complexidade de nossos problemas e as dimensões do país.*
Você vê a tentativa desse último sistema educacional que foi lançado...

Então se obrigam todas essas crianças a fazer algo que não vai servir a elas para nada e faz com que a grande maioria da população escolar, realmente carente, não tenha nem uma coisa nem outra. Quer dizer, é você burlar, negar a realidade...
Nem um preparo profissional básico para poder encontrar uma profissão e, inclusive, fazer um segundo ciclo, passar a uma segunda etapa em que ele [o aluno] se aprimorasse e se aperfeiçoasse naquela escolha, porque o espírito do ciclo básico das escolas industriais era uma verificação das aptidões do educando: no ciclo básico os alunos percorriam todas as oficinas.

Agora, esses alunos seriam das escolas públicas e, evidentemente, seriam das zonas da periferia, dos subúrbios; não haveriam essas escolas na zona sul?
Não na zona sul, porque atualmente somente algumas poucas escolas públicas existem na zona sul, foi sempre considerada a zona de poder aquisitivo mais

---

[12] Ver nota 31, entrevista com Arquimedes de Melo Neto.

elevado; então as escolas particulares é que eram instaladas lá. A escola pública sofreu uma desvalorização social muito grande. Na minha época, era uma honra cursar a escola pública, todos cursavam as escolas públicas. Escolas particulares eram pouquíssimas, eram, geralmente, escolas religiosas e só famílias muito especiais, de determinadas camadas sociais, é que mandavam os filhos para o Sion, para o Sacré Coeur... mas a população, por assim dizer, leiga, mandava seu filho, tivesse o nível que tivesse, pais médicos, pais engenheiros, pais advogados, pais magistrados, pais diplomados, todos iam para a escola pública; a escola pública era a melhor. Era, evidentemente, a melhor. Eu posso lhe dizer que um dos maiores orgulhos que tenho é que eu nunca frequentei a escola particular, nunca estudei em escola particular. Desde as primeiras letras...

A senhora estudou no Pedro II?
Não, fiz a Escola Normal. Primeiro, fiz a escola pública primária, depois foi na reforma, com Carneiro Leão, uma escola pública de sete anos.

Acho interessante o que a senhora está me falando. Sei que uma das objeções que vão me fazer, que já me fizeram, inclusive, quando trato da Reforma de Fernando de Azevedo de janeiro de 1928, é a grande ênfase que ele deu à escola do trabalho. Não somente à escola comunidade. Então, gostaria de compreender por que as pessoas argumentam que "Fernando de Azevedo estava querendo arregimentar a pobreza para o estado capitalista, para trabalhar nas indústrias...". O que não se percebe é que, dialeticamente, ao se formar essa força de trabalho, bem capacitada, ele estava fazendo um operariado habilitado, consciente e não...
E não uns completos alienados.

A senhora vê isso, atualmente, na Polônia, com o nível de seus líderes trabalhistas.
De modo geral, você vê isso na Europa.

Não é conversa fiada.
Na América do Norte há um índice mínimo de analfabetismo. Serão analfabetos mais os porto-riquenhos, será também uma margem da população negra, muito discriminada. Você vê, ali não floresce muito uma revolução pelas armas, uma revolução de sangue. Mas, será, então, o quê? Será a favor, justamente, do capitalismo? Isso eu acho que já é um outro enfoque da questão. O objetivo que eu sempre senti no Fernando de Azevedo, depois com o Anísio e com o grupo da época, não era esse...

Não, a objeção que se pode fazer é a seguinte: não é que conscientemente eles o quisessem, mas, de certa maneira, eles reforçavam determinadas estruturas. Eu não sei, penso que esse argumento é fácil demais, porque não se pode prever nada... Creio que as repercussões na educação são imprevisíveis, inclusive no sentido de que aparece o novo, aparece o inesperado, aparecem novos líderes, não é? Senão, inclusive as classes dominantes não teriam feito tanta...
Claro, tanta rejeição a isso, tanta oposição mesmo.

O próprio Estado atualmente destina pouquíssimo à educação, em termos de dotações orçamentárias...
Temos que lembrar que nós somos um país ainda recém-saído da escravatura e com o hábito de que não se devia dar educação ao escravo. Para quê? Para que ele não se tornasse gente, para que ele não fosse defender seus direitos, conhecer sua posição no mundo, aspirar, melhorar, progredir, atuar. E o que esses educadores, justamente, pretendiam era eliminar esse fosso entre uma camada social pseudoconsciente, pseudoconsciente...

Alienada.
Claro. Alienada pelas comodidades, pelas benesses. E, por outro lado, uma massa humana que, mesmo com a abolição da escravidão, continuava escrava pelo completo despreparo para ganhar sua própria vida de modo decente e para ter condições de, através dos filhos, das gerações futuras, ao final das contas ir se tornando participante nas mais diversas áreas do trabalho...

Sem se admitir essa premissa, o resto, no fundo, era pura demagogia, não lhe parece?
E fugir de uma realidade social que era nossa e de todos os países que foram colonizados, que viveram à base dessa exploração. Mesmo que se queira colocar essa...

A senhora sabe, eu estava lendo, ontem, um número da revista A Ordem[13] em que Alceu Amoroso Lima[14] chama o Anísio praticamente de comunista, judaizante,

---

[13] Ver nota 12, entrevista com Antonio Candido.
[14] Ver nota 4, entrevista com Antonio Candido.

termos que eu nem sabia que se usava naquela época. Eu o entrevistei há pouco tempo, e ele, de certa maneira, se retratou, mudou as colocações...
Muito preconceituoso, o Alceu.

Mas uma coisa impressionante o que ele dizia a respeito de Anísio Teixeira, isso em 1935. Ele caiu nessa época, foi uma grande perseguição que fizeram ao Anísio. Eu sei porque foi justamente...

Há cartas do Monteiro Lobato[15]...
Foi Alceu de Amoroso Lima que assumiu o cargo dele de reitor da Universidade do Distrito Federal. Ele encontrou uma oposição no corpo discente tremenda. Porque destruiu[16] uma pérola que estava sendo cultivada, a Universidade do Distrito Federal.

---

[15] Ver nota 48, entrevista com Dina Fleischer Venancio Filho.
[16] Com um corpo docente heterogêneo em termos ideológicos, mas harmonizado pela certeza de poder alavancar uma realização absolutamente *sui generis* no Brasil, a UDF congregou em pouco tempo um grupo de professores considerado notável por todos os que a estudaram posteriormente. Se a capacidade dos professores, já recrutados ou em processo de recrutamento em diversas partes do Brasil e do estrangeiro, é reconhecida, também o são a plasticidade e fecundidade de seu currículo e a frequência interessada de seus alunos (entre outros: Danillo Perestrello, Maria Rita Soares de Andrade, Prudente de Morais, neto, Nísia Nóbrega, João Paulo Gouvea Vieira, Bilac Pinto, Alvaro Milanez, José Galante de Souza, Francisco Clementino San Tiago Dantas, Benjamim Miguel Farah, Esther Inglês de Souza, Everaldo Dayrell de Lima, Lúcia Magalhães, Zazi Aranha, Othon Moacir Garcia). Em 4 de abril de 1935, a UDF foi criada por um decreto do prefeito Pedro Ernesto Batista, vinculada estatutariamente à Prefeitura do Distrito Federal, e tendo Anísio Teixeira como mentor e dinamizador do projeto. Entretanto, sua existência contrariava o projeto educacional de Gustavo Capanema, ministro da Educação, que visava a centralização da educação no Brasil. A Igreja Católica era também contrária às ideias liberais de Anísio, aluno de Dewey na Columbia University e integrante, junto com Fernando de Azevedo, Cecília Meireles, Francisco Venancio Filho, Paulo Carneiro e outros professores, do movimento renovador da Escola Nova, cujo ideário se concretizou no *Manifesto da Escola Nova*. De certa forma, a criação da UDF atestaria a autonomia que o Distrito Federal desejava manter, tornando-se a recém-criada universidade um espaço para discussão. O pano de fundo: uma luta acirrada pelo controle do saber — e do poder — no Brasil. Seu desfecho: a extinção de uma universidade que possuía todos os quesitos essenciais para se tornar um centro irradiador de ciência e cultura. Uma verdadeira batalha, de intensidade dramática, travada durante três anos. Um embate de mentalidades, de visões de mundo. Em breves palavras, a historiadora Marieta de Moraes Ferreira resume o fulcro da questão: "A polarização política entre forças de esquerda e direita no Brasil acabou por levar Getúlio Vargas a dar um golpe de Estado que garantirá sua permanência no poder, agora como ditador. A instalação do Estado Novo, em 1937, permitiu a eliminação da UDF e a integração de seus quadros à Faculdade de Filosofia, Ciências e Letras da Universidade do Brasil, em 1939". Ver, nas Referências, Ferreira (1999:277-299).

Eu sei isso porque meu pai trabalhou nessa época na UDF, eu tenho cartas dele para professores na Europa, inclusive professores que desejavam vir por causa do nazismo; e meu pai não pôde responder a mais ninguém, confirmando a viagem para o Brasil, porque o Getúlio fechou a Universidade.
Fechou.

Foi uma grande tristeza.
Fechou, ele fez o seguinte...

Ele ia trazer alguns professores para a UDF e os professores escreviam "nós queremos ir", eram professores italianos, de matemática... "nós queremos ir para o Brasil, quando vão começar as aulas..." porque o professor europeu tem a vida toda organizada, programada, precisa saber todos os detalhes, o mês em que vai viajar... de repente, A UDF é fechada, nenhuma resposta mais, eles ficaram no ar.
Obscurantismo total.

Esse assunto é instigante, porque tem saído em São Paulo uma série de teses, um negócio assim tipo "esquemão", para explicar a realidade, então, colocam o Anísio Teixeira e o Fernando de Azevedo quase como reacionários, como pessoas bem-intencionadas, mas que na época...
Engraçado, reacionários... os reacionários os consideram comunistas e os da esquerda os acham reacionários. Você já viu? Então, esses homens nem eram, eles nem existiam.

E depois é o seguinte: as pessoas falam isso agora, dentro do espaço em que estamos agora, com categorias que já foram introduzidas, através da contribuição anterior, valiosa, de educadores, pessoas e instituições que eles, os educadores pioneiros, propiciaram, criaram. Como a USP, entre outras instituições, como é que se pode utilizar essas categorias no momento em que eles estavam lutando desesperadamente por uma abertura no pensamento educacional, porque a verdade é essa, não havia nada. Nada. Eu não estou dizendo a você... Você estranhou o Inep. Ah, o Inep, o que aconteceu? O Inep teve, realmente, uma função muito importante...

Como ativadora, como pulverizadora...
É, mas o espírito que movia o Inep era justamente que as universidades assumissem e criassem os seus núcleos de pesquisa e desenvolvimento nas áreas

educacionais, nas áreas científicas e nas áreas das ciências sociais, porque é a universidade que deve ser o foco de onde parta a renovação dentro de uma civilização, dentro das comunidades.

Agora, as universidades, como é que a senhora as compreende? A senhora abordou uma questão importante "dentro desse processo de transformação, o espaço privilegiado para renovação, um espaço onde a liberdade imperasse, um espaço, portanto, em que deveria haver pesquisas desinteressadas...". Desinteressadas no sentido de pesquisa, de alta pesquisa teórica...
Não só teórica, mas associada mesmo, muitas vezes, a empresas, associadas a reais necessidades...

Agora, como a senhora veria a ligação dessa universidade, que deveria ser, portanto, o espaço privilegiado de renovação — acho que foi a expressão que a senhora usou — e que eu transferiria para o projeto de transformação social, como essa universidade poderia estar, digamos assim, ligada aos problemas mais candentes da realidade social? Pelo fato de que tenham acesso a ela membros de todas as classes sociais, ou pelo fato de que ela deveria quebrar um pouco essa tradição brasileira de não haver ligação entre as elites — elites, aqui, no bom sentido, não no sentido de elitismo, que elitismo, no fundo, é contra a elite.
É verdade, é um conceito pejorativo.

Elite no sentido das capacidades, como poderia ela estar ligada às aspirações com um mandato social?
Justamente, se fosse dentro daquele espírito de universidade autônoma, uma universidade que se voltasse para a comunidade, que não se isolasse da comunidade circundante. E comunidade circundante não quer dizer a comunidade apenas próxima, mas também a comunidade mais ampla, alargada. O que aconteceu? A universidade ficou muito tempo enquistada dentro de si mesma.

Os bacharéis, a formação dos bacharéis é a tradição...
E, de certa maneira, nós ainda vemos bastante isso, não é?

A senhora falou sobre duas coisas essenciais: a universidade deve ser autônoma, e, ao mesmo tempo, estar ligada...
Integrada na comunidade.

Servindo quase como um canal, passando a seiva.
Sentindo os problemas da comunidade, atuando, no sentido de poder propiciar os recursos para a solução dos problemas. Quer dizer, a universidade, eu a vejo como parte de um todo, em que um dos núcleos seria a cabeça. Anísio Teixeira, numa ocasião, conversando comigo, usou uma imagem que reproduzo em artigo recente que escrevi sobre ele.

Esse artigo saiu onde?
Ele deveria ter sido publicado na *Revista do Inep* e acabou não sendo; depois foi entregue a uma publicação interna do Instituto da Educação, comemorando o centenário dos cursos normais, houve também um problema lá, não sei de que natureza, e o artigo não foi publicado, mas, se você tem interesse, eu posso lhe dar esse artigo.

Tenho interesse de ler, sim e, inclusive, gostaria de dar também para um colega meu, o historiador Manoel Salgado Guimarães,[17] que está fazendo a tese dele, no Cpdoc, sobre o Anísio Teixeira.
Então, a ele também deve interessar. Embora, como eu reproduzo o artigo de memória, naturalmente não é uma reprodução literal. Reproduzo a imagem que ele usou para descrever a educação, as etapas, os setores; então, justamente, para descrever os diferentes corpos da educação, ele utiliza a imagem de um gigante, cujos pés nós poderíamos considerar a educação fundamental, genérica, universal, primária: a base. O corpo, braços principalmente, e o tronco seriam a educação de nível médio, profissional, mas sempre profissional, mesmo quando nós dizemos acadêmica, ainda é profissional no sentido de exercício de uma atividade, seja ela de natureza estética, seja de natureza mecânica, seja de natureza

---

[17] Manoel Luiz Lima Salgado Guimarães (Rio de Janeiro, RJ, 1952-2010). Historiador, considerado referência nos estudos historiográficos brasileiros. Ao conhecer textos de Michel de Certeau, encantou-se com as possibilidades da escrita do passado e adotou o caminho sem volta do estudo da história. Concluiu a graduação em história na UFF, fez o mestrado em filosofia na PUC-RJ, concluindo o doutorado em história pela Freie Universitat de Berlin e o pós-doutorado na EHESS. Foi presidente da Associação Nacional de História e, até sua morte, professor da UFRJ e da Uerj. Algumas obras: A Revista do IHGB e os temas de sua historiografia (1839-1857). *Ideias Filosóficas e Sociais* (1989). De Paris ao Rio de Janeiro: a institucionalização da escrita da história (*Revista do Arquivo Nacional*, Rio de Janeiro, 1989), *Uma história dos conceitos: problemas teóricos e práticos, Nação e civilização nos trópicos: o Instituto Histórico e Geográfico Brasileiro e o projeto de uma história nacional, Entre amadorismo e profissionalismo: as tensões da prática histórica no século XIX, Vendo o passado: representação e escrita da história.*

literária, seja de que natureza for, mas voltada já para um trabalho e um trabalho que não é simplesmente um lazer, é já o trabalho remunerado ou que se encaminha para isso; a cabeça seria o ensino superior, mas não existe uma cabeça sem um tronco e sem os pés.

Agora, ao mesmo tempo, isso cria um problema, porque a cabeça, quer dizer, o cérebro, de certa maneira, os centros nervosos comandam os nossos movimentos; então, em termos de democracia, pensando em democracia, até que ponto também essa base, esses membros teriam...
Autonomia?

Não, proporcionariam uma interação com essa cabeça.
Isso está claro.

Como? Me explica.
Está claro que existe essa interação porque...

Pela relação com a realidade...
Exato, porque o que as mãos fazem, o que os pés percorrem, são os dados, as informações e os problemas que vão chegar à cabeça para ela elaborar — está compreendendo? —, mas num processo de interação, não num processo de isolamento, isso não pode ser considerado num corpo, num corpo não há nada isolado, nem a unha do dedo mínimo do pé.

A metáfora de um organismo, portanto.
Neste sentido. Um sistema em que há interação entre todas as partes, embora haja uma espécie de divisão de funções, uma divisão de trabalho, mas isso num esquema meio simbólico.

É, porque, no fundo, o controle...
Não, mas não é como um sistema de controle. A cabeça não é no sentido de controle, é no sentido de crítica, de exame, de criação, de descoberta de problemas, não só no sentido diretivo. Porque o cérebro não dirige apenas, o cérebro inventa, o cérebro imagina, o cérebro cria. O cérebro não comanda apenas os movimentos dos pés ou dos braços. Há uma capacidade criativa de inovação muito grande, neste sentido. Mas também não se poderia imaginar que o gi-

gante poderia existir se ele não tivesse os pés solidamente implantados para sustentar, inclusive, a cabeça. É uma imagem.

Outra coisa, a senhora falou do problema da comunidade, no sentido amplo, quer dizer...
É que nós usamos a palavra "sociedade" num sentido mais amplo. Mas "sociedade" é mais abstrato do que "comunidade".

Fernando de Azevedo também faz essa diferença entre comunidade e sociedade. Sociedade, no sentido mais amplo.
É, mais genérico.

Então, essa ligação ocorreria em duas direções, digamos assim. Não seria só de cima para baixo, mas de baixo para cima também, num processo de interação contínua.
Eu vou fazer uma coisa, vou separar dois exemplares, um para você e outro para esse seu colega; são artigos sobre o Anísio, que eu posso preparar e você pode vir apanhar a partir de amanhã, sábado.

Obrigada. A senhora ainda teria um tempinho?
Diz quais são as perguntas.

De certa maneira a senhora já falou sobre isso, mas em todo caso eu insisto. O Fernando de Azevedo comenta muito o problema das elites e a respeito desse conceito saiu agora um livro, Ideologia da cultura brasileira,[18] *em que me parece haver um* misunderstanding[19] *do pensamento dele. Há uma frase do Fernando de Azevedo em que diz que é necessário que haja uma elite aristocrática ou de qualidade. Claro que a gente tem que ver as ideias, os conceitos, dentro da época em eles foram empregados, e Fernando de Azevedo teve o cuidado de colocar a palavra "qualidade" junto com a palavra "aristocrática". É como se diz atualmente "Fulana é uma pessoa de nobres sentimentos", quer dizer, é porque se guardou resquícios de conotação antiga, positiva. É claro que, ao mesmo tempo que ele dizia isso — e o sentido que conferia à palavra era sincera e profundamente democratizante —,*

---

[18] Ver nota 23, entrevista com Abgar Renault.
[19] *Misunderstanding*: incompreensão, enfoque equivocado.

ele falava da Reforma. Quando ele se refere à escola pública, ele não a quer "aristológica", ou seja, ele não quer que a escola tenha uma função aristológica para a educação daqueles que tivessem mais dinheiro, de peneiramento, ou daqueles que de alguma maneira tivessem poder. Mas ele é apresentado agora de maneira deturpada, como se ele estivesse advogando a existência de uma elite sem mérito, de uma nata aristocrática, saída das elites do dinheiro, das heranças...
Pelo amor de Deus, isso é uma traição inaceitável do pensamento de Fernando de Azevedo!

Em 1926, Fernando de Azevedo fez o célebre Inquérito sobre a Educação para o jornal O Estado de S. Paulo *e penso que o inquérito foi um momento decisivo em sua carreira, em sua vida... porque até então fora crítico literário. Não sei se a senhora sabe disso: professor e crítico literário. Ele escreveu um livro,* No tempo de Petrônio, *que era para ser um livro de crônica literária.*
Não, eu nem sabia dessa primeira fase. Ele é mineiro, não é?

Ele é mineiro e se transferiu para São Paulo, mas a senhora já nota nitidamente o interesse sociológico, a visão ética, na própria escolha do autor, da obra, do tema. Entre tantos autores latinos ele foi escolher No tempo de Petrônio *que é forte crítica à decadência do Estado romano numa época de perda de valores, realmente lamentável. O estudo dele é sobre o* Satyricon.[20] *Enfim, ele larga tudo isso e faz para* O Estadão,[21] *em 1926, um Inquérito, que depois publicou com o nome de* Educação na encruzilhada.[22] *Há um aspecto interessante: o diretor de* O Estado de S. Paulo,[23] *Júlio de Mesquita*[24] *— ele conta o episódio no livro* Política e cultura[25] *—, escreve que Fernando de Azevedo manifestou certa relutância em fazer esse Inquérito, porque ele escrevia crítica literária. Foi quase por acaso, ele achava que não teria capacidade, em 1926, de fazer um inquérito sobre a situação educacional no Brasil. Não havia muita gente disponível e capaz de fazer esse trabalho e o Júlio de Mesquita lhe disse: "Não, você tem que fazer o Inquérito";*

---

[20] Ver nota 6, entrevista com Abgar Renault.
[21] O jornal *O Estado de S. Paulo* foi fundado, com base nos ideais de um grupo de republicanos, em 4 de janeiro de 1875. Nessa época, o jornal se chamava *A Província de São Paulo* e foi pioneiro em venda avulsa no país.
[22] Ver nota 59, entrevista com Dina Fleischer Venancio Filho.
[23] Ver nota 21 desta entrevista.
[24] Ver nota 33, entrevista com Antonio Candido.
[25] Ver nota 16, entrevista com Heládio Antunha.

então ele fez. No inquérito ele entrevista Lourenço Filho, Renato Jardim,[26] Azevedo Amaral[27] e muitos outros, e já discute o problema das elites, escrevendo o seguinte: "Eu acho que educação das elites e educação popular são duas faces de um mesmo problema". Ele cita inclusive a União Soviética (parece que ele se interessava muito pelo que acontecia por lá): "A União Soviética, cinco anos depois de ter feito uma Revolução, já havia criado cinco universidades". A senhora já falou sobre isso, da importância de uma universidade para se poder criar elementos que possam ajudar na transformação da sociedade, após uma grande revolução. Então, me parece que a ideia dele não é absolutamente a de uma elite aristocrática, ou de sangue, ou hereditária, mas toda sua vida, todo o esforço dele, foi no sentido contrário. Há que entender o contexto das palavras, quando ele emprega o termo aristocrático ainda teve a sutileza, a habilidade suficiente, para acrescentar "ou de qualidade". Não foi "ou", é "e de qualidade", porque a aristocracia grega, nas suas origens, era constituída de homens que se destacaram pelas suas qualidades pessoais, e não hereditárias.

Exatamente. Tanto que existe um conceito grego, a senhora deve conhecer, a calogogaquia,[28] que o Werner Jaeger[29] mostra conter em si as duas qualidades do no-

---

[26] Ver nota 24, entrevista com Heládio Antunha.
[27] Antônio José de Azevedo Amaral (Rio de Janeiro, 1881-1942). Escritor, jornalista e tradutor, formado em medicina, dedicou-se ao jornalismo político. Defendia a intervenção estatal na economia e criticava o liberalismo, defendendo a implantação de um estado autoritário que prescrevesse a industrialização acelerada. Ideólogo atuante durante o Estado Novo, seus textos jornalísticos denunciavam tendências antissemitas. Sua tese *O problema eugênico da imigração* defendia a eugenia, com posicionamento racista, tendo feito parte, como um dos temas mais discutidos e polêmicos, do 1º Congresso Brasileiro de Eugenismo, realizado no Rio de Janeiro, em 1929.
[28] Calogogaquia: *kalakogatia*: para Werner Jaeger, o tema essencial da história da educação grega está contido no conceito de *aretê* ao qual se chega através do exercício da *kalakogatia* (beleza e bondade), em oposição à injustiça à maldade, num sentido essencialmente ético.
[29] Werner Wilhelm Jaeger (Lobberich, Alemanha, 1888-Cambridge, MA, 1961). Filólogo alemão, professor de grego e filosofia grega, autor de *Paideia* (Alemanha, 1936). Para Jaeger, *paideia* seria o "processo de educação em sua forma verdadeira, a forma natural e genuinamente humana" na Grécia Antiga. O termo também significa a própria cultura construída a partir da educação. Era este o ideal que os gregos cultivavam do mundo, para si e para sua juventude. Platão define *paideia* da seguinte forma: "[...] a essência de toda a verdadeira educação ou paideia é a que dá ao homem o desejo e a ânsia de se tornar um cidadão perfeito e o ensina a mandar e a obedecer, tendo a justiça como fundamento". Jaeger diz que os gregos deram o nome de *paideia* a "todas as formas e criações espirituais e ao tesouro completo da sua tradição, tal como nós o designamos por *Bildung* ou pela palavra latina, cultura". Para traduzir o termo *paideia* "não se pode evitar o emprego de expressões modernas como civilização, tradição, literatura, ou educação; nenhuma delas coincidindo, porém, com o que os gregos entendiam por paideia. Cada um daqueles termos

bre. Naquela época, eles eram guerreiros, e o homem comum que de alguma maneira se destacasse deveria possuir as qualidades de beleza, a beleza moral, e, segundo, a bondade, a capacidade de compaixão, acho que é essa a ideia. Enfim, eu penso ser interessante a relação que a senhora está fazendo entre a elite e essas virtudes.
Você já sabe o que acontece, as pessoas não leem a obra do homem, a obra toda, e fazem ilações.

Citam um livro apenas, A cultura brasileira, *que, embora muito importante, não creio que seja o livro mais instigante de Fernando de Azevedo.*
Não leem, então falam de Anísio, falam de Fernando de Azevedo, uns a favor, outros contra, mas com desconhecimento da obra deles, com desconhecimento de sua vida, do que eles fizeram, o que eles foram. Passam em julgado, emitem uma porção de julgados, é isto, é aquilo, é aquilo outro...

Não se vê a complexidade do momento, o esforço...
Não, não.

É sobre isso que estou querendo pensar.
O mais simples e fácil é colocar um rótulo. Cada um coloca o rótulo com a maquininha de rotular que conhece, com a qual sabe lidar.

E, com isso, acho que diminui o discernimento do que seja a realidade, aumenta o desconhecimento no sentido que estamos falando, de conhecimento mesmo, de abertura para algo diferente.
É claro.

Não sei por quê... Os intelectuais têm medo da palavra "elite", acho quase como uma defesa, porque, inclusive, são os que dela fazem parte, não é mesmo? (risos) *São aquelas pessoas que têm capacidade, e a possibilidade, de acesso à informação. Mas não me parece que seja um princípio antidemocrático* per se, *no sentido de que vá contra a possibilidade da instalação de uma democracia.*
Porque elite é apenas o estrato mais peneirado, mais selecionado; o que não quer dizer que, sendo mais selecionado e mais peneirado, necessariamente seja

---

se limita a exprimir um aspecto daquele conceito global. Para abranger o campo total do conceito grego, teríamos de empregá-los todos de uma só vez".

aquele que é o mais poderoso, capaz de oprimir os outros estratos, não é? Porque sempre se vê a elite como o ápice de uma pirâmide. Por que não se pode ver a elite num plano horizontal e como uma série de peneiras, cada uma de crivo menor?

Mas acredito que eles veem, têm que ver como o ápice de uma pirâmide, na medida em que, por exemplo, voltando ao problema da educação do qual estávamos falando, o ápice é que organiza a educação, a cultura, ele é que cria os sistemas, realiza as reformas; a ele cabe essa tarefa, então o ápice, de certa maneira, está no comando. Essa lógica, esse raciocínio, creio que será fácil de se perceber...
Mas você vê, cada pessoa visualiza um processo de certa forma, não é? Eu não visualizo em termos de ápice, nem em termos de base, nem em termos de meio. Visualizo em termos de um processo, seletivo, de valores. Valores mais apurados, mais condensados, está compreendendo? E por isso mesmo mais responsáveis, mais voltados para os outros, mais devedores dos outros.

A senhora visualiza desse modo, mas será que é assim que a senhora vê as nossas elites dirigentes atualmente...
Mas não serão elites no verdadeiro sentido da palavra.

Elas se outorgam o título.
Ou são grupos? Grupos que por esta ou aquela circunstância atingiram uma posição de mando, mas serão as elites dentro do conceito da educação? Qual era o poder de um Sócrates? Um homem que não tinha roupa alguma para vestir, andava em andrajos, que nunca aceitou nenhuma forma de recompensa, de qualquer forma que ela se expressasse, e que, entretanto, teve uma influência inapagável.

É. Mas a senhora repara, sem o poder... a senhora vê o discípulo de Sócrates, Platão, ele quis instaurar uma república na Sicília, com um jovem governante, Dionísio, que não tinha a menor qualificação para ser um rei-filósofo e revelou-se um tirano. Não deu certo, foi um fracasso total, a República Platônica...
Mas ele chegou à grandeza do mestre?

Não, certamente que não, mas o Fernando de Azevedo, me parece, tinha uma certa obsessão pelo poder. Isso me parece claro...
Nesse aspecto ele também era vaidoso.

Agora, pelo poder ele não fazia qualquer concessão.
É, mas era uma pessoa... Ele não foi apenas um pensador, foi uma pessoa e como pessoa era vaidoso, tinha as suas vaidades. As concessões que ele seria capaz de fazer pela sua vaidade pessoal eu não sei, eu desconheço, não endeuso o Fernando de Azevedo.

Não, mas há um fato interessante. O Getúlio Vargas o convidou duas vezes — o Getúlio tinha a maior admiração por ele — para ser ministro, e ele recusou. Ele tinha muita sede de poder, mas não pelo poder em si, o poder seria para ele atuar e realizar algo importante. Ele, realmente, almejava uma transformação no sistema educacional brasileiro e, em última análise, na realidade. Ele, então, expôs ao Getúlio o que faria, o que considerava como a melhor maneira de se atingir determinados objetivos no campo da educação nacional; quando terminou de expor suas ideias, Getúlio disse: "Infelizmente, devido a uma série de circunstâncias, assim não vai dar certo", quer dizer, Getúlio não falou assim, nesses termos, mas o sentido era esse, uma recusa em aceitar suas condições. Porque a educação, no Brasil, é um antro de politicagem, de nomeações deletérias, a senhora conhece as dificuldades.
Ele estava comprometido.

É, estava comprometido e o Capanema[30] continuou. Capanema foi um ministro, no plano cultural, que fez coisas interessantes, mas acho que no plano educacional, depois de 37, parece-me que não se fez praticamente nada, quer dizer, o que se fez não tem nada a ver com o projeto de Anísio e de Fernando de Azevedo.
É a descontinuidade, é a nossa descontinuidade.

Dona Iva, a senhora teria mais alguma questão sobre a qual quisesse me falar?
Assim que eu me lembre, propriamente, não.

Há uma dúvida sobre a qual a senhora talvez pudesse me ajudar. Há uma frase de Marx[31] que Fernando de Azevedo critica, é a seguinte: "As ideias dominantes de

---

[30] Ver nota 12, entrevista com Abgar Renault.
[31] Ver nota 30, entrevista com Abgar Renault.

uma época são as ideias da classe dominante". Fernando de Azevedo não aceita essa afirmação. Não aceita porque, muitas vezes, numa determinada época, as ideias de um determinado grupo, que seria dominante, por exemplo, no plano da educação (sobre o qual estamos conversando hoje), aqueles que estão dentro da burocracia, ou dentro de uma organização do Estado, ligados ao governo, essas ideias nem sempre são as da classe dominante, daquela que exerce o poder político, que, com frequência, contesta essas ideias as quais vão contra as ideias da classe dominante, exercendo uma ação até contrária, não obscurantista, progressiva, não paralisante. E ele, então, desce ao terreno do particular e se cita, como também ao Anísio, dizendo que, realmente, as ideias deles eram diferentes, eram progressistas e trabalhavam para o bem comum.
O que chama de ideias dominantes?

As ideias que, por exemplo, imperam em determinado setor no momento de se criar os programas, de se colocar as diretrizes norteadoras de um planejamento educacional. Se bem que depois os pioneiros caíram, não ficaram na direção da educação e não puderam realizar suas ideias educacionais transformadoras. Mas, mesmo assim, isso acontece: dentro de uma determinada diretriz, de um determinado projeto de governo, de uma estrutura, aparecer realmente um determinado grupo com ideias contrárias, inovadoras, ideias que vão contra o status quo. Então, me parece que nesse aspecto...
Mas isso é válido.

Mesmo que não se tenha sucesso na experiência renovadora, ou seja, mesmo que depois as ideias que acabaram dominando realmente tenham sido aquelas ideias obscurantistas, retrógradas...
Mas é válido. Pois, justamente, a característica da imobilidade, qual é? É que não há o que discutir, não há o que renovar, não há nada diferente. Então, isso cai numa estratificação, numa imobilidade em que nada muda, tudo se permite. Justamente, os períodos de poder tirânicos se caracterizam por isso, porque todas as vozes discordantes são emudecidas e abafadas e a única verdade é aquela do tirano, tirano no termo genérico, mas também todos aqueles que estão, naturalmente, dentro de sua rede, os pequenos tiranos. Muito bem, e daí isso pode, justamente, se perpetuar séculos afora.

Pode haver pequenas divergências...
Pequenas divergências frequentemente sufocadas... frequentemente, não, sistematicamente sufocadas, minimizadas, é isso que acontece.

A senhora, então, acharia que o projeto do Anísio, do Fernando, em termos de educação, no Brasil, embora eles tenham deixado, é claro, uma contribuição de grande alcance, a senhora considera que eles conseguiram, realmente, modificar as ideias de educação no Brasil, pelo que a senhora conhece atualmente das escolas normais, ou a senhora acha que foi um retrocesso?
Retrocesso houve, mas não houve o desaparecimento.

Alguma coisa ficou.
Ficou. E os melhores, os mais inteligentes, não no sentido clássico da palavra inteligência, mas no sentido daqueles que querem conhecer mais, absorver e, realmente, avançar... esses continuam ou voltam às fontes.

A senhora consideraria, então, o Fernando de Azevedo como uma dessas fontes, uma dessas matrizes.
Considero.

Agora, uma última dúvida. Tenho uma ideia a considerar... Há um autor francês, estudioso de Platão, que considera seu pensamento e ação como uma action entravée, como uma ação travada. Então, essa percepção pode ter vários componentes. Um interno: ação travada — não é uma omissão, é uma ação — porque para agir você, antes, desencadeia um processo de pensamento, de reflexão, para encontrar e elaborar ideais, modelos formais, para só então, depois de realizado esse processo de conhecimento, voltar-se ao real para poder realizar algo concreto. Agora, isso não é algo que estacione, estático, é um processo contínuo, de feedback, possui efeito retroativo, de realimentação, depois o real traz novos dados, então se volta, se reflete, se modifica, ou não, o modelo anterior. Esse é o sentido interno. Fernando de Azevedo agia também assim, nesse primeiro sentido de action entravée,[32] *porque me parece que ele era um homem que pensava, tentava pensar, sob todos os aspectos, as questões levantadas pela realidade, num processo contínuo. Até o fim da vida, aos 80 e poucos anos, ele lia — ou pedia que lessem para ele, pois ficou*

---

[32] Ver nota 100, entrevista com Antonio Candido.

cego —, procurava se informar, um exemplo que me parece realmente admirável: o ser humano tentando ver, ver no sentido de perceber a realidade, para poder, depois, agir melhor sobre ela, tendo uma ideia melhor, mais lúcida; e, também, depois, action entravée *no sentido de que não lhe deram, nem a ele, nem ao Anísio, as oportunidades para realizar uma obra realmente duradoura. Estou me lembrando, quando começaram a implantar a Lei de Diretrizes e Bases, ele escreveu um artigo muito bonito defendendo a lei e dizendo que eles haviam demorado 10 anos, que estavam criticando a ele e a outros pioneiros, mas nunca lhes tinha sido dado um Ministério, nunca eles tiveram nas mãos, realmente, a possibilidade de realizar uma obra de longo alcance. Estou tentando incluir na minha introdução à tese o conceito de* action entravée, *que lhe parece?*

Vejo o Ministério, às vezes, mais travado do que órgãos menores, menos visados por aqueles que estão próximos ao poder e muito interessados em conservar esse poder, resguardado de qualquer intervenção que não é percebida na sua validade pelos que fazem parte da cúpula. Foi o aconteceu, por exemplo, com o Eduardo Portella,[33] ele era um ministro dissonante naquela orquestra.

---

[33] Eduardo Mattos Portella (Salvador, BA, 1932). Crítico, professor, escritor, conferencista, pesquisador, pensador, advogado e político brasileiro. Pertence à Academia Brasileira de Letras. Integrou o gabinete civil do presidente Juscelino Kubitschek. Foi ministro da Educação no governo João Figueiredo, de 15 de março de 1979 a 26 de novembro de 1980, lutando pela anistia. Declarou, então: "O que me deixou contente foi ter sido convidado a ser ministro da Abertura. Nem sempre os meus prazos coincidiram com os dos militares, sobretudo da comunidade de informações. Mas eu, como ministro, recusei a censura, anistiei todos". Foi demitido pelos militares porque apoiou a greve dos professores da Universidade Federal Rural do Rio de Janeiro. Deixou registrada nos anais da história a frase "Não sou ministro; estou ministro", demonstrando a transitoriedade de seu ministério. Teve o apoio da então deputada Maria da Conceição Tavares, em discurso aos parlamentares. Foi secretário de Estado de Cultura do Rio de Janeiro entre 1987 e 1988. Coordenou a pasta de Educação, Cultura e Comunicação da Comissão de Estudos para a Constituição de 1988, ligada à presidência da República. Ocupou a vice-presidência e a presidência da Conferência Mundial da Unesco de 1997 a 1999. Hoje é diretor do Fundo Internacional para a Promoção da Cultura (IFPC). A Universidade Federal do Rio de Janeiro lhe deu o título de professor emérito. Fundador e diretor das Edições Tempo Brasileiro, introduziu Heidegger no Brasil, além de divulgar o formalismo russo de Yuri Tynianov. Tempo Brasileiro é hoje a principal editora das obras de Jürgen Habermas. Em sua tese de doutorado (1970), publicada sob o título *Fundamento da investigação literária* (1973), o fundamento a que se refere é a visualização do *entre-texto*, fronteira entre linguagem e uso da língua, responsável pela literariedade. Eduardo Portella tem um pensamento notadamente avançado: a) concebe a realidade numa recusa da tripartição linear do tempo (presente, passado e futuro); b) define literatura e arte como dimensões últimas do homem; e c) assinala a Liberdade como destino do Ser, propondo um método crítico de base hermenêutica, teórica e filosófica, com fortes inclinações liberais e antipositivistas.

Eles não lhe davam recursos. Só liberaram os recursos uma semana depois que o novo ministro entrou. Por que não liberavam? Porque Portella não correspondia ao perfil do sistema.
Ele custou muito a entender que tinha que pedir exoneração. Custou a entender; não, lutou contra seu próprio entendimento. Resistiu até o fim, para sair com dignidade.

É. Para a senhora seria impossível que o Ministério, não digo impossível, mas improvável, que um Ministério se modificasse ao ponto... [Inaudível]

Maria de Lourdes Gomes Machado

Data: 18 de maio de 1981
Local: rua Dona Mariana, 35 — Botafogo — Rio de Janeiro (RJ)

Quando a senhora conheceu Fernando de Azevedo, foi no Instituto de Educação, na Escola Normal?
Eu o conheci em 1932, imagina.

Então, foi na época do Manifesto dos Pioneiros?[1]
Exatamente, mas fiz muitos cursos. Quando terminei o primeiro, já o conhecia...

Na época em que o conheceu, ele era professor de que disciplina na Escola Normal?
Na Escola Normal, foi professor de sociologia. Fernando de Azevedo estava tentando reformular o ensino normal aqui em São Paulo e levantar o nível do ensino e da formação do professor. Estava tentando organizar o Instituto de Educação e conseguiu. Em 1934, o Instituto de Educação já havia sido instalado, ligado à Universidade de São Paulo.

Esse Instituto foi fechado, ele relata esse fato em carta ao professor Francisco Venancio Filho.[2] *A senhora chegou a conhecer o professor Venancio?*
Conheci bem, sim.

---

[1] Ver nota 75, entrevista com Antonio Candido.
[2] Ver nota 13, entrevista com Antonio Candido.

Há uma carta dele contando o fato. Uma tristeza, até os móveis foram retirados. Terá sido por motivos políticos, como foi? A senhora nessa época já estava na Escola Normal?
Estava. Um dia, o Ademar de Barros[3] — não sei se ele era interventor, governador... — resolveu, por motivos políticos, universitários e extrauniversitários, fechar o Instituto de Educação. Simplesmente transferiu os professores e o corpo docente para a Faculdade de Filosofia, onde eu fui também de roldão. E lá fiquei até me aposentar; e o Fernando de Azevedo também.

Naquela época, voltando um pouco atrás, em 1932, quando a senhora o conheceu, o Manifesto dos Pioneiros da Escola Nova foi bem aceito aqui em São Paulo?
Na realidade havia bons fundamentos para essa aceitação, porque o professor Lourenço Filho[4] já andava por aqui. Antes até de 1932, eu era mocinha, e já ouvia falar no professor Lourenço Filho; ele não era muito mais velho que eu que estava com 18 anos nessa época e o Lourenço Filho poderia ter 30.

Ele foi secretário da Educação.
De fato, lembro-me de concursos que se faziam aqui, era preciso estudar muito, o livro dele, *Introdução ao estudo da Escola Nova*,[5] era um acontecimento... Eu me lembro de tanta coisa, sou um repositório de lembranças...

No Rio, os educadores ligados ao Manifesto da Escola Nova foram muito combatidos. A mentalidade daqui talvez fosse mais aberta. Isso é interessante.
Aqui em São Paulo foram menos combatidos, porque eles formaram um grupo que conseguiu se firmar no meio educacional; então, não havia motivos para serem combatidos, como foram no Rio. E foi justamente esse grupo que estruturou o Instituto de Educação.

E a senhora chegou a trabalhar em cargo diretamente ligado ao professor Fernando de Azevedo?
Só mais tarde, quando trabalhei com ele no Instituto de Educação, na cadeira de sociologia educacional.

---

[3] Ver nota 13, entrevista com Abgar Renault.
[4] Ver nota 41, entrevista com Abgar Renault.
[5] Manoel Bergstrom Lourenço Filho. *Introdução ao estudo da Escola Nova*. São Paulo: Melhoramentos, 1978. 271 p. Ver nota 41, entrevista com Abgar Renault.

Aquele livro dele, Sociologia educacional,[6] *é muito bom.*
Foi traduzido em várias línguas... Era um homem muito culto. Peguei agora de tarde alguns trabalhos dele que guardo comigo, tinha uma cultura imensa.

Ele recebeu sólida formação jesuítica.
Naquele tempo, a gente não tinha muita ideia de como é preciso trabalho e estudo para se ter o rendimento que ele tinha. Agora, tenho uma ideia.

Ele trabalhava brutalmente, era essa a expressão que ele usava.
Pois é, tem que trabalhar brutalmente. Tem que estudar, ler muito. Na época, não tinha a menor noção disso, depois é que a gente vem a ter, quando a gente precisa, também, render. Ele devia trabalhar brutalmente. Lia muito...

Até de madrugada. De certa maneira, isso prejudicava um pouco a vida familiar dele...
Sim, porque fica-se um pouco isolado, distante também.

Ele tinha o temperamento de homem de gabinete.
Vivia fechado mesmo, trabalhando em seu escritório. Escrevendo, escrevendo... Mesmo depois que perdeu a visão, continuou escrevendo, imagina. Dá para imaginar uma pessoa, sem enxergar, escrevendo à mão?

Deve ser terrível. No IEB (Instituto de Estudos Brasileiros) me falaram que a senhora acompanhou bastante o Fernando de Azevedo, lhe dava muito apoio, porque em seus últimos anos ele estava praticamente cego.
Estava sim, e eu o acompanhei muito. Fernando de Azevedo ficou completamente cego. Um dia perguntei a ele como é que fazia para não se perder, porque de noite ele parava em determinado lugar, como retomar aquela linha no dia seguinte? Ele me deu a explicação: deixava marcado, no papel, algum sinal... Fernando de Azevedo era muito inteligente, as pessoas inteligentes arranjam muletas e recursos. Depois que perdeu a visão, Lollia,[7] sua filha, também ajudava muito.

---

[6] Ver nota 43, entrevista com Antonio Candido.
[7] Ver nota 9, entrevista com Abgar Renault.

A Lollia me falou que ele foi operado de catarata, mas a operação não foi bem--sucedida. Depois da operação, começou a se mexer demais na cama e caiu no chão. O que foi que houve, ele se aborreceu, alguma coisa? Tinha temperamento inquieto?
Não sei. Primeiro foi a catarata, depois ele extraiu um olho mesmo, ficou sem um olho. E com o outro ele tinha apenas um décimo de visão. Então não via mesmo. Ele acabou com a operação... Coisa triste, não?

Ele teve de operar de novo, perdeu então a visão completamente. Que castigo...
Um castigo mesmo. Eu ficava tão revoltada com aquela circunstância em que ele vivia, uma pessoa que vivia de escrever, não é? A razão da vida dele era escrever, você ficar completamente cego e continuar a escrever...

Terrível. Ele costumava receber em casa, como é que era?
Recebia, gostava muito que frequentassem a casa dele, mas raramente ia à casa dos amigos...

Ele não ia à casa das pessoas? Curioso...
Ele gostava de manter um círculo de amigos, era um homem de muitos amigos.

Parece que, quando não gostava da pessoa, ele cortava logo...
Alguns rapazes iam muito à casa dele. O Antonio Candido e outros que agora são uns senhores. Frequentavam muito. Agora, eu frequentei a casa dele até a morte dele.

Pelo que estou constatando, a senhora também é uma pessoa cultora das amizades.
Sou, acompanhava bastante o Fernando de Azevedo. Como eu guiava, e ele já não podia nem sair com o motorista, às vezes, eu o pegava e o levava ao IEB, levava a muitos lugares.

Ele ficava em casa, não saía mais?
Não saía, não podia. Ficou completamente cego.

Como Borges,[8] então.
É, completamente cego.

---

[8] Jorge Francisco Isidoro Luis Borges Acevedo (Buenos Aires, 1899-Genebra, 1986). Escritor, poeta, tradutor, crítico literário e ensaísta argentino.

Agora, com Borges foi diferente, houve uma certa preparação, Borges foi aos poucos ficando cego...
Mas Fernando de Azevedo também foi aos poucos.

Mas até uma certa idade ele enxergava, até os 70 anos, não?
Creio que até os 70 anos ele via muito bem.

Ele era uma pessoa, me parece, extremamente racional, procurava pensar qualquer problema sob todos os aspectos... Ao mesmo tempo, um ser passional.
Ele debulha, vai abrindo, abrindo caminhos... deve ser um encantamento ter tempo para ler tudo o que ele escreveu. Você está trabalhando no IEB?

Estou trabalhando aqui em São Paulo, pesquisando no arquivo de Fernando de Azevedo, que está sob a guarda do IEB, e também lá no Rio, onde moro, e onde fiz já alguma pesquisa e algumas entrevistas. A correspondência com o professor Francisco Venancio Filho, excelente, muito informativa; seu filho Alberto Venancio Filho[9] me emprestou. Aliás, é uma pena que sua correspondência ativa e também a passiva, a que ele recebeu de outros educadores, não tenha sido ainda publicada. Seria de grande interesse para a história da educação em nosso país. A correspondência com o professor Francisco Venancio vai de 1926 a 1946. Só acabou com a morte do professor Venancio. Ele escrevia muito. Com o Abgar Renault, dois volumes de cartas.
Fernando de Azevedo acreditava muito em correspondência, não é?

É verdade, se a pessoa não respondia ele tacava uma carta de volta, reclamando, e ficava esperando.
Olha, eu vou lhe contar uma coisa que você vai ficar impressionada. Ele não confiava em ninguém para pôr as cartas no correio, ele mesmo colocava (risos), mas ele mesmo dizia que não adiantava muito, porque depois a carta seguia sozinha...

É, tinha de ser à vista e selada.
Fernando de Azevedo era tão minucioso... Eu me lembro que ele ia com o motorista ao Correio, quando ainda saía de casa, mas não confiava as cartas ao motorista, entrava, acompanhado por ele, no Correio e ele próprio ia postar as cartas, tal o valor que dava à correspondência.

---

[9] Ver nota 14, entrevista com Antonio Candido.

Isso é bonito. Eu acho que a correspondência dele tem um valor, inclusive, histórico. As cartas dele são muito elegantes...

Realmente. Nos primeiros livros dele o português ainda é um pouco gongórico, mas depois parece que ele foi...
Enxugando...

E ficou um português clássico, muito bonito. Agora, tem esse lado dele de extremo racionalismo, racionalismo no bom sentido; mas com os amigos, parece que era uma manteiga derretida. Parecia autoritário, mas se era autoritário por um lado, por outro...
Ele gostava muito dos amigos.

É, quando gostava da pessoa era muito afetivo. A senhora confirmaria essa característica?
É verdade, não sei bem, meu falecido marido, Lourival Gomes Machado,[10] também foi muito amigo dele, mas...

O crítico de artes plásticas?
Sim, crítico de artes, professor de política, na Faculdade, também da USP. Mas, se ele era amigo do Fernando de Azevedo, acho que a amizade não era na linha das amenidades, não. Porque se Fernando de Azevedo foi sempre fiel aos amigos, por outro lado, ele era fiel, também, às suas ideias. Às vezes, então, não concordava, mantinha uma atitude polêmica.

Isso com todo mundo?
Não posso dizer se com todo mundo.

Sim, mas particularmente...
Com os rapazes, como ele chamava, mais moços do que ele. Era um homem que sabia se cercar de pessoas inteligentes e de estimular, de levar adiante as pessoas inteligentes, o que não é comum. Porque, às vezes, os homens inteligentes têm medo de serem ofuscados. Ele não tinha esse medo.

---

[10] Ver nota 18, entrevista com Antonio Candido.

É, ele tinha bastante confiança em seu próprio brilho, em sua inteligência e em seu valor...
Ele estimulava muito os jovens.

Ele teve dois ou três grandes discípulos aqui em São Paulo, o Antonio Candido...
O Antonio Candido e o Florestan Fernandes foram assistentes dele durante muitos anos. O Lourival também era amigo, trabalhava no Departamento com ele, a cadeira de política ficou no Departamento de Ciências Sociais.

Sei. E então aconteciam divergências... Tenho a impressão de que o Fernando de Azevedo mantinha, justamente, fidelidade às suas ideias. Talvez tenha sido por isso que não foi ministro do Getúlio.[11]
É. Ele nunca chegou a ser ministro, era muito exigente quanto às ideias, aos princípios filosóficos...

É. Porque o Getúlio o convidou, mas ele expôs ao Getúlio o que iria fazer e o Getúlio, então, recuou. O Getúlio respondeu: "assim não é possível", porque há os conchavos políticos...
Ele era muito rígido.

Sobretudo em relação aos princípios filosóficos, mencionados pela senhora.
É, os princípios de educação renovada, de ensino renovado, nisso ele não admitia discussão.

E a política de educação, infelizmente, não é aquilo que ele considerava política de educação, muitas vezes ela é politicagem da educação...
É difícil mesmo.

Trata-se de um problema nacional. Por temperamento, era bastante autoritário, pelo que afirmam, mas no trabalho era assim também?
Não, no trabalho era uma pessoa que sabia como conduzir. Quando não se falava em "trabalhar em equipe", ele já era um homem que sabia trabalhar em equipe. Constata-se isso, olhando para trás, porque se vê muito bem em retrospecti-

---

[11] Ver nota 28, entrevista com Abgar Renault.

va. Ele sabia se rodear de pessoas que podiam trazer ideias para ele, embasando o trabalho, tudo isso ele fazia.

Quer dizer, ao mesmo tempo que seu temperamento, até por motivos subjetivos, era realmente autoritário, ele sabia, primeiro, se cercar de pessoas inteligentes, segundo, sabia ouvi-las... É interessante esse depoimento, saber que ele ouvia as pessoas.
Ouvia sim, ouvia muito.

Agora, quando ele tomava uma decisão, levava até o fim.
Tinha muita pertinácia.

A coisa que mais me impressionou no Fernando de Azevedo, quando comecei a ler No tempo de Petrônio,[12] *foi descobrir ali um talento sociológico, uma vocação sociológica.*
É verdade. Mas muito longe ainda.

Muito longe, uma visão impressionista...
Uma coisa fraquinha que vinha vindo, porque *A cultura brasileira*[13] ele escreveu depois.

Ah, sim, bem depois, em 41. Mas a gente já percebe nítido interesse, com tantos autores latinos para escolher como tema de um livro, ele se dedicou a estudar justamente o Satyricon[14] *de Petrônio, uma crítica à sociedade da época, uma crítica contundente, embora algo impressionista. Ele cita até a encíclica* De rerum novarum,[15] *de Leão XIII.*[16] *Depois, dá um salto, no fundo não foi um salto, foi um processo gradativo, um esforço diário, porque ele era um autodidata.*
Um esforço enorme. Deve ter trabalhado muito para adquirir aquela cultura, porque ele mudou, tinha uma cultura filosófica, uma cultura literária e ele passou a ter uma cultura científica.

---

[12] Ver nota 5, entrevista com Abgar Renault.
[13] Ver nota 38, entrevista com Antonio Candido.
[14] Ver nota 6, entrevista com Abgar Renault.
[15] Ver nota 7, entrevista com Abgar Renault.
[16] Papa Leão XIII, OFS (Roma, Itália, 1810-Roma, Itália, 1903). Foi Papa de 1878 até 1903, é responsável pela encíclica *De rerum novarum*. Ver nota 7, entrevista com Abgar Renault.

Influência de Durkheim,[17] *não é?*
Passou a ter uma cultura científica tão boa, tão consistente que, quando os professores franceses de sociologia chegaram aqui, todos eles o consideraram como um igual.

O Roger Bastide.[18]
E o Paul Arbousse-Bastide.[19] Imagine o nível que ele havia alcançado naquele tempo.

Exatamente. É isso que considero bem interessante. A senhora repara, Fernando de Azevedo foi um homem que, quando já não era mais uma criança, tirou o brevê de piloto, eu estava vendo isso hoje em seus arquivos. Que força de vontade. Ele sofreu um desastre e mesmo depois do desastre continuou a pilotar.
Ah, mas nada, nada, o abatia.

O primeiro livro dele foi sobre educação física,[20] *resultado de uma tese para concurso, em Belo Horizonte que, aliás, ele não ganhou.*
Quando ele se casou e veio morar em São Paulo, passou a viver num ambiente completamente diferente.

É, deve ter feito um esforço imenso, mas superou as dificuldades graças à sua inteligência e tenacidade. Acho que é um problema nosso, aqui no Brasil, o autodidatismo. Fernando de Azevedo, ao atuar positivamente na fundação da USP, de certa maneira, ajudou muitas gerações de estudantes que vieram depois dele, nesse sentido, porque elas já encontraram uma universidade organizada, aberta a imensas possibilidades.
Aqui estão duas coleções de seus inéditos. A Lollia tinha me dado e eu me lembrei de você. Nesta coleção, eu estava mexendo há pouco, tem um autorretrato, escrito por ele, que deve lhe interessar. Olha que bonito. Isso aqui são páginas um pouco íntimas, sabe... Veja este autorretrato. Ele não ia publicar uma coisa dessas.

Por quê?
Não sei.

---

[17] Ver nota 39, entrevista com Abgar Renault.
[18] Ver nota 30, entrevista com Antonio Candido.
[19] Ver nota 29, entrevista com Antonio Candido.
[20] Ver nota 39, entrevista com Antonio Candido.

Ah, me interessaria muito tudo isso. Esse livro, Vigílias sob a lâmpada,[21] *não foi publicado.*
Não, nenhum desses dois.

É. Qual é o outro? Seria um livro com as cartas, a correspondência?
Não, são alguns textos sobre educação.

Aqui está um documento da Academia Paulista; a senhora saberia a data daquele primeiro discurso que Fernando de Azevedo escreveu para a academia, mas não foi aceito? Ele afinal não pronunciou o discurso, nem foi empossado, porque houve um problema com o presidente da Academia Paulista de Letras.
Deve ser este aqui, não? O mal desses papéis é que eles estão sem data. Você sabe, eu fico arrepiada ao pegar e ler essas coisas, tudo está tão presente. Uma pessoa que morreu há tanto tempo e continua viva.

Ontem eu estava conversando com o professor Antonio Candido e ele falou que há uma tradição no Brasil de esquecimento, mas, depois de 30 anos, os autores voltam. Eu pensei: bom, então eu estou ainda no período ruim, porque ainda não se passaram 30 anos de sua morte. Demoram 30 anos para voltar.
Ah, o Antonio Candido deve dizer coisas preciosas...

Certamente. A senhora sabe, meu pai era arquivista, de maneira que sou também uma pessoa cuidadosa com papéis. Tiro xérox e depois devolvo...
Pois bem, você escolhe o que quiser... Vamos sentar lá na mesa, quem sabe ao redor dela, porque lá você vê melhor.

Olha aqui: "Introdução ou resposta que não precisaria dar". Lá no Instituto de Estudos Brasileiros estão os originais, posso cotejar com este. Outro: "Uma nova erupção de instintos selvagens".
Deve ser relativo a alguém isso aí, porque ele brigava muito. Era um ditador que dizia as coisas que precisava dizer. Esse negócio de instintos selvagens, ele falava mesmo assim...

---

[21] Fernando de Azevedo. *Vigílias sob a lâmpada: discursos acadêmicos e crítica literária.* (IEB/AFA, série: Manuscritos). Manuscrito inédito.

E não tinha meias medidas. Aqui está "O protesto e veneração" e um outro artigo, "Agradecendo a cruz de Oficial da Legião de Honra da França".
Fernando de Azevedo tinha veneração pelos amigos que morreram.

Ele escreveu muito sobre a morte.
É. Feliz ele não foi realmente. Foi um vencedor, mas não um vencedor feliz. É estranho isso, não é? Não, não me dava a impressão de uma pessoa feliz. Olha aqui, *Memórias ocultas dos meus mortos*, muito bonito este artigo. Estes artigos estão defasados, morreu muita gente depois disso... Ele continuou vivo, a lista não está completa, porque ele perdeu muitos amigos depois desse último artigo.

Acredito que isso aqui, inclusive, tenha alguma importância... Olha, 63, isso deve ser importante, foi pouco antes do Golpe de 64. Aqui, outro texto sobre o Vicente Licínio Cardoso.[22] Consta que ele suicidou-se.
De fato, suicidou-se.

O Fernando de Azevedo e o Paul Arbousse-Bastide tinham ideias diferentes em muitas coisas e também temperamentos bem diferentes, que lhe parece?
Ah, não podiam deixar de ter. Formação muito diferente, mas, no fundo, se davam e se entendiam muito bem.

Eu gostaria de entrevistá-lo também, a senhora tem o endereço dele em Paris?
Pois não, escrevo uma carta. Ele vai gostar demais, adora brasileiros e brasileiras. Adora conversar. É um homem encantador, está com 83 anos. Mas vivo...

Mas por enquanto, vamos deixar de lado o Paul Arbousse Bastide. A senhora percebe realmente uma evolução no pensamento do Fernando de Azevedo...
Teve que evoluir, ele mudou muito, os homens mudam muito ao longo da vida. Em 28, era mais um jornalista do que um teórico de educação. Ele se tornou um teórico da sociologia e da educação muito depois, com o amadurecimento, com o trabalho, com as leituras, com o estudo...

---

[22] Vicente Licínio Cardoso (Rio de Janeiro, RJ, 1889-Rio de Janeiro, RJ, 1931). Engenheiro civil, formado pela Escola Politécnica do Rio de Janeiro, escreveu diversos livros sobre filosofia, arte e arquitetura. Foi um dos fundadores do Botafogo Football Club em 12 de agosto de 1904, que viria mais tarde a se fundir com o Club de Regatas Botafogo, formando o atual Botafogo de Futebol e Regatas. Ficou famoso por ter sido o primeiro brasileiro a fazer a viagem inaugural do dirigível LZ 127 *Graf Zeppelin*, da Europa para o Brasil, tendo aterrissado em Recife no dia 22 de maio de 1930. Obras literárias: *Pensamentos brasileiros* (1924), *Philosophia da arte*, *À margem da história do Brasil*.

Com a própria vida. Houve um detalhe interessante: o Júlio de Mesquita Filho[23] escreveu um livro interessante, Política e cultura,[24] *em que fala sobre aquela enquete de 1926, publicada no jornal* O Estado de S. Paulo,[25] *e ele conta que o Fernando de Azevedo hesitou em fazê-la... No mesmo ano ele já havia realizado uma enquete sobre arquitetura colonial.*
Hesitou porque educação não era especialidade dele.

Naquele inquérito, já se nota sua capacidade de ver e estudar o problema sob todos os ângulos, de ir até o fim. Era inteligente, sagaz. Mas era algo ainda meio impressionista, sem muito rigor metodológico. Pode-se notar, inclusive, a diferença entre o livro Princípios de sociologia,[26] *de 1935, e* Sociologia educacional,[27] *de 40. O progresso, a diferença, são grandes.*

Ou seja, a capacidade de pensar por si mesmo.
Talvez fosse interessante você falar com o diretor da Faculdade de Educação, o professor Antunha,[28] ele deve ter informações teóricas sobre o Fernando de Azevedo. O que eu estou falando aqui com você é uma questão de relacionamento, o professor Antunha já deve ter estudos sobre ele, talvez não tenha estudos completos, mas deve ter suas ideias também. O Antunha foi discípulo do Laerte.

E o Laerte conheceu o Fernando de Azevedo?
Conheceu, mas era muito mais moço. O Laerte Ramos de Carvalho[29] era contemporâneo do meu falecido marido. O Jorge Nagle[30] foi aluno do Laerte, mais moço, mora em Araraquara. O Laerte estaria agora com 62 anos.

---

[23] Ver nota 33, entrevista com Antonio Candido.
[24] Ver nota 16, entrevista com Heládio Antunha.
[25] Ver nota 21, entrevista com Iva Waisberg Bonow.
[26] Ver nota 1, entrevista com Antonio Candido.
[27] Ver nota 43, entrevista com Antonio Candido.
[28] Ver entrevista com o professor Heládio Antunha.
[29] Laerte Ramos de Carvalho (Jaboticabal, SP, 1922-São Paulo, SP, 1972). Professor interino de filosofia do Colégio e Escola Normal Dr. Adhemar de Barros, de Catanduva. Lecionou filosofia nos colégios Paulistano e Mackenzie. Em 1943, convidado pelo catedrático Cruz Costa, tornou-se instrutor da cadeira de filosofia da FFCL. Obteve o título de doutor em filosofia com a tese *A formação filosófica de Farias Brito*, em 1951. Paralelamente à docência, exerceu por 26 anos a atividade jornalística em O Estado de S. Paulo.
[30] Ver nota 60, entrevista com Francisco de Assis Barbosa.

Veja a importância desses professores mais velhos, eles lançaram e propuseram ideias fundamentais a seus discípulos.
Exato.

Tem havido uma controvérsia muito grande a respeito de Fernando de Azevedo, e que está inserida na temática da educação: a questão da formação das elites. Não sei se a senhora ouviu falar no livro A ideologia da cultura brasileira,[31] *que passa a ideia de que Fernando de Azevedo teria sido um elitista no sentido mais comum e corriqueiro, de que seria um aristocrata no pior sentido da palavra. Comecei a ler a obra dele e não senti isso; quando usa realmente a palavra elite, ele o faz no sentido de uma vanguarda, referindo-se a pessoas intelectualmente bem formadas, competentes, mas oriundas de todas as classes sociais.*
Fernando de Azevedo era um homem de esquerda, ele sempre se colocava como homem de esquerda. Não poderia ser um elitista, essa palavra aristocrática não pega bem para ele.

Para ele, educação popular e educação das elites são duas faces de uma mesma moeda, de um mesmo problema. Ele podia ser um homem de modos formais, porque, afinal de contas, era uma pessoa do século XIX...
Ele era um homem formal, falava assim: "Senhora professora...". Mas isso é outra coisa, ele foi também um homem da sua época.

Da época dele, exato. Mas, no plano realmente importante, que nós estamos tentando pesquisar, penso que ele via o Brasil em largo descortino, enfatizando a importância da formação das elites. Foi um homem plenamente moderno para sua época.
Ele não está ultrapassado, se você estudar suas ideias em profundidade, verá que, guardadas as proporções, e levando em consideração o desenvolvimento cultural posterior ao pensamento dele, você pode ainda situá-lo no momento atual.

Ele teve, realmente, importância muito grande. Agora, talvez não tenha sido compreendido, porque apesar de ser um homem com imenso saber e, sobretudo, com tal pertinácia, não pôde exercer as funções para as quais estava realmente preparado. Mas ele foi um líder aceito, não é mesmo?

---

[31] Ver nota 23, entrevista com Abgar Renault.

É verdade. Mas nunca chegou a ministro da Educação. Há tanta mediocridade reinando...
Até lá ele não chegou, não é tão fácil.

De fato, ele afirma que teria sustentação da elite de professores, mas precisava também de sustentação dos políticos e, essa, ele não teve. Não iria fazer concessões.
Não chegou também a reitor de universidade, da USP, por exemplo. Ele tinha uma mágoa muito grande por causa disso.

Há uma diferença entre Fernando de Azevedo e Anísio: o Anísio Teixeira[32] foi um grande educador, grande administrador também, mas tinha maior capacidade de fazer concessões. Talvez o Fernando de Azevedo não tivesse essa capacidade.
Anísio era mais de esquerda ainda que o Fernando de Azevedo.

O Anísio dizia que a educação é um problema técnico e, nesse ponto, eu penso que o Fernando de Azevedo tinha uma visão diferente, porque para o Fernando de Azevedo a educação não é só um problema técnico, é também problema político. Político no sentido amplo da palavra, portanto, filosófico. Ele repete muito isso. Não é que ele negasse a importância dos problemas técnicos, pedagógicos...
Mas sabe o que aconteceu com o Anísio? O Anísio ficou muito influenciado pelos estudos que ele fez nos Estados Unidos. Ele veio muito "deweyiano" de lá, muito pragmático. Ele se conservou sempre um discípulo de Dewey.[33] O Fernando de Azevedo era mais humanista.

Influência francesa, europeia, muito maior.
Realmente.

A meu ver, os americanos são um povo pragmático, com pouca tendência filosófica; um grande povo, sem dúvida, mas essencialmente práticos.
O Anísio era um pragmático.

O Fernando de Azevedo tinha visão ampla, mais universalista, cosmopolita. Há mais alguma coisa de que a senhora talvez se lembre, porque deve ter lembranças

---

[32] Ver nota 20, entrevista com Abgar Renault.
[33] Ver nota 57, entrevista com Dina Fleischer Venancio Filho.

assim de fatos, incidentes, detalhes, gestos dele... Pelas cartas que escreveu ao professor Francisco Venancio Filho, sabe-se que Fernando de Azevedo era um homem infeliz, deprimido, algumas vezes falava até em suicídio, em morte. Ele parecia ser um homem angustiado, não sei se a senhora sabe disso.
Tinha conhecimento, mas nunca se matou, nunca tentou se matar. Creio que era, como dizer, uma ideia teórica, nunca chegou a tentar, de fato, o suicídio.

Ele fala com tal racionalidade sobre essa decisão... "Vou fazer a coisa de maneira que ninguém sinta, que a minha família não sofra...". Seriam aquelas depressões que ele tinha? Ele era sujeito a isso, acho que talvez por isso trabalhasse tanto.
Pois é, quando falava muito em suicídio, ele enxergava muito bem, vivia muito bem, saía muito de casa, não é? Depois passou anos sem sair de casa, cego, e aí nunca mais falou em suicídio...

Ele ouvia música?
Era um homem que não gostava de música.

Interessante. Não gostava de música?
Não, a música não entrava na casa dele.

Nenhuma música... Um Bach,[34] um Mozart?[35]
Não, não cultivavam a música em sua casa.

---

[34] Johann Sebastian Bach (Eisenach, 1685-Leipzig, 1750). Compositor, cantor, maestro, professor, organista, cravista, violista e violinista da Alemanha. Adquiriu um vasto conhecimento da música europeia de sua época e das gerações anteriores. Desempenhou vários cargos em cortes e igrejas alemãs. Praticou quase todos os gêneros musicais conhecidos em seu tempo, com a notável exceção da ópera. A extensão de seu gênio como compositor só viria a ser plenamente reconhecida quando suas obras foram "redescobertas" no século XIX, a partir de esforços de Mendelssohn e Samuel Wesley. Bach foi o último dos grandes compositores a usar o contraponto como meio natural de expressão, sobretudo em suas fugas. Sua obra também reflete o desenvolvimento final do coral e da suíte. Entre suas peças mais conhecidas e importantes estão os *Concertos de Brandenburgo*, o *Cravo bem-temperado*, as *Sonatas* e *partitas para violino solo*, a *Missa em si menor*, *Tocata e fuga em ré menor*, a *Paixão segundo São Mateus*, a *Oferenda musical*, a *Arte da fuga* e várias de suas cantatas. As obras de Bach foram catalogadas por Wolfgang Schmieder, usando números BWV.

[35] Wolfgang Amadeus Mozart (Salzburgo, 1756-Viena, 1791). Genial compositor austríaco do período clássico, professor e concertista. Recebeu a primeira educação musical do pai, o violinista e compositor Leopold Mozart. Começa a mostrar sua habilidade musical desde a infância e aos cinco anos já compunha minuetos. Mestre em quase todos os gêneros. Algumas de suas melhores obras: as óperas *O rapto do Serralho* (1782), *As bodas de Fígaro* (1786), *Dom Giovanni* (1787), *Così fan tutte* (1790), *A flauta mágica* (1791), *La clemenza di Tito* (1791), as sinfonias *Haffner* (1782),

Curioso. E, assim, gosto de objetos, também não?
Também não tinha.

Isso, em geral, é a mulher que cultiva. A não ser quando o homem é também um amante de artes plásticas, aí o interesse e o olhar se aguçam, os dois apreciam.
Os objetos que tenho aqui ainda são do tempo do meu marido, como você pode ver.

É, mas a senhora manteve o interesse. É claro, Fernando de Azevedo era um intelectual voltado o tempo todo para os livros, para a leitura. Agora, o curioso é que tinha muita sensibilidade para a poesia, o Abgar Renault me confirmou ao entrevistá-lo na sexta-feira passada, no Rio.
É. O Abgar também deve estar velhinho, não?

Enxutérrimo... Que idade terá?
Uns 80 anos, talvez.

Ah, se tem, não parece. Os homens não envelhecem, não. São muito vaidosos. Bom, o Abgar Renault está magro, lépido, me levou até à porta, conversando... Vestia uma camisa de muito bom gosto.
Pelo tempo que eu o conheço... Estou com 66, mas sempre fui muito mais moça do que eles. Considero 66 anos uma idade bem avançada, como se diz.

Abgar Renault está muito bem e a senhora também. Com a atividade que a senhora mantém, continua ultra-ativa, é por isso que a senhora está tão jovem, a pessoa se joga na vida, não é? Isso é maravilhoso.
Eu trabalho hoje muito mais do que quando estava na ativa. Com muito mais garra. O trabalho intenso me fez muito bem. Talvez seja um problema de idade, quando a gente volta a trabalhar com responsabilidade, o faz com mais intensidade e interesse.

Linz (1783), *Praga* (1786) e *Júpiter* (1788). Sua vasta produção inclui ainda música de câmara, sacra, sinfonias e concertos. Suas obras foram catalogadas por Ludwig von Köchel.

Nelson Werneck Sodré

Data: 16 de maio de 1981
Local: rua Dona Mariana, 35 — Botafogo — Rio de Janeiro (RJ)

O que o senhor pode me dizer sobre Fernando de Azevedo?
Fernando de Azevedo é uma figura singular, inclusive por sua formação intelectual, porque raramente, no Brasil, um homem tem uma base humanística tão ampla como ele. Não conheço outro exemplo, a não ser jesuítas, que tinham a mesma base, mas não tinham a amplitude de visão que ele adquiriu depois. O alicerce da cultura dele são as humanidades greco-latinas. Um homem que lia e estudava os gregos, o latim. Nos primeiros livros dele, ressalta seu conhecimento de literatura grega e literatura latina, isso se nota perfeitamente. Essa base humanista é a verdadeira estrutura do pensamento de Fernando de Azevedo. Evidentemente, adquirida com os jesuítas: ele estudou no Colégio São Luiz, em Itu, e no Anchieta, em Nova Friburgo; deixou a ordem [dos jesuítas] e acho que isso deve ter constituído para ele um momento de crise. Deixou a ordem jesuítica, mas sempre teve um grande respeito pela ordem, pelas pessoas com quem conviveu, inclusive um superior do Colégio dos Jesuítas em Nova Friburgo, um homem eminente, cujo nome não lembro agora. Todos os que ali passaram ficaram muito marcados por sua orientação. De qualquer maneira, o que distingue Fernando de Azevedo na intelectualidade brasileira é a base humanística, muito sólida. Não simplesmente informativa, mas estruturou o pensamento dele, estruturou, inclusive, a redação, o modo de escrever, clássico... É um clássico, às vezes um pouco enfático, às vezes um pouco retórico, mas sempre com sentido de harmonia, de beleza, ele é um

dos poucos escritores brasileiros que tem um estilo, estilo no melhor sentido. Estilo pessoal...

Convivi com ele praticamente a vida toda porque ele vinha a ser meu primo. A mãe dele era irmã do meu avô, então nós convivemos desde criança, ele mais velho, mas sempre convivemos e continuamos, depois, ao longo da vida. Até o fim da sua vida. Naquelas pastas de correspondência que estão hoje lá no Instituto de Estudos Brasileiros, em São Paulo, deve ter muitas cartas minhas... Fernando era um missivista muito rigoroso, muito pontual, mantinha uma correspondência assídua com seus amigos e não gostava que se retardassem as respostas. Cobrava. E, entre esses amigos, acredito que eu estivesse entre os mais íntimos e de correspondência mais frequente; então, a senhora deve encontrar lá no IEB [Instituto de Estudos Brasileiros] centenas ou milhares de cartas minhas, escritas ao longo de muitos anos e que retratam a vida brasileira na época, inclusive seu modo de pensar, nossos pontos de vistas em confronto. Outra pessoa que também teve com ele uma correspondência muito assídua foi o Venancio, o velho Venancio.

Como essa correspondência está aqui no Rio com o filho, já consegui ler toda, é bem interessante.
Ah, sim. Deve ser muito vasta.

Vasta, de 26 a 46, porque ele morreu muito jovem, o professor Francisco Venancio.
O Venancio morreu em São Paulo, foi o Fernando inclusive que teve que providenciar a vinda dos restos mortais dele para cá. Ele foi participar de um encontro em Rio Pardo, por ocasião das comemorações euclidianas, e morreu lá. O Fernando tinha verdadeira veneração pelo Venancio, que era recíproca. A amizade nasceu quando Fernando foi diretor da Instrução Pública no antigo Distrito Federal, e se manteve ao longo da vida toda. Venancio Filho era um homem de grande cultura, mas além de tudo uma personalidade boníssima.

Uma pessoa excepcional.
Muito boa pessoa, excelente. Realmente de alta qualidade, eu estimaria que o Alberto[1] tivesse herdado isso, eu não privo com o Alberto, vejo ele muito raramente, era menino quando nós íamos à casa do Francisco Venancio. Então, tenho bastante conhecimento da vida do Fernando.

---

[1] Ver nota 14, entrevista com Antonio Candido.

Um dado interessante: ele aliava à cultura clássica um verdadeiro culto da vontade, uma vontade quase férrea para obter as coisas que queria. Acredita que ele tinha um temperamento, um espírito autoritário?
Bom, o Fernando, em primeiro lugar, lutou muito na vida, ele lutou muito porque a família do Fernando, os pais dele empobreceram por motivos ligados...

Catorze filhos.
É, tiveram numerosos filhos e empobreceram por má administração do dinheiro que tinham. Tiveram posses, mas não eram mais ricos, empobreceram. Eram pessoas remediadas. A mãe do Fernando, minha tia, era uma criatura boníssima, lutava muito; como ela era, em relação ao padrão da mulher brasileira do tempo, uma pessoa culta, professora, reputava a educação muito importante. Então, o grande drama da vida dela foi formar os filhos, lutou com dificuldades enormes. Fernando era o mais velho, então foi estudar com os padres, foi para o Colégio dos Jesuítas em Itu e, depois, para Nova Friburgo; acredito que não tivesse a vocação religiosa, embora a mãe dele fosse de uma religiosidade profunda; foi mais por uma necessidade de estudar, ele não tinha escolha de atividade, de profissão. Isto que estou dizendo é uma interpretação minha.

Mas me parece sociologicamente fundamentada porque, no Brasil, há realmente a tradição desse tipo de escolha, talvez, agora, a escolha seja mais o Exército do que o sacerdócio.
É, o Exército. Pessoas vão para o Exército, porque é uma carreira, relativamente, rápida.

Garante certa estabilidade.
E é um ensino gratuito.

Exato.
Eu sei disso porque sou militar, me formei na Escola Militar, estudei na Escola Militar, mas não foi propriamente por isso. Como fui aluno do Colégio Militar, me destinei naturalmente à Escola Militar. Se tivesse o problema de carreira, que nunca apareceu na minha cabeça, eu optaria pela Escola Militar por causa dessa circunstância. Então o Fernando optou pelo estudo com os jesuítas; provavelmente, se isso não foi determinante, foi uma das causas dele ir para o Colégio dos Jesuítas. Formou-se jovem. Naquele tempo, no Brasil, as pessoas tinham

grande dificuldade de se inserir em qualquer atividade profissional porque, para ser nomeado, era preciso uma indicação política. Para qualquer lugar, até professora primária. Havia pouquíssimos concursos no Brasil, então a família tinha que se subordinar ao chefe político local, que indicava. Tudo era por indicações do aparelho político, partidário, dos grandes partidos: PRP — Partido Republicano Paulista, em São Paulo; PRM — Partido Republicano Mineiro, chamado a Tarrafa, em Minas. Então, a primeira coisa que ele fez, ao iniciar seus estudos, foi sair de Minas. Ir para um meio mais amplo, como São Paulo. Lá, lutou com extrema dificuldade, ensinando, lecionando, trabalhando em jornal, mas, particularmente, lecionando. Muita luta, muita dificuldade. Até que, a certa altura da vida, ele se casou com uma mulher rica.

A Elisa.
A Elisa. Constituiu família e a vida dele, nesse ponto de vista, melhorou. Mas continuou a lutar no seu processo intelectual porque ele era um homem devotado à cultura. Então, não sei se por isso, o Fernando adquiriu uma feição autoritária. Ele era democrata, intelectualmente, um homem que esposava ideais liberais, democráticos, mas...

Meio socializante, em certos momentos.
Até. Mas muito autoritário com a família, na conduta era autoritário. Não sei se a Lollia confidenciou alguma coisa a respeito dessa questão. Com a mulher, com as filhas...

E com o filho Fábio.
É, o filho teve um drama inclusive, foi uma coisa horrível.

Essa ambiguidade, que existe em personalidades como a dele, mostra, por outro lado, que ele era bastante liberal e com ideias muito abertas no plano da educação, como o senhor confirmou.
Muito abertas.

Talvez seja por isso que o Getúlio nunca lhe deu um ministério.
Mas o Getúlio disse isso a ele! Disse a ele numa entrevista, depois da Revolução de 30, acho que foi depois de 35. Ele teve uma audiência com o Getúlio e o Getúlio lhe disse: "Eu desejaria ter sua colaboração em uma função pública, na área

da educação, mas eu realmente encontro grandes dificuldades para isso". E depois, mesmo mais tarde, quando o Clemente Mariani foi ministro da Educação, ele convidou o Fernando para diretor de Departamento de Ensino Superior. O Fernando impôs certas condições que, politicamente, também não eram conciliáveis. Ele tinha, portanto, um temperamento autoritário, funcionalmente, mas não o era para todos. Autoritário também no âmbito da família, era um homem muito cioso, como já disse, muito ciente do seu próprio valor. Uma singularidade, porque a família dele era de gente muito tratável, muito mansa...

Fernando de Azevedo escreveu um artigo muito bonito sobre sua mãe.
Ele tinha veneração pela mãe. Ela era uma criatura admirável, de uma humildade... E os irmãos, muito bons, criaturas que não tinham esse traço de autoritarismo, eram o antípoda desse traço. Todos eles — há ainda irmãos vivos — de uma simplicidade extraordinária. Era autoritário com os irmãos, a quem auxiliou, sempre auxiliou. Ele auxiliava, mas era autoritário.

Exigia sempre alguma coisa em troca.
Ah, exigia e intervinha na vida deles, era autoritário, os irmãos com frequência se chocavam com ele. Chegavam até a cortar relações temporariamente. Isso define o traço autoritário do Fernando, o que é singular num homem de grande inteligência e cuja formação foi muito difícil.

Embora autoritário, ao mesmo tempo, tinha grande senso de justiça. Por exemplo, a reforma educacional, empreendida por ele na gestão do prefeito Prado Júnior, no antigo Distrito Federal, era bastante moderna e progressista. Uma reforma que nunca vingou realmente, fracassou. O fracasso talvez não seja uma categoria filosófica, mas é uma ideia que me vem sempre à cabeça quando estudo Fernando de Azevedo, Anísio Teixeira e outros grandes educadores. Eduardo Jardim, orientador desta minha tese de mestrado, afirma que o fracasso "não é uma categoria filosófica". Eu respondo, claro, não é, mas acontece que há pessoas que tentam, dentro de uma estrutura democrática — no sentido de uma democracia restrita e não de uma democracia com participação mais ampla —, tentam fazer alguma coisa, mudar a realidade.
Fernando de Azevedo quis fazer uma escola do trabalho, uma escola-comunidade. Ele se inspirava em Lunacharsky, por quem tinha especial admiração. Contra esses homens se fizeram campanhas terríveis, numa atmosfera de obs-

curantismo típica do Brasil. Fernando de Azevedo achava que fosse possível, naquela espécie de regime, com Prado Júnior como prefeito, fazer-se uma reforma na escola pública, uma reforma voltada para o social. Naquela época, foi muito perseguido porque propugnava uma escola universal, leiga e gratuita. Hoje se considera quase um escândalo a pessoa ir contra essas ideias progressistas. Fernando de Azevedo afirmava que a escola leiga era até um benefício para a Igreja Católica, para evitar que ela ficasse sob a tutela oficial do Estado. Entre outras razões, é por isso que a Igreja deve ficar separada do Estado dentro do sistema educacional. Fernando de Azevedo foi incompreendido, inclusive por Alceu Amoroso Lima a quem eu entrevistei e me afirmou que se arrependia de suas posições daquela época, contra o Anísio e o Fernando. O doutor Alceu é um homem com grandeza. Então há algo que não consigo entender muito bem, como Fernando de Azevedo achava que seria possível dentro da nossa estrutura mental, ideológica, dos anos trinta, realizar tais reformas. Prado Júnior fora colocado na Prefeitura do Rio de Janeiro por Washington Luís, um governante autoritário. Mas, poder-se-ia pensar, trata-se de um regime forte, mas um regime autoritário poderá se abrir no sentido de proporcionar maiores oportunidades a todos, a educação sendo a mola propulsora dessa mudança de uma democracia meramente formal para uma democracia econômica e social. Então, como é que você explicaria essas contradições, como é que ele, Fernando de Azevedo, conseguiria compatibilizar suas ideias progressistas com um governo autoritário e nada progressista?
Em primeiro lugar, acho que a vocação do Fernando foi de educador, ele foi essencialmente um educador e, ao longo de toda vida, educador no sentido de reformador da educação, de orientador, de secretário, exercendo função burocrática: o reformador da educação no sentido de professor. Foi o criador da Faculdade de Filosofia, um dos pioneiros da sociologia no Brasil, mas, fundamentalmente, ele é o educador. Na vida dele e na carreira, na formação intelectual, na atividade intelectual, um educador. Agora, veio para o Rio em 1926, chamado pelo Prado Júnior, que era um homem inteligente, viajado, relativamente culto, aberto para coisas novas, dentro da relatividade, é claro.

Seria um burguês progressista, digamos assim.
Progressista no sentido de europeizar, no sentido da palavra civilização, a significação vulgar da palavra civilização. E civilizar o Brasil, dar hábitos europeus, dar uma cultura europeia, porque ele era um homem muito viajado, um homem

rico de família tradicional de São Paulo, aberto à cultura. Evidentemente, naquele tempo, no Brasil, não havia problema social...

Sim, mas o país também estava começando a se industrializar...
Não havia problema social candente, desde a greve de 1917, em São Paulo, pelo menos estava colocado o problema social, mas não era um problema candente, não exigia do Estado medidas especiais. As leis eram exageros, as leis [severas] do tempo do Bernardes, não sei, ou do Washington Luís, os departamentos de ordem política e social das polícias, tudo isso era mais ou menos, começava a surgir naquela época e a se ampliar. Mas a questão social não estava passando por um período crítico, então havia certa liberdade, apesar da sociedade brasileira, da estrutura política brasileira, representar uma sociedade oligárquica onde o que predominava era a classe latifundiária; apesar disso, havia um círculo de pessoas cultas; pessoas cultas no sentido de letradas, e é nesse círculo que se desenvolvem essas atividades políticas decisórias, porque no âmbito do legislativo e do executivo havia grande tolerância por ideias. Então, as pessoas de ideias, inclusive socializantes, eram respeitadas pela própria ineficácia, entendeu? Pela própria ineficácia, porque a classe operária era muito pequena, dispersa...

As mudanças eram feitas de cima para baixo.
Não havia perigo iminente, então havia lugar para o contraste entre uma classe dominante retrógrada e a liberdade de opinião no âmbito das pessoas letradas, ou seja, liberdade de expressar a opinião.

Não atrapalhava, digamos assim.
Não atrapalhava, não perturbava a vida do país. Havia notoriamente algumas pessoas esquerdistas, anarquistas, comunistas mesmo, na época, maximalistas como se dizia. O Lima Barreto empregava muito [a expressão] maximalista, essas pessoas eram notórias, não incomodavam, vinham a ter aspecto pitoresco, essas coisas. Então o Fernando teve condições de realizar aqui, trazido pela mão do Prado Júnior, ou seja, vindo junto com a autoridade, uma reforma que foi realmente a coisa mais extraordinária que se fez no país, em termos de educação, pelo menos até a Revolução de 1930, quando ele perdeu sua função [de diretor de Instrução Pública]. Mas ele veio porque já se dedicava a estudos sobre educação e reforma da educação, em São Paulo; tinha feito para *O Estado de S. Paulo*...

O Inquérito, não é?
Um inquérito que foi reduzido a livro e esse inquérito, lido pelo Prado Júnior, fez com que o Prado o convidasse a vir para cá trabalhar. O Prado Júnior leitor não se baseou em nenhum critério pessoal, baseou-se num critério de valor.

Interessante. Já entrevistei diversas pessoas sobre essa escolha, uma delas me disse: "Ah, foi por acaso", outra: "São dessas coisas que o sistema liberal traz"; mas estou certa de que a escolha pode ser atribuída à vinda do Prado Júnior.
O Prado Júnior era leitor d'*O Estado de S. Paulo*, como um bom Prado.

Mas os Prado não eram os melhores amigos dos Mesquita.
Não eram amigos, mas eram do tempo do conselheiro que é o pai do Antônio Prado. Liam *O Estado de S. Paulo* porque em São Paulo lia-se, normalmente, *O Estado de S. Paulo*. Então o Prado leu e ficou...

Muito entusiasmado, porque é muito bem feito, mostrando lucidez tanto da parte dos entrevistados quanto dele próprio, Fernando de Azevedo.
Muito bem feito. Ele fez um panorama, ouviu muitas pessoas. A enquete é excelente, inclusive como material jornalístico. Prado viu que aquele rapaz, Fernando, era jovem naquele tempo, isso foi em 1926...

Sim, ele tinha 32 anos. Nasceu em 1894.
Ele vem para o Rio e vem como portador da ideia de uma reforma. Prado Júnior lhe dá a liberdade de realizar a reforma e aqui então ele se integra com um grupo...

Formado por Frota Pessoa, Francisco Venancio, Iva Waisberg e outros.
A Iva é pessoa muito inteligente, conhece perfeitamente o problema da reforma da educação aqui. E Fernando de Azevedo empreendeu a reforma.

Tinha o Jardim também, ele estava nesse grupo, nesse polo de instrução.
O Renato Jardim também estava no grupo, acho que é morto, morava em São Paulo. Constituiu-se, naquele tempo, equipe formada por um grupo de educadores que fez escola, deixou um nome, esse nome não me ocorre no momento, não era ainda a Escola Nova. Fernando de Azevedo fez a reforma da instrução.

Durante aquele tempo, de 1926 a 1930, na vigência da gestão do Prado Júnior, teve as mãos livres. Inclusive para construir o Instituto de Educação, onde ficou a Escola Normal.

Ele não teve apoio nem da oposição, nem do governo, a única pessoa que o apoiou foi o Maurício de Lacerda.
Sim, teve grande oposição na Câmara dos Vereadores, embates de uma indigência intelectual terrível.

O Maurício de Lacerda, que no começo ficou contra a reforma de Fernando de Azevedo, porque ele era da oposição, depois, quando ele explicou, explanou detalhadamente a reforma, o Maurício deu-lhe apoio.
Com a mão forte do Prado Júnior, Fernando de Azevedo conseguiu fazer o essencial, construiu aquele edifício monumental — porque a Escola Normal, na rua São Cristóvão, perto do Estácio, era um pardieiro, uma coisa horrível — que se tornou um modelo, não foi só o prédio, é o que ali se ensinava, o currículo, os professores, o nível, tudo.

Infelizmente, no Brasil não temos mais isso.
Graças a ele, o ensino público no Distrito Federal tornou-se a coisa melhor que existia no Brasil. Um ensino extraordinariamente eficiente, democrático, um ensino muito bem estruturado.

E ligado, inclusive, à assistência social, no sentido de cuidar da saúde das crianças, examinadas por médicos, dentistas. Parece que havia realmente a ideia de um sistema médico voltado para as escolas públicas.
Ele sabia que tudo isso, inclusive a parte do ensino, de transmissão das técnicas, de transmissão da cultura, está condicionado pela sociedade. Ele conhecia bem o fenômeno, era um homem muito inteligente, muito bem informado, com uma amplitude de informação; não era um especialista, amarrado a uma especialidade. Depois, foi novamente secretário da educação em São Paulo por mais de uma vez e já não conseguiu...

É, porque a primeira vez foi com o Ademar de Barros, ele ficou poucos meses.
Teve que sair, saiu brigado.

É, depois, em 1961, com o governador Prestes Maia. Também foi por pouco tempo, não foi mais a mesma coisa de 1928.
Não. Mas ele sempre influiu. Embora fora do aparelho, sempre influiu muito, tanto que participou na fundação da Universidade de São Paulo, que se deve em boa parte aos Mesquita. O Júlio de Mesquita foi grande entusiasta e incentivador da fundação da Universidade de São Paulo e da fundação da Faculdade de Filosofia. Fernando e Mesquita eram amigos, Fernando foi por muito tempo colaborador d'*O Estado*, crítico literário, fez a enquete da educação, em 1926. Ele ajudou muito o Júlio de Mesquita, que colocou o prestígio do jornal e suas influências no poder para a fundação da USP, em 1934. Fernando influiu na montagem da estrutura, como influiu nos convites a professores estrangeiros e até mesmo na estrutura do Departamento de Cultura dirigido por Mário de Andrade.

Havia o Roger Bastide,[2] o Lévy-Strauss,[3] Paul Arbousse-Bastide...[4]
O Estado [de S. Paulo] complementava, inclusive, o salário dos professores estrangeiros que vieram para o Brasil, permitindo que eles colaborassem, escrevessem artigos. Realmente, o Júlio de Mesquita teve um papel importante na fundação da Universidade de São Paulo e o Fernando, como assessor, como especialista, teve influência considerável, particularmente na Faculdade de Filosofia, Ciências e Letras, onde, depois, ele viria a ser professor de sociologia.

O senhor falou algo interessante. Há um livro do Fernando de Azevedo em que ele critica aquela célebre frase de Marx que afirma que as ideias dominantes de uma época são as ideias da classe dominante. Creio que podem existir várias interpretações para essa frase. O Fernando de Azevedo não concorda com a afirmação e ele se cita como exemplo, ele e o Anísio, porque, muitas vezes, dentro de uma administração, de um órgão do governo, há pessoas que, embora fazendo parte daquela administração, têm ideias diferentes, tomam atitudes diferentes, indo muitas vezes contra a corrente do pensamento da classe dominante. Portanto, a famosa expressão não se aplicaria a ele, Fernando de Azevedo. Também não sei se a expressão signifique apenas que ideias dominantes são as que dominam, imperam, de fato, durante certo espaço de tempo. Em outras palavras, toda vez que o

---

[2] Ver nota 30, entrevista com Antonio Candido.
[3] Ver nota 26, entrevista com Francisco de Assis Barbosa.
[4] Ver nota 29, entrevista com Antonio Candido.

Fernando queria levar um projeto mais arrojado para frente, ele não o conseguia. Por exemplo, o Getúlio tinha a maior admiração por ele, ao que parece, e o convidou para trabalhar no seu governo. Fernando de Azevedo respondeu: "muito bem, aceito, mas só se não tiver que fazer concessões". Porque ele já sabia da politicagem no Rio de Janeiro, por causa de sua experiência anterior, quando ele lutou aqui pela Reforma de 1928. Na ocasião o Getúlio lhe disse: "Então, apesar da minha admiração, não posso nomeá-lo".

Não, Fernando de Azevedo não fazia concessões. Nesse ponto, era intransigente. Mas quero discutir essa afirmação dele. Fernando tinha provavelmente uma razoável leitura marxista, digo razoável porque, naquele tempo, ele lia muito; depois os afazeres já não permitem ao homem ler muito, então lê por qualidade. Naquele tempo, não havia aqui, pelo menos em circulação, livros marxistas ou havia muito poucos; evidentemente, a maior parte vinha do exterior. Ele conhecia línguas, mas esses livros não sendo da vitrine dele, a formação marxista dele, evidentemente, deve ter sido muito superficial. Porque ele se confunde na crítica a essa frase, ele se confunde pelo desconhecimento da dialética, porque aí entra uma categoria da dialética que é a relação entre o singular, o geral e o universal... Porque podem acontecer no singular as coisas mais estapafúrdias, por exemplo, um operário, ser reacionário; um burguês, comunista... Acontece no indivíduo, quer dizer, no singular. Não acontece no geral, na classe, e o que importa para a sociedade é a classe, não o indivíduo. Na singularidade, o fato isolado, o fato irrepetível, tudo pode acontecer. As coisas mais discrepantes podem acontecer, como isso que ele afirma: "Eu não estou sozinho, com o Anísio foi assim também etc.". Anísio era uma pessoa diferente, era outro tipo de pessoa. O Fernando era intransigente, o Anísio era extremamente flexível, tolerante. O Anísio tinha uma formação anglo-saxônica, com influência americana; o Fernando tinha uma formação europeia, uma cultura europeia. Eram amigos, se afeiçoavam, se respeitavam, mas quando o Fernando não entende a afirmação de Marx é porque ele não conhecia a dialética, a dialética marxista. Então, não sei até onde a cultura filosófica dele era ampla, porque ele formou sua cultura filosófica sob a égide dos jesuítas; então, acredito que ele não tenha se aprofundado em Hegel e, particularmente, na parte filosófica do marxismo. Porque o fato singular existe, a pessoa que discrepa do meio, da classe, do grupo profissional, isso acontece sempre. Agora, o que importa na sociedade é o conjunto, é o geral e, particularmente, o universal, isso é o que pesa nas mudanças; então, o indivíduo isolado pode ser progressista e, conforme eu lhe expliquei, na sociedade brasileira daquele tempo, acontecia de homens com ideias muito avançadas conviverem e se movimentarem no meio, porque eles não tinham condições de realizar nada daquelas ideias. Viviam no domínio da discussão filosófica, do debate, da controvérsia, mas não da execução, da ação.

Mas o Fernando de Azevedo conseguiu agir, pelo menos ele tentou implantar...
Sim, ele fez muita coisa, a reforma é bastante avançada para a época e teve para isso a mão forte do Prado Júnior que era um homem eminente da classe dominante, inclusive do café, sua fortuna vinha do café.

Mas talvez essas reformas não vão para frente por causa do argumento que o senhor apresentou há pouco, porque, justamente, elas não correspondem a uma força propulsora da própria sociedade.
Sempre que se introduz uma reforma que não resulta de uma necessidade da própria sociedade, essa reforma é ilhada pela sociedade, ou é neutralizada; então ela vigora na letra, mas não vigora na execução. Isso acontece com dispositivos constitucionais democráticos, uma série de coisas.

Claro. Mas, de certa maneira, Fernando de Azevedo estava vendo longe em termos da necessidade, no Brasil, de uma modernização da educação. E talvez não estaríamos passando, hoje, em matéria de educação, o que estamos passando, se aquelas ideias, acrescidas, é claro, de outras contribuições, tivessem sido implementadas.
Sem dúvida. Todo homem inteligente tem sempre uma visão profética, quer dizer, uma visão para frente, se antecipa a seu tempo. E ele realmente se antecipou. No problema de educação, nitidamente, se antecipou. Daí o choque com o Alceu, porque o Alceu era muito reacionário. A grandeza do Alceu é, na idade que tem, ter a capacidade de rever suas posições.

Doutor Alceu me contou que o que aconteceu com ele foi o seguinte: ele tinha acabado de se converter ao catolicismo, através da influência do Jackson de Figueiredo, e que o Jackson havia dito o seguinte: "Já posso morrer porque agora eu tenho alguém que vai escrever e continuar a minha obra". Bom, morre então o Jackson, naquela manhã, afogado na Barra...
Morreu na Barra da Tijuca, pescando na hora da missa, num domingo. Faltou à missa.

Interessante esse detalhe. Bem, eu falei: "Doutor Alceu, o senhor segurou todas as bandeiras do Jackson?". Ele confirmou: "É, todas as bandeiras...". Ele me deu então uma explicação teológica, justificando-se, pois sua adesão, no fundo, não tinha relação com a verdadeira Igreja, a Igreja teologal, nem nada com o que representa, atualmente, a Igreja Católica. E continuou: "No fundo, eu queria uma escola muito mais individualista e o Fernando de Azevedo, a Cecília Meireles e todos aqueles educadores escolanovistas queriam uma escola mais voltada para a sociedade brasileira. Foi Fernando de Azevedo quem redigiu o Manifesto da Escola Nova, *isso em 32, mas a luta pela educação já havia começado um pouco antes, com a quarta e quinta Conferência de Educação. Mas, naquela época, recém-convertido, eu assumi todas as bandeiras do Jackson". Era uma coisa inflexível, estive lendo alguns números da revista* A Ordem, *é impressionante como se acusa os educadores, o Anísio Teixeira, por exemplo, é acusado de ser agente não sei de quê.*
O Anísio foi reitor da Universidade do Distrito Federal, a universidade foi triturada e fechada e o Alceu esteve ao lado daqueles que destruíram a universidade.

O Anísio era um homem, também, muito tocador das coisas.
O Anísio era um homem extremamente tolerante, inclusive.

A verdade é que passamos por um período de obscurantismo muito grande.
Terrível. O Brasil passa por períodos sombrios, porque nós não temos tradição democrática. O país não tem tradição democrática, entendeu? Não se passa impunemente por cinco séculos de escravidão...

O senhor repara, a reforma que eles estavam querendo em 32 foi a que a França já tinha feito há cento e tantos anos.
Claro.

E aquilo foi um escândalo. Li uma carta do Fernando de Azevedo para o Francisco Venancio, pai do Alberto Venancio, em que ele escreve: "Olha, estão caindo em cima de mim porque eu cito a União Soviética, ora, eu cito a União Soviética como eu cito o México, cito a França etc.". Mas prevalecia a mentalidade mesquinha, sem capacidade de perceber os problemas com objetividade. Há, por exemplo, um grande educador russo, Lunacharsky, escolhido pelo Lênin como ministro da educação e que ele desejava que continuasse seu projeto educacional. Ora, Lunacharsky, desapareceu do mapa depois que Stalin subiu ao poder, em virtude, justamente, de divergências políticas. Era um homem que queria fazer com que a educação de base fosse mais geral, para depois haver, é claro, uma especialização. Fernando de Azevedo até o fim da vida esposa isso, a importância da cultura geral, porque ela aumenta a capacidade crítica, depois é que deve vir a especialização. O filho de operário pode e deve possuir uma cultura de base geral, depois é que se diversifica de acordo com as capacidades e o talento de cada um.

Mas o Fernando naquele tempo, inclusive, era um dos poucos homens no Brasil que conhecia a reforma empreendida pelo Lunacharsky, na União Soviética, que é um dos primeiros momentos da revolução de outubro, o primeiro ministro da Educação. E, realmente, depois, com o stalinismo, ele sumiu.

Não sabia se o senhor conhecia essa história, mas deve ter ouvido falar no físico italiano [Raymonar?], muito culto e muito crítico do stalinismo. Para ele, a União Soviética foi um fracasso em termos de educação humanística. Ele diz que o Lênin deixou um testamento político, era intelectual de formação humanística, queria deixar o Lunacharsky, terminar sua obra educacional. O Lunacharsky, almejava construir uma Grécia moderna na União Soviética, industrializada. Esse pesquisador afirma que o Lunacharsky, desapareceu completamente do mapa e o Stalin, não tendo essa amplitude, voltou-se então para uma forte especialização na educação, direcionada. Cultura em massa, alfabetização em massa, formação em massa...

O Fernando de Azevedo chama atenção para o fato de que, cinco anos depois da Revolução Russa, já haviam sido implantadas cinco universidades na União Soviética. Ele considera que educação de massa e educação das elites são duas faces do mesmo problema e eu quero trazer isso aqui para saber como o senhor vê essa posição. Há um trecho na obra do Fernando de Azevedo em que ele fala da necessidade de uma educação aristocrática ou de qualidade, mas pelo que eu depreendi de seu pensamento, não é de maneira nenhuma aristocrática, no sentido de pertencer a uma aristocracia predeterminada. Quando ele diz qualidade, ou seja, de acordo com as capacidades (é claro que se sabe que na vida real não é bem isso, é o preço de ser racionalista ultré), ele pretende significar, no fundo, uma vanguarda, extraída de todas as classes sociais. Ora, saiu um livro, Ideologia da cultura brasileira,[5] *escrito pelo professor Carlos Guilherme Mota, um livro interessante. Mas ele arrasa com o Fernando de Azevedo, porque, a meu ver, não o compreendeu.*

O livro é de uma mediocridade alarmante, inclusive no juízo de valor das pessoas...

---

[5] Ver nota 23, entrevista com Abgar Renault.

Fernando de Azevedo, quando fez a reforma, disse: "Nós temos que combater uma educação aristológica".
Ele disse que o Fernando é elitista... isso é um absurdo total. O problema do Fernando é muito simples quanto à educação, não tem contradição.

Mas em termos de ação...
Ele queria o recrutamento das pessoas, independente da sua capacidade material: queria recrutar pessoas válidas, desde as classes mais pobres até as mais altas.

E daí a importância da educação popular.
Certo. Mas queria, também, e não há contradição aí, que a reforma de educação fosse uma reforma de ensino, de cima para baixo; consiste, particularmente, na formação, em primeira urgência, de quadros de professores, de excelente nível.

Para poder irradiar.
Recrutados em todas as camadas sociais, agora formados, têm efeito multiplicador. A primeira urgência é a formação do professor. É muito mais urgente formar professores do que educação em massa, a simples alfabetização, inclusive essas ideias que periodicamente aparecem no Brasil de alfabetizar em massa...

Os mobrais da vida. Inclusive o Mobral, todos sabem, é um fracasso.
É um desastre total.

É maravilhoso para quem arranjar emprego lá, ganha-se muitíssimo bem, mas em termos de eficácia, não sei, a dinheirama que se tem gastado com isso...
Isso aí é uma simulação, uma fraude. Mas, então, não há contradição entre uma coisa e a outra. Os critérios de recrutamento democráticos, a formação de cima para baixo. Formando um número razoável e crescente de bons professores, haverá bom ensino que formará bons alunos e assim por diante. É um efeito multiplicador.

Na reforma, Fernando de Azevedo fala sobre "o problema das capacidades, o problema da escolha de acordo com a capacidade". Para isso é que as escolas públicas, a escola primária e a secundária, têm que ser escolas com professores muito bons, escolas que não considerem a educação em sentido restrito. Há que agir em relação à saúde, à parte psicológica, tudo isso para que a criança possa, de certa maneira, suprir as deficiências que o meio social adverso traz e traz mesmo. Assim, não me parece justo qualificar Fernando de Azevedo como elitista, citando seu livro A cultura brasileira, *num capítulo intitulado por Mota de "A ideologia sem máscaras". Ele não leu esse livro!*

Dezoito livros publicados por Fernando de Azevedo, sem contar toda sua correspondência, milhares de cartas.
Mas o livro do Carlos Guilherme Mota é de uma profunda desonestidade.

Acho interessante o senhor dizer isso porque leu o livro de maneira isenta, assim me parece; claro que o senhor não é nenhum direitista. Recordo que um amigo me advertiu: "Maria Luiza, você não fala isso, porque estará dando armas para a direita e não sei mais o quê...". Respondi: "Olha, não acho, não". A gente não tem que ter medo...
Inclusive, o que é muito ruim na esquerda ajuda a direita, entendeu? E o livro, além de tudo...

Passa uma espécie de trator.
Claro, ele destrói tudo para valorizar alguns amigos. É um livro desonesto em todos os sentidos.

Escolheram como ilustração uma fotografia lamentável de Fernando de Azevedo, abraçando o Florestan Fernandes. Pelas pessoas que entrevistei, ele era até um homem bem posto. Florestan me falou coisas incríveis, maravilhosas, do Fernando de Azevedo, como ele o ajudou, o senhor tinha conhecimento?
Ajudou muito.

O Florestan me disse, "Olha, Maria Luiza, a gente tem que andar com dignidade, eu acho que esse pessoal jovem precisa de um pouco mais de dignidade".
O que falta no livro do Carlos Guilherme Mota é o respeito pelos valores, que é o alicerce da postura... porque nós não inventamos nada, nós acumulamos, um traz um tijolo, o outro traz outro, e, assim, se constrói o muro, não é? Agora, se você começa a destruir as pessoas, e esse autor se apresenta como o dono da verdade, estabelece uma escala de valores pessoal e desonesta porque ele não leu, não conhece a obra do Fernando de Azevedo.

Os dois discípulos, dois assistentes, que ele deixou, Antonio Candido e Florestan Fernandes, concordam com o que o senhor diz sobre Fernando de Azevedo, um homem que lutou muito para conseguir chegar àquele nível, tentando realizações importantes e positivas, nas oportunidades que teve. Não se pode julgar um homem daquela geração, daquela época, pelos nossos valores de agora, não é mesmo?
Sem dúvida. Ele foi um homem para o seu tempo, em todos os campos, independente da tarefa de educador, um homem aberto.

O primeiro livro dele, Princípios de sociologia, *para a época é muito bom, porque o senhor repara, o próprio Gilberto Freyre, que é uma pessoa que escreve bem, é muito mais impressionista.*
Não há termos de comparação.

Princípios de sociologia *é um livro bem durkheimiano, com mais metodologia, objetivo, mais humilde.*
Como informação, a sociologia do Fernando é infinitamente superior ao livro do Gilberto Freyre que inclusive não tem nenhum caráter didático.

Foram escritos na mesma época?
Não, o livro do Fernando, *Princípios de sociologia*, é muito anterior. *Sociologia* do Gilberto, em dois volumes, é um livro deficiente em termos de sociologia. Agora, é um livro que informa, tem impressões sobre sociologia, sobre sociólogos, sobre obras. O livro do Fernando é precisamente didático.

Eu trabalhei um certo tempo no Departamento de Cultura do Município do Rio de Janeiro, mas saí porque percebi que o programa, os projetos educacionais e culturais, na Secretaria de Cultura, nessa administração atual do Rio de Janeiro, são apenas para inglês ver. Na troca de cargos da administração, as pessoas leem pelo jornal sua demissão... Eles não estão querendo seriedade. A pessoa que quer trabalhar com objetivos definidos, que deseja algo mais consistente, fica decepcionada. Continua a mesma coisa, a mesma politicagem que o Fernando de Azevedo enfrentou em 1928. Essa politicagem é de agora, com esta administração, porque não era assim.

Estava lendo um projeto feito na França, do ministro da Cultura, com contribuição dos diversos partidos. Li os projetos do PC, inclusive acho o PC francês

bastante conservador, mas a tradição da cultura na França é forte, não é qualquer um que vai assumir a pasta da cultura. Interessante o que o ministro francês disse, "Nós temos que fazer uma assimilação crítica"; pareceu-me boa a frase, na linha do que o senhor estava falando.
Claro.

Há que olhar o passado de modo crítico, claro, no sentido de se realizar uma avaliação, mas há também que assimilar algo, porque nada nasce do nada. Há a tendência, no Brasil, não sei se é porque somos um país novo, de se passar um trator no passado e achar que se pode começar tudo de novo, do zero. Então, ninguém mais vale nada.
Mas posições do tipo dessa de Carlos Guilherme Mota são posições de pessoas que não são apenas imaturas, são pessoas pouco cultas. A pessoa culta tem respeito pela cultura, tem respeito pelos valores culturais, embora o respeito possa coexistir com divergências. Eu respeito pessoas de pensamento conservador, porque elas têm qualidade na sua postura.

Pode até ser amigo.
Na relação pessoal, sem dúvida alguma. Então, essa ideia de destruir, de começar do marco zero novamente, é uma ideia antidialética, anti-histórica e anticultural. Não existe isso em parte nenhuma. Você trabalha sobre material acumulado.

Exatamente.
Assim se faz a crítica e situa historicamente a cultura da época, tudo é condicionado historicamente. Então a gente avança, avança porque está vivendo outra época.

Com outras oportunidades, outras condições.
É claro. O jovem hoje tem acesso amplíssimo a todas as fontes de cultura. No meu tempo, por exemplo, você tinha que ter cultura, mas a dificuldade era muito grande pela falta de livro, de informação, tinha que se ler tudo em línguas estrangeiras e só o que vinha para o Brasil, o que a gente tinha informação de que era editado lá fora. Hoje, o jovem pode ter fácil acesso, trabalha sobre o terreno que nós aramos com todas as nossas deficiências. Nós aramos o terreno para eles.

Sim, porque o que Fernando de Azevedo editou na série Brasiliana, na Coleção Pedagógica, foi extraordinário. Um esforço espantoso. Quantos volumes foram publicados até a época em que ele morreu!

Ele traduziu grandes livros sobre educação, inclusive as obras dele estão na Biblioteca Pedagógica, série V, se não me engano. Ele prestou serviços extraordinários e a própria Brasiliana dá um indício da extrema tolerância dele; era tão tolerante que eu lhe dizia: "Mas você não pode publicar esses livros!".

O senhor fazia essa advertência?

Sim, ele não deveria publicar certos livros. Ele editou um livro do Gustavo Barroso, *História secreta do Brasil*, uma destruição da história, o troço mais estaparfúdio que há. Não é um livro, é um panfleto político. Eu dizia: "Você não pode editar esse livro, vai me deixar mal, porque vou ter que meter o pau nesse livro", porque eu tinha uma seção de crítica literária no *Correio Paulistano*. Ele me respondeu: "Você pode, você tem toda liberdade". E eu, então, meti o pau no livro, a obra vem em três volumes; o primeiro saiu na Brasiliana, o segundo e o terceiro, não.

Mas ele nunca se aproximou dos integralistas. Parece que tinha horror.

Não, não se aproximou, mas ele achava que devia haver convívio das ideias, o contato das ideias. Ele estava certo, eu estava de acordo, mas a partir de determinado nível de cultura.

Não essa coisa panfletária.

Havia um Manuel Lubambo, pernambucano, também integralista, Fernando de Azevedo publicou um livro desse Lubambo. Não é por ser integralista, há pessoas integralistas que são inteligentes, é pelo nível intelectual, aquilo era uma coisa indigente. Mas era uma maneira dele afirmar sua abertura de espírito, ele não queria que se dissesse que ele influía, que os pontos de vista dele prevaleciam no ajuizamento para a edição de livros.

O senhor falou no Gustavo Barroso, que foi realmente um homem ultrarreacionário, trabalhou para o DIP.

O Gustavo Barroso se engajou no integralismo, era um escritor medíocre, não tinha importância alguma, não tinha formação cultural, viveu do jornalismo. Fazia sua cultura superficial de jornal, mera informação e, evidentemente, não tinha fôlego cultural para abordar problemas históricos, problemas de qualquer natureza que superassem, excedessem, as suas limitações. Mas foi eleito para a Academia Brasileira de Letras, muita mediocridade do tempo, não é mesmo?

Talvez o senhor saiba que o Fernando de Azevedo foi convidado para integrar a Academia Paulista de Letras, escreveu o discurso, mas o presidente da Academia foi à sua casa, leu o discurso, não disse uma palavra, voltou para a própria casa e declarou a cadeira vaga de novo. Li esse discurso.
Eu sei. Houve até um movimento de solidariedade a ele por diversos membros da Academia Paulista de Letras. O Sérgio Buarque, me parece, se manifestou.

Depois disso ele foi eleito para a Academia Brasileira de Letras e só um ano depois é que eles, lá em São Paulo, o reconvidaram, mas aí com outro patrono, outra cadeira.
Quem conhece bem o incidente é o Sérgio Buarque de Holanda, um homem ótimo.

Ele é uma figura encantadora.
Em relação à Academia, o Fernando era muito amigo do João Ribeiro, homem de uma lucidez extraordinária.

Interessante, o João Ribeiro fez a introdução do primeiro livro do Fernando de Azevedo, Antinous, *um livro sobre educação física.*
É verdade. O João Ribeiro disse a diversas pessoas que ele desejaria, quando morresse, que sua vaga na Academia fosse preenchida pelo Fernando ou pelo Múcio Leão. Quando o João Ribeiro faleceu, o Múcio Leão imediatamente se apresentou e o Fernando, então, não pôde [se apresentar]. Isso aconteceu há muitos anos... Depois é que houve aí maior insistência, particularmente dos escritores paulistas da Academia, para que ele se candidatasse. Eu não concordei muito que ele aceitasse, que entrasse para a Academia.

O discurso dele foi muito corajoso, cita Bertolt Brecht.[6]
Ele, evidentemente, sempre se coloca bem, ele nunca se coloca numa posição de que possa se envergonhar. Mas eu acho que a pessoa — bom, isso é um ponto de vista — postular ser da Academia Brasileira de Letras não tem gosto. Há lá pessoas de quem eu gosto, amigos, pessoas de valor, e há uma série de pessoas medíocres, quer dizer, estar ali não representa nada como escala de valor. Então,

---
[6] Ver nota 93, entrevista com Antonio Candido.

ele que era um homem já eminente, inclusive com atuação no serviço público, postular um lugar na Academia... Eu achei assim estranho. Ele ficou triste comigo porque não fui à posse dele na Academia, mas eu lhe disse: "Ah, você me poupe, mas não vou". Ele chegou à Academia muito tarde, passou pouco tempo.

É, foi eleito em 68, já estava quase cego, o discurso dele, inclusive, foi lido pelo Pedro Calmon. Em 74 faleceu, foi muito pouco tempo.
Ainda teve esse problema na velhice, esse problema da vista.

É, a Lollia me contou que quando ele foi operado da vista, já estava muito ruim, teve uma crise de impaciência, se aborreceu com alguma coisa lá no hospital, virou-se na cama, caiu no chão, aí ficou mais difícil ainda para ele recuperar-se de novo. Havia ficado completamente cego de uma vista e na outra tinha apenas 10% da visão.
Ele ditava as cartas, a Lollia batia todas as cartas, os artigos, os livros. Ele botava os garranchos dele... eu ainda tenho cartas dessa época. O Fernando foi uma figura realmente singular... a tonalidade principal da vida dele é o educador.

Considero A cultura brasileira *um livro fundamental, como ele mesmo diz, um livro que oferece uma ideia geral do Brasil.*
Sim, é um bloco.

Não sei como conseguiu fazer aquele livro em dois anos. Muitos amigos devem ter ajudado...
Leram muito material para ele. Mas ele tem aquela amplitude de visão, ele está muito no livro, naqueles capítulos, seu estilo, sua maneira de ser.

Há um conceito que se está estudando muito, usado por Antonio Gramsci também, o conceito de cooptação. Têm saído referências a intelectuais e a Fernando de Azevedo, especificamente, afirmando que foram cooptados. O senhor acharia que o Fernando de Azevedo teria sido cooptado, ou, ao contrário, que era um homem com determinados valores e não cedia, não se deixava dominar. Penso que cedia quando lhe parecia que, racionalmente, não seria uma concessão importante, não atrapalharia seus objetivos. Ele não era um homem cooptado, tanto que, muitas vezes, brigou, combateu, deixou os cargos.
Sim, acho, que ele, frequentemente, fez prevalecer seus pontos de vistas. Ou então rompeu. Há vários episódios da vida dele que são marcados por posições assim,

onde havia a necessidade de afirmar a personalidade, sua maneira de ser, particularmente seus princípios. Ele procedia com serenidade e firmeza. De modo que não tinha transigências, no domínio dos princípios que reputava importantes. Não nos detalhes, evidentemente. Há frequentes episódios da vida de Fernando de Azevedo que marcam isso e, portanto, definem sua linha de conduta.

Ele fala diversas vezes na necessidade de uma cultura desinteressada. Aí, também, parece que há um equívoco semântico, pois dá-se, frequentemente, à expressão cultura desinteressada uma conotação de alienada, como se Fernando de Azevedo achasse que estudo desinteressado se referisse a estudos de coisas estratosféricas, aparentemente desinteressadas, mas ideologicamente motivadas. Ora, a coisa não é bem assim, é preciso haver pesquisas teóricas e ele era um homem que lutava pela instalação de cursos superiores em São Paulo e no Brasil. A Universidade que se criou quando o rei Alberto da Bélgica veio ao Brasil era apenas para fazê-lo receber o título de Doutor Honoris Causa;[7] seria a junção de três faculdades: engenharia, direito e medicina. Então desinteressada significa realizar pesquisas teóricas, mas sabendo-se que, muitas vezes, importantes inovações são descobertas como resultado de estudos teóricos, que não haviam sido feitos diretamente com um objetivo prático. Que lhe parece?
Bom, eu percebo alienação como categoria filosófica. Fernando absolutamente não defenderia a ideia de uma cultura alienada, então a expressão dele de uma cultura desinteressada não tem nenhuma identidade com uma cultura alienada ou com uma posição alienada do homem culto, da cultura, do seu portador, do indivíduo. Ele era justamente o oposto disso; sabia, pela amplitude de sua cultura, que tudo está historicamente condicionado, está inserido num contexto histórico, condicionado pela correlação de forças naquele momento. Ele achava que a cultura é um instrumento de trabalho, instrumento de luta, sempre achou isso. Então, está distante da ideia, do conceito de alienação da cultura, ele não defende isso. Quando fala nisso — eu não conheço o texto, precisaria rever o trecho onde ele emprega o termo "cultura desinteressada" —, talvez se refira a uma cultura não comprometida, justamente não veiculada demais a determinadas posturas, quer dizer, uma cultura aberta, uma cultura democrática, uma cultura onde fosse normal o convívio das ideias, no sentido da liberdade.

---

[7] *Honoris causa* — locução latina (em português: "por causa de honra") usada em títulos honoríficos concedidos por universidades a pessoas eminentes, que não necessariamente sejam portadoras de um diploma universitário mas que se tenham destacado em determinada área. Ver nota 92, entrevista com Antonio Candido.

Nos anos 30, estava se iniciando, no Brasil e no mundo, uma grande virada para o fascismo, para a extrema direita. Na verdade, íamos encaminhando para isso. O Estado Novo foi isso, não é mesmo?

De fato. No fundo, a Revolução de 30 foi um remanejamento do poder, as oligarquias continuaram, o Getúlio acabou fazendo alianças, sendo um político muito hábil, fez todas as concessões necessárias. Agora, o que eu quero dizer é que, no momento em que estavam ocorrendo essas mudanças no campo sociopolítico, certamente, defender um estudo desinteressado na universidade significava possibilitar condições de liberdade para que o Estado Novo, fortíssimo, que se instaurou a partir de 37, não interferisse e dirigisse o pensamento acadêmico.
É, é preciso ver, primeiro, o contexto em que está inserida essa afirmação da necessidade de estudos desinteressados e, em segundo lugar, sua história, a historicidade desse conceito, quer dizer, quando foi dito, em que momento, visava o que, entendeu?

Um cuidado realmente necessário, é preciso prestar muita atenção...
Em toda análise de textos, isso é indispensável. Primeiro pegar o conjunto, o que o conceito significa no conjunto do trabalho, no capítulo todo, porque está inserido ali. Então, não retirar do contexto, mas inserir no contexto. Segundo, inseri-lo no quadro da época e ver a que visava, porque a gente, ao defender a mesma coisa e a mesma posição, ao longo do tempo, tem valores diferentes e até contraditórios. Mudou o momento, uma posição que é boa hoje, pode ser ruim amanhã ou vice-versa. Então, a mesma posição, a mesma definição... tudo isso a gente precisa ver dentro do contexto, quando é uma afirmação escrita, ou mesmo oral, mas transcrita, reduzida a texto, inserida no quadro em que foi pronunciada, atentando para o que visava, o que pretendia o autor significar com aquilo.

Teria mais alguma observação que o senhor gostaria de fazer?
Não, não. Ao longo do seu trabalho, se surgir alguma dúvida, pode me ligar. A gente resolve por telefone ou conversando, não tem problema.

Instituto de Educação, 1934

Sérgio Buarque de Holanda

Presente e participando: Maria Amélia Alvim Buarque de Holanda (MA), sua mulher
Data: 7 de maio de 1981
Local: rua Buri, 35 — Pacaembu — São Paulo (SP)

SBH: Maria Luiza, você chegou a conhecer o Fernando?

Não, mas quando tive de escolher um tema para minha tese de mestrado, comecei a me interessar por Fernando de Azevedo, por seu pensamento; achei a personalidade dele interessante, original. Queria trabalhar com um assunto brasileiro.
Como pessoa também, ele era muito interessante, não era fácil, não, brigava com facilidade, se irritava muito. Aliás, se irritava bem, do lado bom.

Compreendo.
Era professor de sociologia, a formação dele é alicerçada sobretudo em Durkheim.[1]

É, ele foi um guru durkheimiano.
É, durkhemiano. Uns e outros que estão lá na Faculdade de Sociologia são de formação americana. Os alunos muitas vezes divergiam, ele permitia as divergências, desde que não fossem malcriados, aí ele ficava zangado. Assim, teve divergências com o Florestan Fernandes, que tem uma formação vinculada à escola de Ssociologia francesa, com Roger Bastide,[2] e americana, com [Donald Pierson].[3]

---

[1] Ver nota 39, entrevista com Abgar Renault.
[2] Ver nota 30, entrevista com Antonio Candido.
[3] Donald Pierson (1900-95). Sociólogo estado-unidense, obteve o doutorado pela Universidade de Chicago, em 1939, com uma tese sobre as relações raciais na Bahia. Permaneceu como professor da Escola de Sociologia e Política de São Paulo até julho de 1955, período no qual coordenou

O Florestan depois foi assistente dele, junto com o Antonio Candido.
O Florestan é a pessoa que vai dizer tudo o que você quiser. No fim não estava se dando muito bem com o Fernando, não. Houve divergências. O Fernando tinha esse lado, vaidoso.

Não conseguiu apaziguar.
O Florestan [Fernandes] foi preso logo no começo da revolução de 64, depois foi preso outra vez, não podia nos receber, ficou incomunicável. Naquele tempo havia inquérito policial militar... Estou falando fora do assunto, falando sobre o Florestan...

Não, não, está bem. Eu gostaria, justamente, de confirmar o que aconteceu. Fiz uma entrevista com o professor Florestan Fernandes e ele também me falou desse episódio que o senhor está agora me relatando, é importante.
O diretor da Faculdade, na USP, deixou que um militar fosse lá dentro, interrogá-lo, mas disse para o oficial: "Você faça um inquérito, mas não aqui". O Florestan disse que não iria com ele, que ele fizesse o que quisesse. O diretor pediu: "Não, você vai lá, depois você diz o que quiser". Ele foi. Bom, chegou o Florestan e disse: "Eu tenho uma carta para entregar ao senhor, o senhor pode ler a carta". A carta foi escrita pelo próprio Florestan. O sujeito tinha um nome alemão, Schiler, o major Schiler perguntou: "Essa carta é para mim? Ou é para a Comissão de Inquérito?". O Florestan perguntou: "Qual é a diferença?". O major respondeu: "Bom, se for para mim, eu guardo essa carta com o seu autógrafo, levo para casa e não acontecerá nada com o senhor". Mas se eu entregar à Comissão de Inquérito, pode acontecer e provavelmente acontecerá... Florestan decidiu: "Vai para a Comissão de Inquérito".

Falou isso?
Falou assim. O major ainda preveniu: "O senhor pense bem, o senhor vai fazer o seu concurso de professorado daqui a 10 dias". Ele: "Não, eu já medi todos os prós e os contras e resolvi [entregar a carta]. O senhor acha que a carta está desafora-

---

pesquisas e estudos. Dentre estes, destacam-se "Cruz das Almas: a Brazilian village"(1951) e "O homem no vale do São Francisco" (1972), ambos integrantes do primeiro programa de pesquisas levadas a cabo pela sociologia paulista, o dos "Estudos de comunidade". Seu livro *Negroes in Brazil, a study of race contact at Bahia*, publicado em 1942 e baseado na pesquisa que originou a tese, contém principalmente quadros numéricos classificando pessoas por tipo racial, para concluir que, embora os negros ocupassem os degraus mais inferiores da escala social brasileira, não havia o preconceito de origem racial como observado nos Estados Unidos. O autor consagra dois capítulos à cultura de origem africana.

da?". A resposta: "Desaforada, não. A carta está digna, não tem desaforo, não tem nada. Mas a comissão pode não entender assim...". Em vez de dar um depoimento, ele mandou uma carta. O major lhe disse: "Eu tenho o seu livro". E o Florestan: "O senhor gostou do meu livro, acha que tem alguma coisa subversiva?". O major respondeu: "Não, não tem nada de subversivo". No dia seguinte, o Florestan estava na Universidade, o comissário foi lá, ele foi chamado pela diretoria. O diretor, juntamente com o militar, fez um apelo para que não mandasse a carta. Ele confirmou: "Não, eu já medi tudo o que pode acontecer e resolvi mandar a carta". O major: "Então, eu lamento, mas o senhor vai ficar preso, incomunicável". Responde o Florestan: "Está certo". Então, saíram os dois, estava tudo muito bem, mas o major disse: "O senhor deixou o livro para eu ler, eu não vi nada de subversivo, mas o senhor não deixou uma dedicatória para mim". Responde Florestan: "Pois não, então eu faço a dedicatória". O major o informa: "O senhor precisa de livro, de roupa, de tudo... eu vou à sua casa buscar". Ele foi buscar e o Florestan ficou preso lá no Quartel de Cavalaria. Mas aí é que nós fomos visitá-lo, Fernando [de Azevedo] com o Antonio Candido e eu.[4] Eles não deixavam entrar, ele estava incomunicável. Mas foi um tal barulho que resolveram soltá-lo. Daí a alguns dias, quando o examinei no concurso — eu fui examinador —, uma multidão foi lá assistir o exame. Se eu desse uma nota baixa no exame, levava uma vaia tremenda. Ele levou foi distinção, foram palmas e tudo mais. Mas ele merecia. Naquele tempo, usou beca, hoje não se usa mais. Florestan era um sujeito muito sério nessas coisas. Mas foi tal barulho, os jornais falando e tudo mais, que resolveram soltá-lo.

Isso foi em que ano, 64? Foi logo depois da revolução?
Acho que foi. Maria Amélia,[5] você se lembra, hein? Quando o Florestan foi preso, e eu fui lá, poucos dias antes do exame dele, do concurso. Foi em 64?

Foi em 65, talvez.
MA: A gente esquece, eles estavam fazendo CPI dentro da Faculdade.
SBH: Eu fui aos Estados Unidos em 65, tinha acabado de haver isso. Cheguei lá, o Chuck[6] me disse: "Olha, olhe aqui uma carta com um pedido de coleta para o

---

[4] O professor Azir Simão também participou dessa visita.
[5] Maria Amélia Alvim Buarque de Holanda — Memélia (1910-2010). Intelectual e uma das fundadoras do Partido dos Trabalhadores. Casada com Sérgio Buarque de Holanda. Mãe de Chico Buarque.
[6] Sérgio Buarque de Holanda se refere a Charles Wagley, mais conhecido como Chuck (1913-91). Antropólogo americano, pioneiro no desenvolvimento da antropologia brasileira.

Florestan, um protesto. Eu já ia protestar, mas agora vejo nos jornais daqui que ele foi solto".
MA: Foi no ano do casamento da Miúcha?
SBH: Foi.
MA: Então foi em 65.
SBH: Eu recebi um convite para fazer a visita, depois fui de novo, fiquei um ano e tanto, lecionando nos Estados Unidos. Então os colegas dele, em especial o Fernando Henrique [Cardoso][7] e o Ianni,[8] mandaram um telegrama para o Chuck,[9] já com tudo, fazendo um movimento em prol do Florestan. O Chuck me disse: "Estou esperando um pouco mais, mas vejo nos jornais que ele foi solto". O Chuck estava esperando para conseguir mais assinaturas, porque era um sábado, muita gente estava fora da cidade. Mas não foi mais preciso.

Mas, depois, ele foi cassado.
Foi cassado em 69, com aqueles outros 40, uma quantidade de gente.

Fernando de Azevedo era um homem de coragem, então.
O Fernando de Azevedo não foi cassado porque ele não estava mais na Faculdade, ele já estava aposentado.

Se não o fosse, ele seria cassado?
Se ele estivesse na Faculdade, muito possivelmente ele seria cassado. A cassação foi muito irregular, porque, nessa ocasião, às vezes, muitas pessoas, que não haviam feito nada, foram cassadas, e outras, que tinham feito coisas, que a gente sabia, não foram cassadas.

Era muita perseguição pessoal, também.
Uns que a gente dizia, "Esse aí não escapa", ficava solto, de modo que não foi... eles podiam deixar solto, considerando também a pessoa ou idade, uma coisa assim.

Começou seus estudos pós-graduados em 1930 na Universidade de Columbia (NY), onde recebeu influência de Franz Boas. Escreveu, entre outras obras, os livros *An introduction to Brazil* (Nova York: Columbia University Press, 1963), *Amazon town: a study of man in the tropics* (Londres: Oxford University Press, 1976), *Welcome of tears: the Tapirapé indians of Central Brazil* (Waveland Press, 1983).

[7] Ver nota 96, entrevista com Antonio Candido.
[8] Ver nota 36, entrevista com Florestan Fernandes.
[9] Ver nota 6 desta entrevista.

Agora, professor Sérgio, o senhor escreveu no jornal Folha da Manhã,[10] *numa certa época, não é?*
Escrevi aqui e escrevia no Rio, no *Diário Carioca*.[11] Um tempo no *Diário de Notícias*,[12] depois no *Diário Carioca*.

Exato. E depois o senhor notou uma coisa que eu achei interessante, encontrei isso no arquivo, hoje, aqui no Instituto (IEB).[13]
Eu juntei, limpei, recentemente, alguns artigos e deram dois livros: um já tinha sido publicado em primeira edição e eu acrescentei mais alguma coisa, o outro chama-se *Cobra de vidro*.[14]

Saiu agora?
É. O outro chama-se *Tentativas de mitologia*.[15] Eu fiz uma crítica assim, depois... O título já era uma tentativa de mitologia; então, eu resolvi dar para todos... saiu na Perspectiva, são meio polêmicos, não sei se lhe interessa.

---

[10] *Folha da Manhã* — O Grupo Folha é um conglomerado de cinco empresas, fundado pelo empresário Octavio Frias de Oliveira (1912-2007) e comandado por seu filho Luiz Frias desde 1992. O grupo publica o jornal de maior circulação do país, a *Folha de S.Paulo*, que desde 1986 mantém a liderança entre os diários nacionais de interesse geral.

[11] *Diário Carioca*: periódico brasileiro, fundado no Rio de Janeiro em 1928 por José Eduardo de Macedo Soares. Foi o jornal que introduziu o lide nas matérias, criou o copidesque, lançou o primeiro manual de redação jornalística e foi também o primeiro a circular no Distrito Federal, em 12 de setembro de 1959, com o nome de *DC-Brasília*, sob a direção de Elias de Oliveira Júnior. O *Diário Carioca* apoiou com entusiasmo Getúlio Vargas e os revolucionários de 1930, mas mostrou-se desiludido logo nos primeiros meses do governo provisório, passando a defender a constitucionalização do país. Foi empastelado em 1932. A destruição do *Diário Carioca* por elementos ligados ao Clube 3 de Outubro desencadeou uma crise. Maurício Cardoso, então ministro da Justiça, exigiu a apuração das responsabilidades, mas Vargas mostrou-se reticente. Diante disso, Cardoso e outros políticos gaúchos afastaram-se do governo. O *Diário Carioca* não sobreviveu ao regime militar instalado em 1964 no país, por ser um feroz opositor do governo. Acabou sendo asfixiado por falta de verbas publicitárias, quadro causado pela pressão do governo militar.

[12] *Diário de Notícias*: foi fundado no Rio de Janeiro, em 12 de junho de 1930, por Orlando Ribeiro Dantas. Fez oposição ao governo de Washington Luiz, ganhando o nome de "o jornal da revolução". Depois lutou corajosamente contra o Estado Novo. O jornal, exemplo na imprensa brasileira, exercitou o bom combate em defesa dos princípios da liberdade e da justiça social. Depois da morte de Orlando Dantas, em 1953, começa o declínio do jornal.

[13] IEB: Instituto de Estudos Brasileiros, fundado por Sérgio Buarque de Holanda.

[14] Sérgio Buarque de Holanda. *Cobra de vidro* (1944), coletânea de artigos e ensaios que anteriormente publicara nos jornais.

[15] Sérgio Buarque de Holanda. Tentativas de mitologia. São Paulo, 1979 (1. ed.).

Ah, me interessaria, sim.
Devo ter aí.

Mas, nesse artigo, escrevendo sobre o livro Um trem corre para o oeste,[16] *o senhor faz uma observação muito lúcida sobre Fernando de Azevedo, e que eu já tinha notado também. Porque eu acho o percurso dele muito original, ele possui ao mesmo tempo uma formação clássica e científica...*
Esse eu não publiquei, porque não achei. O Fernando de Azevedo até falou comigo no telefone, ele percebeu aquele negócio... Ele não foi lá, no oeste brasileiro, então eu disse que eram estudos telescópicos.

Só por...
Informação, de longe. Ele não esteve lá no noroeste que descreve.

Não foi ao local, não é? Mas, ao mesmo tempo, o trabalho é muito bem feito, bem fundamentado...
O trabalho dele é muito bem feito, apenas eu fiz essa reserva... Eu fiz essa ironia, mas ele não sacou.

Isso é que é interessante, porque o senhor nota essa dualidade, quer dizer, ao mesmo tempo que ele tem uma formação muito clássica, ele quase foi padre jesuíta, esteve cinco anos estudando com os jesuítas...
Depois largou os votos eclesiásticos, ele era ateu. Mas ele era muito ligado à cultura latina, greco-latina, português, inclusive.

E, ao mesmo tempo, havia a inclinação científica.
Ele era muito suscetível. Criava, às vezes, certas situações. Por exemplo, eu fui ao Chile, fui dar um curso, fiquei três meses lá, mas foi uma coisa de repente, impressionante, eu nem telefonei para as pessoas.

Nem se despediu.
Aí Maria Amélia me disse: "O Fernando de Azevedo telefonou se queixando de que você não falou com ele, não se despediu". Então eu escrevi uma carta para ele, mas eu não gosto de escrever carta, não gosto de responder carta. O Fernando [de Azevedo] me respondeu: "Faz muito mal. Eu respondo qualquer coisa que me mandam".

---

[16] Sérgio Buarque de Holanda. *O trem corre para o oeste.* (arquivo do IEB-USP).

Ele respondia, ficava muito aborrecido quando as pessoas não respondiam suas cartas. Amigos que vinham do Rio e passavam algumas horas aqui em São Paulo, às vezes a trabalho, e não tinham a possibilidade de visitá-lo, ele ficava sentidíssimo com isso...
E no fim ele estava quase cego e andando com dificuldade, de modo que conversar com ele era muito difícil, ele ouvia mal... O campo do Antonio Candido não era a sociologia, mas ele estudou na Faculdade de Sociologia e ele é um homem que tudo o que faz, faz bem, não é? Então, fizeram uma marmelada no departamento de literatura, começaram a achar que ele era comunista e marcaram com lápis vermelho o papel e mandaram para os professores... Eles queriam pôr um velho professor, o Mário de Souza Lima, que sabia muito de literatura, professor de literatura de ginásio, sabia tudo de cor, mas muito fraco, não tinha capacidade de fazer frente a Antonio Candido. Mas o outro foi aprovado como livre-docente. Então o Fernando de Azevedo chamou o Antonio Candido para assistente na cadeira de sociologia.

Então o Antonio Candido foi para a sociologia...
Ele foi para lá. Tem um livro muito bom, aliás, *Parceiros do Rio Bonito*.[17]

No qual, aliás, há um agradecimento ao Fernando de Azevedo.
Foi o Fernando que o chamou para lá. E ele ficou íntimo do Fernando de Azevedo e foi quem indicou ao Fernando de Azevedo dois sujeitos: um, o Florestan Fernandes. O Antonio Candido disse: "Minha vocação mesmo é literatura. Posso fazer sociologia, porque eu me esforço para fazer, mas eu acho que o Florestan está melhor indicado do que eu". Porque o Florestan é um casca grossa, briga a torto e à direita. Não era muito o gênero do Fernando de Azevedo, preferia o Rui Coelho,[18] que também é bom sujeito, mas é mais suave. Ficaram os dois assistentes dele. O Rui Coelho é interessante de você ouvir. Também a Maria Isaura,[19] mas ela foi para a Europa.

Liguei para Maria Isaura. Eu a conheci no ano passado, em Ouro Preto.
Ela esteve aqui em casa na véspera de viajar. Vai ver também a Gilda, minha cunhada que mora em Paris. Eu me esqueci inteiramente que Maria Isaura estava fora.

---

[17] Ver nota 15, entrevista com Antonio Candido.
[18] Ver nota 23, entrevista com Antonio Candido.
[19] Ver nota 19, entrevista com Antonio Candido.

Ela mandou uma carta, comunicando que só volta no dia 10 de junho, porque tem uma reunião, no dia 11, da Ceru,[20] o centro que ela dirige, de sociologia da cultura.
Ela teve um convite e não queria ir por causa disso. Insistiram, ela desistiu... pagavam tudo, mas ela precisava ir de qualquer jeito.

Ela foi para onde, Paris?
Paris. Uma reunião, para discutir... misticismo, com educadores. Uma vez, eu estava em New York, numa reunião, na American Historical Association, onde falavam justamente sobre isso, uma discussão sobre messianismo, e falavam muito sobre "O caso da Maria Isaura Pereira de Queiroz".[21] Eu ouvia o nome dela o tempo todo. Mas esse assunto ela conhece muito bem. No fim da vida do Fernando, era mais comum os alunos, antigos discípulos, frequentarem o Fernando, de modo que a Maria Isaura a toda hora estava ao lado do Fernando. Ele morava aqui perto, no Pacaembu, eu também.

Bragança, 55.
Eu ia muito lá. Maria Isaura, inclusive, foi aluna do Bastide. Fundaram a Sociedade Brasil-Israel da qual Fernando de Azevedo era presidente, eu fiquei vice-presidente e presidente do Conselho Deliberativo; ele, presidente do Executivo. Eu ia muito lá por causa disso, para brasilizar a sociedade, havia reuniões em casa dele, para conversar com os judeus, o Fernando gostava muito de um uisquezinho. Lembro, uma vez, o Fernando de Azevedo saiu da sala, despediu-se, havia uma escada, não tinha ninguém lá em cima. Eu e um amigo que estava conosco nos despedimos dele, o amigo viu que ele ia subir a escada e que ele podia cair, voltou e ofereceu-se para subir a escada com ele, mas ele não quis: "Não, eu subo sozinho". Ele estava num ponto que podia cair da escada, naquela idade que ele tinha, estava cego.

Agora, uma outra dúvida que tenho, talvez o senhor possa me ajudar a esclarecer, é a seguinte: há atualmente, sobretudo aqui em São Paulo, a percepção de que Fernando de Azevedo seria um elitista. Resolvi ler toda a obra dele, estudei sua atuação e cheguei à conclusão de que ele não era um elitista no sentido que estão lhe atribuindo. Há um texto dele em que escreve que é contra uma escolha aristo-

---

[20] Ceru: Centro de Estudos Rurais e Urbanos da Escola de Sociologia da USP.
[21] Ver nota 19, entrevista com Antonio Candido.

lógica, quer dizer, contra a escolha de uma pessoa para um cargo apenas por causa de seu nascimento nobre, de sua origem, sem o critério do seu valor intrínseco. Ele fala de "uma elite de qualidade ou aristocrática". Aristocrática no sentido de qualidade, ele fala também que há que se abrir e alargar as bases, a fim de que haja circulação entre todas as camadas sociais. Mas tem que haver um grupo dos melhores, uma elite. Por isso me parece injustiça qualificar pejorativamente um homem que lutou tanto pela escola pública e foi tão combatido justamente por seu espírito democrático. Que observação teria a fazer?
Fernando de Azevedo foi um homem de esquerda.

Um homem combatido pelo próprio doutor Alceu.[22] *Entrevistei o doutor Alceu, conversei com ele. Uma pessoa maravilhosa, está com 84 anos. Ele me disse: "Olha, Maria Luiza, o que aconteceu foi o seguinte: eu estava recém-convertido pelo Jackson de Figueiredo*[23] *— o Jackson era um homem duríssimo, foi contra o movimento de 22, contra o modernismo, era um homem da ordem — então, eu peguei a bandeira errada, a bandeira do Jackson, eu não entendia realmente o que era a Igreja".*
Eles estavam muito próximos...

Então, Alceu começou a escrever contra os escolanovistas. Depois mudou, acho importante a pessoa ter a capacidade de se rever...
De certo modo, eu tive uma parte nisso. Ele publicou num livro uns artigos endossando o ponto de vista da revista A Ordem[24] e da religião católica... Eu escrevi um artigo a respeito, estranhando isso, porque, sendo ele um homem que antes não acreditava nisso, tomava a posição de um crente, de um sujeito que é católico.

Na verdade, ele passou por uma fase de fanatismo.
Ele tomava essa posição [de fanático], mas como ele não era [fanático], eu achava uma posição um pouco errada, não? Escrevi no *Jornal do Brasil*.[25]

---

[22] Ver nota 4, entrevista com Antonio Candido.
[23] Ver nota 8, entrevista com Antonio Candido.
[24] Ver nota 12, entrevista com Antonio Candido.
[25] *Jornal do Brasil*: tradicional jornal brasileiro, publicado diariamente na cidade do Rio de Janeiro até 2010 quando se extinguiu. Foi fundado em 1891 por Rodolfo Dantas, com intenção de defender a monarquia recentemente deposta. As afinidades da maioria desses elementos com o regime deposto foram sintetizadas por Nabuco como *a melhor República possível*. O periódico inovou

O Fernando de Azevedo era muito ligado a Anísio Teixeira,[26] tido como um anticlerical por excelência.

É, amicíssimo. Eu escrevi essa coisa e ele respondeu, como é mesmo o nome? "Itinerário"... Ah, não, "Carta a um amigo". Ele dizia que eu tinha toda razão por ter dito o que tinha dito, mas daí em diante [depois que ele se convertera ao catolicismo], eu não tinha mais razão...

Pois é, essa conversão... Quando o Fernando de Azevedo morreu, doutor Alceu escreveu um artigo bonito sobre ele. E agora, nessa entrevista que me concedeu, doutor Alceu afirmou: "Eu era, realmente, uma pessoa que combatia esses educadores porque peguei a bandeira do Jackson, um homem muito rígido, e só depois, mais tarde, quando conheci o Maritain,[27] estudei o Maritain, é que comecei a ficar um pouco mais aberto". Porque, no fundo, aquilo que o Anísio Teixeira e o Fernando de Azevedo queriam eram coisas justíssimas para o Brasil, tanto eram justas que foram bloqueadas, como acontece muitas vezes no Brasil, tanto eram justas que nós não estaríamos passando os problemas educacionais que estamos passando hoje se elas tivessem sido executadas. Atualmente, no Rio de Janeiro, é um descalabro. Muitas vezes, usa-se a máquina estatal para empregar correligionários políticos, sem usar critérios de competência. Então, as crianças entram na escola e fracassam. A repetência é de 60%, e em primeiro lugar porque já vão para a escola com fome... Tudo isso, Fernando de Azevedo, em 1926, já tinha visto, constatado. E foi chamado de bolchevista, de comunista.

Ele e o Anísio Teixeira?

Ambos.

MA: Creio que o Fernando morou no Rio nesse tempo.

---

por sua estrutura empresarial, parque gráfico, pela distribuição em carroças e a participação de correspondentes estrangeiros, como Eça de Queirós. Manteve sua orientação conservadora até que Rui Barbosa assumiu a função de redator-chefe (1893). Nesta fase inicial, o barão do Rio Branco (1845-1912) colaborou, em suas páginas, com as célebres colunas "Efemérides" e "Cartas de França". Foi impresso até setembro de 2010, quando se tornou exclusivamente digital. Teve, ao longo dos anos, colaboradores ilustres, como Carlos Drummond de Andrade, Carlos Castello Branco e muitos outros.

[26] Ver nota 20, entrevista com Abgar Renault.

[27] Jacques Maritain (Paris, 1882-Tolosa, 1973). Filósofo francês de orientação católica (tomista), que escreveu mais de 60 obras e é um dos pilares da renovação do pensamento tomista no século XX. Seu pensamento influenciou a ideologia da democracia cristã.

De 1926 a 1930.
Antônio Prado Júnior[28] era o prefeito do Rio de Janeiro, nomeado por Washington Luís,[29] Antônio Prado chamou Fernando de Azevedo para organizar o ensino e aí foi combatidíssimo. Ele começou a instituir a escola leiga e a fazer outras reformas.

Ele e o Anísio tiveram formação jesuítica. O Fernando de Azevedo, depois de terminar o ginásio, como aliás era comum naquela época, foi estudar para padre. Sua família perdera tudo, ficara pobre, eram 14 filhos.
Ou se estudava para padre ou se entrava para a escola militar, não é?

É verdade. O Anísio Teixeira também estudou com os jesuítas. Mas ele disse uma coisa muito certa: "É para o bem da Igreja, que a escola deve ser leiga", porque assim o Estado não toma conta da Igreja, porque se a Igreja está ligada ao Estado através do sistema educacional, isso não fica de graça, a Igreja começa a pagar um preço por essa dependência. Não é a negação de uma educação religiosa, mas ele achava que deveria haver educação religiosa sem o monopólio de uma religião apenas, por que só o catolicismo? Por que não o protestantismo, ou as religiões oriundas de nossas raízes africanas como o candomblé, por que não? Você tem que trazer também a cultura do povo para a escola.
Mas ele foi para o Rio de Janeiro com o Antônio Prado Júnior, era muito ligado a ele. Fernando gostava muito de educação física, fazia diariamente.

O primeiro livro dele...
O *Antinous*,[30] não é?

E antes do Antinous *ele publicou, em 1915, o livro* A educação física.[31]
É. Daí vem a ligação com o Antônio Prado Júnior, que era diretor do Paulistano, do Atlético Paulistano...

Ah, foi por aí, eu não sabia dessa ligação...
Foi por aí que ele se ligou ao Antônio Prado. Antônio Prado era esportista, tinha uma vida atlética, jogava no Atlético Paulistano, ganharam de 7 × 0, 9 × 0...

---

[28] Ver nota 90, entrevista com Antonio Candido.
[29] Ver nota 3, entrevista com Abgar Renault.
[30] Ver nota 62, entrevista com Antonio Candido.
[31] Ver nota 39, entrevista com Antonio Candido.

E o Fernando de Azevedo frequentava o Paulistano?
Era frequentador e muito ligado a Antônio Prado Júnior por causa disso.

Esse dado eu não conhecia...
Antônio Prado foi levado por Washington Luís para ser prefeito do Rio de Janeiro e declarou: "Para a questão do ensino eu tenho o nome do Fernando de Azevedo".

Não foi por causa dos Mesquita[32] também? Porque ele tinha feito aquele Inquérito sobre a educação, em 1926, para o Estadão.[33]
No começo, sim, era muito ligado aos Mesquita, no fim não sei se ainda se dava muito. Os Mesquita ficaram muito reacionários.

O senhor acha que os Mesquita não tiveram influencia na ida dele para o Rio?
Não sei.

De qualquer maneira, foi Antônio Prado quem levou.
É, mas os Mesquita se davam muito bem com os Prado, menos com o Antônio Prado,[34] pai dele.

Com o pai do Antônio Prado, do Prado Júnior?
Não, estou misturando, o Washington Luís era quem se dava mal com o Júlio de Mesquita, mas bem com o Antônio Prado Júnior, que levou o Fernando de Azevedo para o Rio de Janeiro.

Fernando de Azevedo adota um racionalismo intenso, tem necessidade de ver a realidade sob a ótica científica. Mas a contribuição dele também foi importante em outras áreas. Aquele primeiro livro dele, para a época, eu acho que foi um livro precursor, o que o senhor acha? Porque não havia quase nada no Brasil... Se o senhor o compara com o Gilberto Freyre,[35] o pensamento, a sociologia...
O Gilberto tem uma coisa, ele causou aquele estouro com *Casa-grande & senzala*[36] que no momento representava uma coisa interessante...

---

[32] Ver nota 89, entrevista com Antonio Candido.
[33] Ver nota 21, entrevista com Iva Waisberg Bonow.
[34] Ver nota 90, entrevista com Antonio Candido.
[35] Ver nota 2, entrevista com Antonio Candido.
[36] Gilberto Freyre. *Casa-grande & senzala*.

Porém mais impressionista. E o Fernando era aquela cabeça menos brilhante, talvez, mas um espírito...
Um impressionismo mesmo. O Gilberto Freyre mesmo diz: "Eu faço assim como num romance de Marcel Proust",[37] quer dizer, é o impressionismo. O Gilberto usa uma linguagem... ele usa uma linguagem, às vezes, muito interessante, assim, forte.

Ele se diz, inclusive, um literato. Eu li, há pouco tempo, um texto do Gilberto Freyre em que ele diz que ninguém o reconhece por aquilo que ele realmente é, ninguém o reconhece como escritor. Eu achei estranhíssimo.
Houve uma campanha, sobretudo a campanha feita aqui em São Paulo, não pelo fato dele ser do Norte, mas pelo fato dele tomar uma posição pouco científica e aquele pessoal, por influência de Fernando de Azevedo e dos americanos da sala de sociologia, tomou uma posição muito cientificista, que o Gilberto não quer [tomar], não é?

Não toma.
O Gilberto diz que um romance pode ser sociológico. Havia uma campanha do Cebrap — mas o Cebrap já é outra coisa — do Fernando Henrique [Cardoso], do [Octavio] Ianni... Eles fazem muitas reservas ao Gilberto por causa disso. O Gilberto faz quase uma espécie de poesia, mas ele tem coisas interessantes.

Sim, ele tem sacações...
As cidades no Brasil não crescem, elas incham, foi ele que disse isso.

Não crescem como uma coisa orgânica...
É, incham. O Fernando de Azevedo se dava bem com o Gilberto, pessoalmente. Mas ele também fazia reservas à maneira do Gilberto, e os discípulos dele mais ainda. Depois, o Fernando de Azevedo foi muito combatido pelos direitistas, também, o que é meio estranho, porque ele tinha, por outro lado, uma série de ligações com o Getúlio.[38] Ele não era contra o Getúlio.

---

[37] Valentin Louis Georges Eugène Marcel Proust (Auteuil, 1871-Paris, 1922). Escritor francês, conhecido por sua obra *À la recherche du temps perdu* (Em busca do tempo perdido), que foi publicada em sete partes entre 1913 e 1927.
[38] Ver nota 28, entrevista com Abgar Renault.

É, mas o Getúlio jamais o convidou...
Nunca o convidou.

Li cartas dele, por exemplo, para Alzira [Vargas do Amaral Peixoto].[39] Realmente, o IEB [Instituto de Estudos Brasileiros] tem coisas incríveis, você procura algo no arquivo e acaba encontrando.
Qual Instituto? Ah, o meu? (risos)

O Instituto que o senhor fundou. Então, acho que o Getúlio não quis o Fernando de Azevedo porque o Getúlio era esperto o suficiente para saber...
Que havia uma oposição religiosa.

Religiosa, é certo, e também porque o Fernando de Azevedo não fazia concessões, transações era o termo que se usava antigamente. Queria carta branca para agir, queria realizar mudanças, transformações. E o Capanema,[40] se foi um bom ministro da Cultura, na Educação ele não fez quase nada de importante. A educação de que nós precisávamos naquela época, as grandes e necessárias reformas...
Ele fez uma grande coisa na parte da Cultura... O Fernando de Azevedo queria fazer o que desejasse dentro da educação.

Na área da cultura, o Capanema de certa maneira criou um oásis para defender muita gente. O Drummond[41] mesmo pôde ficar escrevendo os poemas dele, defendeu o Niemeyer,[42] o Prestes...[43] Isso foi importantíssimo, mas a educação, no sentido de uma abertura para o social... O Getúlio nunca daria poder ao Fernando de Azevedo porque ele certamente iria lhe causar problemas.
O Getúlio começou com o ensino religioso nas escolas, mas só quando os alunos pedissem; quer dizer, era uma certa marcha que abriu caminho. Então muitos religiosos ficaram ao lado do Getúlio. Apesar de o Getúlio ser meio fascista, muitos religiosos, naquele tempo, eram favoráveis a ele, hoje a Igreja mudou muito.

---

[39] Ver nota 71, entrevista com Antonio Candido.
[40] Ver nota 12, entrevista com Abgar Renault.
[41] Ver nota 82, entrevista com Antonio Candido.
[42] Oscar Ribeiro de Almeida de Niemeyer Soares (Rio de Janeiro, 1907-Rio de Janeiro, 2012). Arquiteto, considerado um dos nomes mais influentes na arquitetura moderna internacional. Foi pioneiro na exploração das possibilidades construtivas e plásticas do concreto armado. Seus trabalhos mais conhecidos são os edifícios públicos que desenhou para a cidade de Brasília e o Palácio Capanema, no Rio de Janeiro.
[43] Ver nota 25, entrevista com Arquimedes de Melo Neto.

A Igreja era direitista.
A Igreja era, não é mais, e eu acho que é por isso que o Fernando de Azevedo fazia oposição à Igreja, a esse lado direitista.

Alguns integralistas...
O Alceu esteve perto, chegou quase a entrar no integralismo.

E o Jackson...
Ah, o Jackson não chegou a pegar bem, porque morreu antes.

Mas era o mentor.
Era um pouco o mentor. Ele era um maurrasiano, não é?

Exatamente.
Seguia o Maurras[44] [...] Os monarquistas franceses queriam a volta da monarquia, mas não era uma monarquia liberal, não, os franceses queriam a volta de uma monarquia de antes da Revolução Francesa, os reis fracos e os barões poderosos. Era uma situação da Idade Média, de feudalismo.

Um retorno ao feudalismo...
Mas eu acho que só nesse ponto é que eles divergiam dos integralistas, eles conservam do integralismo um dos resultados da Revolução Francesa, que foi feita para a massa. Eles procuram as massas, mas dando um sentido direitista.

Tenho a impressão de que, infelizmente, no Brasil, o integralismo foi o único movimento que realmente teve grande apoio popular. Pelo que minha mãe conta, por exemplo, no Ceará, eles tiveram apoio da massa e tudo, eram chamados de "Galinhas Verdes".
Tiveram apoio oficial.

---

[44] Charles Maurras (1868-1952). Poeta, monarquista francês, jornalista, dirigente e principal fundador do jornal nacionalista *Action Française*, antissemita, germanófobo e teórico do nacionalismo integral. Foi uma das figuras principais do movimento anti-Dreyfusard. Salazar estudou as suas ideias, que confessou terem tido relevante influência na sua formação política.

E dos operários também. Dom Helder Câmara[45] fundou centros integralistas de operários...
O que acabou [com] isso foi um acontecimento aqui em São Paulo, quando eles ganharam a alcunha pejorativa de "Os Galinhas Verdes", em 1933... Os anti-integralistas acabaram dando tiros neles, foi uma correria e até hoje estão correndo. Foi aqui na praça da Sé. O famoso comício deles foi dissolvido, deram tiros pro ar, várias janelas [foram] alugadas [pelos] integralistas. Eles correram e passaram a se chamar "galinhas verdes". Foi aqui que surgiu isso...

Então, voltando ao doutor Alceu...
O que aconteceu é que o Maritain foi um sujeito que também fez uma revolução parecida, ele foi muito ligado, no começo, ao Charles Maurras. Aquele tomismo dele não fazia sentido algum, mas, posteriormente, acho que talvez pelo casamento dele, a mulher era a Raissa, poeta judia, ele foi mudando. Na guerra da Espanha, tomou partido francamente pró-republicano. Quando chegou aqui, o Alceu foi a bordo para se encontrar com ele e disse que, naquele momento, não convinha ele dizer essas coisas sobre a Espanha e o Maritain respondeu: "Não, eu vou dizer mesmo, eu direi". Isso parece que abalou um pouco o Alceu, que estava achando que o Franco queria estabelecer a ordem. Aí já tinha morrido o Jackson. O Alceu tinha uma admiração pelo Maritain. O Maritain mudou-o então. No fim, Alceu virou um homem de esquerda.

De fato. Eu já o admirava muito. Ele me concedeu uma entrevista esplêndida, em Petrópolis, onde tenho casa onde passo muito tempo. Vivo no Rio, mas para terminar esta tese eu estou passando uns tempos lá, com crianças e tudo. Doutor Alceu mora no bairro da Mosela, na rua Mosela, 289. A entrevista dele foi a primeira que fiz, fiquei nervosa, o gravador não funcionou direito, perdi a entrevista. Felizmente, porém, consegui guardar o essencial na memória e também tomei algumas notas.
Você tinha um tio que era bastante monarquista também.

---

[45] Dom Helder Pessoa Câmara, OFS (Fortaleza, 1909-Recife, 1999). Bispo católico, arcebispo emérito de Olinda e Recife, foi um dos fundadores da Conferência Nacional dos Bispos do Brasil e grande defensor dos direitos humanos durante o regime militar brasileiro. Pregava uma igreja simples, voltada para os pobres e a não violência. Por sua atuação, recebeu diversos prêmios nacionais e internacionais. Foi o único brasileiro indicado quatro vezes para o Prêmio Nobel da Paz. Foi injustamente acusado por seus opositores de ser conivente com o marxismo, ideologia contrária aos princípios cristãos.

O tio João, monarquista demais.
Tremendo.

Ele era, é claro, muito diferente de papai. Mas o tio João, pelo que me lembro dele, era um democrata. Agora, outro dia saiu no Jornal do Brasil *uma matéria dizendo que ele estava à direita da direita. O Vamireh Chacon escreveu um artigo intitulado "À direita da direita". Conversei com um amigo meu, mineiro, e lhe disse: "Não me lembro do tio João ser assim à direita da direita; ele defendia a tese de que nós tivemos um pouco mais de democracia*[46] *na monarquia, no sentido de que certas leis...".*
Não sei se eu chamaria de democracia, mas de liberalismo, sim, porque o povo não participava.

Ele achava que, se houvesse uma evolução, o modelo político dele era a democracia inglesa, com rei e tudo aquilo, porque achava que o poder moderador...
Mas no fim [...] Partido Conservador, no Império.

Realmente, confesso que não conheço bem a obra de João Camillo de Oliveira Torres. Morei muitos anos fora, nos Estados Unidos e não o estudei. Mas considero exagerado afirmar que ele está "à direita da direita". Ele não parecia um homem assim...
Não, não... Ele escreveu um livro reabilitando o Partido Conservador, era mais conservador que liberal. Realmente, no Império não houve democracia nenhuma, dom Pedro escolhia, desfazia as coisas, as eleições eram...

Dom Pedro era extremamente mandão, autoritário.
Ele era mandão, não parecendo. Agora, tinha essa coisa, deixava a imprensa livre.

---

[46] João Camillo de Oliveira Torres (Itabira, MG, 1915-Belo Horizonte, MG, 1973). Escritor, professor, historiador e jornalista. Deixou 41 obras publicadas, entre as quais: *O homem e a montanha* (reeditado em 2011), *O positivismo no Brasil, A democracia coroada (teoria política do Império do Brasil)* (Rio de Janeiro: Livraria José Olympio, 1957), *Teoria geral da história, História de Minas Gerais* (5 v.), *A interpretação da realidade brasileira, A formação do federalismo no Brasil, Estratificação social no Brasil.* Colaborou nos jornais: *Diário Católico, Folha de Minas, Estado de Minas* (os três de Belo Horizonte), *Correio do Povo* (Porto Alegre), e outros em São Paulo e Rio de Janeiro.

Na hora, fazia o que ele queria.
Perguntaram ao imperador: "Por que isso?", ele respondeu: "Como é que eu posso saber o que pensam os adversários, eu tenho que ter essa base". Os jornais o criticavam, faziam oposição. O imperador perguntou a Souza Dantas,[47] ministro do Conselho: "Você leu o artigo hoje, no *Jornal do Comércio*,[48] é verdade o que eles estão dizendo?". As cartas dele eram assim pequenas, bilhetinhos. Então, ele se interessava em ver a oposição falando para poder...

Para poder ter dados sobre a realidade.
Este lado era verdadeiro, tinha um certo liberalismo aparente. Há uma diferença entre o liberalismo e a monarquia. No fundo era uma coisa um pouco paternalista, não é? Democracia é você deixar o povo agindo, isso não tinha.

Não tinha mesmo.
Na República também não tinha, hoje está começando... mas aí vence um populismo explorado pela extrema direita, ou de direita, como o Jânio Quadros,[49]

---

[47] Manuel Pinto de Sousa Dantas, também conhecido pelo nome de senador Dantas (Inhambupe, BA, 1831-Rio de Janeiro, RJ, 1894). Advogado e político, foi ministro da Justiça entre 1880 e 1882, e interinamente ministro do Império, no 28º Gabinete, presidido pelo conselheiro José Antônio Saraiva. Em 1884, premido pela exigência de ações mais efetivas com relação à escravidão, o imperador dom Pedro II o nomeou chefe de Governo, encarregando-o de buscar uma solução para o problema. Organizou e presidiu o 32º Gabinete, governando o país de 1884 a 1885, ocupando também o Ministério da Fazenda e, interinamente, o dos Estrangeiros. O marco de seu governo foi o grande impulso que deu ao abolicionismo, ideário que ultrapassava a bandeira da libertação dos escravos, pois sustentava ampla reforma social, a abranger uma gama de assuntos, entre eles reforma agrária e democratização do ensino. O Projeto Dantas determinava, ainda, regras para uma gradual transferência de terra arrendada do Estado para ex-escravo que a cultivasse, tornando-o proprietário. É avô do diplomata brasileiro Luís Martins de Sousa Dantas (Rio de Janeiro, 1876-Paris, 1954). Sob o ofício de missão diplomática brasileira, na França, Luís Martins concedeu vistos para o Brasil a judeus e outras minorias perseguidos pelos nazistas durante a Segunda Guerra Mundial, contrariando a política do governo Vargas. Em 8 de julho de 1982 foi proclamado "Justo entre as nações", título atribuído a pessoas que arriscaram suas vidas para ajudar os judeus perseguidos pelo regimes nazista e fascista, no Museu do Holocausto (Yad Vashem), em Israel. O resgate de sua história deve-se ao professor Fábio Koifman por seu livro *Quixote nas trevas*.

[48] *Jornal do Commercio* é o mais antigo jornal em circulação na América Latina. Teve origem no *Diário Mercantil* (1824), de Francisco Manuel Ferreira & Cia., editado no Rio de Janeiro, voltado para o noticiário econômico. Adquirido por Pierre Plancher por 1:000$000 (um conto de réis), teve seu nome mudado para *Jornal do Commercio* (1827). No período de 1890 a 1915, sob a direção de José Carlos Rodrigues, contou em suas páginas com os nomes de Rui Barbosa, visconde de Taunay, Alcindo Guanabara, Araripe Júnior e Afonso Celso. Era então editorialista José Maria da Silva Paranhos Júnior, o barão do Rio Branco. Desde 1959 integra os Diários Associados.

[49] Jânio da Silva Quadros (Campo Grande, MG, 1917-São Paulo, SP, 1992). Político e 22º presidente do Brasil, entre 31 de janeiro de 1961 e 25 de agosto de 1961 — data em que renunciou. Em 1985

que não se pode chamar de um homem de esquerda, nem o Ademar de Barros[50] era, nem o Getúlio era, não é?

A meu ver, essas pessoas são um pouco demagogas também.
No termo "demagogia" tem a raiz "povo", mas o demagogo não aconselha o povo, não, quer forçar o povo a seguir [um caminho]. Por isso o Lula está interessante, ele está mudando isso.

Ele defende interesses concretos...
Ele diz: "Temos de entregar os interesses dos trabalhadores aos [próprios] trabalhadores".

É isso que eu considero botar as cartas na mesa... arbitrar interesses conflitantes.
Acabou com os pelegos, os pelegos ficavam presos ao governo, os trabalhadores não podem depender do Ministério do Trabalho; os trabalhadores têm que agir por si e discutir, inclusive, com os patrões. Eles chegam a uma conclusão favorável, ou não, de fazer a greve; e o Lula[51] está fazendo isso, uma grande coisa, a primeira vez no Brasil que se faz isso assim.
MA: Eles querem uma estrutura diferente.

É, o Golbery[52] deu uma declaração dizendo que ele nunca imaginou que "fosse surgir esse tal de Lula" e que o Lula está atrapalhando os planos dele. Queria o controle da realidade...
SBH: Mas o próprio Getúlio fazia o controle.

Parece patológico. O Golbery não esperava o surgimento do Lula, num estado como São Paulo, com uma indústria altamente evoluída.
Eu o conheço, ele é inteligentíssimo, o Lula. Eu estava uma vez no Cebrap, estava até o Faoro[53] ao meu lado, foi Lula lá, levantou-se e falou assim: "Tem muito

---

elegeu-se prefeito de São Paulo pelo PTB. Formou-se em direito pela Faculdade de Direito da Universidade de São Paulo, abrindo banca na capital paulista em 1943, logo após a sua graduação. Foi professor de geografia no tradicional Colégio Dante Alighieri e lecionou direito processual penal na Faculdade de Direito da Universidade Presbiteriana Mackenzie.

[50] Ver nota 13, entrevista com Abgar Renault.
[51] Ver nota 24, entrevista com Antonio Houaiss.
[52] Ver nota 23, entrevista com Antonio Houaiss.
[53] Raimundo Faoro (Vacaria, RS, 1925-Rio de Janeiro, RJ, 2003). Jurista, sociólogo, historiador, cientista político e escritor, autor de *Os donos do poder*, obra que aponta o período colonial

sujeito muito bom aí em certos sindicatos, mas também tem muito filho da mãe". (risos)

O senhor repara, a gente está falando de elite, o Lula faz parte de uma elite, certamente, a elite da classe operária. Então, voltando ao problema do Fernando de Azevedo...
Pois é. Ele não quer o pelego, ele não quer criar um grupo de operários que sejam comandados pelo Ministério do Trabalho.[54] Precisam mudar todas essas leis porque são leis baseadas na lei italiana.

Na Carta del lavoro. *Então, ele tem razão.*
E ele está mudando muito isso, é uma grande figura, um homem inteligente, percebe-se isso conversando com ele.

Então, voltando ao conceito de elite, de vanguarda, o Fernando de Azevedo não era absolutamente um elitista, nesse sentido que estão lhe atribuindo.
Não era.

Não sei se o senhor chegou a ver um livro que saiu há pouco, Ideologia da cultura brasileira.[55]
Eu sou contra, é do Carlos Guilherme Mota, o sujeito até brigou comigo.

---

brasileiro como a origem da corrupção e burocracia no país, colonizado por Portugal, então um Estado absolutista. De acordo com o autor, toda a estrutura patrimonialista foi trazida para cá; enquanto isso foi superado em outros países, acabou sendo mantido no Brasil, tornando-se a estrutura de nossa economia política.

[54] Em matéria publicada em 14 de julho de 2014, o jornalista Elio Gaspari observa que esta posição do Partido dos Trabalhadores mudou: "Por mais que centrais sindicais apensas às verbas do Ministério do Trabalho sustentem que suas manifestações movidas a mimos de até R$ 70 são espontâneas, vale lembrar: Em 1978, quando despontou a figura de Lula, ele se opunha ao oficialismo sindical. Naquela época, Nosso Guia dizia o seguinte, numa carta pública ao senador Petrônio Portella: 'As entidades sindicais nascem, se desenvolvem e desaparecem sob a tutela do Estado. [...] Este estado de coisas decorre da filosofia que presidiu a criação dos sindicatos no Brasil. Fiéis a esta filosofia, os legisladores atrelam as entidades sindicais ao governo, antes de tudo, como órgãos de colaboração. Dele dependentes para nascer, viver e morrer, o sindicalismo brasileiro, por tradição histórica, sempre aderiu ao governo e regimes vigentes para garantir sobrevivência'.
Hoje a chave do cofre está no bolso do PT. Em 2012, os trabalhadores pagaram R$ 2 bilhões de imposto sindical e as centrais embolsaram 10%. Desatrelamento? Nem pensar".
[55] Ver nota 23, entrevista com Abgar Renault.

O senhor não o achou um pouco superficial, pelo menos, em relação a Fernando de Azevedo? Ele fala do Fernando como se ele fosse um elitista no sentido de ser um daqueles fulanos ultramontanos...
Ele também me considera um elitista.

O senhor também? E Raízes do Brasil,[56] *ele não é historiador?*
Ele diz que é.

Ele não parece historiador porque a razão para ele parece ser completamente a--histórica, uma razão parada, que não possuísse um momentum.
O Mota fez um artigo, então o Antonio Candido chegou pra mim e disse: "Você não responda, ele quer que você responda para fazer briga". Aí o Antonio Candido escreveu[57] um artigo, respondeu sem citar o nome, mas rebateu todos os pontos que o Carlos Guilherme Mota levantava. Mas o Fernando de Azevedo não era um elitista, tinha essa coisa dele ser um sujeito muito bem educado, e fazia questão de educação, muito bem, era meio subjetivo, às vezes, demais.

Mas isso era outra coisa. O pensamento dele e a ação dele não eram, não é?
Não eram. Mas [para o Mota] o Afonso Arinos[58] tem a área do Rio de Janeiro e Minas Gerais; Gilberto Freyre, o Nordeste; agora, eles nunca se atacaram mutuamente. Este meu livro, *Tentativas de mitologia*,[59] está cheio de críticas a Gilberto, violentas até.

Nós estávamos falando sobre problema de elitismo e tal.
Agora, Fernando de Azevedo tinha uma certa queda pelo Getúlio, não pelo Getúlio ditador...

Mas creio que ele tinha a esperança de que o Getúlio, com um governo forte, pudesse fazer as grandes reformas [educacionais]. E, depois, há uma carta dele para o Frota Pessoa[60] *em que ele critica a ditadura...*
Eram muito amigos.

---

[56] Sérgio Buarque de Holanda. *Raízes do Brasil*. Rio de Janeiro, 1936.
[57] O artigo foi publicado na revista da União Brasileira de Escritores.
[58] Ver nota 97, entrevista com Antonio Candido.
[59] Ver nota 15 desta entrevista.
[60] Ver nota 7, entrevista com Dina Fleischer Venancio Filho.

Essa correspondência é interessante e imensa...
Tinha um retrato do Frota Pessoa na sala do Fernando.

E ele escreve numa carta o seguinte: "A ditadura teve a oportunidade de fazer grandes transformações" e não as fez, nem no plano educacional, nem no plano social.
É, eles estavam discordando muito [...]. Mas Fernando não estava a favor da ditadura. Contava aquela história que se dizia sobre o conde Sforza[61] de Milão, homem fino, que foi ministro na Itália, logo depois do fascismo, ele dizia que é muito fácil governar com a ditadura, o sujeito pode fazer o que quiser... Mas eu não sei se é muito fácil, porque...

Tem que reprimir muito, não é?
Tem que ficar vigiando por todo lado para se manter, não é? Mas ele dizia isso. O Fernando de Azevedo devia pensar nesse ponto, "Com a ditadura é muito fácil governar" porque ele poderia fazer muita coisa boa, tendo todos os poderes nas mãos.

Mas é que o Getúlio também não era tão seguro assim...
Mas não era seguro porque não...

Ele tinha que fazer muitas transações e as oligarquias todas continuaram...
Continuaram todas, não mudou nada da República Velha, ele ficou sendo um homem da República Velha, fazendo os acordos que se criticava na República Velha: a indicação do sucessor, fazia-se assim mesmo.

---

[61] Em 1942, o conde Carlos Sforza, antigo ministro da Coroa de Itália, homem de vasta cultura, falou aos jornalistas da missão que estava reservada aos italianos livres na reconstituição da Itália futura, após a vitória das Nações Unidas. "Os Italianos, disse, a verdadeira Itália, têm profundos interesses na vitória das Nações Unidas contra o nazismo e contra o fascismo. O fascismo não é a Itália. A Itália é democrática e latina. E dentro em breve, voltará a sê-lo, pela vontade e pela energia de seus filhos".

É, exatamente. Tanto que o senhor vê, o próprio Juarez Távora,[62] que era considerado o Vice-Rei do Norte, não aguentou dois anos. O Juraci Magalhães[63] dizia: "Não, a gente não pode fazer nada sem os coronéis...".
Maria Luiza, nunca me esqueci de Luiz Camillo,[64] seu pai, numa reunião da ABI, dizendo: "Basta de gaúcho!".

O senhor estava lá naquele dia?
Estava lá em cima, ouvindo. O filho do Flores da Cunha também estava do lado da UDN, mas aí entra o "gauchismo", não é? O Luiz Camillo chegou lá e disse: "Basta de gaúcho!". Eu era amigo do Luiz Camillo, mas não estava perto porque eu fiquei na parte de cima, na ABI, tinha assim... como se fosse um camarote. Estava muito difícil chegar embaixo, então eu subi e fiquei lá; de lá eu ouvi muito bem o Luiz Camillo, dizendo: "Basta de gaúcho!". Depois, saiu aquela gente toda atrás e eu não pude mais vê-lo.

---

[62] Juarez do Nascimento Fernandes Távora (Ceará, 1898-Rio de Janeiro, 1975). Militar e político. Estudou na Escola Militar do Realengo no Rio de Janeiro e tornou-se aspirante em 1919. Em 5 de julho de 1922 toma parte no levante contra o presidente Epitácio Pessoa que ficou conhecido como os 18 do Forte. Em 1924 participa do movimento revolucionário paulista contra o presidente Arthur Bernardes. Em 1926 integra-se à Coluna Prestes na qual é preso em combate e libertado no governo de Washington Luís. Comanda as forças nordestinas que apoiam Getúlio Vargas em 30 e ganha o apelido de Vice-Rei do Norte, participa da repressão à Revolução Constitucionalista de 1932. Durante a Era Vargas foi ministro da Agricultura e dos Transportes. Como coronel, na década de 1940, foi adido militar no Chile. Anos mais tarde rompe com Vargas e envolve-se nas conspirações que levam à deposição do ditador em 1945. Em 1954 foi um dos líderes da articulação política que resultou no suicídio de Vargas; no ano seguinte candidatou-se à presidência da República pela UDN perdendo nas eleições para Juscelino Kubitschek. Em 1962 se elegeu deputado federal pelo estado da Guanabara. Defendia a posição que ficou conhecida como entreguista em relação à exploração de petróleo no Brasil, tendo sido o principal líder dos que se opunham à criação da Petrobras. No governo Castelo Branco, foi ministro dos Transportes.
[63] Juraci Montenegro Magalhães (Fortaleza, 1905-Salvador, 2001). Militar e político, teve carreira militar exitosa, tendo em 1933 recebido a patente de capitão, em 1940 a de major; tenente-coronel em 1945, coronel em 1950 e general em 1957. Beneficiado pela proximidade dos militares com o poder, exerceu as seguintes funções: senador da República, deputado federal, adido militar, embaixador do Brasil nos Estados Unidos, ministro da Justiça e Relações Exteriores, tendo sido ainda o primeiro presidente da Petrobras e presidido a Companhia Vale do Rio Doce. Como ministro da Justiça, no Regime Militar de 64, encarregou-se da censura aos veículos de comunicação. Célebre tornou-se o episódio em que mandara o empresário Roberto Marinho demitir dois funcionários, ao que este lhe respondera negativamente: "Dos meus comunistas cuido eu!". Deste período é a frase que deu o tom de subserviência do regime militar à hegemonia americana: "O que é bom para os Estados Unidos, é bom para o Brasil". Apesar de nascido no Ceará, foi na Bahia que encontrou sua morada definitiva: ganhou uma casa de amigos, na capital baiana, no Monte Serrat, a mesma onde cometeu suicídio seu filho, Juracy Magalhães Júnior, também político.
[64] Ver nota 32, entrevista com Abgar Renault.

Naquela ocasião, parece que eles quase o mataram. Ficou todo machucado, foi minha mãe que o defendeu e salvou, ajudada pelo Celso Cunha.
Foram atrás dele, querendo brigar, dar nele. O lado gauchesco deles, dos Flores da Cunha. Tem um rapaz que é deputado, esteve aqui em casa, aliás, um bom sujeito, [...] também dessa linha contra o governo, chama-se Flavio Flores da Cunha Bierrenbach.[65]

Mas o tal que quase matou meu pai era um Flores da Cunha.
Pois é. Era filho do Flores da Cunha, esse é neto. Eu estava pensando sobre isso. Bom, a mãe é gaúcha, filha do Flores.

E ele é bravo também?
Ele é meio bravo, contra o governo. Mas aquilo foi uma bobagem, com certeza. Chama-se Flávio Flores da Cunha, o pai dele fez filho em uma filha do Flores da Cunha. Flavio Flores da Cunhada Bierrenbach, deputado aqui, líder aqui, vai entrar para o MDB, tem nome alemão, mas são gente de Campinas. Tem um almirante também, mas o almirante é do lado do governo. Mas esse [político] não [é como o outro Flores da Cunha], esse é engraçado, ele é contra o governo. Estava de acordo com o pessoal daqui de casa, estava mesmo. Tanto que ele fala. Eu conversei sobre isso com ele.

Ah, conversou?
Conversei. Eu lhe falei: "Um amigo meu quase foi assassinado por um de seus parentes". "Uma bobagem", ele me disse, "esse negócio de gauchada, eu tenho sangue gaúcho, mas não sou assim".

---

[65] Flavio Flores da Cunha Bierrenbach (São Paulo, 1939). Político e advogado, filho de Flavio de Sá Bierrenbach e Maria Flores da Cunha Bierrenbach, é neto do lendário governador do Rio Grande do Sul, José Antônio Flores da Cunha. Formou-se em direito, em 1964, pela Faculdade de Direito da Universidade de São Paulo. Foi bolsista da Inter-American University Foundation, na Universidade de Harvard, em 1963. Pós-graduou-se em direito constitucional na Pontifícia Universidade Católica de São Paulo, em 1975. Foi procurador do estado de São Paulo, por concurso público, desde 1970, e conselheiro da Associação dos Advogados de São Paulo, de 1973 a 1981, conselheiro da Associação dos Procuradores do Estado de São Paulo, de 1973 a 1974, presidente da Associação dos Antigos Alunos da Faculdade de Direito da Universidade de São Paulo; é membro do Conselho Curador da Fundação Arcadas desde sua instituição. Sobre ele escreveu Alberto Zacharias Toron: "Empenhou-se como poucos pela decretação da Anistia e pela instalação de uma Assembleia Nacional Constituinte. Foi um dos articuladores, junto com o notável e respeitadíssimo advogado José Carlos Dias e o Deputado Almino Affonso, da momentosa e até hoje festejada 'Carta aos Brasileiros', redigida pelo hoje saudoso professor Goffredo da Silva Telles Júnior. Sem dúvida um vitorioso em suas lutas. Somos não apenas gratos, mas devedores de homens [como ele]".

Essas veleidades...
Essas veleidades. Naquele tempo eram os gaúchos que estavam tomando conta. Houve a revolução de 32 e o Flores da Cunha mais ou menos tinha se comprometido. Aquelas coisas do Flores da Cunha: "São Paulo é minha segunda terra e eu hoje gostaria de deitar nas arcadas da Faculdade de Direito e beijar o chão de arrependimento". Chorar, ele chorava muito. Flores da Cunha era assim.

É mesmo?
E ele estava lá presente, não é, então, num certo momento, o seu pai disse: "Basta de gaúcho!". O Luiz Camillo falou assim. Começou a espalhar-se também que o Flores da Cunha já tinha brigado com os Aranhas.

Mineiro tem problema com...
Vieram em cima dele. Ele brigava, não é?

É, foi uma loucura.
"Basta de gaúcho!", falou não sei o que mais. Com o Oswaldo Aranha[66] houve aquele caso com o seu pai que trabalhava na biblioteca do Itamaraty. Como o Getúlio começou a fazer algumas coisas, ele tomou posição contra e o Oswaldo Aranha lhe disse: "Luiz Camillo, se estivesse no meu lugar, você não faria isso,

---

[66] Oswaldo Euclides de Sousa Aranha (Alegrete, RS, 1894-Rio de Janeiro, RJ, 1960). Advogado, político e diplomata, cursou, no Rio de Janeiro, o Colégio Militar e a Faculdade de Ciências Jurídicas e Sociais, atual Faculdade Nacional de Direito da UFRJ; também estudou em Paris antes de advogar em seu estado natal e de ingressar na política. Em 1923, quando explodiu a luta fratricida entre *chimangos* (aliados de Borges de Medeiros — presidente da província) e *maragatos* (opositores à sua quinta reeleição), chegou a pegar em armas e lutou a favor do sistema republicano de Borges de Medeiros. Em 1925, foi intendente de Alegrete. Introduziu então muitas modernizações, como a excelente rede de esgotos da cidade. Com sua peculiar diplomacia, conseguiu a paz entre as famílias separadas pelos conflitos políticos de 1923. Dois anos mais tarde era eleito deputado federal. Em 1928, tornou-se secretário do Interior, onde dedicou grande esforço para obras educacionais. Amigo e aliado de Getúlio Vargas, foi o grande articulador da campanha da Aliança Liberal nas eleições, agindo nos bastidores para organizar o levante armado que depôs Washington Luís e tornou realidade a Revolução de 1930. Em vista da vitória do movimento, Osvaldo Aranha negocia com a Junta Militar, no Rio de Janeiro, a entrega do governo a Vargas. Posteriormente, foi nomeado ministro da Justiça e, em 1931, ministro da Fazenda. Neste cargo, promoveu o levantamento de empréstimos que os estados e municípios haviam contraído no estrangeiro, no período anterior a 1930, tendo em vista a consolidação global da dívida externa brasileira. Alijado do processo político para a escolha do interventor em Minas Gerais, Osvaldo Aranha pediu demissão do cargo em 1934. No mesmo ano, aceitou o cargo de embaixador em Washington. Em março de 1938, é convencido por seu amigo Vargas a assumir o Ministério das Relações Exteriores.

neste lugar em que eu estou não posso tomar essa posição [de oposição]". Luiz Camillo respondeu-lhe: "Isso é impossível, senhor ministro, porque eu nunca estaria no seu lugar".

Papai era muito direto.
Mas, no livro *Ideologia da cultura brasileira*, o Mota afirma que nós três éramos elitistas e que dividimos o Brasil em três zonas: eu fiquei com São Paulo e redondezas, o Afonso, no Rio e em Minas, e o Gilberto Freyre com o Nordeste. O cara disse que achou [o Afonso] elitista, ele não é propriamente elitista, o Afonso gosta muito de brilhar na função pública, não é?

Sim, mas penso que talvez ele não teve, em relação aos problemas educacionais, a abertura que o Fernando de Azevedo teve...
MA: Eu acho que teve, sim.

O Afonso Arinos, depois da Revolução, amadureceu muito.
MA: Antes. A lei Afonso Arinos é anterior, quando no governo o Jânio Quadros anistiou muita gente.
SBH: Ele é o primo predileto da Maria Amélia, primo-irmão. Fiquei hospedado em sua casa de Petrópolis, na rua José Bonifácio, quando fui participar de uma pesquisa no Museu Imperial.

É perto de minha casa, um chalé na avenida Ipiranga, tombado porque pertenceu a colonos alemães. É um chalé vermelho, do lado direito da rua, é fácil reconhecer. É o segundo chalé, depois da Igreja Luterana, uma igreja muito bonita.
MA: Ali tem também um convento, o Mosteiro da Virgem Maria... Lá mora a irmã Emmanuel, que se chamava Elsie Souza e Silva,[67] muito amiga minha.

---

[67] Irmã Maria Emmanuel de Souza e Silva, OSB, que se chamava Elsie Souza e Silva (Rio de Janeiro, RJ, 4 abr. 1912-Rio de Janeiro, 2 out. 2002). Monja beneditina do Mosteiro da Virgem, em Petrópolis, há mais de 60 anos, desempenhou um papel primordial na divulgação da sua extraordinária obra. Além de ter se tornado a tradutora oficial de Thomas Merton no Brasil, traduzindo mais da metade dos livros aqui publicados, coordenou também de forma competente o relacionamento dos editores de Merton nos Estados Unidos com as editoras brasileiras. No plano pessoal, tornou-se muito amiga de Merton, com quem manteve uma extensa correspondência entre 1955 e 1968, ano da sua morte. Parte desse acervo está transcrita com destaque na edição americana da coletânea de cartas que Merton escreveu para pessoas em todos o mundo. É autora do livro *Thomas Merton: o homem que aprendeu a ser feliz* (Vozes, 1997), onde encanta seus leitores com revelações curiosas sobre essa amizade e registra o

Minha também.
A Elsie? A Elsie foi muito amiga da Maria Amélia, depois ela foi ser freira. Eu era solteiro.

O senhor sabe que ela se correspondia com o Thomas Merton?[68]
Sei. A ideia que os navegadores tinham, a ideia de paraíso terrestre, eles achavam que o paraíso terrestre existia *mesmo*, em algum lugar do mundo, alguns faziam mapa e tudo e punham o paraíso na Ásia e, então, eu achava que havia descrições do paraíso, eu chamava de visão do paraíso, isso servia de base às informações que eles traziam, que os homens morrem muito tarde, tem uma primavera eterna e não há doenças... Não tinha tantas doenças, depois, então, [iam] para o céu, então fiz o livro nessa base, a visão do paraíso, a visão que eles tinham do Brasil, da América, em geral. Até nos Estados Unidos comentaram esse negócio, a diferença que havia entre a situação da América Latina, entre os que aqui queriam encontrar o paraíso e aqueles lá querendo construir o paraíso. Um sujeito escreveu um artigo sobre isso e então a Maria Amélia deu o livro

---

genuíno interesse e amor que Merton tinha pelas várias pessoas que conhecia no Brasil e pela alma do povo brasileiro em geral.

[68] Thomas Merton (Prades, FR, 1915-Bangcoc, Tailândia, 1968). Escritor americano, católico e monge trapista da Abadia de Gethsemani, Kentucky, foi poeta, ativista social e estudante de religiões comparadas. O Brasil é um dos países que maior acolhida deram a Thomas Merton e onde ele publicou o maior número de livros. Foram lançados mais de 40 livros em português, graças ao envolvimento de intelectuais — como Alceu Amoroso Lima — e de monjas e monges beneditinos — como dom Basílio Penido, dom Timóteo Amoroso Anastácio, dom Estêvão Bettencourt e, principalmente, da irmã Maria Emmanuel de Souza e Silva. A história sobre o início de uma relação de trabalho e de uma amizade é contada no livro *Thomas Merton: o homem que aprendeu a ser feliz*, pela irmã Maria Emmanuel. Ao longo de 13 anos trocaram mais de uma centena de cartas, cartões postais, "santinhos" e livros. Parte das cartas de Merton enviadas à irmã Maria Emmanuel estão registradas no livro *The hidden ground of love: letters on religious experience and social concerns (letters, I)*. Merton se correspondeu com outros brasileiros como Alceu Amoroso Lima, dom Hélder Câmara, abades beneditinos, religiosas e religiosos e simples leitores, que atribuem à leitura de seus livros grande importância para suas vidas espirituais. Tinha especial interesse pelos poetas como Manuel Bandeira e Jorge de Lima. O continuado interesse por Merton, sua vida e suas ideias levou à fundação em 1996 da Sociedade dos Amigos Fraternos de Thomas Merton (SAFTM). Foram reeditados em 1999 os livros *A montanha dos sete patamares*, *Novas sementes de contemplação* e *Ascensão para a verdade*, logo seguidos pela publicação de outros nos anos subsequentes. Merton foi um correspondente prolífico, tendo escrito milhares de cartas às mais variadas pessoas em todo o mundo, quer seja estabelecendo um diálogo sobre temas de mútuo interesse com seus correspondentes, como também respondendo fraternalmente a seus leitores, de dignitários da Igreja a singelas monjas em localidades pobres e remotas. O Thomas Merton Center tem catalogado e arquivado milhares dessas cartas, várias sendo de brasileiros.

para a irmã Emmanuel — não sei se ela gostou —, que pediu à Maria Amélia para mandar esse livro, *Visão do paraíso*[69] para o Merton. Ela recebeu uma carta muito amável do Thomas Merton.

O Merton é uma pessoa muito interessante. Ele começou a se interessar pelo Brasil, tenho a impressão que acabaria se mudando para cá, caso não tivesse morrido aquela morte estúpida, eletrocutado, na Índia. Mas tinha a maior admiração pela irmã Emmanuel. Engraçado, naquela avenida Ipiranga, elas morando ali naquele mosteiro contemplativo, vivendo na maior dificuldade, mas lendo muito, escrevendo, desenhando e sabendo tudo que se passa no mundo... Ele escreveu uma carta para a editora Doubleday, essa carta foi publicada, declarando que, se acontecesse qualquer coisa com ele, a única pessoa que ele autorizava a ficar responsável e tomar conta das traduções de seus livros, e de seus affairs editoriais aqui no Brasil, nas traduções de língua portuguesa, seria a irmã Emmanuel. Tal confiança Thomas Merton tinha no valor dela. Ela é freira, mas não é chata, não tenta converter as pessoas, é ótima. Pratica ioga, abriga hippies, conta muitas coisas...
Uma vez fui lá visitá-la, ela falou com a gente por detrás de uma grade.

Mas agora não tem mais essa grade, não.
Eu a conheci solteira, solteira não, antes de ser freira.

Ela devia ser bonitinha, não era?
Era, era muito bonitinha, tinha uma pele sedosa...

Por que ela foi ser freira? Teve algum desgosto amoroso?
MA: Não, acho que ela gostava disso. Foi uma coisa muito serena.

Ela é uma figura, realmente, interessante.
Ela tinha umas sardinhas, ficava interessante isso. Quiseram arranjar um noivo para ela e ela não quis. Um dia a convidaram para tomar banho de mar e ela respondeu: "Não. Amanhã eu entro para o convento".

---

[69] Em 1958, Sérgio Buarque de Holanda assumiu a cadeira de história da civilização brasileira, agora na Faculdade de Filosofia, Ciências e Letras da USP. Este era o nome da própria tese apresentada no concurso (em 1958), que seria, no ano seguinte, publicada pela Editora José Olympio com modificações e ampliações. Ali analisa aspectos do imaginário europeu à época da conquista do continente americano.

Meu Deus do céu.
MA: Nós éramos tão amigas, tão companheiras que no convento onde ela entrou primeiro, freiras contemplativas, tinha aquela cerimônia da freira se vestir de noiva. O meu vestido de noiva, depois do meu casamento, eu passei para ela, ela fez os votos com o meu vestido de noiva. Nós éramos íntimas assim.
SBH: Eu tenho uma carta, não sei onde está a carta, agradecendo muito o livro, o Thomas Merton estava procurando ler [em português] algumas coisas que ele entendia. O Thomas Merton é uma espécie de Maritain nos Estados Unidos. Eu acho que um homem como esse é trapista. Os trapistas não falam, quando se encontram dizem: *Memento mori*: recorda-te de que vais morrer.

Ele não ficava mais dentro do convento, morava numa casa que ele mesmo construiu do lado de fora do Mosteiro. Queria ainda mais solidão, então ele próprio construiu essa casa de tijolos. Escrevia lá suas poesias, respondia cartas. Trabalhava diariamente no campo e rezava nas horas canônicas.
SBH: Parece que, quando ele começou a vida, era um farrista danado. Mas depois se converteu, foi ser trapista, a ordem mais dura. Eu era também muito amigo de um primo do Afonso Arinos, o Rodrigo [Melo Franco de Andrade],[70] que não era parente do Mário de Andrade.[71] Ele, inclusive, foi meu padrinho de

---

[70] Ver nota 83, entrevista com Antonio Candido.
[71] Mário Raul de Moraes Andrade (São Paulo, SP, 1893-São Paulo, SP, 1945). Poeta, romancista, musicólogo, historiador, crítico de arte e fotógrafo, um dos fundadores do modernismo brasileiro, praticamente criou a poesia moderna brasileira com a publicação de seu livro *Pauliceia desvairada* em 1922. Andrade exerceu uma influência enorme na literatura moderna brasileira e, como ensaísta e estudioso — foi um pioneiro do campo da etnomusicologia—, sua influência transcendeu as fronteiras do Brasil. Andrade foi a figura central do movimento de vanguarda de São Paulo por 20 anos. Músico treinado e mais conhecido como poeta e romancista, esteve pessoalmente envolvido em praticamente todas as disciplinas que estiveram relacionadas com o modernismo em São Paulo, tornando-se o polímata nacional do Brasil. Suas fotografias e seus ensaios, que cobriam uma ampla variedade de assuntos, da história à literatura e à música, foram amplamente divulgados na imprensa da época. Andrade foi a força motriz por trás da Semana de Arte Moderna, evento ocorrido em 1922 que reformulou a literatura e as artes visuais no Brasil, tendo sido um dos integrantes do "Grupo dos cinco". As ideias por trás da Semana seriam mais bem delineadas no prefácio de seu livro de poesia *Pauliceia desvairada* e nos próprios poemas. Após trabalhar como professor de música e colunista de jornal, publicou seu maior romance, *Macunaíma*, em 1928. Andrade continuou a publicar obras sobre música popular brasileira, poesia e outros temas. Foi o fundador e diretor do Departamento Municipal de Cultura de São Paulo, formalizando o papel que ele havia desempenhado durante muito tempo como catalisador da modernidade artística na cidade — e no país.

casamento. Ele e o Prudente [de Morais Netto].[72] Mas antes estávamos inclusive falando do Lula. Eu tenho muita admiração pelo Lula e a Maria Amélia também.
MA: Eu acho que o Lula é uma coisa nova no Brasil.
SBH: Houve a Intentona. Mas havia o trabalhismo da *Carta del lavoro*. O Lula não quer isso. Ele quer um trabalhismo feito pelos operários mesmo. O Fernando de Azevedo se dava bem com o Getúlio, mas ele não era favorável à ditadura. Era favorável a uma reforma e que talvez um governo forte pudesse fazer isso, talvez fosse esse o dado que ele tinha. Mas ele era um democrata, não era possível ficar ligado a um regime fascista.

Mas eu acho que até [19]37 ele ainda tinha uma certa simpatia...
Até por aí, talvez, depois eu sei que o negócio mudou muito e ele afirmava: "Isso eu não concordo com o Getúlio". O pessoal falava que ele era amigo pessoal do Getúlio, tudo dependia...

Não, pessoal não era. Ele teve, me parece, duas entrevistas com a Alzirinha,[73] que já havia lido um livro dele; então ele lhe mandou outros livros, trocaram cartas, algo assim...
A Alzirinha defendeu também o Castro Rebelo[74] junto ao Getúlio.

A cultura brasileira, de Fernando de Azevedo, que muitos criticam, teve importância para a época. Inclusive, o Carneiro Felipe,[75] o próprio Teixeira de Freitas,[76] aqueles que organizaram o censo de 1940, não eram getulistas, eles achavam que aquilo era trabalho para técnicos.

---

[72] Prudente de Morais Neto (São Paulo, SP, 1895-São Paulo, SP, 1961). Jornalista, dirigiu sucessivas redações, entre elas a do *Diário Carioca* e, depois, a sucursal de *O Estado de S. Paulo*, no Rio de Janeiro. Em 1963 e 1964, em seus artigos, atacou severamente o governo de João Goulart mas, embora apoiasse sua derrubada em 1964, protegeu jornalistas esquerdistas que eram seus colegas, como Ferreira Gullar. Foi também poeta, sendo citado na antologia de poetas brasileiros bissextos organizada por Manuel Bandeira. Em 1975, foi eleito presidente da Associação Brasileira de Imprensa, cargo em que defendeu os perseguidos pela ditadura militar. Jovem, fundou, junto com o historiador Sérgio Buarque de Holanda, a revista *Estética*, que defendia ideias modernistas no campo da arte.
[73] Ver nota 71, entrevista com Antonio Candido.
[74] Ver nota 34, entrevista com Arquimedes de Melo Neto.
[75] Ver nota 10, entrevista com Antonio Houaiss.
[76] Ver nota 38, entrevista com Abgar Renault.

Que eles podiam fazer alguma coisa. O conde Sforza,[77] na Itália, dizia: "Com ditadura pode-se fazer muita coisa". Eu sou contra... [...] A ditadura facilita muita coisa, ela pode romper com várias regras, atrasar ou diminuir. O Getúlio não fez isso. [Se] uma ditadura não consegue fazer nada, então não vale nada.

O Getúlio não fez, o Fernando de Azevedo, depois, reconheceu isso. O Getúlio tinha todas as possibilidades...
Tinha todas para fazer mudanças.

Na revolução de 64, eles também tiveram... Com a bagunça que reinava no Brasil...
Eles chegaram ao poder certos de que havia a probabilidade...

Não fizeram nada.
E se eles quisessem fazer, podiam fazer. Eles não queriam fazer, não.

Voltando ao Fernando de Azevedo, ele precisava do apoio também, não é?
Ele precisava também do apoio dos políticos de um lado e do outro. Então, eles ficaram marombando...

Ficaram ali no meio-termo.
No caso do Getúlio foi uma praga porque pegou depois, não?

Claro, com o Filinto Müller,[78] depois, como chefe de polícia...

---

[77] Conde Carlo Sforza (Florença, Itália, 1872-Roma, Itália, 1952). Diplomata italiano e político antifascista. Ver nota 60 desta entrevista.

[78] Filinto Strübing Müller (Cuiabá, 1900-Paris, 1973). Militar e político brasileiro, participou dos levantes tenentistas entre 1922 e 1924. Durante a ditadura Vargas, destacou-se por sua atuação como chefe da polícia política e foi acusado de promover prisões arbitrárias e a tortura de prisioneiros. Ganhou repercussão internacional o caso da prisão da judia alemã Olga Benário, militante comunista e mulher de Luís Carlos Prestes, à época grávida e deportada para a Alemanha, onde seria executada em Bernburg, em 1942. Simpático à aproximação entre o Brasil e as potências do Eixo, começou a perder espaço dentro do governo quando Vargas passou a sinalizar no sentido do apoio aos Aliados, na Segunda Guerra Mundial. Em julho de 1942, tentou proibir uma manifestação pró-Aliados promovida pela União Nacional dos Estudantes (UNE). Autorizada por Vasco Leitão da Cunha, que respondia interinamente pelo Ministério da Justiça, a manifestação acabou se realizando, com enorme repercussão. O fato abriu grave crise no governo, resultando no afastamento de Filinto da chefia de polícia do Distrito Federal. Foi designado, então, oficial de gabinete do ministro da Guerra, o general Eurico Gaspar Dutra. Em 1945, iniciado o processo de redemocratização do país, foi um dos fundadores do Partido Social Democrático (PSD), organizado nacionalmente com o apoio dos interventores federais nos estados e membros do regime varguista. Em 1947, conquistou uma

Ninguém vai dizer que o Getúlio não sabia daquilo, das torturas; os getulistas diziam: "Ah, ele não sabia disso...". Como é que você, que é presidente da República, pode não estar sabendo? Todo mundo anunciava.

Mas o Sobral Pinto[79] defendeu aquele alemão, o Berger,[80] usando a lei de proteção aos animais.
É, defendeu baseado nessa lei.

---

cadeira no Senado pelo estado do Mato Grosso. Em 1950, disputou a eleição para o governo daquele estado, mas foi derrotado. Em 1955, voltou a eleger-se senador, reelegendo-se consecutivamente. Teve destacada atuação no Senado, exercendo a liderança do PSD e, posteriormente, do governo Kubitscheck naquela Casa. Após a implantação do regime militar, em 1964, e a extinção dos antigos partidos, filiou-se à situacionista Aliança Renovadora Nacional (Arena). Ocupou a liderança da Arena e do governo no Senado, bem como a presidência nacional do partido. Em 1973, assumiu a presidência do Senado. Morreu num acidente aéreo em Paris, em 1973.

[79] Heráclito Fontoura Sobral Pinto (Barbacena, MG, 1893-Rio de Janeiro, RJ, 1991). Advogado (Universidade do Brasil, 1916) e jurista, defensor dos direitos humanos, especialmente durante a ditadura do Estado Novo e a ditadura militar instaurada em 1964. Educado pelos padres jesuítas no colégio Anchieta, de Nova Friburgo, era companheiro de quarto do padre Leonel Franca. Nomeado procurador criminal da República, em 1924, no governo Arthur Bernardes, continuou como procurador-geral do Distrito Federal no governo Washington Luís até 1927, quando voltou a exercer a advocacia. Após o levante comunista de 1935, foi nomeado *ex officio* pela OAB para defender Luis Carlos Prestes (ficaram amigos, embora divergindo politicamente e sendo Sobral católico fervoroso), Harry Berger e vários presos políticos junto ao Tribunal de Segurança Nacional. No caso do filósofo alemão Harry Berger, também preso e severamente torturado após o mesmo levante, Sobral Pinto exigiu ao governo a aplicação ao prisioneiro do art. 14 da Lei de Proteção aos Animais, fato bastante inusitado. Opositor de Vargas, lutou pela redemocratização até 1945. Em 1941, assumiu a cadeira de direito penal do curso de direito da PUC-Rio, criada pelo padre Franca, onde lecionou até 1963. Em 1955, defendeu o direito de Juscelino Kubitscheck a se candidatar à Presidência da República. Em 1956, recusou convite para integrar o Supremo Tribunal Federal para que não supusessem que sua defesa da posse do presidente fora movida por interesse pessoal. Foi também atuante nos trabalhos da Ordem dos Advogados e conselheiro do seu clube de coração, o America Football Club, do Rio de Janeiro. Após o golpe de 1964, tornou-se ferrenho opositor do regime, defendendo inúmeros presos políticos, adversários e perseguidos pela ditadura militar. Preso quando da edição do AI-5, foi solto três dias depois. Na campanha pelas diretas, em 1983, causou sensação ao participar do histórico comício da Candelária, e defender o restabelecimento das eleições diretas para a presidência da República. Após a redemocratização do país, nos anos 1980, era reconhecido como "a consciência legal da nação" por sua luta pelo direito, liberdade e democracia. A imprensa noticiou seu falecimento com a manchete: "Morre o Senhor Justiça".

[80] Arthur Ewert, conhecido como Harry Berger (1890-1959). Desempenhou funções no escritório da América Latina do Komintern em Buenos Aires e, juntamente com sua esposa, Elisabeth Saborowsky Ewert, foram, no fim de 1934, para o Brasil, onde participaram do levante de 1935. Foram presos e barbaramente torturados. Em consequência das torturas ficou louco. Em 1937 foi condenado a 13 anos de prisão. Em 1947 foi autorizado a deixar o Brasil, voltou para a Alemanha, onde passou o resto de sua vida em um hospital psiquiátrico.

E Getúlio não sabia? E a mulher do Prestes, coitada, judia, que estava esperando criança e foi enviada de volta para a Alemanha, para o campo de concentração. Getúlio não sabia disso?
Mandada pelo Filinto Müller. Getúlio sabia, Getúlio sabia de tudo, só fingia ignorar.

Porque se ela fosse só alemã, podia-se alegar [falando em termos meramente jurídicos]: "Bom, não é um problema internacional", mas ela era casada com um brasileiro e estava esperando dele uma filha brasileira; portanto, o Getúlio podia perfeitamente, utilizando as normas do direito internacional, negar a extradição, dizer não e não enviá-la de volta para a Alemanha, onde era certo que iria morrer.
MA: Entregou uma judia à Gestapo.
SBH: Getúlio entregou ao Göring, ela foi para o campo de concentração.
MA: Nunca vi morte menos lamentada do que a do Filinto Müller. Quando esse homem morreu, naquele desastre em Paris, ninguém ligou.

Foi uma pena porque morreu também muita gente simpática.
Eu estava com a Maria Amélia na Inglaterra, quando vieram as notícias, eu não sabia quem eram as pessoas. No Brasil, dizem: Oliveira, só o sobrenome. Ora, tem muita gente chamada Oliveira, chamada não sei o quê, uma coisa assim, de maneira que quando se diz Oliveira, numa lista de mortos em desastre, não se sabe quem foi que morreu, quem é. Agora, tinha um que foi chefe de polícia, o Filinto Müller, aí eles identificaram logo. Foi lá em Londres, quando veio a primeira notícia, você se lembra, Maria Amélia? O negócio foi em Paris.

Eu conheço a filha dele, é psicanalista. Eu acho que escolheu ser psicanalista porque, com um pai desses, você tem mesmo que ser psicanalista. Havia um grupo de estudos do qual eu fazia parte, e ela também participava. Parece que é uma boa psicanalista. Ela ficou durante anos estudando psicanálise, se preparando.
MA: Me disseram que ela é uma boa praça.

Sim, é ótima pessoa. Eu tenho uma amiga, que inclusive é de esquerda, que faz análise com ela. Essa moça sofreu tanto, teve que fazer toda uma reconstituição psicológica...
Eu era menino em São Paulo e tinha, nesses anúncios que saem no jornal, anúncio de ensino de matemática, eu precisava me preparar, no tempo de exa-

me vestibular, exame preparatório, preparar para matemática, eu estava meio fraco. Então, meu pai viu o anúncio desse homem, que se chamava Pedro Strübing Müller. Era um sujeito engraçado. Ele chegava na hora exata da aula e tá! Depois, comecei a ver o nome dele em Mato Grosso. Interventor, coisa assim, era irmão do Filinto Müller. Eu fui a Cuiabá várias vezes, porque eu escrevi um livro, *Monções*,[81] baseado em grande parte nessas viagens e tive que ir ver um arquivo de Cuiabá. Fui três vezes e uma vez encontrei um juiz que tinha lá chamado Borgman; ele era inteiramente caboclo, tinha esse nome alemão, mas era um caboclo do Mato Grosso. Ele conversava muito comigo, ficamos camaradas e fomos parar no mesmo hotel. Lá havia um único hotel, hoje tem vários hotéis em Cuiabá e a última vez que nós fomos a Cuiabá já havia hotéis até com ar-condicionado. Mas naquela vez, não. Lá havia um hotel que hoje é o Banco do Brasil, um prediaço grande. Eu fui para comprar o museu de lá. Comprei, quer dizer, eu comprei, não, o Museu Paulista comprou e eu fui junto, tem muita coisa interessante, era [um museu] particular. Com esse dinheiro [do Museu Paulista] comprei o museu. Eu estava ali sentado, quando, de repente, lembrei: "Eu conheci um homem daqui que é irmão do Filinto Müller". Aí esse Borgman, o único sujeito que eu conhecia lá, falou: "Irmão? Como é que ele se chama?". Por acaso ele estava passando com a mulher. O Borgman disse: "Eu vou lá chamá-lo". "Não", eu respondi. "Eu não quero não, por favor, não chame." "Você não quer, então eu não chamo, ele ia gostar muito, mas está bem, não vou chamá-lo." Então, não foi chamar, mas, aí como sabiam que eu ia comprar o museu, o irmão do Filinto Müller mandou um sujeito, chefe de Gabinete dele, me visitar e conversar comigo. Ele me disse que esse irmão do Filinto Müller "gostava muito de ler, de cultura, de conversar". Eu então respondi: "Qual a hora melhor [para ir vê-lo], eu faço uma visita, se ele está interessado em conversar comigo...". Eu queria facilitar. Ele respondeu: "Só depois de cinco horas em diante porque aí acaba o expediente e ele pode conversar à vontade". "Então vamos amanhã", respondi. O Borgman disse: "Eu vou junto com você, eu me dou muito com ele". Então fomos. Quando eu entrei naquela

---

[81] Sérgio Buarque de Holanda publicou *Monções* em 1945. Trata-se de uma coletânea de textos sobre as expedições bandeirantes feitas pelos rios do Sudeste e do Centro-Oeste do Brasil, nos séculos XVIII e XIX, cujo objetivo era encontrar metais preciosos e outras riquezas. Esses rios tinham a vantagem de desaguar no interior do país, como o rio da Prata e o rio Paraguai, permitindo à navegação seguir seu curso. Como consequência das monções, reduções e bandeiras, dá-se a grande dimensão territorial brasileira.

sala, uma sala grande, notei que o sujeito ficara inteiramente diferente, antes ele era moreno, agora estava com uma cara de alemão, vermelho, à paisana, cabelo branco, um sujeito assim, manco, veio com uma bengala, como eu. O sujeito tinha dito, aliás, que o Müller era engenheiro, engenheiro da Noroeste e teve uma briga, levou um tiro numa coxa, não sei o quê, de modo que andava assim. Eu disse: "Eu comecei a ver seu nome em jornais, como político". Ele respondeu: "Ah, eu não quero mais saber disso não, eu não vou com o fascismo, eu fazia esse negócio de fascismo lá em São Paulo; no primeiro momento que comecei a sentir isso, eu larguei qualquer posição". Logo, não é toda a família, não é? Chegou o sujeito...

É, não se pode julgar. Rita, a filha do Filinto Müller,[82] é uma mulher determinada, o marido, diplomata, teve um problema seríssimo de saúde, um AVC, ou coisa assim, jovem ainda. Ela sofreu muito, cuidando do marido. Ele morreu recentemente.
Mas o Pedro Müller disse assim mesmo. "O regime fascista de fazer [...], eu sou contra isso, não quero saber, não quis mais saber...".

Pois é, irmão do Filinto Müller.
Irmão do Filinto, irmão mais velho, você não faz ideia.

Ah, mas numa família as pessoas são tão diferentes, não se pode...
Agora apareceu um Müller de Almeida, contra o governo. Interessante. Deve ser parente deles, de Mato Grosso.

É capaz de ser.
Deve ser. Porque tinha vários irmãos, tinha um Júlio Müller,[83] que foi interventor lá.

Acho difícil compreender a personalidade do Getúlio, e também, no momento que estamos passando, os militares. Nesse episódio [do Riocentro] e

---

[82] Rita Müller. Psicanalista, filha de Filinto Müller.
[83] Júlio Strübing Müller (Mato Grosso, MT, 1895- ?). Advogado, político, casado com Maria de Arruda Müller. Foi prefeito de Cuiabá (1930-32), governador do Mato Grosso (1937) e imediatamente após interventor federal, até de 8 de novembro de 1945.

no governo anterior, do Médici,[84] *eles sabiam das coisas que eram praticadas. O Geisel,*[85] *apesar de ser um homem do governo militar, com uma série de defeitos, equivocado, era um homem que tinha peito, coragem. Quando houve a morte do Vladimir Herzog*[86] *e depois a daquele operário, o*

---

[84] Emílio Garrastazu Médici (Bagé, RS, 1905-Rio de Janeiro, RJ, 1985). Militar e político, foi presidente do Brasil entre 30 de outubro de 1969 e 15 de março de 1974, durante a ditadura militar. Obteve a patente de general de exército, foi a favor da Revolução de 30 e contra a posse de João Goulart em 1961. Em abril de 1964, por ocasião do golpe militar de 1964 — ou revolução de 1964, na visão dos militares —, Médici era o comandante da Academia Militar de Agulhas Negras. Posteriormente foi nomeado adido militar nos Estados Unidos e, em 1967, sucedeu a Golbery do Couto e Silva na chefia do Serviço Nacional de Informações (SNI). No SNI, permaneceu por dois anos e apoiou o AI-5 em 1968. Em 1969, foi nomeado comandante do III Exército, com sede em Porto Alegre. Com o afastamento definitivo do presidente Costa e Silva, assumiu a presidência da república uma junta militar por um período de um mês, a qual fez uma consulta a todos os generais do exército brasileiro, que escolheram Médici como novo presidente da república.

[85] Ernesto Beckmann Geisel (Bento Gonçalves, RS, 1907-Rio de Janeiro, RJ, 1996). Político e militar, tendo sido 29º presidente do Brasil de 1974 a 1979. Filho de imigrantes luteranos alemães, estudou no Colégio Militar de Porto Alegre, formando-se oficial na Escola Militar de Realengo. Ingressou na carreira política ao ser nomeado chefe da Casa Militar do governo do presidente Castelo Branco em 1964. Fez parte do grupo de militares castelistas que combateram a candidatura do marechal Costa e Silva à presidência da República. Castelo promoveu-o ainda a general de exército em 1966 e nomeou-o ministro do Superior Tribunal Militar em 1967. No governo de Emílio Médici, tornou-se presidente da Petrobras, enquanto seu irmão Orlando Geisel tornara-se ministro do Exército; o apoio de Orlando foi decisivo para que Médici o escolhesse como candidato à Presidência, em 1974, pela Aliança Renovadora Nacional (Arena), vencendo a eleição, com 400 votos (84,04%), contra a chapa oposicionista Ulysses Guimarães/Barbosa Lima Sobrinho do MDB, que obteve 76 votos (15,96%). Seu governo foi marcado pelo início de uma abertura política e amenização do rigor da ditadura militar brasileira, onde encontrou forte oposição de políticos chamados de linha-dura. Durante sua incumbência, ficaram marcados os seguintes acontecimentos: divisão de Mato Grosso e criação do Mato Grosso do Sul, reatamento de relações diplomáticas com a República Popular da China, reconhecimento da independência de Angola, realização de acordos nucleares com a Alemanha Ocidental, início do processo de redemocratização do país, extinção do AI-5, grande adiantamento da construção da Usina Hidrelétrica de Itaipu. Em sua vida pós-presidência, Geisel manteve influência sobre o Exército ao longo da década de 1980 e, nas eleições presidenciais de 1985, apoiou o candidato oposicionista vitorioso Tancredo Neves, o que caracterizou a diminuição das resistências a Tancredo no meio militar.

[86] O assassinato de Herzog é um dos mais emblemáticos casos de violação de direitos humanos na ditadura. Em outubro de 1975, o então redator da TV Cultura de São Paulo foi detido para depor sobre suas ligações com os movimentos de resistência à ditadura e apareceu morto no dia seguinte, no quartel-general da polícia política. Militares apresentaram sua morte como suicídio, forjando uma foto na qual Herzog aparece enforcado na cela. Mas depoimentos de outros presos e as evidências fornecidas pela própria foto apontam que ele foi espancado, torturado e morto pelos agentes da repressão. *O Globo*, sexta-feira, 30 mar. 2012.

Fiel Filho,[87] *no mesmo dia ele tomou um avião e veio para São Paulo. Já houvera antes a morte do Rubens Paiva...*[88]
Ele veio primeiro com o Herzog, não é?

De fato.
Chegou lá, teve uma discussão com gente militar, foi para Brasília, depois, quando aconteceu a morte do Fiel Filho, ele demitiu o comandante do II Exército, demitiu o homem sumariamente.[89]

Exato.
Sem dar explicações.

Demitiu e depois é que ele comunicou... televisão... [a entrevista é interrompida para assistirmos à TV e às notícias sobre o atentado do Riocentro] *Agora,*

---

[87] Manuel Fiel Filho (Quebrangulo, AL, 1927-São Paulo, SP, 1976). Operário metalúrgico morto por tortura durante a ditadura militar. Foi preso em 16 de janeiro de 1976, ao meio-dia, na fábrica onde trabalhava, a Metal Arte, por dois agentes do DOI-Codi/SP, que se diziam funcionários da Prefeitura, sob a acusação de pertencer ao Partido Comunista Brasileiro. No dia seguinte os órgãos de segurança emitiram nota oficial afirmando que Manuel havia se enforcado em sua cela com as próprias meias, naquele mesmo dia 17, por volta das 13 horas. O corpo apresentava sinais evidentes de torturas, em especial hematomas generalizados, principalmente na região da testa, pulsos e pescoço. As circunstâncias da sua morte são idênticas às de Alexandre Vannucchi Leme e Vladimir Herzog. As evidentes torturas feitas a ele dentro do II Exército de São Paulo provocaram o afastamento do general Ednardo d'Ávila Melo, ocorrido três dias após a divulgação da sua morte. O exame necroscópico, solicitado pelo delegado de polícia Orlando D. Jerônimo e assinado pelos médicos legistas José Antônio de Melo e José Henrique da Fonseca, confirma a versão oficial. Segundo relato de sua esposa, no dia seguinte de sua prisão, um sábado, às 22 horas, um desconhecido, dirigindo um Dodge Dart, parou em frente à sua casa e, diante de sua mulher, suas duas filhas e alguns parentes, disse secamente: "O Manuel suicidou-se. Aqui estão suas roupas". Em seguida, jogou na calçada um saco de lixo azul com as roupas do operário morto. Sua mulher então teria começado a gritar: "Vocês o mataram! Vocês o mataram!" Em documento confidencial encontrado nos arquivos do antigo Dops/SP, seu crime seria receber o jornal *Voz Operária*. A entrega de corpo à família só foi realizada com a condição de que os parentes o sepultassem o mais rapidamente possível e que não se falasse nada sobre sua morte.
[88] Rubens Paiva desapareceu quando estava dentro de instalações do I Exército, no Rio, em 1971.
[89] Ednardo D'Ávila Mello (Rio de Janeiro, RJ, 1911-Rio de Janeiro, RJ, 1984). General de exército, assumiu diversos cargos de destaque, mas foi como comandante do II Exército que recebeu notoriedade. Em 19 de janeiro de 1976, foi exonerado pelo presidente Ernesto Geisel do comando do II Exército, posto que ocupava desde 1974, depois das mortes do jornalista Vladimir Herzog e do operário Manoel Fiel Filho nas dependências do DOI-Codi, em São Paulo, unidade até então subordinada a ele.

o Figueiredo,[90] vocês vejam, amanhã está fazendo uma semana que o atentado[91] aconteceu e nada foi esclarecido...
MA: Eu estou prestando atenção na televisão...

Onze horas... A senhora sabe que dois netos do Tancredo estavam lá? Ia haver uma chacina de adolescentes, uma verdadeira chacina...
MA: Dois netos. Uma coisa horrorosa.

Bom, já se passou uma semana.
Você esteve com essa neta do Tancredo [Neves]?

Não, não, eu soube porque a filha do Tancredo tem casa lá na avenida Ipiranga também.
Sei.

---

[90] Ver nota 34, entrevista com Antonio Houaiss.
[91] Em 1981, comandava a Polícia Militar do Rio de Janeiro o coronel Nilton Cerqueira quando uma bomba explodiu no colo de um sargento do DOI-Codi e estripou um capitão no estacionamento do Riocentro.

Posfácio[1]

Fernando de Azevedo ocupa lugar de destaque na história da educação no Brasil. Estudar o pensamento azevediano, em especial suas reflexões sobre as relações entre educação e mudança social, é o objetivo deste livro. Ao fazê-lo, fui, aos poucos, insensivelmente, traçando também uma biografia intelectual do sociólogo educador, de tal maneira a dedicação aos problemas da educação e sua própria vida estão imbricadas.

Objeto de condenação sumária por críticas tanto à direita quanto à esquerda, Fernando de Azevedo, por suas ideias e por sua ação, esteve adiante da maioria dos educadores do seu tempo, levantando as bandeiras históricas da burguesia progressista e liberal. Atualíssimas são as suas indagações sobre a natureza e finalidades da educação em um Brasil em processo de transformação e inserção no modo de produção capitalista como nação periférica e dependente. Por isso, o sociólogo educador teve de enfrentar a oposição daquela parte da *intelligentsia* que persiste, via de regra, em operar com ideologias incompatíveis com o capital industrial.

Ao pensar um projeto de reconstrução nacional, viu na democratização da educação um meio eficaz para alcançar tal fim. As transformações, entretanto, seriam de dois níveis. Uma, interna, do próprio sistema educacional, transfor-

---

[1] Introdução ao livro de Maria Luiza Penna. *Fernando de Azevedo: educação e transformação*. São Paulo: Perspectiva, 1986. Prefácio de Durmeval Trigueiro Mendes.

mação essa que deveria resultar da íntima ligação da escola com o meio social e não apenas burocrático-administrativa.

Por outro lado, Fernando de Azevedo percebe que, sem uma modificação no mecanismo ou sistema econômico, em que reside a base de toda política de planejamento social — no qual inclui a educação —, uma obra educacional não tem possibilidade de ser eficaz. Não há, de fato, virtude (ou saber) sem um mínimo de condições materiais. Por isso pensa a educação como problema político e, em última análise, filosófico e ético. O tema, portanto, leva a várias interrogações, como todos os temas filosóficos.

Parece difícil estudar Fernando de Azevedo sem ser sensível ao fato de que ele abordou de maneira criativa problemas candentes da realidade educacional brasileira, exercendo uma liderança rara nesse campo, feita ao mesmo tempo de inteligência e coragem, mantendo, ao longo dos anos, fidelidade a seus ideais e às instituições. Abridor de caminhos, seu pensamento não é apenas o de um homem que se quis filósofo da educação, mas o de um reformador que tentou transformar suas ideias em ação. Caminho original, percorrido provavelmente ao preço de extrema tensão interior, o deste visionário, cujas ambiguidades são talvez inerentes a uma época de transição, marcada por contradições.

Ao refletir sobre a possibilidade de a educação atuar como fator de transformação, suas ideias conduzem a questões como a da educação das massas e formação das elites, seu papel, a questão dos vínculos entre educação e sociedade, a ação recíproca de uma sobre a outra, a correlação entre a pedagogia clássica e o humanismo, e deste, enfim, com o que qualificou de neo-humanismo.

Superou, assim, o tabu do humanismo clássico ao reorientá-lo em direção a um neo-humanismo pedagógico que preparasse a sociedade brasileira para a construção do bem comum e ao introduzir na sua visão do humano o conceito de progresso. Tem, sob esse último aspecto, a visão otimista do século XIX, achando que o conhecimento científico levaria a uma mudança, para melhor, da realidade, e a uma modificação adequada das realizações sociais, rumo ao socialismo e aos grandes ideais humanitários. Nessa perspectiva, confere às universidades uma função importante de coração cultural do país, centros irradiadores do verdadeiro humanismo, feito de espírito científico, de reflexão, exame e crítica constantes, na vanguarda do processo social brasileiro.

Está-se diante de um pensamento extremamente complexo, não só pelo alcance das questões tratadas, mas também pelos sucessivos contextos históricos que servem de pano de fundo a seu pensamento. Por isso suas ideias não são nunca estáticas e seu evolver comporta inúmeras revisões, realizando-se através de processos e caminhos. Não por acaso, inúmeros livros e artigos seus têm como título principal a palavra caminho. Pensá-lo será, no caso, ver de que se trata naquele momento, que conceitos foram pensados e revistos, as lacunas, as oposições e interpenetrações possíveis entre esses conceitos.

Intelectual de uma época de transição, seu pensamento reflete, em muitos pontos, as dificuldades de nossa realidade em mudança — industrialização incipiente, Revolução de 30, estabelecimento do Estado Novo, seu término em 1945, ao findar a Segunda Guerra Mundial —, mas também as contradições de um mundo em que surgiam regimes totalitários onde predominavam a força e o arbítrio. Nessas condições procurou pensar o Brasil com os instrumentos e as categorias que lhe pareceram mais adequados e com os quais realizou uma tomada de consciência da realidade educacional brasileira, suas especificidades, tendências, conflitos e necessidades. Mas Fernando de Azevedo foi além, procurando refletir, ao longo de sua vida, e durante épocas conturbadas, sobre todos os problemas por que o país passou.

Sua produção intelectual mais importante situa-se entre 1926 e meados da década de 1960. Por isso a obra de Fernando de Azevedo não apresenta aquela unidade de concepção, própria das categorizações sistemáticas, perceptíveis facilmente em uma superfície lisa e inteira. Espelho que se partiu, mostra, reconstituído nos seus inumeráveis pedaços de formas e cores variadas, as ideias, vontades e aspirações do momento em que viveu seu autor e sua tomada de posição.

A época tudo admite: são as grandes ideias em educação, é a visão megalópica, global, da sociedade brasileira e seus problemas, é o tempo da ortopedia pedagógica, física e espiritual (o culto da energia), os dispositivos mais diversos, a visão em grande, a marcha para o oeste, o avanço, o esforço de territorialização, o estrangulamento das diferenças, das visões "unilaterais", o Estado, grande demiurgo, *pater omnipotens*, fortalecendo-se em função dos conceitos de coesão e unidade nacionais.

Situado entre duas épocas — a das velhas tradições, que procurou romper, e a que se iniciou com a entrada do Brasil em um novo processo de modernização, após a Primeira Guerra Mundial e que coincide com o começo de sua carreira, na administração do ensino no Distrito Federal, de 1926 a 1930 —, Fernando de Azevedo foi fiel à ideia de que uma revolução de mentalidades é o passo mais importante para uma mudança de estruturas. Para isso muito contribuiu sua visão simultaneamente sintética, megalópica, como dizia, do Brasil, e analítica, na medida em que estava consciente das diferenças e contradições que o país apresentava e que se mostravam também na educação, processo por excelência de transmissão ideológica. Não lhe escapou que transformações na área da educação dificilmente ultrapassam determinado limite, porque há formas de controle ideológico, sutis ou indiretas, mas não menos eficazes, sobre a escola. Uma delas é a de distanciar a escola dos cenários sociais onde se insere. Apesar disso, ou talvez por causa disso, preocupou-se, desde moço, com os problemas sociais, acreditando até o fim de sua vida, "por necessidade e reflexão", que o mundo caminhava para sua progressiva socialização.

Não achou impossível, republicano e liberal, uma conciliação da justiça social com a liberdade, do socialismo com as ideias e instituições democráticas: nessa conciliação deverão concentrar-se todos os seus esforços. De um racionalismo radical, procurou pensar cada um dos problemas que lhe pareciam essenciais de modo completo, relacionando tudo com tudo, não omitindo quaisquer aspectos das questões educacionais do seu tempo.

Tendo tido uma formação clássica — estudou, depois de terminar o ginásio jesuíta em Friburgo, cinco anos no Seminário da mesma ordem, em Campanha (MG) —, dedicou os primeiros anos de sua vida profissional ao ensino da literatura, do latim e ao jornalismo, com especial ênfase nos assuntos literários. Sendo ligado ao grupo do jornal *O Estado de S. Paulo*, cujo núcleo era formado por uma elite de intelectuais liberais, foi convidado a realizar um inquérito sobre a educação no Brasil, em 1926. Esse inquérito foi fundamental porque lançou Fernando de Azevedo como o grande perito em educação. Por essa época, enveredou, como autodidata, pelos caminhos da sociologia e dos problemas da educação por sentir que eram de maior urgência para o Brasil. A princípio um intelectual de cultura clássica, aos poucos foi se atualizando com o pensamento social de sua época e com a necessidade de um embasamento científico. As afinidades eletivas de Fernando de Azevedo, como também as de Júlio de Mesquita Filho, seu incentivador à época do Inquérito de 26, e com quem manteve um diálogo ininterrupto, inclinavam-se para o pensamento de Durkheim e a sociologia francesa. Não por acaso, um dos seus primeiros livros, *No tempo de Petrônio*, já revela talento e sensibilidade sociológica para analisar uma época de decadência e perda de valores. Como os antigos gregos, Fernando de Azevedo não pensou a educação como arte formal ou teoria abstrata apenas, mas como algo imanente à própria estrutura histórica e objetiva da vida espiritual de uma nação, manifestando-se de modo exemplar na literatura, expressão real de toda a cultura.

Paradoxalmente, esse crítico literário de estilo clássico, muitas vezes retórico, retratista exímio, não modernista, será um opositor feroz da clássica escola burguesa, cujo ensino considerava elitista, fazedora de bacharéis e letrados. Seu sonho será a realização de uma Grécia clássica nova, *à la* Lunacharsky, um novo humanismo. Trata-se de "um antropocentrismo refletido, que partindo do conhecimento do homem tem por objeto a valorização do homem": tudo o que desperta o sentimento de solidariedade humana e concorre para facilitar a circulação do homem no mundo humano. Não é uma negação dogmática do passado, mas processo de recuperação crítica, ligação entre passado e presente, *timebinder*, mas também gerador do futuro em um esforço para o universal e a verdade.

Assim se delineia a atitude que parece mais característica de Fernando de Azevedo. Não sem razão, a alegoria da caverna de Platão é, ao mesmo tempo, um discurso sobre "a essência da educação (e da deseducação) e da verdade". Educação e verdade cristalizam-se também em Fernando de Azevedo numa identidade essencial. Por isso, qualifica-se de crítico idealista. Percorrendo sua extensíssima obra, suas tentativas muitas vezes frustradas de implantar, na realidade, uma educação nova, dentro de um processo de reconstrução nacional, tem-se a impressão de que suas teorizações e esforços de pensamento se constituem em uma "ação travada".

Vale dizer que, se com ideias se constrói a ciência, se estabelecem relações lógicas, se criam modelos ideais, é preciso refletir e pensar incansavelmente sobre os enigmas que a realidade apresenta. Essa exigência obstinada de racionalidade, entretanto, é apenas um momento, necessário e insubstituível, do pensamento azevediano. Grande intelectual, não é apenas um teórico, criador dos "grandes ideais da educação". A volta ao real significa, para ele, constatar a necessidade de uma luta reformista na esfera da educação, de uma radical mudança de mentalidade, uma nova visão de mundo, fundamentada no conhecimento e servindo como instrumento eficaz para uma ação consciente.

Ação travada, também, porque nunca conseguiu concretizar de fato seus planos para uma "revolução copérnica" na esfera da educação. Acreditando numa via democrática para a socialização da educação, não aceita, entretanto, a possibilidade de uma "evolução natural" para que isso se concretize. Estudioso da nossa cultura, percebe que sem uma modificação de mentalidade não haverá uma real transformação da vida social porque, para ele, a cultura é uma forma de ser que determina em aspectos fundamentais a consciência. Daí a sua ênfase na necessidade da organização da cultura — e a universidade ocupará para Fernando de Azevedo um espaço fundamental — com vistas à intervenção no desenvolvimento político e econômico. Percebe-se, entretanto, no decorrer de seu pensamento, uma oscilação entre a afirmação da necessidade de liberdade e um autoritarismo que se poderia qualificar de progressista. Nisso, ele certamente se enquadra na tradição autoritária brasileira, não tendo sido insensível à pregação de um Estado forte, ou seja, de um Executivo forte, como solução para os problemas do Brasil, embora aceitando o princípio da autonomia para os Poderes Judiciário e Legislativo.

A inquietação permanente diante de problemas e suas soluções, entretanto, compensou o autoritarismo imanente à sua personalidade e ao seu tempo. Este tufão lúcido buscava a luz permanentemente. Tateando, tentando ultrapassar o presente, desejando realizar, agora, pela ação, um futuro ideal.

Duas linhas parecem confluir para a formação de sua personalidade e não pouco contribuíram para isso sua experiência pessoal de vida e obstinada reflexão: a via ética e a via da razão. Ambas não absolutas, situadas na concretude de uma existência histórica contraditória, ambígua, mas nem por isso formas menos acertadas de um agir responsável. No cenário brasileiro, aliás, excluindo evidentemente os meros burocratas, que grande educador não é figura controvertida?

Se Paul Valéry acerta ao dizer que criar sem dificuldades e criticar sem medida é um jogo perigoso, por nos levar inevitavelmente ao desconhecimento, tentou-se elaborar esta biografia intelectual sem cair na armadilha. Tentei compreender um homem, suas ideias, num contexto histórico extremamente complexo e que até hoje surpreende os estudiosos.

O livro se inicia com pequena crônica de uma longa vida, destacando os pontos essenciais de trajetória originalíssima, rica de iniciativas. Fernando de Azevedo viveu, porém, sob muitos aspectos, uma existência pessoal trágica, tomado frequentemente por profunda depressão e sofrendo o infortúnio de perder dois filhos em plena juventude e um genro, comandante Murilo Ribeiro Marx, por quem curtia sincera afeição, casado com Lollia, filha querida.

Suas reflexões e sua ação na esfera da educação, tanto no Distrito Federal quanto em São Paulo, levaram à divisão do livro em duas partes.

A primeira, com seis seções. Na primeira seção analisou-se a configuração da consciência azevediana, seus objetivos éticos e sociais, a importância da razão e da imaginação em seu pensamento.

O Projeto Azevediano de Educação constituiu-se no segmento mais extenso (segunda seção). Nela estuda-se a necessidade de uma nova mentalidade, capaz de compreender as funções de uma sociedade moderna, refazendo a ordem de prioridades educacionais, de acordo com essas novas funções, as relações entre educação e política, a importância do inquérito de 1926, a experiência administrativa no Distrito Federal, a concepção da escola do trabalho, a escola-comunidade. Líder intelectual nato, foi escolhido para redigir o Manifesto dos Pioneiros da Escola Nova, em 1932, movimento cuja importância até hoje é inspiração e bússola para se estudar os princípios de uma educação democrática e que retira suas raízes da experiência azevediana no Distrito Federal.

A terceira seção examina a visão do sociólogo educador em relação à questão das elites e participação. Unindo-se a Júlio de Mesquita, Fernando de Azevedo foi um dos principais fundadores da Universidade de São Paulo (USP) e redator de seus estatutos. Ali, exerceu o magistério por mais de 40 anos, ocupando a cadeira de sociologia. Ao criar uma verdadeira escola no campo das ciências sociais, formou um grupo de discípulos que se destacam entre os mais notáveis nas suas especialidades. A existência dessa continuidade, aliás, dá a moldura essencial a qualquer instituição que queira contribuir para a criação de uma tradição de produtividade e eficácia em qualquer campo da ciência e do pensamento humano. Foi, por isso, nas palavras do professor Antonio Candido de Mello e Souza, "a viga mestra da Universidade de São Paulo".

A quarta seção trata do neo-humanismo de Fernando de Azevedo, no qual se fundamenta uma nova concepção de vida, a nova mentalidade, essenciais para seu projeto de Reconstrução; a quinta procura analisar as condições de possibilidade de a educação atuar como agente de mudança social e a sexta seção, por fim, é uma tentativa de conclusão.

Na medida em que grandes excertos de seus livros são analisados detalhadamente no decorrer do meu trabalho, optei, na segunda parte, por outros documentos importantes de sua trajetória intelectual, como o projeto de um livro que tencionava escrever: *Miséria da escola e escola da miséria*; ali também está parte de sua fascinante correspondência com educadores e intelectuais. Acrescentei, ao fim, a lista das pessoas entrevistadas, uma bibliografia e o índice onomástico.

Como base de pesquisa utilizaram-se os textos de suas obras publicadas e o riquíssimo acervo fornecido por sua correspondência, seus discursos, manifestos. Inestimáveis foram também as entrevistas com assistentes, amigos e outras pessoas que de uma forma ou de outra cruzaram seu caminho ou se interessaram por sua atuação. Aos que me concederam entrevistas, roubando de seu tempo uma parcela preciosa, o nosso muito obrigada. Não poderia deixar de agradecer também o constante estímulo de Eduardo Jardim de Moraes, orientador da tese de mestrado — PUC, Rio de Janeiro —, inspiração para este livro, e a Alberto Venancio Filho, que me incentivou a estudar Fernando de Azevedo.

O método empregado derivou-se exclusivamente dos problemas que o pensamento de Fernando de Azevedo parece levantar. Por isso, optou-se pela reflexão e crítica, instrumentalizando-se as citações e pontuando-as com algumas observações e indagações. Comentar criticamente, entretanto, não significa apenas apontar falhas, julgar. Significa debater, questionar, mantendo o respeito pelo objeto da crítica, não por subserviência, mas porque há sempre uma parcela de verdade no objeto criticado. A atitude filosófica adequada, nesse caso, seria, parafraseando Wittgenstein, a de elaborar e pensar os problemas como problemas e não como doenças.

Biografias

Abgar Renault

Nasceu em Barbacena, em 15 de abril de 1901, e faleceu no Rio de Janeiro, em 31 de dezembro de 1995. Professor, educador, político, poeta, ensaísta e tradutor brasileiro. Ocupou a cadeira 12 da Academia Brasileira de Letras e a cadeira 3 da Academia Brasileira de Filologia. Filho do professor Leon Renault e de Maria José de Castro Renault. Casou-se com Ignez Caldeira Brant Renault.

Sua formação escolar deu-se toda em Belo Horizonte, onde começou a exercer o magistério. Entrou para a Faculdade de Direito em 1919. No Rio de Janeiro, foi professor de literatura inglesa na Universidade do Distrito Federal (UDF) e de inglês na Pontifícia Universidade Católica (PUC), na Faculdade de Filosofia Santa Úrsula, na Faculdade de Filosofia do Instituto Lafayette e no Colégio Pedro II. Fundador e professor de literatura inglesa na Faculdade de Filosofia da Universidade Federal de Minas Gerais (UFMG), de 1950 a 1967.

Como deputado estadual e assessor do governo mineiro, participou ativamente das grandes reformas educacionais dos anos 1930. Diretor-geral do Departamento Nacional de Educação no Ministério Capanema, tomou iniciativas pioneiras, depois ampliadas em suas realizações como secretário da Educação de Minas Gerais e ministro da Educação do governo Nereu Ramos. O exercício dessas funções foi sempre pontuado por medidas inovadoras, como a criação do fundo escolar, a instituição de concursos públicos para professores e a fundação de centros de pesquisa e de pós-graduação. Levada ao campo internacional, a atuação de Abgar, repetidas vezes representante do Brasil na Unesco, alinhou-se com alguns dos passos mais avançados desse organismo.

Participou, ao lado de Carlos Drummond de Andrade, Emílio Moura, Mário Casassanta, Milton Campos, Cyro dos Anjos, Aníbal Machado, Alphonsus de Guimaraens Filho, Murilo Mendes e outros, do movimento modernista mineiro. Como poeta destaca-se ora com uma face barroca, ora como um paisagista mostrando também preocupação social. Denominador comum de sua poesia são as ideias de ausência, perda, desintegração, desprendimento, morte, privação, carência, mas seu verdadeiro tema é o tempo fugidio, fragmentário e o "doloroso sentimento de perda e morte". Sua obra literária inclui: *A lápide sob a lua* (1968), *Sonetos antigos* (1968), *Sofotulafai* (1972), *A outra face da lua* (1983), *Obra poética* (1990), *Poesia — tradução e versão* (1994). Sua poesia tem sido incluída em numerosas antologias. Dentre suas traduções destacam-se as de Rabindranath Tagore: *A lua crescente* (1942), *Colheita de frutos* (1945) e *Pássaros perdidos* (1947), e a de Jules Supervielle, *O boi e o jumento do presépio* (1964). Registrou todos os seus estudos e reflexões em diversos ensaios, como *A palavra e a ação* (1952) e em *Missões da universidade* (1955), "A Alarmante questão do Ensino Secundário" (*O Jornal*, 1928), A aventura modernista com introdução de Fábio Lucas (Conferência, 2002); suas "Cartas a Ignez Brant" estão ainda inéditas.

Antonio Candido de Mello e Souza

Nasceu no Rio de Janeiro a 24 de julho de 1918. Escritor, sociólogo e professor universitário. Estudioso da literatura brasileira e estrangeira, possui obra crítica extensa. À atividade de crítico literário soma-se a atividade acadêmica, como professor da Faculdade de Filosofia, Letras e Ciências Humanas da Universidade de São Paulo. É professor emérito da USP e da Unesp, e Doutor *Honoris Causa* da Unicamp. Foi casado com Gilda de Mello e Souza, professora de estética no Departamento de Filosofia da Faculdade de Filosofia, Letras e Ciências Humanas da Universidade de São Paulo. Falecida em 25 de dezembro de 2005, Gilda era sobrinha do escritor Mário de Andrade, cuja obra ela estudou, especialmente em *O tupi e o alaúde*.

Antonio Candido concluiu seus estudos secundários na cidade de Poços de Caldas, Minas Gerais, e ingressou na recém-fundada Universidade de São Paulo em 1937, simultaneamente nos cursos de ciências sociais, na recém-fundada Faculdade de Filosofia e Letras e na de direito, não chegando a colar grau neste último. Nos anos de estudo universitário, conheceu Décio de Almeida Prado, Paulo Emílio Salles Gomes, Florestan Fernandes, Lourival Gomes Machado, Alfredo Mesquita, Ruy Coelho e Gilda de Moraes Rocha — sua futura mulher, com os quais funda a revista *Clima*, cabendo a Antonio Candido escrever sobre literatura. Graduou-se em 1941 e naquele ano disputou uma vaga de professor de literatura brasileira na mesma Universidade, o que, pelas regras então vigentes, garantiu-lhe o título de livre-docente em literatura brasileira. Iniciou, em 1942, sua carreira de professor universitário como assistente na cátedra de sociologia II, regida por Fernando de Azevedo, onde foi colega de Florestan Fernandes. Obteve o título de doutor em sociologia em 1954, quando defendeu a tese, publicada depois em livro, sobre *Os parceiros do Rio Bonito: estudo sobre a crise nos meios de subsistência do caipira paulista* (1964).

Paralelamente às atividades literárias, militou no Partido Socialista Brasileiro e participou do Grupo Radical de Ação Popular, integrado também por Paulo Emílio Salles Gomes, Germinal Feijó, Paulo Zingg e Antônio Costa Correia, editando um jornal clandestino, de oposição ao governo Getúlio Vargas, chamado *Resistência*. Posteriormente, participou do processo de fundação do Partido dos Trabalhadores, ao qual é filiado até hoje.

A partir de 1943 passou a colaborar com o jornal *Folha da Manhã*, em que escreveu diversos artigos e resenhou os primeiros livros de João Cabral de Melo Neto e Clarice Lispector.

Em 1945, obteve o título de livre-docente com a tese *Introdução ao método crítico de Sílvio Romero* e, em 1954, o grau de doutor em ciências sociais com a tese *Parceiros do Rio Bonito*, ainda hoje um marco nos estudos brasileiros sobre sociedades tradicionais. Entre 1958 e 1960 foi professor de literatura brasileira na Faculdade de Filosofia de Assis, hoje integrada à Universidade Estadual Paulista.

Em 1961 regressou à USP e, a partir de 1974, torna-se professor titular de teoria literária e literatura comparada da Faculdade de Filosofia, Letras e Ciências Humanas (assim denominada a partir de 1970) da USP, sendo responsável pela formação de grande parte da intelectualidade nacional, direta ou indiretamente. Entre seus discípulos estão Antônio Lázaro de Almeida Prado, Fernando Henrique Cardoso, Roberto Schwarz, Davi Arrigucci Jr., Walnice Nogueira Galvão, João Luiz Lafetá e Antônio Arnoni Prado, entre outros.

Aposentou-se em 1978, todavia manteve-se ainda como professor do curso de pós-graduação até 1992, ano em que orientou a última tese, a do crítico mexicano Jorge Ruedas de La Serna e crítico atuante não só na vida literária, como também na política. Recebeu o Prêmio Camões em 1998.

Antônio Houaiss

Nasceu no Rio de Janeiro em 15 de outubro de 1915. Faleceu no Rio de Janeiro em 7 de março de 1999. Intelectual, filólogo, escritor, crítico literário, tradutor, diplomata e ministro da Cultura.

Houaiss era o quinto de sete filhos de um casal de imigrantes libaneses, Habib Assad Houaiss e Malvina Farjalla, radicados no Rio de Janeiro. Com 16 anos, começou a lecionar português, atividade que exerceu durante toda a sua vida.

Ocupou diversos cargos importantes como presidente da Academia Brasileira de Letras, ministro da Cultura durante 11 meses no governo do presidente Itamar Franco entre os anos de 1992 e 1993 e membro da Academia das Ciências de Lisboa. A revista *Veja* chegou a defini-lo como o "maior estudioso das palavras da língua portuguesa nos tempos modernos".

Autor de 19 livros, Houaiss organizou e elaborou as duas enciclopédias mais importantes já feitas no Brasil, a *Delta-Larousse* e a *Mirador internacional*. Publicou dois dicionários bilíngues inglês-português, organizou o *Vocabulário ortográfico da língua portuguesa*, da Academia Brasileira de Letras. Entre seus trabalhos de tradução está o romance *Ulisses* de James Joyce.

Em 1986, Houaiss iniciou, tendo como coautor Mauro de Salles Villar, o mais ambicioso projeto de sua vida — o *Dicionário Houaiss da língua portuguesa* —, assumindo o desafio de publicar o mais completo dicionário da língua, só concluído após a sua morte e levado a cabo pelo grupo chefiado por Mauro Villar, hoje reunido no Instituto Antônio Houaiss de Lexicografia, com sede no Rio de Janeiro, e na Sociedade Houaiss Edições Culturais, sediada em Lisboa.

Arquimedes de Melo Neto

Nasceu em 28 de agosto de 1915, em Limoeiro (PE), e morreu em 3 de agosto de 1998, no Rio de Janeiro (RJ).

Ameaçado de morte pelo interventor de Pernambuco, Agamenon Magalhães, devido às suas ideias anarquistas, muda-se para o Rio de Janeiro onde, sob a orientação de Ana Amélia Carneiro de Mendonça, participa da fundação da Casa do Estudante do Brasil, onde conhece Maria Luiza Dória Bittencourt, com quem se casa. Com ela viveu mais de 50 anos numa simbiose intelectual, afetiva e moral, participando o casal de todos os movimentos políticos brasileiros de seu tempo, com a coragem e a hombridade que o tempo amadureceu. Advogada, companheira de Bertha Lutz nas campanhas feministas, deputada, foi presa na Bahia, em 1937, após discurso pela democracia na Câmara dos Deputados pós-golpe de Getúlio Vargas. Maria Luiza faleceu em 7 de março de 2001.

Pertinaz adversário da ditadura de Salazar, publicou obras de Samora Malcher e Agostinho Neto, como forma de participar da luta africana contra o colonialismo.

Por opção, o principal combate de doutor Arquimedes se fez no campo editorial. Segundo declaração de Ana Amélia, a Editora da Casa do Estudante do Brasil foi "ideada, planejada e realizada por Arquimedes de Melo Neto, em 1940" (Gilberto Freyre et al. *Temas brasileiros*. Rio de Janeiro: Livraria Editora Casa do Estudante do Brasil, 1967). Não foi homem de filiação partidária, embora tenha-se mostrado fiel às ideias anarquistas, entendidas como ética humana para substituir o que ele denunciava como "o deformado controle exercido pelo Estado sobre os mais fracos".

Arquimedes de Melo Neto muda-se para São Paulo em 1950 atraído pela possibilidade de dar melhor educação à sua filha nascida surda, no Instituto Santa Therezinha das Freiras Carmelitas; funda, então, a Empresa Gráfica Carioca e desenvolve a Editorial Andes, com recursos obtidos da venda de seu apartamento no Bairro de Fátima, no Rio de Janeiro, e com empréstimo bancário com aval do amigo, então diretor do Banco de Crédito Real de Minas Gerais, Luiz Camillo de Oliveira Netto. Aos 80 anos ria com prazer lembrando a pergunta de Josué de Castro quando da publicação de *Geografia da fome*: "Você vai ter coragem de entrar na aventura de publicar um livro maldito porque expõe a maldição dos miseráveis?".

Na década de 1960 a 1970, em São Paulo, desenvolve tecnicamente em sua gráfica a apresentação gráfica e editorial da Editora Livraria Duas Cidades (dos padres dominicanos), junto com frei Benevenuto de Santa Cruz, lançando *Suicídio ou sobrevivência do Ocidente*, de L. J. Lebret, *Poemas para rezar*, de Miquel Quoist, entre muitos outros. Frei Benevenuto, como frei Betto e frei Chico, morava nesse Convento, famoso na época como ponto de contato da guerrilha de Marighela.

Em 1976, no Rio de Janeiro, organiza o célebre ciclo de conferências no Itamaraty, publicado sob o título *Temas brasileiros*.

Deixou 3 filhos: Antonio Luiz Bittencourt de Melo Neto, Arquimedes Bittencourt de Melo Filho e Maria Isaura Bittencourt de Melo Neto.

Dina Fleischer Venancio Filho

Nasceu a 14 de outubro de 1907, na cidade de Lemberg (Lviv), então pertencente ao Império Austro-Húngaro (1772-1918), hoje Ucrânia. Veio para o Brasil em 1910. Casou-se em 1928 com Francisco Venancio Filho. Foi professora de inglês do Colégio Bennett e do Colégio Pedro II. Fundadora da Associação Brasileira de Educação. Faleceu no Rio de Janeiro, em 29 de novembro de 1994.

Florestan Fernandes

Nasceu em São Paulo, a 22 de julho de 1920, e faleceu em 10 de agosto de 1995. Em 1941, Florestan ingressou na Faculdade de Filosofia, Letras e Ciências Humanas da Universidade de São Paulo, formando-se em ciências sociais.

Em 1944, casou-se com Myriam Rodrigues Fernandes. Tiveram seis filhos, entre eles Heloísa Fernandes Meirelles e Florestan Fernandes Filho. Florestan Fernandes Filho conta que o pai "era professor muito rigoroso". Fazia comentários mais longos que a própria prova. A caneta Parker roxa era temida.

Iniciou sua carreira docente em 1945, como assistente do professor Fernando de Azevedo, na cadeira de sociologia II. Na Escola Livre de Sociologia e Política, obteve o título de mestre com a dissertação *A organização social dos tupinambá*. Em 1951, defendeu, na Faculdade de Filosofia, Letras e Ciências Humanas da USP, a tese de doutoramento *A função social da guerra na sociedade tupinambá*, posteriormente consagrado como clássico da etnologia brasileira, explorando o método funcionalista.

Seus ensaios mais importantes, analisando a fundamentação da sociologia como ciência, foram reunidos no livro *Fundamentos empíricos da explicação sociológica*. Seu comprometimento intelectual com o desenvolvimento da ciência no Brasil, entendido como requisito básico para a inserção do país na civilização moderna, científica e tecnológica, situa sua atuação na Campanha de Defesa da Escola Pública, em prol do ensino público, laico e gratuito como direito fundamental do cidadão do mundo moderno. Nesse âmbito, orientou dezenas de dissertações e teses acerca dos processos de industrialização e mudança social no país e teorizou os dilemas do subdesenvolvimento capitalista. Inicialmente no bojo dos debates em torno das reformas de base e, posteriormente, após o golpe de Estado de 1964, nos termos da reforma universitária coordenada pelos militares, produziu diagnósticos substanciais sobre a situação educacional e a questão da universidade pública, identificando os obstáculos históricos e sociais ao desenvolvimento da ciência e da cultura na sociedade brasileira inserida na periferia do capitalismo monopolista.

Aposentado compulsoriamente pelo AI-5, em 1969, lecionou então no Canadá e nos Estados Unidos. Retornando ao Brasil, em 1977, lecionou na Pontifícia Universidade Católica. Voltou a dar cursos na USP em 1979 e 1986. Em 1975, veio a público a obra *A revolução burguesa no Brasil*, que renova radicalmente concepções tradicionais e contemporâneas da burguesia e do desenvolvimento do capitalismo no país, em uma análise tecida com diferentes perspectivas teóricas da sociologia, que faz dialogar problemas formulados por Max Weber com interpretações alinhadas à dialética marxista. Em suas análises sobre o socialismo, apropriou-se de variadas perspectivas do marxismo clássico e moderno, forjando uma concepção teórico-prática que se diferencia a um só tempo do dogmatismo teórico e da prática de concessões da esquerda. Em 1986, foi eleito deputado constituinte pelo Partido dos Trabalhadores, tendo atuação destacada em discussões sobre a educação pública e gratuita.

Desde a década de 1940, colaborou com a *Folha de S.Paulo* e em junho de 1989 passou a ter uma coluna semanal nesse jornal. O nome de Florestan Fernandes está obrigatoriamente associado à pesquisa sociológica no Brasil e na América Latina. Sociólogo e professor universitário, com mais de 50 obras publicadas, transformou o pensamento social no país e estabeleceu um novo estilo de investigação sociológica, marcado pelo rigor analítico e crítico, e um novo padrão de atuação intelectual. Considerado fundador da sociologia crítica, estudou inicialmente com Fernando de Azevedo e Roger Bastide e formou pesquisadores como Fernando Henrique Cardoso e Octávio Ianni, entre outros. Entre outras obras, escreveu: *Fundamentos empíricos da explicação sociológica* (1959), *Mudanças sociais no Brasil* (1960), e *A integração dos negros na sociedade de classes* (1964).

Francisco de Assis Barbosa

Nasceu em Guaratinguetá (SP), em 21 de janeiro de 1914, e faleceu no Rio de Janeiro (RJ), em 8 de dezembro de 1991. Jornalista, biógrafo, historiador e ensaísta. Eleito em 19 de novembro de 1970 para a Cadeira n. 13 da Academia Brasileira de Letras, na sucessão de Augusto Meyer, foi recebido em 13 de maio de 1971 pelo acadêmico Marques Rebelo.

Era filho de Benedito Lourenço Leme Barbosa e Adelaide Limongi Barbosa. Fez seus estudos na cidade natal, completando o secundário em Lorena. Em 1931 ingressou na Faculdade de Ciências Jurídicas e Sociais, depois Faculdade Nacional de Direito da Universidade do Brasil.

Iniciou a atividade de jornalista ainda estudante. Com Donatelo Grieco e Fernando de Castro lançou o jornal *Polêmica*, passando depois a redator chefe da revista *A Época*, órgão oficial do corpo discente da Faculdade. Redator de *A Noite* (1934), *O Imparcial* (1935); *A Noite Ilustrada, Vamos Ler, Carioca, Diretrizes* (1936 a 1942); colaborador da *Revista do Globo*, redator do *Correio da Manhã* (1944), do *Diário Carioca, Folha da Manhã* (de São Paulo) e *Última Hora* (1951 a 1956). Editor dos cadernos do *Jornal do Brasil*, comemorativos do IV Centenário da Fundação da Cidade do Rio de Janeiro (1965).

Ao lado de sua atividade no jornalismo, exerceu cargos administrativos, técnicos e de assessoria editorial: foi técnico de educação, servindo na seção de publicações do Instituto Nacional do Livro sob a chefia de Sérgio Buarque de Holanda; secretário executivo na elaboração do *Manual bibliográfico de estudos brasileiros* (1943); assessor de W. M. Jackson Editores (1950); redator dos Anais e Documentos Parlamentares (1956); redator da *Encyclopaedia britannica*; coordenador da seção de História do Brasil da *Enciclopédia Barsa* (1961 a 1965); e coeditor da *Enciclopédia mirador internacional* (1971); diretor da *Revista do Instituto Histórico e Geográfico Brasileiro* a partir de 1966.

Fundador da Associação Brasileira de Escritores (ABDE), presidida por Manuel Bandeira, teve destacada atuação ao organizar, com Aníbal Machado, o I Congresso Brasileiro de Escritores, realizado em São Paulo (1945), encontro de repercussão nacional e no qual foi eleito secretário-geral, sendo Aníbal Machado o presidente.

No ensino superior, foi assistente da direção da Faculdade Nacional de Filosofia, quando era diretor San Tiago Dantas (1944); professor visitante da Universidade de Wisconsin, ministrando curso de história das ideias políticas no Brasil (1968); membro da banca examinadora para preenchimento da cátedra de literatura brasileira da Faculdade de Filosofia e Letras da Universidade de São Paulo (1965) e convidado especial ao VI Colóquio Internacional de Estudos Luso-Brasileiros, seção de História, reunido das Universidades de Harvard e Colúmbia, EUA (1966); conferencista no Instituto Histórico e Geográfico Brasileiro e em várias universidades brasileiras.

Em 1977 passou a integrar o corpo de diretores da Fundação Casa de Rui Barbosa, na Chefia do Centro de Estudos Históricos.

Autor de uma obra em que se evidencia o rigor da pesquisa, da análise e da interpretação, escreveu *A vida de Lima Barreto*, biografia do grande escritor urbano, além de ter compilado e anotado a edição das *Obras completas* de Lima Barreto, com a colaboração de Antonio Houaiss e M. Cavalcanti Proença. Seu livro *Retratos de família* é um álbum perene de recordações dos grandes vultos da nossa cultura. Entre os vários livros desse escritor voltado aos assuntos e problemas brasileiros, destaca-se a biografia *Juscelino Kubitschek: uma revisão na política brasileira* (1962) e prefácios à obra de vários autores, os quais se constituem em verdadeiros ensaios.

Obras: *Brasileiro tipo 7*, ensaio (1934), *Os homens não falam demais*, reportagem, em colaboração com Joel Silveira (1942), *A vida de Lima Barreto*, biografia (1952), *Testamento de Mário de Andrade e outras reportagens* (1954), *Retratos de família*, ensaios (1954), *Machado de Assis em miniatura*, biografia (1957), *Encontro com Roquette-Pinto*, ensaio (1957), *Achados do vento*, ensaio (1958), *Lima Barreto*, introdução e antologia (1960), *Antônio de Alcântara Machado*, introdução e antologia (1961), *Nominata carioca*, história (1965), *História do povo brasileiro* (fase nacional), em colaboração com Afonso Arinos de Melo Franco e Antonio Houaiss (1968), *A hora e a vez de Bethencourt da Silva*, discurso (1972), *Santos Dumont inventor*, biografia (1973), *Bernardo Guimarães: a viola e o sertão* (1975), *A cadeira de Evaristo da Veiga*, discurso (1981), *Os melhores poemas de Manuel Bandeira*, organização e introdução (1984). Escreveu prefácios a edições de Caldas Barbosa, José de Alencar, Lima Barreto, Antônio de Alcântara Machado, contos de Machado de Assis, Augusto dos Anjos, Carolina Nabuco, Luiz Camillo de Oliveira Netto, Afonso Arinos de Melo Franco e outros; organizou edições das obras de Lima Barreto, Joaquim Manuel de Macedo e Antônio de Alcântara Machado.

Heládio Cesar Gonçalves Antunha

Diretor da Faculdade de Educação da USP, autor de *Universidade de São Paulo — fundação e reforma*. São Paulo: Centro Regional de Pesquisas Educacionais do Sudeste, 1974. (Série I. Estudos e Documentos. V. 10).

Iva Waisberg Bonow

Nasceu no Rio de Janeiro (RJ) a 7 de setembro de 1913 e faleceu em 1996. Filha de Carlos Waisberg e Sara Waisberg. Casada com José Fernando Bonow. Professora formada no Instituto de Educação, no Rio de Janeiro, em 1934, depois docente nessa mesma escola, e coordenadora de cursos no Instituto Nacional de Estudos Pedagógicos (Inep) nos anos 1950. Em entrevista concedida em 1995, ao comentar a experiência como aluna no curso de magistério, relacionou sua prática docente à influência de um professor: Anísio Teixeira.

Autora do livro *Elementos de psicologia* (1954), prefaciado por Lourenço Filho, foi indicado para as Escolas Normais e Curso Colegial, e do *Manual de trabalhos práticos de psicologia educacional*.

Maria de Lourdes Gomes Machado

Casada com Lourival Gomes Machado, trabalhou como auxiliar de Fernando de Azevedo na USP.

Nelson Werneck Sodré

Nasceu no Rio de Janeiro (RJ), a 27 de abril de 1911, e faleceu em Itu (SP), a 13 de janeiro de 1999. Após estudar em escolas públicas e em alguns internatos, ingressou no Colégio Militar do Rio de Janeiro, em 1924, e na Escola Militar do Realengo, em 1930. Concluído o curso em 1933, fez a "declaração de aspirantes" em janeiro de 1934 e logo em seguida foi designado para servir no Regimento de Artilharia de Itu, o tradicional Regimento Deodoro. Foi também em Itu que conheceu Yolanda Frugoli, com quem se casou e teve uma filha, a escritora e socióloga Olga Sodré.

Sua estreia na grande imprensa ocorreu em 1929, com a publicação do conto "Satânia", premiado pela revista *O Cruzeiro*. Em outubro de 1934 começou a colaborar no *Correio Paulistano*. Dois anos depois tornou-se, em sua própria opinião, "um profissional da imprensa", passando a assinar o rodapé de crítica literária naquele periódico e a ser remunerado pelos artigos publicados.

Até o início da década de 1950, trilhou uma brilhante carreira militar: chegou a ser instrutor na Escola de Comando e Estado-Maior do Exército, onde lecionava história militar. Em 1951, foi desligado da Escola de Estado-Maior devido às posições políticas que assumiu publicamente. De fato, participou da diretoria do Clube Militar, empenhada na luta pelo monopólio estatal da pesquisa e lavra do petróleo no Brasil, e publicou, sob pseudônimo, artigo na *Revista do Clube Militar*, claramente identificado com as posições sustentadas à época pelo PCB, que combatia a participação do Brasil na Guerra da Coreia.

Durante a crise gerada pela renúncia de Jânio Quadros, Nelson Werneck Sodré ficou preso por 10 dias por se opor à tentativa do golpe que pretendia impedir a posse do vice-presidente eleito, João Goulart. Com a posse de Goulart, sob o regime parlamentarista, seu pedido de passagem à reserva foi despachado, anulado e, mais uma vez, Sodré foi classificado para servir na capital do Pará, numa Circunscrição Militar.

No primeiro trimestre de 1954, Sodré foi convidado por Alberto Guerreiro Ramos a participar do Instituto Brasileiro de Economia, Sociologia e Política (Ibesp), que oferecia cursos, em nível de pós-graduação, no auditório do Ministério da Educação e Cultura.

O Ibesp foi, de acordo com Sodré, a "fase preliminar do Iseb", e sua convivência com os ibespianos só teve início em 1955, após seu retorno para o Rio de Janeiro, convidado pelo general Newton Estillac Leal para servir em seu Estado-Maior.

Ao final do governo Café Filho, em 1955, o Ibesp passou por uma reformulação que alterou o seu nome para Instituto Superior de Estudos Brasileiros (Iseb). Com o início do governo JK, em 1956, a estrutura do Iseb foi fortalecida e se tornou mais estável, embora os cursos ainda fossem ministrados no auditório do Ministério da Educação e Cultura. A partir do ano seguinte, o instituto passaria a ocupar a sede que lhe havia sido destinada, no bairro de Botafogo.

Duas semanas após o golpe de 1964, Nelson Werneck Sodré teve seus direitos políticos cassados por 10 anos pela Junta Militar que assumiu o poder. A cassação não teve desdobramentos apenas político-eleitorais, mas a posterior regulamentação das punições ampliou seus efeitos, impedindo-o de lecionar e de escrever artigos para a imprensa.

Optou por não se exilar e dedicou-se, nos anos seguintes, a resistir da única forma que lhe parecia ser possível: escrevendo. Como os demais meios de comunicação lhe foram interditados, passou a escrever livros. Escrevendo em período integral, e sem contar as reedições, Sodré publicou quatro títulos em 1965: *Ofício de escritor*, *O naturalismo no Brasil*, *As razões da Independência* e *A história militar do Brasil*.

Em 1966, nosso autor publicou uma obra de referência que vinha preparando há décadas, *História da imprensa no Brasil*. Em 1967, foram lançadas as *Memórias de um soldado* e a terceira edição de uma obra de referência que vinha sendo reelaborada a cada vez que era publicada, *O que se deve ler para conhecer o Brasil*. Em 1970, vieram a público *Síntese de história da cultura brasileira* (escrito a pedido da direção do PCB) e as *Memórias de um escritor*. Em 1974 foi a vez de *Brasil: radiografia de um modelo*. Em 1976, *Introdução à geografia*; em 1978, Sodré lançou três livros: *A verdade sobre o Iseb*, *Oscar Niemeyer* e *A Coluna Prestes*. Em 1984, *Vida e morte da ditadura*. Em 1986, são lançados *História da história nova* e *A Intentona Comunista de 1935*. Em 1989, vem a público *A República: uma revisão histórica*, *A Marcha para o nazismo* e um pequeno ensaio que assinalou a participação de Nelson Werneck Sodré na primeira eleição direta para a presidência da república no Brasil, após o golpe de 64: *O populismo, a confusão conceitual*. Em 1990, foram publicados *Capitalismo e revolução burguesa no Brasil* (reunião de textos elaborados no fim dos anos 1970), *O fascismo cotidiano* e mais um volume de sua memorialística, *A luta pela cultura*. Em 1992, é publicado o penúltimo volume de suas memórias, *A ofensiva reacionária*, concluídas com o lançamento, em 1994, de *A fúria de Calibã*. Em 1998, foi publicado *Tudo é política, 50 anos do pensamento de Nelson Werneck Sodré*.

Sérgio Buarque de Holanda

Nasceu em São Paulo (SP), em 11 de julho de 1902, e faleceu em 24 de abril de 1982. Considerado um dos mais eminentes intelectuais brasileiros do século XX e um dos "explicadores do Brasil", isto é, alguém que, por meio de uma respeitável obra, procurou tornar o país mais inteligível aos próprios brasileiros.

Seu interesse oscilou entre a literatura e a história, sempre abordadas pelo viés da sociologia, especialmente a da escola alemã, mais precisamente a de Max Weber. Ao contrário de Gilberto Freyre, que exaltara a adaptabilidade do português no trópico, Sérgio Buarque queixou-se, veemente, da má vontade deles para com as letras, para com a imprensa e a educação, deixando o Brasil colônia mergulhado por três séculos em ignorância estratégica. Viu-os como simples semeadores que mal queriam sair do litoral, os "caranguejos" do padre Antonil, feitores criando arraiais e vilarejos ao deus-dará, espremidos por latifúndios gigantescos, bem ao contrário do ladrilhador espanhol que, este sim, embrenhou-se no coração da América, ocupando-a com cidades planejadas, abrindo escolas, gráficas e universidades, desbugrando o Novo Mundo. Atribuiu aos lusos este nefasto gosto nosso pelo palavreado sem freio, sonoro mas sem método, o cultivo da inteligência como ornamento, sem aplicação útil, a busca pelo anel de grau, a " equivaler a autênticos brasões de nobreza". E, claro, o pavor à técnica e às artes mecânicas em geral, vistas sempre como atividades inferiores, indignas de um homem de bem. Para Sérgio Buarque, o momento crucial da história social do Brasil dera-se com a Abolição. A partir de 1888, desencadeou-se uma revolução silenciosa rumo a um progresso material e moral, fazendo com que os demais acontecimentos políticos nacionais (tal como a Revolução de 1930, a que ele, como paulista, não devotou simpatias) não passassem de tumultos e afobações inconsequentes. Viu o Brasil, desde a Lei Áurea, movendo-se como um grande rio de planície, que, no seu fluir, arrasara a casa-grande e senzala, deslocando a sociedade brasileira do mundo rural para o mundo urbano, arrastando em seu lento cataclismo o Império, apagando com isso os vestígios do nosso passado ibérico. Estava em formação algo novo.

Ao longo da década de 1920, atuou como representante do movimento modernista paulista no Rio de Janeiro. Trabalhou então em diferentes órgãos de imprensa e, entre 1929 e 1930, foi correspondente dos *Diários Associados* em Berlim, onde também frequentou atividades acadêmicas, como as conferências do historiador Friedrich Meinecke. Uma das suas teses mais famosas foi a da inata cordialidade do povo brasileiro (é o quinto capítulo do ensaio *Raízes do Brasil*, publicado em 1936, seu primeiro trabalho de grande fôlego e, ainda hoje, seu escrito mais conhecido): "A cordialidade... a lhaneza no trato, a hospitalidade, a generosidade, virtudes tão gabadas por estrangeiros que nos visitam, representam com efeito um traço definitivo do caráter brasileiro..." Assim era Sérgio Buarque, avesso aos extremos, sentindo-se mais seguro nas sendas do liberalismo. Ao comentar o destino que previa para os integralistas, uma força política nos anos 1930, foi lapidar e profético ao dizer que eles, como qualquer outro partido que representava interesses ou ideologia, se estiolariam, pois "a tradição brasileira nunca deixou funcionar os verdadeiros partidos de oposição". A partir de 1960, passou a coordenar o projeto da História Geral da Civilização Brasileira, para o qual contribuiu também com uma série de artigos. Em 1969, num protesto contra a aposentadoria compulsória de colegas da Universidade de São Paulo pelo então vigente regime militar, decidiu encerrar a sua carreira docente. No contexto da História Geral da Civilização Brasileira, publicou, em 1972, *Do Império à República*, texto que a princípio fora concebido como um simples artigo para a coletânea, mas que, com o decurso da pesquisa, acabou por ser ampliado num volume independente. Trata-se de um trabalho de história política que aborda a crise do Império brasileiro no final do século XIX, explicando-a como resultante da corrosão do mecanismo fundamental de sustentação deste regime: o poder pessoal do imperador.

Permaneceu intelectualmente ativo até 1982, tendo ainda nesse último decênio publicado diversos textos. Participou, em 1980, da cerimônia de fundação do Partido dos Trabalhadores (PT), recebendo a terceira carteira de filiação do partido, após Mário Pedrosa e Antonio Candido. Casou-se com Maria Amélia de Carvalho Cesário Alvim, com quem teria sete filhos: Sérgio Buarque de Holanda, Álvaro Buarque de Holanda, Maria do Carmo Buarque de Holanda, além dos músicos Ana de Holanda, Cristina Buarque, Heloísa Maria Buarque de Holanda e Francisco Buarque de Holanda.

A entrevistadora

Maria Luiza Penna nasceu no Rio de Janeiro. Graduada em filosofia (UFRJ, 1969), com mestrado também em filosofia (PUC-Rio, 1981). Cursou a Universidade de Brown (USA) e completou o doutoramento em literatura brasileira na PUC-Rio (2004). Lecionou no curso de pós-graduação da Escola de Comunicação da UFRJ. Tradutora. Editora chefe das áreas nacional e internacional da José Olympio Editora. Assessora de coordenação e programação cultural no Departamento Geral de Cultura do Município do Rio de Janeiro, na gestão José Rubem Fonseca. Pesquisa e organização final do livro *História, cultura & liberdade* (José Olympio Editora, 1975. Coleção Documentos Brasileiros). É autora dos livros *Luiz Camillo: perfil intelectual* (Editora da UFMG, Coleção Humanitas, que recebeu o prêmio Sérgio Buarque de Holanda, concedido pela Fundação Biblioteca Nacional, na categoria ensaio social, em 2006); *Fernando de Azevedo: educação e transformação* (Perspectiva, 1987), que mereceu o prêmio Grandes Educadores Brasileiros, concedido pelo Instituto Nacional de Estudos Pedagógicos (Inep). Recebeu o prêmio Alexandro José Cabassa, concedido pela União Brasileira de Escritores, em 1995, por sua tradução de *Os papéis de Aspern* (1984), de Henry James. Autora do verbete "Futurologia" para a *Enciclopédia britânica mirador*. Publicou artigos no jornal de cultura *O Sol*, nos jornais *Politika*, *Estado de Minas* (2004) e, entre outras, nas revistas *Humanidades* (Universidade de Brasília, 1983), *da Faculdade de Educação da Universidade de São Paulo* (1994), *da Academia Mineira de Letras* (2005), *da Academia Brasileira de Letras* (2005), *Leitura* (2004), *Convergência Lusíada* (2006), *do Instituto Histórico e Geográfico Brasileiro* (2005); medalha de Honra do Centro de Estudos do Ciclo do Ouro (Ceco), Casa dos Contos de Ouro Preto (MG), concedida pelo Centrosaf-MG e a Gerência Regional do Ministério da Fazenda (2006). Membro titular do PEN Clube do Brasil desde 1997.

Bibliografia do autor

Da educação física. São Paulo: Weiszflog Irmãos Incorporada, 1920.
Antinous. Estudo de cultura athletica. São Paulo; Rio de Janeiro: Weiszflog Irmãos, 1920.
No tempo de Petrônio. Ensaios sobre a Antiguidade Latina. São Paulo: Livraria do Globo, Irmãos Marrano Editores, 1923.
No tempo de Petrônio. Ensaios sobre a Antiguidade Latina. 3. ed. rev. e ampl. São Paulo: Edições Melhoramentos, 1962.
Jardins de Sallustio. A Margem da vida e dos livros. São Paulo: Irmãos Marrano Editores, 1924.
O segredo da Renascença, e outras conferências. São Paulo: Empresa Editora Nova Era, 1925.
A instrucção pública no Distrito Federal. ed. rev. Rio de Janeiro: Mendonça, Machado & C, 1927.
A reforma do ensino no Distrito Federal. Discursos e entrevistas. São Paulo: Cayeiras-Rio, Companhia Melhoramentos de São Paulo (Weiszflog Irmãos Incorporada), 1929.
Ensaios. Crítica literária para *O Estado de São Paulo.* 1924-1925. São Paulo: Cayeiras-Rio, Companhia Melhoramentos de S. Paulo (Weiszflog Irmãos Incorporada), 1929.
Máscaras e retratos. 2. ed. rev. e ampl. São Paulo: Edições Melhoramentos, 1962 (1. ed. em 1929, sob o título *Ensaios*)

A evolução do esporte no Brasil. (A evolução do esporte no Brasil, Praças de jogos para crianças, Congresso de Educação Física). São Paulo: Cayeiras-Rio, Companhia Melhoramentos de São Paulo (Weiszflog Irmãos Incorporada), 1930.

Novos caminhos e novos fins. A nova política da educação no Brasil. 3. ed. São Paulo: Edições Melhoramentos, 1958. (1. ed. em 1932, Companhia Editora Nacional)

Princípios de sociologia. Pequena introdução ao estudo de sociologia geral. 8. ed. São Paulo: Edições Melhoramentos, 1958. (1. ed. em 1935)

A educação na encruzilhada. Problemas e Discussões. Inquérito para O Estado de S. Paulo em 1926. 2. ed. Edições Melhoramentos, 1960. (a 1. ed. intitulou-se A educação em São Paulo. Problemas e discussões. São Paulo: Companhia Editora Nacional, 1937)

A educação e seus problemas. 3. ed. São Paulo: Edições Melhoramentos, 1953. (1. ed. em 1937, São Paulo, Companhia Editora Nacional)

A educação e seus problemas. 4. ed. rev. e ampl. São Paulo: Edições Melhoramentos, 1958. 2 t.

Sociologia educacional. Introdução ao estudo dos fenômenos educacionais e de suas relações com os outros fenômenos sociais. São Paulo: Companhia Editora Nacional, 1940. (Biblioteca Pedagógica Brasileira. Iniciação Científica. Série 4ª, v. 19).

Sociologia educacional. Introdução ao estudo dos fenômenos educacionais e de suas relações com os outros fenômenos sociais. 3. ed. São Paulo: Edições Melhoramentos, 1954.

Sociologia educacional. Introdução ao estudo dos fenômenos educacionais e de suas relações com os outros fenômenos sociais. 6. ed. São Paulo: Edições Melhoramentos, 1964.

Velha e nova política. Aspectos e figuras de educação nacional. São Paulo: Companhia Editora Nacional, 1943. (Biblioteca Pedagógica Brasileira. Atualidades Pedagógicas. Série 3ª, v. 40).

A cultura brasileira. Introdução ao estudo da cultura no Brasil. Rio de Janeiro: Instituto Brasileiro de Geografia e Estatística, Comissão Censitária Nacional, 1943.

A cultura brasileira. Introdução ao estudo da cultura no Brasil. 4. ed. rev. e ampl. Brasília: Editora Universidade de Brasília, 1963.

As universidades no mundo do futuro. Rio de Janeiro: Edição da Livraria Editora da Casa do Estudante do Brasil, 1944. (Foi posteriormente inserido no livro A educação entre dois mundos. 1. ed. São Paulo: Edições Melhoramentos, 1958.)

Seguindo meu caminho. Conferências sobre Educação e Cultura. São Paulo, Companhia Editora Nacional, 1946. (Biblioteca Pedagógica Brasileira. Atualidades Pedagógicas. Série 3ª, v. 46).

Canaviais e engenhos na vida política do Brasil. Ensaio sociológico sobre o elemento político na civilização do açúcar. Rio de Janeiro: Instituto do Açúcar e do Álcool, 1948.

Um trem corre para o Oeste. Estudo sobre a Noroeste e seu papel no sistema de viação nacional. São Paulo: Livraria Martins Editora S.A., 1950.

Na batalha do humanismo e outras conferências. São Paulo: Edições Melhoramentos, 1952.

Educação entre dois mundos. Problemas, perspectivas e orientações. São Paulo: Edições Melhoramentos, 1958.

Figuras de meu convívio. São Paulo: Edições Melhoramentos, 1961.

Figuras de meu convívio. Retratos de família e de mestres e educadores. 2. ed. rev. e aum. São Paulo: Livraria Duas Cidades, 1973.

A cidade e o campo na civilização industrial, e outros estudos. São Paulo: Edições Melhoramentos, 1962.

História de minha vida. Rio de Janeiro: Livraria José Olympio Editora, 1971.

Correspondência

AZEVEDO, Fernando de. *Na batalha da educação*: correspondência entre Anísio Teixeira e Fernando de Azevedo (1929-1971). Organização de Diana Gonçalves Vidal. Bragança Paulista: Edusf/IEB-USP, 2000.

Obras em colaboração

AZEVEDO, Fernando de; LORENC, Wladimiro F. *Um apóstolo do progresso*. Rio de Janeiro: Anuário do Brasil, 1924.

____; AZZI, Francisco. *Páginas latinas*. Pequena história da literatura romana pelos textos. São Paulo: Edições Melhoramentos, 1927.

____ et al. *A reconstrução educacional do Brasil*. São Paulo: Cia. Editora Nacional, 1932.

As ciências no Brasil. Obra conjunta com 13 cientistas, organizada e publicada sob a direção e com uma introdução de Fernando de Azevedo. São Paulo: Edições Melhoramentos, 1956. 2 v.

Pequeno dicionário latino-português. Organizado por um grupo de professores, revisto por Fernando de Azevedo. São Paulo: Companhia Editora Nacional, 1957.

Outras fontes de pesquisa

Arquivo Fernando de Azevedo, do Instituto de Estudos Brasileiros, Universidade de São Paulo (IEB-USP)

Referências

Bibliografia sobre o educador

COMEMORAÇÃO do 1º decênio da reforma da instrução pública do Distrito Federal de 1928. Rio de Janeiro: ABE, 1938.

CORREIA, Alexandre. Sociologum habemus. *A Ordem*, ano XV, Nova Série, n. 68, p. 324-331, out. 1935.

CUNHA, Célio da. *Fernando de Azevedo, política de educação*. Rio de Janeiro: Edições do Meio, 1978. (Coleção Educação Brasileira).

HOMENAGEM a Fernando de Azevedo. Saudação da Dra. Iva Waisberg e outros. *Arquivos do Instituto de Educação*, v. II, n. 4, dez. 1945.

LEMME, Paschoal. Fernando de Azevedo. In: LEMME, Paschoal. *Memórias de um educador*: estudos de educação e perfis de educadores. Apresentação de Jader de Medeiros Britto e Zaia Brandão; nota de Nelson Werneck Sodré. 2. ed. Brasília: Inep, 2004. v. 3.

MOREIRA, João Roberto. *Os sistemas ideais de educação*. São Paulo: Companhia Editora Nacional, 1945.

PENNA, Maria Luiza. *Fernando de Azevedo*: educação e transformação. São Paulo: Perspectiva, 1987. (Estudos).

PILETTI, Nelson. Fernando de Azevedo. In: FAVERO, Maria de Lourdes; BRITTO, Jader de Medeiros. *Dicionário de educadores no Brasil*: da Colônia aos dias atuais. Rio de Janeiro: UFRJ; MEC/Inep/Comped, 1999.

Revista da Academia Paulista de Letras, São Paulo, ano XXVII, v. 75, jun. 1970.

Obras gerais

BOUDON, Raymond. *Effets pervers et ordre social*. Paris: Presses Universitaires de France, 1977.

____. *L'inégalité des chances*: la mobilité sociale dans les sociétés industrielles. Paris: Librairie Armand Colin, 1973.

BRANDÃO, Carlos Rodrigues (Org.) et al. *A questão política da educação popular*. São Paulo: Livraria Brasiliense, 1980.

CAMPOS, Francisco, *Educação e cultura*. Rio de Janeiro: José Olympio, 1949.

CORBISIER, Roland. *Formação e problema da cultura brasileira*. Rio de Janeiro: Instituto Superior de Estudos Brasileiros, Ministério da Educação e Cultura, 1958. (Textos Brasileiros de Filosofia, n. 3).

COSTA, Cruz et al. *Grandes educadores*: Platão, Rousseau, D. Bosco, Claparède. Editora O Globo, 1949.

DA MATTA, Roberto. *Carnavais, malandros e heróis* (para uma sociologia do dilema brasileiro). Rio de Janeiro: Zahar, 1979.

DAMISCH, Hubert. *Ruptures, cultures*. Paris: Les Éditions de Minuit, 1976.

DANTAS, San Tiago. *Palavras de um professor*. Rio de Janeiro: Companhia Editora Forense, 1975.

DEMO, Pedro. *Educação, cultura e política social*. Porto Alegre: Fundação Educacional Padre Landell de Moura, 1980.

DIDONET, Vital et al. *Projeto educação*. Brasília: Senado Federal; Editora Universidade de Brasília, 1973. t. 5: I, II, III, IV.

DUARTE, Paulo. *Mário de Andrade por ele mesmo*. 2. ed. cor. e aum. São Paulo: Hucitec; Secretaria da Cultura, Ciência e Tecnologia do Estado de São Paulo, 1977.

DURKHEIM, Émile. *Educação e sociologia*. Com um estudo da obra de Durkheim, pelo Prof. Paul Fauconnet. 4. ed. São Paulo: Edições Melhoramentos, 1955.

____. *Sociologia*. Organização de José Albertino Rodrigues. São Paulo: Ática, 1978.

____. *Sociologie et philosophie*. 2ème éd. Paris: Presses Universitaires de France, 1963.

ELLIOT, T. S. *Notes towards the definition of culture*. Londres: Faber, 1962.

EMMANUEL, Pierre. *Pour une politique de la culture*. Paris: Seuil, 1971.

FAORO, Raymundo. *Os donos do poder*: formação do patronato político brasileiro. São Paulo: Cia. Editora Nacional, 1975.

FAVERO, Maria de Lourdes de A. *Universidade & poder*. Análise crítica. Fundamentos históricos: 1930-45. Rio de Janeiro: Achiamé, 1980. (Série Universidade).

_____; BRITTO, Jader de Medeiros (Org.). *Dicionário de educadores no Brasil*: da Colônia até os dias de hoje. Rio de Janeiro: UFRJ; MEC/Inep/Comped, 1999.

FAURE, Edgar. *Apprenche à étre*. Favard: Unesco, 1972.

FERNANDES, Florestan. [*Depoimento*]. Brasília: MEC; Inep, 1991. (Memória viva da educação brasileira, 1).

_____. *Educação e sociedade no Brasil*. São Paulo: Dominus Editora; Editora da Universidade de São Paulo, 1966.

FERREIRA, Marieta de Moraes. Os professores franceses e o ensino da história no Rio de Janeiro nos anos 30. In: MAIO, Marcos Othor; VILLAS-BOAS, Glaucia (Org.). *Ideais de modernidade e sociologia no Brasil*: ensaios sobre Luiz de Aguiar Costa Pinto. Porto Alegre: UFRGS, 1999. p. 277-299.

FIELD, G. C. *Moral theory*: an introduction to ethics. Londres: University Paperbacks, Methuen, 1966. (1. ed., 1921).

FREITAG, Bárbara. *Escola, estado e sociedade*. 3. ed. rev. São Paulo: Cortez&Moraes, 1979. (Coleção Universitária).

GANDINI, Raquel Pereira Chainho. *Tecnocracia, capitalismo e educação em Anísio Teixeira (1930-1935)*. São Paulo: Civilização Brasileira, 1980. (Coleção Educação e Transformação, v. 4).

GOLDMANN, Lucien. *Introduction à la philosophie de Kant*. Paris: Gallimard, 1967.

GOLDSCHMIDT, Victor. *Les dialogues de Platon*: structure et méthode dialectique. Deuxième edition. Paris: Presses Universitaires de France, 1963. (1. ed., 1947).

GOULDNER, Alvin W. *The dialectic of ideology and technology*. Nova York: Seabury, 1976.

HALL, Edward T. *Au-delà de la culture*. Paris: Seuil, 1979.

INSTITUTO SUPERIOR DE ESTUDOS BRASILEIROS. *Introdução aos problemas do Brasil*. Rio de Janeiro: Ministério da Educação e Cultura, 1956.

LEMME, Paschoal. *Estudos de educação e destaques da correspondência*. Organização de Jader de Medeiros Britto. Brasília: Instituto Nacional de Estudos e Pesquisas Educacionais (Inep), 2000. (Memórias 5).

_____. *Reflexões e estudos sobre problemas da educação e ensino*. São Paulo: Cortez; Brasília: Instituto Nacional de Estudos e Pesquisas Educacionais (Inep), 1989. (Memórias 3).

_____. *Vida de família, formação profissional, opção política*. São Paulo: Cortez; Brasília: Instituto Nacional de Estudos e Pesquisas Educacionais (Inep), 1988. (Memórias 2).

LEROY, Roland. *La culture au présent*. Préface de Georges Marchais. Ed. Sociales, 1972.

LIMA, Beatriz M. F. de; ALMEIDA, Fernando Lopes de; LAGO, Luiz Aranha Corrêa do. *Estrutura ocupacional, educação e formação de mão de obra*: os países desenvolvidos e o caso brasileiro. IBGE; FGV, 1981. Versão preliminar.

LOURENÇO FILHO. *Introdução ao estudo da Escola Nova, bases, sistemas e diretrizes da pedagogia contemporânea*. 12. ed. São Paulo: Edições Melhoramentos com convênio com a Fundação Nacional de Material Escolar e Ministério da Educação e Cultura, 1978. (Obras Completas de Lourenço Filho. V. II. Biblioteca de Educação).

MARTINS, Wilson. *História da inteligência brasileira*. V. VII (1933-1960). São Paulo: Cultrix; Editora da Universidade de São Paulo, 1979.

MELLO, Mário Vieira de. *Desenvolvimento e cultura*. Rio de Janeiro: José Álvaro, 1970.

MERQUIOR, José Guilherme. *The veil and the mask* (essays on culture and ideology with a foreword by E. Gellner). Londres: Routledge and Kegan Paul, 1979.

MESQUITA FILHO, Júlio de. *Política e cultura*. São Paulo: Livraria Martins Editora S.A., 1969.

MICELI, Sérgio. *Intelectuais e classe dirigente no Brasil (1920-1945)*. São Paulo: Difusão Editorial (Difel), 1979. (Coleção Corpo e Alma do Brasil).

MOREIRA, Maria Luiza de Oliveira Penna. Fernando de Azevedo: educação e mudança social. In: PRÊMIO grandes educadores brasileiros, 1986. Monografias premiadas. Brasília: Inep, 1987. p. 97-216.

MOTA, Carlos Guilherme. *Ideologia da cultura brasileira (1933-1974)*: pontos de partida para uma revisão histórica. São Paulo: Ática, 1977. (Coleção Ensaios, n. 30).

_____. *Lucien Febvre*. São Paulo: Ática, 1978. (Coleção Grandes cientistas sociais, n. 2).

NAGLE, Jorge. *Educação e sociedade na Primeira República*. São Paulo: Editora Pedagógica e Universitária Ltda; Rio de Janeiro: Fundação Nacional de Material Escolar, 1976.

OLIVEIRA, Lúcia Lippi; GOMES, Eduardo Rodrigues; WHATELY, Maria Celina. *Elite intelectual e debate político nos anos 30*. Rio de Janeiro: Editora da Fundação Getulio Vargas; INL-MEC, 1980.

PAIM, Antônio. *A UDF e a ideia de Universidade*. Rio de Janeiro: Tempo Brasileiro, 1981. (Biblioteca Tempo Universitário, n. 61).

PAPA, Emilio R. *Fascismo e cultura*. Veneza; Padua: Marsilio Editori, 1974.

PETRÔNIO. *Satiricon*. Tradução de Marcos Santarrita. Círculo do Livro, por cortesia da Editora Civilização Brasileira S.A.

PILETTI, Nelson. Fernando de Azevedo: a educação como desafio. In: PRÊMIO Grandes educadores brasileiros, 1985. Monografias premiadas. Brasília: Inep, 1986. p. 25-117.

ROBIN, Léon. *La morale antique*. Troisième édition. Paris: Presses Universitaires de France. 1963. (Nouvelle Encyclopédie Philosophique). (1. ed., 1938).

ROSSI, Pietro A. Curdi. *Gramsci e la cultura contemporanea*. Instituto Gramsci; Editori Riuniti, 1975. (Nuova Biblioteca di cultura, 92).

SENADO FEDERAL. Comissão de Educação e Cultura. *Projeto educação*. Brasília: Universidade de Brasília, 1979. t. III.

SCHWARTZMAN, Simon. *Ciência, universidade e ideologia*: a política do conhecimento. Rio de Janeiro: Zahar Editores, 1981.

_____. *Formação da comunidade científica no Brasil*. São Paulo: Companhia Editora Nacional; Finep, 1979. (Biblioteca Universitária. Série 8ª. Estudos em Ciência e Tecnologia).

SÍLVIA, Maria Manfrede. *Política: educação popular*. São Paulo: Símbolo, 1978. (Coleção Ensaio e Memória).

SODRÉ, Nelson Werneck. *Orientações do pensamento brasileiro*. Rio de Janeiro: Vecchi, 1942.

STIKER, Henri-Jacques. *Culture brisé, culture à naître*. Paris: Aubier, 1979.

SPRANGER, Eduard. *Cultura y educación* (parte histórica). 3. ed. Madri: Espasa-Calpe, 1966. (Colección Austral, n. 824).

_____. *El educador nato*. Buenos Aires: Kapelusz, 1960. (Biblioteca de Cultura Pedagógica).

_____. *Espíritu de la educación europea*. Buenos Aires: Kapelusz, 1961. (Biblioteca de Cultura Pedagógica).

TEIXEIRA, Anísio S. *A educação e a crise brasileira*. São Paulo: Cia. Editora Nacional, 1956.

_____. *O problema brasileiro de educação e cultura*. Rio de Janeiro: Oficina Gráfica do Departamento de Educação, 1934.

Revistas e publicações

A ORDEM. Rio de Janeiro, ano XV, v. XIV, n. 65, jul. 1935.

AOYAGI, Kiyotaka et al. *Les droits culturels en tant que droits de l'homme*. Unesco, 1977.

CENTRO DE ESTUDOS RURAIS E URBANOS. *Caderno n. 13*, São Paulo, 1. série, 1980.

CENTRO REGIONAL DE PESQUISAS EDUCACIONAIS DO SUDESTE. *Estudos e documentos*. São Paulo: Universidade de São Paulo, 1974.

CRITIQUE: revue générale des publications françaises et étrangères. Paris, n. 369. fev. 1978.

HARBISON. *Planification de l'éducation et développement des ressources humaines*. Unesco.

RAIZ E UTOPIA. Lisboa, n. 9-10, 1979.

REVISTA BRASILEIRA DE ESTUDOS PEDAGÓGICOS: escola primária numa perspectiva histórica. Brasília, v. 65, n. 151, set./dez. 1984.

Índice remissivo

A

A Lanterna, 252
A Nação, 232
A Ordem, 61, 293, 337, 357
Academia Brasileira de Letras (ABL), 52, 99, 143, 229, 344
Academia Paulista de Letras, 51, 98, 99, 318, 344
Ação Direta, 252
Action entravée, 55, 56, 103, 206, 306, 307
Administração Pública, 25
África, 245
Alberto, rei, 346
Albuquerque, Manoel Maurício de, 181
Alemanha, 212, 218, 245, 252, 262, 381
Almeida Júnior, José Ferraz de, 273
Almeida, Miguel Calmon du Pin e, 249, 250
Almeida, Müller de, 383
Alzirinha *ver* Peixoto, Alzira Vargas do Amaral
Amaral, Amadeu, 253
Amaral, Antônio José de Azevedo, 301
Amaral, Ofélia Ferraz do, 213
Amazônia, 151
América do Norte, 292
América Latina, 375
Americano, Jorge, 176, 178
Andrada, Antônio Carlos Ribeiro de, 236
Andrade, Carlos Drummond de, 93, 148, 151, 362
Andrade, Mário de, 119, 247, 334, 377
Andrade, Rodrigo Melo Franco de, 93, 377
Angélica, Joana, 141
Anjos, Cyro dos, 32
Anjos, Márcia dos, 32

Antipoff, Helena, 79, 108
Aranha, Oswaldo Euclides de Sousa, 373
Arantes Marques, Altino, 232
Araraquara, 267, 320
Arbousse-Bastide, Paul, 68, 77, 192, 317, 319, 334
Argentina, 48, 102, 161, 197, 250
Ásia, 375
Assis, Machado de, 240
Associação Brasileira de Educação (ABE), 108, 109, 234, 272
Associação Brasileira de Escritores, 148
Associação Brasileira de Imprensa (ABI), 371
Atlético Paulistano, 359
Ato Adicional, 270
avenida Atlântica, 180
avenida Copacabana, 162
avenida Ipiranga, 374, 376, 386
Azanha, José Mário Pires, 268
Azevedo Costa, João Álvares de (gal.), 135
Azevedo, Clélia Amarante Cruz de, 165
Azevedo, Fábio de, 30, 156, 158, 328
Azevedo, Lívia Flávia de, 156, 165
Azevedo, Lollia de, 29, 158, 163, 164, 165, 311, 312, 317, 328, 345
Azevedo, Sara de, 156

B

Bach, Johann Sebastian, 323

Bahia, 63, 141, 152, 173, 174, 234, 250, 271
Banco do Brasil, 382
Banco Econômico da Bahia, 250
Barbosa, Francisco de Assis (Chico), 118
Rui Barbosa, 250
Barra da Tijuca, 336
Barreto, Lima, 240, 331
Barros, Ademar Pereira de, 31, 41, 55, 91, 194, 199, 253, 310, 333, 367
Barroso, Gustavo, 343
Bastide, Roger, 68, 74, 191, 192, 195, 205, 242, 317, 334, 349, 356
Bélgica, 346
Belo Horizonte, 33, 46, 82, 317
Berger, Harry (Arthur Ewert), 380
Bernardes, Arthur, 232, 233, 252, 331
Bias Fortes, José Francisco, 40
Biblioteca do Centro de Filosofia e Ciências Humanas, 57
Biblioteca Nacional, 134, 277
Biblioteca Pedagógica Brasileira, 101, 343
Bierrenbach, Flavio Flores da Cunha, 372
Bittencourt, Maria Luiza, 135, 152
Bittencourt, Paulo, 152
Bokel, 164, 187
Bolívia, 135
Borges Acevedo, Jorge Francisco Isidoro Luis, 312, 313
Borgman, 382
Braga, Ney, 57
Braga, Rubem, 145, 149, 150

Índice remissivo

Brasil, 34, 35, 36, 38, 41, 45, 46, 47, 48, 55, 59, 61, 73, 79, 80, 88, 95, 96, 97, 98, 101, 102, 105, 106, 107, 108, 110, 111, 113, 114, 115, 116, 117, 119, 120, 122, 126, 127, 134, 135, 136, 138, 139, 141, 143, 145, 150, 153, 167, 168, 171, 175, 185, 186, 192, 197, 202, 203, 204, 205, 211, 214, 216, 219, 228, 231, 234, 238, 241, 242, 243, 244, 246, 248, 249, 250, 254, 255, 256, 257, 261, 263, 267, 270, 273, 285, 295, 300, 304, 306, 317, 318, 321, 325, 327, 330, 333, 336, 337, 338, 342, 345, 346, 347, 358, 360, 361, 363, 367, 375, 376, 378, 381
Brasília, 57, 385
Bravo, 234
Brecht, Bertold, 99, 344

C

Caetano, João, 234
Caixa Econômica Federal, 140
Câmara dos Vereadores, 39, 117, 160, 333
Calmon, Pedro, 345
Câmara, Helder Pessoa, dom, 225, 364
Camargo, Cristóvão, 163
Camargo, José Francisco de, 66
Cambuquira, 155, 162
Campanha (MG), 189
Campanha de Defesa da Escola Pública, 195
Campinas, 372

Campos, Antônio Caetano de, 273
Campos, Carlos de, 254
Campos, Chico, 26, 56, 78, 79, 161, 220, 229, 236, 271, 274, 280
Campos, Francisco Luís da Silva *ver* Campos, Chico
Campos, Ismael França, 180
Campos, Milton, 40
Canadá, 227
Capanema, Gustavo, 30, 41, 56, 57, 78, 79, 80, 88, 90, 91, 126, 197, 220, 229, 255, 257, 259, 304, 362
Capes, 226, 228
Cardoso, Fernando Henrique, 100, 194, 213, 226, 243, 352, 361
Cardoso, Vicente Licínio, 319
Careta, 232
Carlos, Antonio, 250, 254
Carneiro, Edison de Souza, 149, 150
Carneiro Felipe, José, 109, 257, 378
Carneiro Leão, Antonio de Arruda, 108, 222, 248, 285, 292
Carpeaux, Otto Maria, 151
Carrero, Tônia, 161
Carta del lavoro, 245, 368, 378
Carvalho, Antônio Victor de Souza, 161
Carvalho, Laerte Ramos de, 320
Carvalho, Maria Anália de Andrade (Nalica), 184
Casa do Estudante do Brasil, 133, 138, 144
Casassanta, Mário, 237
Castelo Branco, Humberto de Alencar, 46
Castro, Ivana Pirman de, 192

Catilina, 165
Ceará, 234, 273, 363
Cebrap, 361, 367
Centro Brasileiro de Pesquisas Educacionais, 33, 57, 286
Centro de Aperfeiçoamento, 46
Centro de Estudos Sociais, 286
Centro de Pesquisas Biomédicas, 286
Centro de Pesquisas de Belo Horizonte, 45
Centro de Recursos Humanos, 46
Centro Dom Vital, 61, 195, 198
Centro Regional de Pesquisas Educacionais, 45, 261, 264
Centro Regional de Pesquisas Educacionais de São Paulo, 32
Centros de Pesquisas Educacionais, 47
Centros de Recursos Humanos, 47
Ceru, 356
Chacon, Vamireh, 365
Chauí, Marilena, 116
Chile, 354
China, 221
Chrisóstomo, João, 274
Chuck, 351, 352
Church, Ted, 141
Cícero, 165
Coelho, Rui, 66, 67, 355
Colaço, Concessa, 184
Colaço, Madalena, *ver* Colaço, Madeleine
Colaço, Madeleine, 183, 184
Coleção Brasiliana, 284
Coleção Os Pensadores, 92
Coleção Pedagógica, 226
Colégio Anchieta, 189, 325

Colégio Andrews, 164
Colégio Anglo Brasileiro, 77
Colégio Bennett, 181, 185
Colégio de Aplicação, 176
Colégio dos Jesuítas, 325, 327
Colégio Militar, 327
Colégio São Luiz, 325
Colégio Universitário, 68
Collor, Lindolfo, 245
Columbia University, 174
Comissão Censitária, 109
Comissão de Inquérito, 350
Comissão de Negócios Estaduais e Municipais da Justiça, 30
Comissão dos Negócios Estaduais, 54
Comitê da Reforma do Código de Educação, 253
Companhia de Petróleo, 199
Companhia Editora Nacional, 101
Comte, Augusto, 73, 205, 208
Conferência Cultural Pan-Americana, 148
Conferência da Paz, 231
Conferência de Educação, IV, 178, 337
Conferência de Educação, V, 178, 337
Conferência de 22 de junho de 1944, 133
Conferência de Paris, 231
Conferências de Inverno, 145
Conselho Consultivo do Arquivo Municipal, 181
Conselho Federal de Educação, 37, 38
Conselho Nacional de Educação, 56
Constituição, 216

Constituição de 34, 196, 271
Constituição de 91, 270
Copacabana, 180
Correia, Alexandre, 61, 62, 63
Correias, 163
Correio da Manhã, 151
Correio Paulistano, 204, 343
Costa filho, Odylo, 140
Couto e Silva, Golbery do, 120, 367
Cpdoc, 297
Cruz, Elisa Assunção do Amarante, 30, 155, 158, 168, 174, 328
Cruz Costa, João, 66, 83, 100, 196, 229, 247
Cruz Vermelha, 186
Cuba, 221
Cuiabá, 382
Cultura Inglesa, 141
Cultura Política, 94
Cunha, Celso, 372
Cunha, Euclides da, 135
Cunha, Flores da, 371, 372, 373
Cunha, Roberto da, 228
Curitiba, 164

D

Damásio, Alberto, 231
De Gaulle, Charles, 25, 26
Decs, 266
Delfim Neto, Antônio, 47
Delgado, Humberto, 139
Delgado de Carvalho, Carlos Miguel, 60, 82, 179, 180
Departamento Cultural, 138
Departamento Cultural (Cultura Inglesa), 141
Departamento de Ciências Sociais, 315
Departamento de Cultura, 89, 130, 132, 341
Departamento de Cultura da Secretaria de Educação, 266
Departamento de Cultura de São Paulo, 334
Departamento de Educação do Rio de Janeiro, 25, 266, 281
Departamento de Educação dos Estados Unidos, 279
Departamento de Ensino Industrial, 279
Departamento de Ensino Superior, 329
Departamento de Filosofia, 263, 268
Departamento de Ordem Política e Social, 194
Departamento de Sociologia e Antropologia, 69
Departamento Nacional de Educação, 30, 56
Dewey, John, 71, 174, 206, 225, 278, 322
Diário Carioca, 151, 353
Diário de Notícias, 140, 353
Diário Oficial, 266
Dias, Giocondo Gerbasi Alves, 146
Diese, 122
Dionísio, 303
DIP, 94, 343
Distrito Federal, 28, 39, 78, 79, 89, 193, 199, 230, 252, 271, 326, 329, 333
Domingo Sangrento na Rússia, 249

Donga, 132, 258
Dönhoff, Marion Hedda Von, 210
Dória, Antônio Sampaio, 254, 267, 269, 271, 274
Doyle, Plínio, 277
Dreyfus, 195
Duarte, Ercília Penido, 173
Durkheim, Émile, 54, 67, 81, 82, 83, 97, 205, 206, 208, 218, 219, 241, 278, 317, 349
Dutra, Eurico Gaspar, 229

E

Editora Bertrand do Brasil, 139
Editora Doubleday, 376
Editora José Olympio, 242
Editora Nacional, 74, 226
Eneida, 139, 140
Escola Comunidade, 236
Escola de Aperfeiçoamento, 46
Escola de Educação, 56
Escola de samba da Portela, 258
Escola Industrial Getúlio Vargas, 280
Escola Livre de Sociologia Política, 148
Escola Militar, 327
Escola Naval, 236
Escola Normal, 38, 77, 161, 176, 236, 273, 274, 281, 292, 310, 333
Escola Normal Caetano de Campos, 273
Escola Normal da Praça, 273, 274
Escola Nova, 114, 171, 175, 197, 275
Escola Secundária, 281

escolas industriais, 291
Escolas Normais, 243
Escola Superior de Guerra, 182
Escola Superior de Guerra canadense, 182
Escola Técnica Nacional, 280
Espanha, 364
Estado Novo, 86, 87, 90, 93, 106, 215, 347
Estados Unidos, 46, 82, 83, 127, 145, 162, 174, 185, 233, 259, 277, 322, 351, 352, 365, 375, 377
EUA, 192, 211, 212, 218, 220, 263, 284, 291
Europa, 102, 153, 162, 167, 263, 277, 285, 292, 295
Evaristo de Morais, Antônio, 248

F

Faculdade de Ciências Econômicas, 66
Faculdade de Direito, 83, 87, 346
Faculdade de Direito de São Paulo, 203
Faculdade de Educação, 31, 320
Faculdade de Engenharia, 346
Faculdade de Filosofia, 63, 99, 192, 261, 310, 330, 334
Faculdade de Filosofia, Ciências e Letras, 334
Faculdade de Medicina, 346
Faculdade de Sociologia, 247, 349, 355
Faculdade Nacional de Filosofia, 56, 126

Família Machado da Costa, 163
Família Monteiro de Barros Roxo, 180
Família Prado, 198
Faoro, Raimundo, 367
Feijó, Germinal, 87
Fellini, 204
Ferreira, Emília Telles (Emilinha), 157, 167, 173
Fialho, Branca Osório de Almeida, 176
Fiel Filho, Manuel, 385
Figueiredo, João Baptista de Oliveira, 127, 386
Figueiredo Martins, Jackson de, 61, 114, 237, 336, 357, 358, 363, 364
Fleischer, Isaac, 186
Folha, 212, 214
Folha da Manhã, 353
Fonseca, José Rubem, 89
Fontes, Lourival, 241
França, 26, 94, 197, 202, 242, 262, 289, 337, 341
Franca, Leonel, padre, 189, 224
Franco, Afonso Arinos de Melo, 101, 148, 150, 151, 170, 369, 374, 377
Freire, Paulo Reglus Neves, 129, 222, 258
Freyre, Gilberto, 59, 148, 205, 242, 243, 341, 360, 361, 369, 374
Friburgo, 54, 189
Frota Pessoa Júnior, Osvaldo, 160
Frota-Pessoa, Oswaldo, 156, 160, 235, 248, 281, 332, 369, 370
Fundação Getulio Vargas, 241

G

Galinhas Verdes, 363
Garibaldi, Anita, 141
Geisel, Ernesto Beckmann, 384
Genebra, 117
Gestapo, 381
Goethe, 258
Góis Calmon, Francisco Marques de, 250
Goldman, Francisco (Frank), 66, 67
Goldsmith, Victor
Golpe de 37, 275
Golpe de 64, 319
Gomes, Orlando, 141
Göring, 381
Gouveia, Delmiro, 121
Gramsci, Antonio, 92, 112, 143, 211, 223, 345
Grécia, 80, 137, 205, 284
Guevara, Che, 146
Guimarães, Alberto Passos, 257
Guimarães, Jaime Duarte, 173
Guimarães, Manoel Salgado, 297
Guimarães, Nestor Duarte, 173
Guimarães, Olga Duarte, 173
Gurvitch, Georges, 69

H

Hegel, 335
Herculano, 145

Herzog, Vladimir, 384, 385
Hipolito, Lucia, 164

I

Ianni, Octávio, 213, 226, 352, 361
IBGE, 122
Igreja Católica, 115, 138, 195, 196, 200, 236, 237, 330, 337 357, 359, 363
Igreja Luterana, 374
Igreja teologal, 337
Iguaí, 148
Império, 198, 271, 365
Imprensa Nacional, 245
Índios canela, 227
Inglaterra, 31, 127, 141, 381
Inglês de Sousa, Carlos, 232
Inquérito de 1926, 175 , 224, 234, 251, 253, 275, 300
Inquérito Policial Militar (IPM), 100
Instituto de Educação, 56, 59, 77, 161, 236, 281, 283, 297, 310, 333
Instituto de Educação, na Escola Normal, 309
Instituto de Estudos Brasileiros (IEB), 52, 98, 228 , 262, 318, 326, 311, 312, 313, 326, 353, 362
Instituto Jean-Jacques Rousseau, 117, 236
Instituto Nacional de Estudos Pedagógicos (Inep), 33, 34, 56, 57, 58, 228, 279, 286, 295
Instrução Pública, 26, 61, 160, 161, 230, 247, 326, 331

Intendência do Rio de Janeiro, 251
Intentona, 378
Irigoyen, Hua Hipólito Del Sagrado Corazón de Jesús, 250
Isabel, princesa, 135
Itália, 245, 379
Itamaraty, 124, 135, 144, 148, 373
Itu, 271, 325, 327

J

Jaeger, Werner Wilhelm, 301
Jardim, Eduardo, 44, 329
Jesuítas, 54
Jornal do Brasil, 153, 239, 357, 365
Jornal do Comércio, 366
Junqueira, Arthur, 145

K

Konder, Leandro, 153
Kubitschek, Juscelino, 106

L

L'Année Sociologique, 74, 242
Lacerda, Carlos, 148, 149, 151, 291, 196
Lacerda, Maurício de, 90, 203, 333
Ladeira do Ascurra, 163
Lask, Haroldo, 141
Le Play, 68
Leão, Múcio, 344

Leão XIII, papa, 82, 316
Legislação Trabalhista Brasileira, 245
Lei Aníbal de Toledo, 251
Lei de Diretrizes e Bases, 291, 307
Lei Federada, 251
Lei Francisco Campos, 280
Lemberg (Lviv), 186
Leme, Paschoal, 156, 248
Lênin, Vladimir Illitch, 36, 80, 83, 119, 288, 337
Leopoldo do Sapucaí, 150
Lévy-Strauss, Claude, 241, 334
Liceu de Artes e Ofícios, 280
Lido, 162
Lima, Alceu Amoroso, 60, 61, 113, 114, 115, 195, 237, 293, 330, 336, 357, 358, 363, 364
Lima, Hermes, 170, 250
Lima, Mário de Souza, 355
Lima, Valdomiro Castilho de, 104, 230, 253
Livraria Leonardo da Vinci, 107
Livraria Saraiva, 277
Loja Maçônica Frei Caneca, 152
Londres, 381
Lopes, José Leite, 243
Lopes, Mira y, 281
Lourenço Filho, Manuel Bergstrom, 56, 57, 156, 166, 168, 170, 171, 174, 175, 200, 201, 222, 234, 253, 273, 275, 281, 283, 301, 310
Lubambo, Manuel, 343
Ludovico *ver* Ludwig, Rubem Carlos
Ludwig, Rubem Carlos, 48, 127
Lula, 120, 367, 378
Lunacharsky, Anatoly, 80, 119, 137, 202, 235, 288, 329, 337, 338

M

Machado, Lourival Gomes, 64, 314, 315
Machado da Costa, Amália Caminha (Malita), 163, 164
Machado da Costa, Luzia, 164
Machado da Costa, Oscar, 163, 164
Magalhães, Juraci Montenegro, 371
Magna Grécia, 209
Magno, Pascoal Carlos, 138
Malagueta, Irineu, 162
Mangabeira, Otávio, 252
Mangueira, 129
Manifesto da Escola Nova, 75, 109, 124, 166, 199, 202, 230, 309, 310
Manifesto dos intelectuais, 75
Maria Amélia, 354, 374, 375, 376, 378, 381
Mariani, Clemente, 329
Maritain, Jacques, 237, 358, 364, 377
Marx, Karl, 42, 94, 95, 123, 124, 125, 134, 153, 207, 209, 219, 221, 269, 304, 334, 335
Marx, Murilo, 158
Mato Grosso, 382, 383
Maurras, Charles, 363, 364
Medeiros, José Augusto Bezerra de, 270
Médici, Emílio Garrastazu, 384
Meireles, Cecília, 29, 91, 124, 166, 167, 248, 337

Melo Neto, João Cabral de, 144, 244
Mendonça, Anna Amélia Carneiro de, 133, 138, 145, 148
Merton, Thomas, 375, 376, 377
Mesquita Filho, Júlio César Ferreira de, 69, 81, 97, 99, 175, 205, 251, 253, 271, 300, 320, 334, 360
México, 114, 337
Miceli, Sérgio, 71, 72, 92, 223, 241, 240
Milão, 370
Mills, Wright, 210
Minas Gerais, 26, 37, 46, 79, 197, 274, 236, 237, 271, 328, 369, 374
Ministério da Educação, 41, 56, 87, 190, 279, 280
Ministério da Fazenda, 122
Ministério da Indústria e Comércio, 249
Ministério da Justiça, 30, 54
Ministério de Educação e Cultura (MEC), 255, 280
Ministério de Educação e Saúde, 280
Ministério do Trabalho, 367, 368
Miranda, Francisco Cavalvanti Pontes de, 60
Miranda, Pontes, 242
Miúcha, 352
Mobral, 339
modernismo, 240, 247, 357
Monteiro Lobato, José Renato, 172, 247, 248, 294
Muniz, Edmundo, 145
Montello, Josué, 240
Morais Netto, Prudente de, 378
Moreira, Ana Luiza Marques, 185
Moreira, Delfim, 255
Moreira, Marcílio Marques, 177, 181, 182
Moreira, Renato Jardim, 213, 274, 301, 332
Moreira, Rosa Amélia Marques, 183
Mortara, Jorge, 257
Moscou, 136, 139
Mosteiro da Virgem Maria, 374
Mota, Carlos Guilherme, 34, 84, 85, 109, 110, 112, 210, 211, 213, 215, 239, 240, 243, 338, 340, 342, 368, 369, 374
Movimento da Escola Nova, 257
Movimento da Liga, 249
Movimento Revolucionário de 28 de outubro, 146
Mozart, Wolfgang Amadeus, 323
Müller, Filinto Strübing, 379, 381, 382, 383
Müller, Júlio Strübing, 383
Müller, Pedro Strübing, 382, 383
Müller, Rita, 383
Murtinho, Joaquim Duarte, 249
Museu Imperial, 374
Museu Paulista, 382
Mussolini, 233

N

Nabuco de Araújo, Joaquim Aurélio Barreto, 200, 211
Nagle, Jorge, 254, 267, 320
Nascentes, Antenor, 210
Neiva, Artur, 253
Nery, Ana, 141

Neuma, dona, 129
Neves, Tancredo, 386
New York, 356
Niemeyer, Oscar Ribeiro de Almeida de, 362
Nordeste, 369, 374
Nova Friburgo, 325, 327
Niterói, 179

O

O Estadão, ver *O Estado de S. Paulo*
O Estado de S. Paulo, 175, 204, 214, 228, 234, 251, 253, 271, 274, 300, 320, 360
Oficial da Legião de Honra da França, 319
Ogburn, William Fielding, 72
Oiticica, José Rodrigues Leite e, 252
Oliveira, Paulo Benjamin de ver Portela, Paulo da
Oliveira Netto, João Camillo de, 44, 365, 371, 373, 374
Oliveira Viana, Francisco José de, 244, 245
Ordem de Jesus, 203
Ordem dos jesuítas, 325
Ordem Jesuítica no Brasil, 224
Ouro Preto, 355

P

Pacaembu, 168, 169, 213, 235, 264, 356
Paiva, Rubens, 385
Palácio Guanabara, 180
Pareto, Vilfredo, 143, 210, 217, 218, 221
Paris, 139, 167, 252, 319, 355, 381
Parque Real, 185
Parsons, Talcott, 218
Partido Comunista, 136, 146, 221, 341
Partido Conservador, 365
Partido Democrático, 96
Partido dos Fazendeiros, 198
Partido Republicano, 198
Partido Republicano Mineiro, 328
Partido Republicano Paulista, 232, 328
Partido Socialista Argentino, 248
Partido Socialista Francês, 81
Pascal, Blaise, 29, 75
Patrocínio, José do, 249
PC francês, 341
Peçanha, José Américo, 92, 233
Pedro II, 106, 292, 365
Pedrosa, Mário Xavier de Andrade, 145, 149
Peixoto, Alzira Vargas do Amaral, 88, 276, 362, 378
Peixoto, Francisca Faria (Chiquita), 159
Penna, Antônio Gomes, 159
Penna, Marion, 159
Peregrini, Cristina, 180
Pereira, Astrojildo, 150
Pereira, Dalcídio Jurandir Ramos, 151
Pernambuco, 145, 277
Pessoa, Epitácio, 233, 251
Petrônio, 204, 234, 316

Petrópolis, 163, 178, 364, 374
Pide, 145
Pierson, Donald, 349
Piletti, Nelson, 262, 263
Pimentel, Mendes, 254
Pinto, Álvaro Borges Vieira, 92
Pioneiros da Escola Nova, 91, 275
Platão, 55, 103, 206, 209, 303, 306
Poços de Caldas, 223
Polônia, 186, 187, 292
Pontifícia Universidade Católica (PUC), 44, 154, 180
Ponto Quatro, 279
Porchat Reinaldo, 175
Portella, Eduardo, 307
Porto Amazonas, 164
praça da Bandeira, 131
praça da Sé, 364
Portela, Paulo da, 258
Prado, Antônio da Silva, 96, 360
Prado Júnior (Prado Júnior, Antônio da Silva), 27, 89, 96, 97, 117, 175, 199, 200, 203, 230, 251, 266, 329, 330, 331, 332, 336, 359, 360
Prado Júnior, Caio, 221
Praga, 137
Prestes Maia, Francisco, 55, 265, 334
Prestes, Luís Carlos, 146, 362, 381
Primeira Guerra Mundial, 186
Primeira República, 89, 233, 270, 273
Primeiro Congresso Brasileiro de Escritores, 87
Projeto de Diretrizes, 196
Projeto de Escola Comunidade, 266
Proudhon, Pierre-Joseph, 142, 143

Proust, Malentin Louis Georges Eugène Marcel, 361

Q

Quadros, Jânio da Silva, 366, 374
Quartel de Cavalaria, 351
Queiroz, Maria Isaura Pereira de, 65, 67, 355, 356
Queiroz Filho, Antônio de, 33, 88
Quitéria, Maria, 141

R

Ramos, Arthur, 144
Ramos, Graciliano, 94, 141, 223
Ramos, Teodoro, 102
Reale, Miguel, 118, 194, 253
Rebelo, Edgardo de Castro, 149, 150, 231, 378
Recife, 224, 277
Reforma Benjamim Constant, 256
Reforma Capanema, 68
Reforma Carneiro Leão, 234
Reforma da Educação, 117
Reforma da Instrução Pública, 160
Reforma de 1920, 262, 271
Reforma de 1926, 230
Reforma de 1928, 119, 138, 193, 262, 335
Reforma de 1971, 37
Reforma de Anísio Teixeira, 290

Reforma de Ensino, 280
Reforma de Fernando de Azevedo, 263, 292
Reforma do Chico Campos, 236
Reforma do Fernando de Azevedo, 275
Reforma no Ceará, 274
Reforma Rivadávia, 256
Reis, V. de Miranda, 60
Repartição Internacional do Trabalho, 231
República, 198, 271
República Platônica, 303
República Velha, 370
Revista do Inep, 297
Revolução Constitucionalista, 253
Revolução de 1917, 35, 136, 238
Revolução de 1930, 231, 276, 280, 284, 289, 347
Revolução de 1964, 379
Revolução de Lênin, 111
Revolução Francesa, 287, 363
Revolução Russa, 80, 83, 287, 338
Ribeiro, Berta Gleizer, 226
Ribeiro, Carlos Roberto Flexa, 164
Ribeiro, Darcy, 225, 227
Ribeiro, João, 344
Ricardo, David, 207
Ricardo Leite, Cassiano, 93
Rio Branco, barão do, 135
Rio de Janeiro, 27, 36, 39, 29, 54, 56, 61, 89, 90, 96, 114, 117, 128, 160, 162, 163, 164, 168, 173, 175, 176, 193, 195, 202, 203, 214, 223, 230, 231, 234, 235, 236, 237, 242, 247, 251, 257, 258, 259, 262, 266, 267, 268, 271, 280, 283, 310, 313, 324, 326, 330, 332, 335, 341, 353, 355, 358, 359, 360, 364, 369, 374
Rio Pardo, 326
Riocentro, 383, 385, 386
Robin, Léon, 55, 103
Rocha, Glauber de Andrade, 145
Rodésia, 245
Rodrigues, José Albertino Rosário, 208
Roquette-Pinto, Edar, 235
rua Álvaro Alvim, 148
rua Bela Cintra, 168
rua Bragança, 118, 213, 235, 264, 356
rua Constante Ramos, 162
rua da Matriz, 277
rua das Laranjeiras, 163
rua Dona Mariana, 155, 187
rua José Bonifácio, 374
rua Mosela, 364
rua São Bento, 277
rua São Cristóvão, 333
rua Senador Vergueiro, 171
rua Siqueira Campos, 180
Rússia, 80, 105, 137, 221, 288

S

Sacré Coeur, 292
Santos, Ernesto Joaquim Maria dos *ver* Donga
Santos, José Maria dos, 198
Santos, Lígia, 131, 258
São Gonçalo de Sapucaí, 51
São João, 164

São Paulo, 29, 30, 32, 46, 52, 56, 77, 96, 97, 104, 113, 117, 118, 136, 139, 147, 157, 162, 168, 173, 175, 195, 214, 223, 226, 228, 230, 231, 234, 242, 243, 247, 251, 253, 254, 256, 262, 266, 267, 268, 271, 272, 273, 274, 277, 279, 280, 281, 282, 295, 300, 309, 310, 313, 315, 317, 326, 328, 331, 333, 344, 346, 355, 356, 361, 364, 367, 381, 383, 385
Schaden, Egon, 65, 213
Schenberg, Mário, 99, 243
Schiler, 350
Secretaria de Educação, 48, 89, 90, 199
Secretaria de Educação de Minas Gerais, 40
Secretaria de Educação de São Paulo, 41, 55, 279
Secretaria de Educação e Cultura, 89, 341
Segunda Guerra Mundial, 242
Seixas, Aristeu, 98, 99
Serrano, Jônatas, 61
Sforza, Carlo, conde, 370, 379
Sicília, 209, 303
Silva, Elsie Souza e *ver* Emmanuel de Souza e Silva, irmã
Silva, Emmanuel de Souza e, irmã, 374, 376
Silva, Luiz Inácio da *ver* Lula
Silveira, Alarico, 96, 97, 200
Simão, Azis, 65, 67
Simonsen, Roberto, 232
Sion, 292
Smith, Adam, 207
Soares, Renato, 282

Sobral Pinto, Heráclito Fontoura, 380
Sociedade Brasileira dos Escritores, 151
Sociedade Brasil-Israel, 356
Sócrates, 303
Sófocles, 258
Sorel, Georges, 86
Sousa Lima, Mário Pereira de, 198
Souza Dantas, Manuel Pinto de, 366
Spártacus, 252
Stalin, Josef Vissarionovitch, 80, 119, 137, 337
Street, Jorge, 232
Sued, Ibrahim, 244
Suíça, 236
Supremo Tribunal, 41
Süssekind de Mendonça, Edgar, 124, 281

T

Tarrafa, 328
Távora, Juarez do Nascimento Fernandes, 371
Teixeira, Anísio, 33, 43, 46, 45, 56, 61, 74, 91, 95, 108, 110, 123, 124, 126, 134, 138, 147, 157, 167, 170, 171, 172, 173, 174, 200, 201, 219, 220, 222, 223, 224, 225, 226, 227, 228, 234, 242, 248, 249, 250, 264, 265, 269, 271, 278, 281, 283, 285, 286, 289, 291, 294, 297, 299, 302, 304, 305, 307, 322, 329, 337, 330, 334, 335, 358
Teixeira, Nelson, 173

Teixeira de Freitas, Mário Augusto, 53, 256, 257, 378
Tejucopapo (PE), 141
Thompson, Oscar, 274
Tiradentes, 169
Torres, Alberto, 177, 244, 245
Torres, Aloísio Martins, 177
Torres, Heloísa Alberto, 177
Torres, Maria Helena (Lenita), 176, 177

U

UFRJ, 57, 154
Unamuno y Jugo, Miguel de, 102
União Cívica Radical, 250
União Democrática Nacional (UDN), 371
União Soviética, 35, 80, 83, 94, 110, 114, 119, 136, 137, 202, 234, 238, 259, 289, 301, 337, 338
Universidade de Brasília, 277
Universidade de Hamburgo, 252
Universidade de Minas, 254
Universidade de Ouro Preto, 49
Universidade de São Paulo (USP), 30, 31, 38, 54, 68, 69, 73, 75, 102, 104, 114, 139, 148, 176, 193, 205, 261, 277, 295, 239, 309, 314, 317, 322, 334, 350
Universidade do Brasil, 56
Universidade do Distrito Federal (UDF), 56, 126, 147, 242, 294, 295, 337
Universidade do Paraná, 254
Universidade Estadual do Rio de Janeiro (Uerj), 97
Urca, 183
Uruguai, 161

V

Vanna, dona 107
Vargas, Getúlio Dorneles, 41, 53, 57, 86, 87, 90, 91, 97, 104, 106, 127, 138, 171, 194, 196, 199, 203, 229, 233, 245, 250, 255, 256, 276, 280, 295, 304, 315, 328, 335, 347, 361, 362, 367, 369, 370, 373, 378, 379, 380, 381, 383
Venancio, Liliane Peregrini, 180
Venancio Filho, Alberto, 156, 159, 160, 166, 62, 170, 171, 172, 182, 235, 257, 281, 313, 326, 337
Venancio Filho, Fernando, 163, 180
Venancio Filho, Francisco, 62, 64, 86, 155, 158, 159, 162, 166, 168, 172, 178, 181, 195, 235, 248, 309, 313, 323, 326, 332, 337, 326
Venancio Filho, Teresa, 159, 170, 185
Veríssimo, José, 249, 255, 256
Vilaça, Marcos Vinícius, 140
Villa-Lobos, Heitor, 167
Vital Brasil, 178
Volta Redonda, 199

W

Wagley, Charles *ver* Chuck

Waller, Willard, 82
Washington Luís, 27, 97, 117, 160, 199, 200, 203, 230, 231, 232, 233, 250, 251, 252, 330, 331, 359, 360
Weber, Max, 217
Weffort, Francisco Correia, 123
Willems, Emilio, 191, 211, 212
Wilson, Thomas Woodrow, 233
Wittgenstein, Ludwig Joseph Johann, 50

Y

Yrigoyen, Hipólito *ver* Irigoyen, Hua Hipólito Del Sagrado Corazón de Jesús, 250